U0637992

中国社会科学院重大课题

国家“十五”重点出版项目

# 列国志

GUIDE TO THE WORLD STATES

中国社会科学院《列国志》编辑委员会

# 塞浦路斯

◉何志龙 编著

社会科学文献出版社
SOCIAL SCIENCES ACADEMIC PRESS (CHINA)

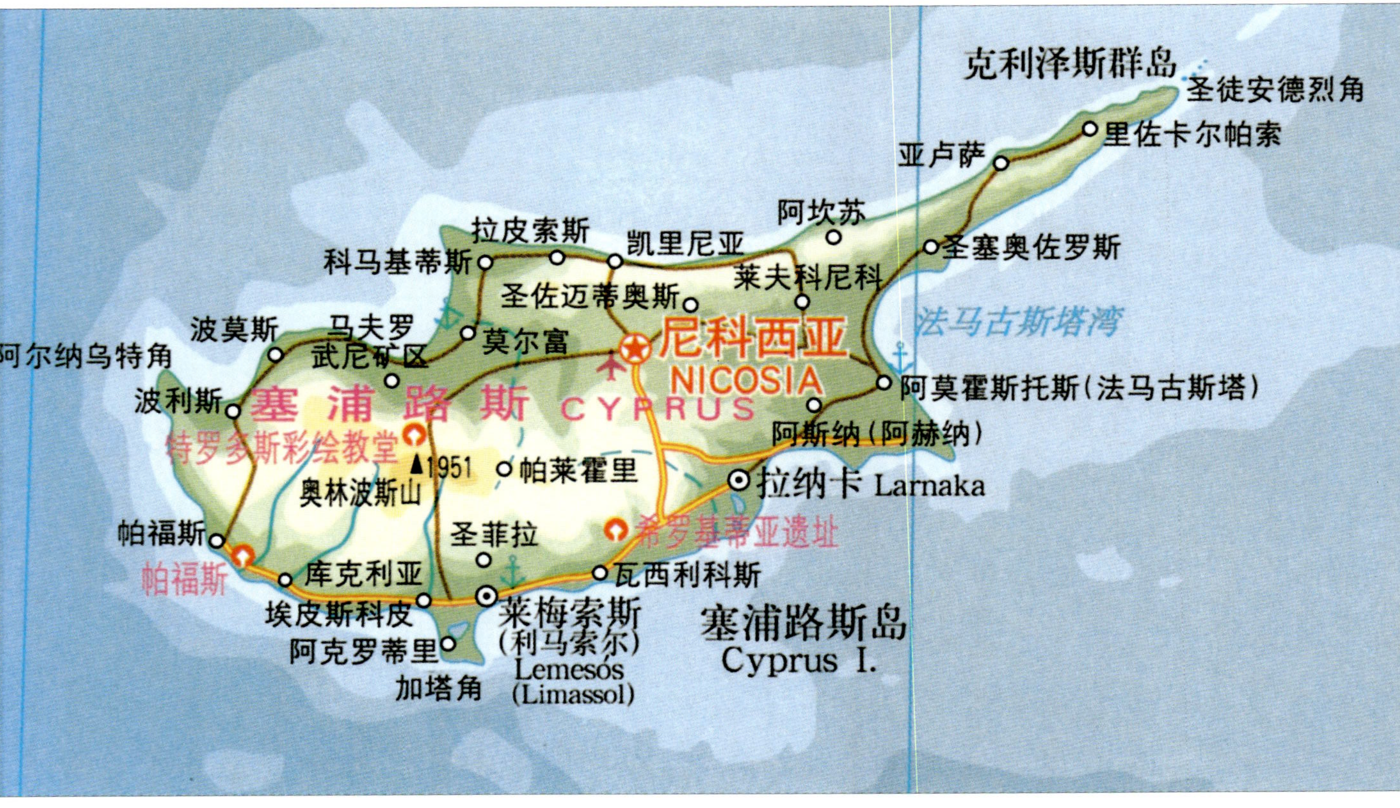
克利泽斯群岛
圣徒安德烈角
里佐卡尔帕索
亚卢萨
阿坎苏
圣塞奥佐罗斯
拉皮索斯
凯里尼亚
科马基蒂斯
圣佐迈蒂奥斯
莱夫科尼科
法马古斯塔湾
波莫斯
马夫罗
莫尔富
尼科西亚
NICOSIA
阿尔纳乌特角
武尼矿区
阿莫霍斯托斯（法马古斯塔）
波利斯
塞浦路斯
CYPRUS
阿斯纳（阿赫纳）
特罗多斯彩绘教堂
1951
帕莱霍里
奥林波斯山
拉纳卡 Larnaka
帕福斯
圣菲拉
希罗基蒂亚遗址
帕福斯
库克利亚
瓦西利科斯
埃皮斯科皮
莱梅索斯
(利马索尔)
Lemesós
(Limassol)
塞浦路斯岛
Cyprus I.
阿克罗蒂里
加塔角
2
塞浦路斯行政区划图

塞浦路斯国旗

塞浦路斯国徽

爱神阿佛洛狄特

公元4世纪的镶嵌图案

罗马帝国时期的
克提昂大剧院遗址

尼科西亚城的法马古斯塔门

公元3～5世纪的马赛克图案

尼奥菲托斯修道院

1816年土耳其人建的哈拉素丹清真寺

拉纳卡的海滨浴场

1960年英国总督福特（中）与塞浦路斯共和国总统马卡里奥斯（左）和副总统库楚克（右）签订塞浦路斯独立协议

塞浦路斯自由纪念碑

2002年5月15日斡旋塞浦路斯问题的联合国秘书长安南（中）与塞浦路斯共和国总统克莱里季斯（左）和土耳其族领导人登克塔什（右）

2003年塞浦路斯共和国总统帕帕佐普洛斯（左）签署加入欧盟协议

尼科西亚市剧院

希腊族妇女

拉纳卡附近的大咸湖

利马索尔的海边休闲观光地

传说中的爱神阿佛洛狄特诞生之地

帕福斯考古博物馆

大主教府

山村民居

拉纳卡艺术中心

拉纳卡海边游船

# 前言

自1840年前后中国被迫开关、步入世界以来，对外国舆地政情的了解即应时而起。还在第一次鸦片战争期间，受林则徐之托，1842年魏源编辑刊刻了近代中国首部介绍当时世界主要国家舆地政情的大型志书《海国图志》。林、魏之目的是为长期生活在闭关锁国之中、对外部世界知之甚少的国人“睁眼看世界”，提供一部基本的参考资料，尤其是让当时中国的各级统治者知道“天朝上国”之外的天地，学习西方的科学技术，“师夷之长技以制夷”。这部著作，在当时乃至其后相当长一段时间内，产生过巨大影响，对国人了解外部世界起到了积极的作用。

自那时起中国认识世界、融入世界的步伐就再也没有停止过。中华人民共和国成立以后，尤其是1978年改革开放以来，中国更以主动的自信自强的积极姿态，加速融入世界的步伐。与之相适应，不同时期先后出版过相当数量的不同层次的有关国际问题、列国政情、异域风俗等方面的著作，数量之多，可谓汗牛充栋。它们对时人了解外部世界起到了积极的作用。

当今世界，资本与现代科技正以前所未有的速度与广度在国际间流动和传播，“全球化”浪潮席卷世界各地，极大地影响着世界历史进程，对中国的发展也产生极其深刻的影响。面临不同以往的“大变局”，中国已经并将继续以更开放的姿态、更快的步伐全面步入世界，迎接时代的挑战。不同的是，我们所面临的已不是林则徐、魏源时代要不要“睁眼看世界”、要不要“开放”问题，而是在新的历史条件下，在新的世界发展大势下，如何更好地步入世界，如何在融入世界的进程中更好地维护民族国家的主权与独立，积极参与国际事务，为维护世界和平，促进世界与人类共同发展做出贡献。这就要求我们对外部世界有比以往更深切、全面的了解，我们只有更全面、更深入地了解世界，才能在更高的层次上融入世界，也才能在融入世界的进程中不迷失方向，保持自我。

与此时代要求相比，已有的种种有关介绍、论述各国史地政情的著述，无论就规模还是内容来看，已远远不能适应我们了解外部世界的要求。人们期盼有更新、更系统、更权威的著作问世。

中国社会科学院作为国家哲学社会科学的最高研究机构和国际问题综合研究中心，有11个专门研究国际问题和外国问题的研究所，学科门类齐全，研究力量雄厚，有能力也有责任担当这一重任。早在20世纪90年代初，中国社会科学院的领导和中国社会科学出版社就提出编撰“简明国际百科全书”的设想。1993年3月11日，时任中国社会科学院院长的胡绳先生在科研局的一份报告上批示：“我想，国际片各所可考虑出一套列国志，体例类似几年前出的《简明中国百科全书》，以一国（美、日、英、法等）或几个国家（北欧各国、印支各国）为一册，请考虑可行否。”

中国社会科学院科研局根据胡绳院长的批示，在调查研究的基础上，于1994年2月28日发出《关于编纂〈简明国际百科全书〉和〈列国志〉立项的通报》。《列国志》和《简明国际百科全书》一起被列为中国社会科学院重点项目。按照当时的计划，首先编写《简明国际百科全书》，待这一项目完成后，再着手编写《列国志》。

1998年，率先完成《简明国际百科全书》有关卷编写任务的研究所开始了《列国志》的编写工作。随后，其他研究所也陆续启动这一项目。为了保证《列国志》这套大型丛书的高质量，科研局和社会科学文献出版社于1999年1月27日召开国际学科片各研究所及世界历史研究所负责人会议，讨论了这套大型丛书的编写大纲及基本要求。根据会议精神，科研局随后印发了《关于〈列国志〉编写工作有关事项的通知》，陆续为启动项目拨付研究经费。

为了加强对《列国志》项目编撰出版工作的组织协调，根据时任中国社会科学院院长的李铁映同志的提议，2002年8月，成立了由分管国际学科片的陈佳贵副院长为主任的《列国志》编辑委员会。编委会成员包括国际片各研究所、科研局、研究生院及社会科学文献出版社等部门的主要领导及有关同志。科研局和社会科学文献出版社组成《列国志》项目工作组，社会科学文献出版社成立了《列国志》工作室。同年，《列国志》项目被批准为中国社会科学院重大课题，新闻出版总署将《列国志》项目列入国家重点图书出版计划。

在《列国志》编辑委员会的领导下，《列国志》各承担单位尤其是各位学者加快了编撰进度。作为一项大型研究项目和大型丛书，编委会对《列国志》提出的基本要求是：资料翔实、准确、最新，文笔流畅，学术性和可读性兼备。《列国志》之所以强调学术性，是因为这套丛书不是一般的“手册”、“概览”，而是在尽可能吸收前人成果的基础上，体现专家学者们的研究所得和个人见解。正因为如此，《列国志》在强调基本要求的同时，本着文责自负的原则，没有对各卷的具体内容及学术观点强行统一。应当指出，参加这一浩繁工程的，除了中国社会科学院的专业科研人员以外，还有院外的一些在该领域颇有研究的专家学者。

现在凝聚着数百位专家学者心血，共计141卷，涵盖了当今世界151个国家和地区以及数十个主要国际组织的《列国志》丛书，将陆续出版与广大读者见面。我们希望这样一套大型丛书，能为各级干部了解、认识当代世界各国及主要国际组织的情况，了解世界发展趋势，把握时代发展脉络，提供有益的帮助；希望它能成为我国外交外事工作者、国际经贸企业及日渐增多的广大出国公民和旅游者走向世界的忠实“向导”，引领其步入更广阔的世界；希望它在帮助中国人民认识世界的同时，也能够架起世界各国人民认识中国的一座“桥梁”，一座中国走向世界、世界走向中国的“桥梁”。

《列国志》编辑委员会

2003年6月

# CONTENTS

# 目　录

# CONTENTS

# 目　录

CONTENTS

# 目　录

CONTENTS

# 目 录

CONTENTS

# 目　录

CONTENTS

# 目 录

CONTENTS

# 目　录

CONTENTS

# 目 录

CONTENTS

# 目　录

# CONTENTS

# 目 录

# 第一章

# 国土与人民

## 第一节　自然地理

### 一　地理位置

塞浦路斯位于东经32°16′~34°37′，北纬34°33′~35°34′，面积9251平方公里，四周环海，海岸线全长782公里。塞浦路斯地处地中海东北端，毗邻欧亚非三大洲，扼东西方交通要冲，素有地中海“金钥匙”之称。它东临叙利亚海岸90公里，西至希腊的罗得岛360公里，南到苏伊士运河439公里，北距土耳其安纳托利亚海岸仅60公里，与土耳其隔海相望，是地中海中仅次于西西里岛和撒丁岛的第三大岛。

### 二　行政区划

塞浦路斯全国分为6个行政区：尼科西亚行政区、利马索尔行政区、拉纳卡行政区、法马古斯塔行政区、帕福斯行政区和凯里尼亚行政区。

尼科西亚行政区面积2714平方公里，人口39.1万（2008年）。尼科西亚市既是尼科西亚行政区首府所在地，也是塞浦路斯共和国的首都，是全国政治、经济、文化和金融中心，是塞浦路斯六大城市中唯一位于内陆的城市，也是世界上少数几个首都不在沿海的岛国首都之一。尼科西亚市的兴盛最早可追溯到青铜器时代著名的勒得拉城，现在尼科西亚市最繁华的一条商业街还称之为勒得拉。尼科西亚这个名称的希腊语为莱夫科西亚，相传由埃及托勒密王托勒密·索特之子勒夫康（Lefkos）于公元前280年所建，后来法兰克人、威尼斯人、土耳其人和英国人统治时期，相继作为塞浦路斯的行政首府。另有说法称，尼科西亚之名源于流经该城的一条河流，此河的河床上生长着大量的白杨树（lefki），因而该城被称之为莱夫科塞（Lefkothea），意为“白衣天使”。尼科西亚城四周有16世纪威尼斯人修建的要塞，城里有不同历史时期的博物馆和纪念碑等。1974年7月土耳其入侵塞浦路斯，尼科西亚被分割为两部分，中间的分界线即“绿线”，驻有联合国维和部队。尼科西亚市成为自柏林墙被推倒后，世界上唯一一个分裂的首都。

利马索尔行政区位于塞浦路斯南部，面积1396平方公里，人口196553（2001年），行政首府设在利马索尔市。利马索尔市是塞浦路斯的第二大城市，人口157500。1974年后成为塞浦路斯共和国的主要港口、工业中心和旅游胜地。英国的阿克罗蒂里空军基地就在其西南，英国军事人员及其家属常来探亲访友和旅游度假，给该城市增添了繁荣。

拉纳卡市行政区位于塞浦路斯东南部，面积1129平方公里，人口115268（2001年），行政首府设在拉纳卡市。拉纳卡市曾是腓尼基人短暂统治塞浦路斯时期的首府。奥斯曼帝国统治时期，拉纳卡市是欧洲基督教徒前往圣城耶路撒冷的中转站和外交使团的驻地。拉纳卡市人口70500，是塞浦路斯的第二大商贸港口和重要的旅游胜地。拉纳卡市北部有塞浦路斯炼油厂，南部有拉纳卡国际机场。

法马古斯塔行政区位于塞浦路斯的东部，面积1979平方公里，人口 37738（2001 年数据，不包括土耳其族人），其辖区包括整个卡尔帕斯半岛。

帕福斯行政区位于塞浦路斯的最西端，面积 1393 平方公里，人口 66364，首府设在帕福斯市。帕福斯市位于塞浦路斯的西南海岸，人口 45900。现在帕福斯是塞浦路斯发展最快的旅游胜地，拥有塞浦路斯第二大国际机场和一个极具吸引力的渔港。

凯里尼亚行政区位于塞浦路斯的北部，面积 640 平方公里，行政首府设在凯里尼亚市。凯里尼亚市位于北海岸，[①] 为早期阿卡亚移民所建，是塞浦路斯六大城市中最古老的城市。

塞浦路斯共和国的行政区划，基本沿袭了奥斯曼帝国和英国统治时期的行政区划，以六大城市为中心向周围辐射，人口也主要集中在这些城市之中。同时这六大城市除首都尼科西亚位于岛的中部内陆外，其他 5 个行政区首府均是沿海港口城市，这也是塞浦路斯旅游业兴旺的原因之一。

值得注意的是，自 1974 年土耳其入侵塞浦路斯后，形成了事实上希腊族和土耳其族南北分治的局面，土耳其族人建立的“北塞浦路斯土耳其共和国”控制着 35% 的领土，其中包括整个凯里尼亚行政区、法马古斯塔行政区的绝大部分、拉纳卡行政区的北端、尼科西亚市的北部一角和莫尔富及莱夫卡地区。土耳其族控制区分为 5 个行政区，即尼科西亚行政区、法马古斯塔行政区、凯里尼亚行政区、莫尔富行政区和特里科莫行政区。

英国在塞浦路斯拥有两个主权军事基地，即位于塞浦路斯最南端、利马索尔以西的阿克罗蒂里空军基地和位于法马古斯塔西南、拉纳卡东北部的德凯利亚陆军基地，占地 277 平方公里，占塞浦路斯领土的 3%。

---

① Districts of Cyprus，http：//www. statoids. com/ucy. html，2007 - 12 - 02.

## 三　地形特点

塞浦路斯岛形状犹如一张铺开的鹿皮，西南端的皮特拉托罗米岛颇像鹿头，而东北部的卡尔帕斯半岛顶端的安德烈亚斯角酷似鹿尾。全岛东西最长处约 241 公里，南北最宽处 97 公里，最窄处仅 37 公里。

塞浦路斯的地形可分为三大部分：中西部是塞浦路斯最大的山脉——特罗多斯山脉，方圆 3200 平方公里，约占塞浦路斯面积的 1/3，其最高峰奥林波斯山海拔 1951 米。

北部的凯里尼亚山脉相对较低，沿北部海岸自西向东绵延 160 公里，山势陡峭，最高峰基帕里索武诺山（Kyparissovouno）海拔 1024 米。凯里尼亚山脉沿北部海岸向东延伸，山势趋缓，构成了卡尔帕斯半岛的主脊。

特罗多斯山和凯里尼亚山之间的东部和南部地区，是肥沃的迈萨奥里亚平原（“迈萨奥里亚”希腊语意为“山岳之间”）或中央平原。虽然叫做平原，其实地势并不十分平坦，而是由低山丘陵组成，面积约 2057 平方公里，是塞浦路斯的主要农业区。

塞浦路斯的沿海地区几乎被峡谷所包围。北部是沿海的褶皱状的凯里尼亚峡谷，南部是拉纳卡峡谷和利马索尔峡谷，西部是帕福斯峡谷和克里索克乌峡谷（Chrysochou），东部是法马古斯塔峡谷。

## 四　河流与湖泊

塞浦路斯没有常年不干的河流，只有季节性的河流。在冬季，在特罗多斯山脉形成多条河流，流向不同的方向。雅利斯河（Yialias River）和派季埃奥斯河（Pedhieos River）向东流经美索利亚平原，进入法马古斯塔湾。塞尔拉亨斯河（Serraghis River）流向西北的莫尔富平原。夏季干旱少雨，岛上

所有的河流全都干涸。[①]

塞浦路斯有2个大咸湖，其中拉纳卡附近的一个咸湖最大，面积约为3.4平方公里，盛产食盐。冬季海水经由地下渗到湖内，水深达2米左右，到春季渗水停止，而且湖水逐渐蒸发，湖底地面上留下厚厚的盐层。每年可产食盐3500吨。当地人对这个盐湖有一个美妙的传说。传说拉纳卡的主教拉扎鲁斯在基督使他复活后来到拉纳卡，他向葡萄园的一位农妇乞讨一点葡萄解渴，农妇拒绝了他，拉扎鲁斯把农妇的葡萄园变成了盐湖来发泄他的愤怒。威尼斯人占领时期，塞浦路斯所产食盐是重要的出口商品。奥斯曼帝国统治时期，塞浦路斯还将所产食盐进贡帝国素丹。

## 五　气候

塞浦路斯的气候属典型的亚热带地中海式气候，在气温、降雨等方面有明显的季节性特征。5月中旬至9月中旬是炎热干燥的夏季，11月中旬至次年3月中旬是多雨、潮湿、天气变化无常的冬季，夏季和冬季之间是短暂的秋季和春季。

在夏季，主要受来自于东南亚上空的强大陆低气压扩散形成的弱低压槽的影响，塞浦路斯的气温较高，而且万里无云。在冬季，塞浦路斯靠近欧亚大陆与北非低压带之间的自西向东穿越地中海的频繁变化的弱低气压流，受这种弱低气压流影响的天气通常会至少持续一天，并造成最大的年降雨量，每年12月至次年2月的平均降雨量，大约是整个塞浦路斯年均降雨量500毫米的60%。降雨量顺着西南风向而增加，从450毫米增加到特罗多斯

① Library of Congress Country Studies：Cyprus，http：//lcweb2. loc. gov/cgi – bin/query/r? frd/cstdy：@ field（DOCID + cy0031），2007 – 12 – 05.

山脉的约1100毫米，而下风向的北部和东部的降雨量明显减少，中央平原和岛的东南部地区的降雨量分别仅为300毫米和400毫米。沿着岛的最北端自西向东延伸160公里的凯里尼亚山脉的狭窄山脊，降雨量有所增加，在海拔1000米之上的山脊降雨量可达550毫米。塞浦路斯降雨量的统计分析显示，最近30年来塞浦路斯的降雨量趋于减少。暖和月份的降雨对水资源和农业的贡献不大或没有积极影响。秋季和冬季的降雨提供了农业灌溉和自来水的供给。在低地地区和北部地带很少下雪，但在冬季通常在海拔超过1000米的地区出现降雪，时间一般从12月的第一周至次年的4月中旬。积雪一般不会持久，但是，在最寒冷的季节，特别是在特罗多斯山的北部山坡上，也会出现相当深的积雪。

夏季气温较高，7～8月间，中央平原和特罗多斯山区的日平均气温分别在29℃和22℃，而最高气温分别达到36℃和27℃。冬季暖和，1月的日平均气温，中央平原为10℃，海拔较高的特罗多斯山区为3℃，最低气温分别为5℃和0℃。

空气相对湿度，冬季平均为60%～80%，夏季平均为40%～60%，中午会更低些。大雾天气很少见，能见度一般都很好。一年四季阳光充足，特别是4～9月，日平均光照时间长达11个小时。

塞浦路斯岛上的风一般轻微柔和，风向多变。大风偶有发生，但强风很少出现，只有在沿海地区和海拔较高的地区才可能有强风光顾。

## 第二节　自然资源

### 一　地质

在两亿多年前晚三叠纪以前时期，东地中海的底盘在火山压力下破裂，熔融的岩石和熔岩喷发，形成了特罗多斯山脉和凯里尼亚山脉。中部特罗多斯一带山地的熔岩以极大的力量喷出，把聚集在海床的沉积层摇落下去，剩下来的少许沉积物被风雨从最高的山顶上冲刷下来，使含有丰富矿物质的火成岩暴露于地表。这些矿物质有铜、黄铁矿、石棉、黄金，在相当长时期曾是塞浦路斯的财富。形成凯里尼亚山脉的力量相对较小，保留了山顶上的石灰岩，山的侧翼则是白垩（一种微细的碳酸钙的沉积物，是方解石的变种）。

此后随着地壳运动，陆地逐渐上升，形成了狭窄的海岸阶地和广阔的中部低地区，岛屿四周的海域也相对地变浅。

塞浦路斯的地表面积大约 1/4 是由火成岩的露头、白垩、泥灰岩和砂岩构成。火成岩的露头由安山岩和枕状熔岩以及深层的蛇纹岩组成。岛的其余部分是较新的沉积岩，它们主要是石灰岩，特别是凯里尼亚山脉的赫拉里昂石灰岩。白垩主要是达利群，在凯里尼亚山脉的南边形成了一条达利群宽带，从塞浦路斯西北部向南通向拉纳卡。泥灰岩和砂岩带从莫尔富经过中央低地延伸到法马古斯塔。陆地形成的次序造成了许多不同的地形区。其中最明显的是：中央地块、凯里尼亚山脉、卡尔帕斯半岛、白垩高原、中央低地。

## 二　矿物

塞浦路斯曾经拥有丰富的矿藏，其中黄铜矿颇具影响，素有“铜之岛”之称。塞浦路斯这个词，在古代意即“来自塞浦路斯的铜”。铜是塞浦路斯最重要的矿藏和国际贸易商品，早在青铜器时代已经开始开采，并运往埃及、叙利亚、土耳其和希腊等地。这也是塞浦路斯虽系蕞尔小国，却在与周边国家交往中一直占有重要地位的部分原因。在塞浦路斯的许多地方曾出土了属于腓尼基人的铜器。在位于莫尔富湾的薛罗斯以南的斯考里奥蒂萨（意为“矿渣夫人”）地方，曾出土了大量罗马时期的铜制品。英国统治塞浦路斯后，在20世纪初，由于国际铜价上涨，英国人又重新在塞浦路斯开采铜矿，其出口量在世界贸易额中名列前茅。由于长期大量开采，到20世纪60年代，塞浦路斯的铜矿已近枯竭。近30年来，塞浦路斯的采矿业严重衰落。现在，塞浦路斯唯一的有色金属的采矿活动就是斯考里奥蒂萨铜矿厂。

另外，塞浦路斯还有丰富的石棉矿和铬铁矿。在古代，希腊人和罗马人都曾经在此开采过石棉矿，他们把这种长纤维矿制成火葬用的薄板。现在，塞浦路斯矿产主要是石灰石、石膏、赭土、赭石、膨润土（皂土）等，有270多家公司进行开采和加工，供本国使用及出口。

## 三　植物

塞浦路斯国土虽小，但却拥有丰富的植物资源。塞浦路斯曾经是森林茂密灌木丛生之地。在青铜器时代中后期，岛上发现铜矿并开始开采冶炼，进而大量砍伐树木用作采矿的矿柱和冶炼的燃料。同时，随着移民的增加，许多林地被开垦。此外，由于塞浦路斯在军事、政治和文化上的特殊位置，曾被周围强国轮番征服和占领，成为列强掠夺资源的基地，尤其是铜矿和木材。在奥斯曼帝国统治时期，特罗多斯山区住有300多名伐木工人，专门砍伐树木向帝国首都运送木材和木炭。由于过度砍伐和天灾人祸，造成水土严重流失，岛上本身就缺水，导致恶性循环，森林面积不断减少。独立后，塞浦路斯政府通过设立工业用途和农民燃料林区，把两大山区列为国家自然保护区等措施，保护了森林资源，森林面积有所扩大。目前塞浦路斯的森林面积为1733平方公里，森林覆盖率达18%，在中东地区独占鳌头，为其他中东国家所羡慕。

塞浦路斯树木种类比较丰富，除一般的经济林松树外，地中海丝柏笔直质优，适于做各种杆子。阿勒颇松、特罗多斯松、黄金橡、塞浦路斯杉均为其特产。另外还有橄榄树、棕榈树、龙舌兰、桉树、阿拉伯橡胶树以及柑橘树、柠檬树、桃树、李树、杏树、无花果树和山楂树等各种果树。

由于气候原因，岛上生长着各种抗干旱的植物群。如中部低地生长的草原植物群，卡尔帕斯半岛东部和阿卡马斯半岛西部及某些地势较高的地区生长的马基植被。据调查，塞浦路斯的植物种类达1800余种，其中140余种属塞浦路斯所特有。

## 四　动物

塞浦路斯的野生动物种类不多，有山羊、狐狸、兔子、刺猬、蛇和蝎子等。豹等凶猛野生动物已经绝迹。野羊可谓当地特产。塞浦路斯野羊是由野绵羊繁殖而来的，毛色与普通山羊一样，但体格健壮有力，奔跑速度快，犄角形如镰刀，其肉鲜嫩味美，在古代曾是王公贵族和殖民统治者捕猎的对象。现在野羊已濒临灭绝，在帕福斯森林自然保护区内仅存百余只。野羊是塞浦路斯的国宝，已成为塞浦路斯共和国的标志，塞浦路斯的硬币上镌有野羊图案。

塞浦路斯也是许多候鸟往返非、欧、亚三大洲的歇脚地。像画眉、水鸡、知更鸟、水鸭和红鹤等鸟类来岛上过冬，而啭声金丝雀、戴肚鸟、夜莺等夏季来岛上产卵，夏末南返飞回非洲。啭鸟、白鹈鸟和嚣鸡等则在秋季迁徙途中暂栖岛上。栖息在里海地区的红鹤，经常在冬季移栖拉纳卡咸湖。据调查，真正栖居塞浦路斯的鸟类有365种，本地鸟中有樫鸟、皇家鹰、枭、茶隼鸟、鸡冠云雀和塞浦路斯啭鸟。塞浦路斯的鸟类中鹧鸪较为珍贵，其叫声美妙，为欧洲所未见，但数量已经不多，只有在保护区内才能看到。鸱鸺猫头鹰是塞浦路斯的另一珍稀鸟类，传说某农家之子基奥尼，到森林里去后再也没有回来，他的哥哥到森林里寻找，不停地喊叫“基奥尼、基奥尼”，女神迪亚娜听到喊声，很怜悯他，把他变成了鸥鸺猫头鹰，至今还在森林中飞翔，喊着“基奥尼”。此外，在阿克罗蒂里地区有秃鹰栖居，在拉皮索斯有夜莺啼鸣，在圣徒安德烈角自然保护区的克里德斯岩石间有奥都仰鸥巢居，在凯里尼亚山区有兀鹰和勃奈里鹰飞翔。

## 第三节 居民与宗教

### 一 人口

塞浦路斯是亚洲国家中为数不多的没有人口压力的国家，人口增长率相对较低。据 2008 年统计，总人口 791700，其中希腊族人占 76.8%，土耳其族人占 10.3%，另外还有 1% 的少数民族，他们主要是亚美尼亚人、拉丁人、马龙派信徒。外籍人占 11.9%。1974 年土耳其人侵导致南北分治后，这些少数民族主要居住在希腊族人控制的南部地区。

在塞浦路斯共和国建立之际，塞浦路斯曾进行了一次全国人口普查，其结果是：总人口 572707，其中希腊族人 441568，占 77.1%；土耳其族人 103822，占 18.13%；亚美尼亚人 3627，占 0.63%；马龙派信徒 2706，占 0.47%；其他 20984，占 3.66%。根据塞浦路斯共和国 1960 年宪法规定，在以后的人口普查中，亚美尼亚人和马龙派信徒统计在希腊族人口之中，不再进行单独的统计。

历史上，塞浦路斯在绝大多数时间里为他国所统治，塞浦路斯的人口也因统治者的政策、经济发展状况及自然条件等因素而有较大变化。罗马帝国统治初期，塞浦路斯的经济发展，人口也随之增加。公元3世纪初的严重干旱和大地震，导致塞浦路斯的人口锐减。公元364年，罗马帝国分裂，塞浦路斯划归拜占庭帝国统治，随着伊斯兰教的出现和阿拉伯人的崛起，阿拉伯人对拜占庭统治下的塞浦路斯进行了长达3个世纪的袭扰，直到965年拜占庭帝国完全恢复了对塞浦路斯的统治后，塞浦路斯的人口才开始恢复和增加。鲁西格南王朝在塞浦路斯的统治确立后，尽管当时信奉希腊东正教的塞浦路斯的希腊人，受到信奉天主教的法兰克统治者的残酷迫害，但由于塞浦路斯在东西方商贸和文化交往中的重要地位，塞浦路斯的社会相对稳定，经济发展，13世纪塞浦路斯的人口有所增加。到14世纪初，塞浦路斯的人口达40万之多。① 鲁西格南王朝统治的后期，内忧外患，伴随1363年、1372年和1464年的瘟疫，塞浦路斯人口减少过半。1489年威尼斯共和国接管了塞浦路斯，威尼斯对塞浦路斯重在军事占领，修筑军事设施，防御奥斯曼土耳其人，而对改善经济环境并不倾心。1491年，威尼斯人对他们的“新资产”进行了一次调查，其结果是：塞浦路斯总人口为16.8万，其中农奴7.7万人，奴隶4.7万人，农奴和奴隶人口超过总人口的70%。② 1540年，威尼斯人对塞浦路斯人口进行了最后一次调查，塞浦路斯人口增加到了21.7万。

1571年奥斯曼帝国攻占塞浦路斯。对于奥斯曼帝国占领后塞浦路斯的人口数据，说法较多，有人根据1571年叙利亚总督穆斯塔法帕夏对塞浦路斯的税收、固定资产、村庄和家庭进行了

① Cyprus. Census … 1946, p. 31. Cited from Irene B. Taeuber, *Cyprus: The Demography of a Strategic Island Population Index*, Vol. 21, No. 1 (Jan., 1955), p. 6.

② Cyprus. Census…1946, pp. 3 – 4, 94. Cited from Irene B. Taeuber, *Cyprus: The Demography of a Strategic Island Population Index*, Vol. 21, No. 1 (Jan., 1955), p. 6.

一次详细调查，除妇女、儿童和老人外，可纳税人为 8.5 万人，据此推断，1571 年塞浦路斯总人口应该在 27 万左右。[①] 但同一时期，奥斯曼帝国政府的统计数据显示，当时塞浦路斯有异教徒 15 万人，如果再加上穆斯塔法帕夏征服塞浦路斯后安置定居的 2 万土耳其军人，以及后来移居的少量妇女和儿童，当时塞浦路斯的人口达到 17 万，这个数据较为客观。奥斯曼帝国统治初期，在塞浦路斯实行宗教宽容政策，取消了农奴制，恢复了塞浦路斯希腊东正教的地位，希腊族人的政治、经济地位有所改善。但奥斯曼帝国政府对塞浦路斯的管理混乱，土耳其总督横征暴敛，特别是 1821 年希腊革命波及塞浦路斯，奥斯曼帝国政府对塞浦路斯希腊东正教徒进行了大屠杀，一次杀害大主教、主教及希腊族首领达 486 人，致使希腊族人大量逃离塞浦路斯岛，塞浦路斯人口急剧减少。

1878 年，英国与奥斯曼帝国签订《塞浦路斯条约》，由英国占领和管理塞浦路斯。1881 年，英国统治当局对塞浦路斯的人口进行了普查，其总人口为 186173，其中希腊族人 137631，占总人口的 73.9%，土耳其族人 45458，占 24.4%，亚美尼亚人、马龙派信徒、犹太人等 3084 人，占 1.7%（见表 1－1）。其人口的年龄结构是：15～64 岁之间的劳动力人口 5.1 万，5～14 岁儿童 4.6 万，5 岁以下幼儿 2.6 万。

英国统治后开始了塞浦路斯的城市化进程。1881 年英国当局对塞浦路斯的人口普查显示，塞浦路斯六大城市人口 3.15 万，占总人口的 16.94%，城市人口中土耳其族人占 25.4%，而希腊族人仅占 13%。这也反映出土耳其人作为统治民族的优势地位。

---

① C. D. Excerpta Cobhm, Cypria, p. 345. Cited from Irene B. Taeuber, *Cyprus: The Demography of a Strategic Island Population Index*, Vol. 21, No. 1 (Jan., 1955), p. 7.

**表 1-1 塞浦路斯独立前人口变化（1881~1956 年）***

人口单位：万

| 年份 | 总人口 | 希腊族人口 | 占总人口比率(%) | 土耳其族人口 | 占总人口比率(%) | 其他 | 占总人口比率(%) |
|---|---|---|---|---|---|---|---|
| 1881 | 18.6173 | 13.7631 | 73.9 | 4.5458 | 24.4 | 0.3084 | 1.7 |
| 1901 | 23.7022 | 18.2739 | 77.1 | 5.1309 | 21.6 | 0.2974 | 1.3 |
| 1921 | 31.0715 | 24.4887 | 78.8 | 6.1339 | 19.7 | 0.4489 | 1.5 |
| 1946 | 45.0114 | 36.1199 | 80.2 | 8.0548 | 17.9 | 0.8367 | 1.9 |
| 1956 | 56.8618 | 41.7080 | 78.9 | 9.1980 | 17.4 | 1.9558 | 3.7 |

* *Report on the Demographic Structure of the Cypiot Communities*, The Press and Information Office of Republic of Cyprus, 2000, p. 49.

到 1946 年，土耳其族人与希腊族人的城市化比例分别为 27.5% 和 19.1%。在首都尼科西亚，1946 年，居住在老城区（即城墙内）的土耳其族人占尼科西亚市人口的 27.3%，居住在城墙外的城市人口占 10.7%，而居住在尼科西亚市所属的 9 个城郊村庄的人口仅占 9.2%。1491 年，六大城市的人口为 3.1 万；1881 年，增加到 31.5 万人，1946 年达到 98.7 万人。1881 年，城市人口占总人口的 16.9%，1946 年上升到 21.6%。城市人口 1881~1946 年增加了 15.4%，从更短的时间段看，1901~1921 年增加了 20.8%，1921~1931 年增加了 55.8%，1931~1946 年增加了 30.0%。实际上，1881~1946 年城市人口的增加并不显著，而同一时期，农村人口增加明显，1881~1946 年，农村人口从 15.5 万增加到 35.6 万，增加了 130.4%；其间，1921~1931 年增长率为 9.9%，1931~1946 年增长率为 26.6%。6 个行政区农村人口的增长并不平衡。尼科西亚行政区农村人口 1881~1946 年增长了 2.7 倍，法马古斯塔行政区增长了 2.4 倍，凯里尼亚行政区、拉纳卡行政区和利马索尔行政区增长率也均在 2 倍以上，帕福斯行政区增长率最低，只有 83%。

1881～1946年，塞浦路斯全国人口普遍增长，但作为商贸、工业、农业和渔业中心的尼科西亚、法马古斯塔和利马索尔人口增长比较快，平均在2.5～2.7倍。北部的凯里尼亚和东南部的拉纳卡增长率在2倍左右，而西南部帕福斯行政区仅增长了83%。1881年，尼科西亚行政区人口占塞浦路斯总人口的29.1%，1946年达到32.5%；法马古斯塔则分别为18.8%和21.1%；利马索尔基本保持在16.5%和16.7%；凯里尼亚、拉纳卡和帕福斯增长相对较小。

向外移民某种程度上也降低了塞浦路斯的人口增长，特别是农村人口的增长。1946～1953年，向英国、澳大利亚、南非等国移民每年平均约1900人。很少有人从城市或外国人居住区移居农村。1946年，93%农村出生的人在人口普查时仍然生活在农村。

塞浦路斯各时段的人口变化见表1－2至表1－4。

**表1－2　1960年和1973年塞浦路斯人口统计数据**

| 统计 / 民族 | 1960年人口统计 | | 1973年人口统计 | |
|---|---|---|---|---|
| | 人数 | 占总人口比率（%） | 人数 | 占总人口比率（%） |
| 希腊族* | 447901 | 78.21 | 498511 | 78.9 |
| 土耳其族 | 103822 | 18.13 | 116000 | 18.4 |
| 其　他 | 20984 | 3.66 | 17267 | 2.7 |
| 总　计 | 572707 | 100.00 | 631778 | 100.00 |

＊按照塞浦路斯共和国1960年宪法，马龙派信徒、亚美尼亚人和欧洲人统计在希腊族内。

资料来源：Census of Population and Agriculture 1961, Vol. 1, Population by Location, Race and Sex, and Demographic Report 1987, Department of Statistics and Research. Cited from *The Republic of Cyprus: An Overview*, The Press and Information Office of Republic of Cyprus, 2003, p. 11。

表 1－3　1974～2005 年塞浦路斯人口变化

单位：万人

| 年份 | 总计 | 希腊族 | 土耳其族 | 其他 |
|---|---|---|---|---|
| 1974 | 62.2 | 50.1 | 11.6 | 0.5 |
| 1976 | 59.8 | 49.4 | 10.1 | 0.3 |
| 1982 | 62.8 | 51.6 | 10.4 | 0.8 |
| 1990 | 68.7 | 57.4 | 10.0 | 1.3 |
| 1995 | 74.7 | 61.5 | 9.1 | 4.1 |
| 1999 | 77.9 | 63.3 | 8.8 | 5.8 |
| 2000 | 78.5 | 63.6 | 8.8 | 6.1 |
| 2001 | 79.3 | 63.9 | 8.8 | 6.6 |
| 2002 | 80.3 | 64.3 | 8.7 | 7.3 |
| 2003 | 81.8 | 64.7 | 8.8 | 8.3 |
| 2004 | 83.7 | 65.1 | 8.8 | 9.8 |
| 2005 | 85.4 | 65.6 | 8.8 | 11.0 |

资料来源：*The Republic of Cyprus*：*An Overview*，The Press and Information Office of Republic of Cyprus，2006，pp. 18－19。

表 1－4　1975～2006 年塞浦路斯土耳其族区人口变化

单位：万人

| 年份 | 人口 | 年份 | 人口 |
|---|---|---|---|
| 1975 年 3 月 | 11.5 | 1999 | 20.8 |
| 1975 年 10 月 | 12.7 | 2000 | 21.0 |
| 1980 | 15.0 | 2001 | 21.2 |
| 1985 | 16.0 | 2002 | 21.5 |
| 1990 | 17.1 | 2003 | 21.8 |
| 1997 | 20.3 | 2004 | 25.0 |
| 1998 | 20.5 | 2006 | 26.4 |

资料来源：*The Republic of Cyprus*：*An Overview*，The Press and Information Office of Republic of Cyprus，2006，pp. 18－19。

## 二 民族

塞浦路斯的最早居民既非希腊族人，也非土耳其族人，而是古塞浦路斯人（Eteocyprians）或称土著塞浦路斯人。古塞浦路斯人最早出现于公元前4600~前4500年，可能来自叙利亚—巴勒斯坦沿海地区或安纳托利亚地区。公元前2500年，又有安纳托利亚地区居民逃难来到塞浦路斯。塞浦路斯著名历史学家C. 斯布里达奇博士认为："人类学的研究表明，这个时期的塞浦路斯人，与很早就有雅利安人部落定居的安纳托利亚大陆上的人是同一种族。"①

公元前16世纪，古希腊的迈锡尼—阿卡亚人（Mycenaean-Achaeans）移民塞浦路斯。公元前12~前11世纪之交的特洛伊战争，造成了古希腊人向塞浦路斯更大规模的移民，从而逐渐出现了希腊人成为塞浦路斯主体民族的状况。

公元前9世纪初至公元前8世纪，原居于叙利亚北部推罗城邦的腓尼基人来到塞浦路斯，定居于塞浦路斯岛南海岸的克提昂，把塞浦路斯作为他们向地中海西部的西西里岛、撒丁岛、迦太基甚至西班牙扩张的基地。公元前312年，托勒密的军队占领克提昂，杀死了克提昂国王普米阿慧，焚烧了腓尼基人的神庙。此后，腓尼基人逐渐融入浓郁的希腊文化之中。同时，塞浦路斯最早的居民古塞浦路斯人也被希腊人所同化。C. 斯布里达奇博士认为："土著的古塞浦路斯人和腓尼基人在公元前4世纪和托勒密王朝统治期间几乎已经完全希腊化了。"也就是说，此后的塞浦路斯希腊人，从种族意义上讲，已经融入了古塞浦路斯人和腓尼基人。

---

① 〔塞浦路斯〕C. 斯布里达奇著《塞浦路斯简史》，北京第二外国语学院英语系翻译组译，北京人民出版社，1973，第9页。

早在公元前 2 世纪中叶，犹太人已开始向塞浦路斯移民。罗马帝国统治塞浦路斯后，犹太人继续向塞浦路斯移民。尤其在公元 70 年，罗马帝国镇压犹太人起义，耶路撒冷“被夷为平地之后，犹太人便进一步流入塞浦路斯，这就使得本来人数已经众多的犹太人愈益增多”。公元 116 年，萨拉米斯的犹太人发动了反对罗马人和希腊人的大起义，被罗马帝国镇压。公元 117 年，罗马帝国“下令把所有犹太人立即逐出塞浦路斯，凡迟迟不走者处以死刑”[①]。迫使这些留下来的犹太人皈依了基督教，并最终逐渐融入希腊文化之中。从此，塞浦路斯的希腊人在融合了古塞浦路斯人和腓尼基人之后，又融合了犹太人。

公元 7 世纪中叶，崛起的阿拉伯人与拜占庭帝国对极具战略地位的塞浦路斯展开了激烈争夺。公元 653 年，叙利亚总督穆阿维叶组织了对塞浦路斯的首次远征，撤离时，穆阿维叶将“登记在册”的 12000 名阿拉伯士兵留驻岛上，并鼓励阿拉伯人向塞浦路斯移民。此外，穆阿维叶还在塞浦路斯西南海岸的帕福斯城附近安置了许多叙利亚士兵，命令他们利用岛上丰富的木材建造战船，为攻打拜占庭首都君士坦丁堡做准备。公元 680 年，穆阿维叶忙于与第四任哈里发阿里争夺哈里发之位，因而向拜占庭帝国做了让步，撤走了留驻塞浦路斯的阿拉伯士兵，只有少数阿拉伯人继续定居塞浦路斯岛。戴维·亨特（David Hunt）在《塞浦路斯的烙印》（*Footprints in Cyprus: An Illustrated History*）一书中写道：“（当时）塞浦路斯的实际控制权主要掌握在拜占庭帝国手中，当阿拉伯人丧失了在塞浦路斯的势力后，岛上的大多数穆斯林迁出了塞浦路斯，留下者则逐渐皈依了基督教，并被希腊人同化。”[②]

---

① 〔英〕迈克尔·李、汉卡·李著《塞浦路斯》，北京师范学院《塞浦路斯》翻译小组译，北京人民出版社，1977，第 18 页。

② Sir David Hunt, *Footprints in Cyprus: An Illustrated History*, Trigraph-London, 1990, p. 157.

从此，在塞浦路斯的希腊人中，也就融入了些许阿拉伯民族成分。

公元578年，拜占庭帝国皇帝查丁尼二世打败波斯帝国，占领亚美尼亚，将3350名亚美尼亚人掳往塞浦路斯，分给他们土地，作为“保护人员和自耕小农”定居于塞岛北部，以增强塞浦路斯自身抵御阿拉伯人袭扰的能力。[①] 1136年，拜占庭帝国征服小亚美尼亚，再次将大量亚美尼亚人带到塞浦路斯。第一次世界大战后，随着高加索地区亚美尼亚民族主义运动走向低潮，许多亚美尼亚人移居塞浦路斯，主要居住在城市，从事商业。现在塞浦路斯的亚美尼亚人便是上述不同时期亚美尼亚移民的后裔。

马龙派教徒则是十字军东侵时期从叙利亚逃难来到塞浦路斯的，主要定居于塞浦路斯岛的西部地区。由于亚美尼亚人和马龙派信徒与塞浦路斯的希腊族人的信仰都源于基督教，同时在希腊族人占绝对多数的社会氛围中，他们与希腊族人密切而频繁的政治、经济和文化交往，使其逐渐融入希腊族人社会。曾在英国塞浦路斯殖民政府中任过职并在塞浦路斯岛上进行过实地考察的英国人迈克尔·李和汉卡·李认为：“他们现在已完全被岛上（希腊人）的生活方式所同化。亚美尼亚人和叙利亚的马龙派教徒都自愿留在具有塞浦路斯希腊族人的社会风俗和文化传统的区域内，用希腊语作为同官方和外来人士交流的语言。”[②] 但是，从民族角度看，亚美尼亚人和马龙派信徒作为塞浦路斯的少数民族依然存在，只是在宗教和文化上与希腊族人更相近而已。

塞浦路斯还有少许欧洲人，他们是鲁西格南王朝和威尼斯统

---

① Costas P. Kyrris, *History of Cyprus*, Nicocles Publishing House, 1985, pp. 169 - 170, 206.

② 〔英〕迈克尔·李、汉卡·李著《塞浦路斯》，北京师范学院《塞浦路斯》翻译小组译，北京人民出版社，1977，第64页。

治时期，以及英国统治时期，欧洲的移民和统治阶层的后裔，他们主要居住在塞浦路斯岛南部的港口城市。

与希腊族人相比，土耳其族人可谓姗姗来迟。1571 年 9 月，土耳其人征服塞浦路斯，并向塞浦路斯移民。从此，塞浦路斯岛上出现了土耳其族人。

## 三　语言

在塞浦路斯通行两种官方语言：希腊语和土耳其语。希腊语属于印欧语系希腊语族，而土耳其语则属于阿尔泰语系突厥语族。希腊族人讲希腊语塞浦路斯方言，其中较多地保留了希腊语的古代部分，受英语、意大利语影响较大。土耳其族人除讲土耳其语外，多数人通晓希腊语。此外，亚美尼亚人原来使用亚美尼亚语，但现在他们更多地使用希腊族人讲的希腊语。马龙派信徒原操古叙利亚语和阿拉伯语混杂的语言，现在马龙派信徒也能够流利地使用希腊语。英语在塞浦路斯很流行，很多人能够讲英语。

## 四　宗教

塞浦路斯的宗教信仰因民族不同而不同。希腊族人信仰希腊东正教。塞浦路斯希腊东正教会设有圣主教公会（由 5 名在职的都主教组成，受大主教领导），下设 1 个大主教区，5 个都主教区，有神职人员千余人，教堂 600 多座，修道院 10 多座，神学院 1 所，教徒 40 多万人。大主教府设在首都尼科西亚，大主教头衔仍延用拜占庭帝国时期的传统，即“新查士丁尼区兼全塞浦路斯大主教”。

土耳其族人信仰伊斯兰教逊尼派属哈乃斐教法学派。1985 年“北塞”宪法第一条就明确规定，“北塞”是一个世俗的“国家”，没有国教，土耳其族人自由选择自己的宗教信仰。宗教领袖不参与政治，对政治也没有影响力。伊斯兰教教义，在中小学可以学习，但不强制。土耳其族人的婚礼也是更多地采取现代礼仪，而非传统的穆斯林习俗。许多土耳其族人在斋月斋戒，也参加周五的主麻日聚礼，但真正的宗教虔诚者不多，平时并不严格遵守宗教习俗。特别是土耳其族人并不严格遵守伊斯兰教禁酒的规定，而是尊崇地中海地区诸多民族饮酒的习惯。

马龙派教徒信仰东仪天主教的马龙派。亚美尼亚人宗教上属基督教亚美尼亚教会。

## 第四节　民俗与节日

### 一　民俗

浦路斯的风俗习惯，希腊族和土耳其族有所不同。

希腊族居民的生活方式和心理状态主要是欧洲式的，许多风俗都与基督教的传统和宗教礼仪有关。

希腊族人性格坚强但很和善，诚实好客。久别重逢的亲友行握手礼和拥抱礼。一般情况下，经常见面的人或初次见面时则轻轻握手即可，有时也点头致意并辅以手势以示友好。如果需要向他们打听旅游、禁忌等有关事宜，应先有礼貌地称呼对方，并说明自己的身份和请求，他们均会给予帮助。希腊族人请客人吃饭，如果没有特殊理由，客人最好不要拒绝。岛上有句俗话：咖啡没凉就离开，是不礼貌的。

希腊族人特别喜欢打猎。塞浦路斯山多树多，飞禽走兽多。塞浦路斯每年要发几万张打猎许可证，不管大人和孩子都喜欢在假日进山打猎。希腊族人还喜欢跳舞，劳动之余或节假日都以跳舞消除疲劳，希腊族人的另一种消遣方法就是闲坐。

希腊族人喜爱素灰色、蓝白相间色。

在大城市，已有大批现代化的住宅，但在广大农村，人们还居住在传统住宅里。农村的建筑，与新石器时代后期的住宅相比没有多大变化。房屋一般用土坯、石头和普通木料建成。屋顶多是平的，以便在上面晾晒农产品和睡觉。一所房屋一般有三个房间，一间用作食宿，一间是仓库，另一间用来饲养家畜。房子中间有天井，院子里的葡萄架下是一眼水井、蜂房状的土灶和户外厕所。院子外面围绕着柠檬树丛，住宅不远便是自家的田地，农舍显得格外静谧优美。

希腊族人有自己独特的饮食传统，大多数人喜欢吃一种叫“马伊卡”的饼状食品。另有一种叫“格里基斯”的半蜜饯的美味小吃，用水果、果皮或花片做成。每家都有自己特制的佳肴，用以款待宾客，吃时用特制的银叉。主要调料是橄榄油和香料。平时对饮食不特别讲究，但到了星期天、节假日和宴会时，许多人喜欢远离城市到海滨或农村去，在橄榄树下或圣庙旁边吃烤肉。人们常把羊肉焖熟后，就着盐和生菜沙拉一块吃，还大量佐以美酒。请客时的酒席有一个特殊的名称——麦滋，大概有二三十道菜。酒和咖啡是塞浦路斯人常用的饮料。

希腊族人的婚姻有久远的传统。求爱时，小伙子必须向姑娘唱一首《百句情话》求爱歌，歌词很长，小伙子必须歌词熟练，唱得动听，才能打动姑娘的心。

结婚的日子一定要选在月圆后的第一个星期日。婚礼中最具特色的是装填床垫礼，7～9个已婚年轻妇女坐在草席上，在乐队伴奏下，用红线缝褥子。缝好后，主婚人抱来一个漂亮的小男孩，把他包在新褥子里，朝四面八方转一圈，以祝愿新人早生贵子。褥子铺到床上时，下面放一把张开的剪刀，以祛邪恶和谗言。

结婚仪式在教堂举行，新郎新娘骑着马由亲友陪同从各自村子走向教堂，人们用棉籽、豆子和小铜钱向他们撒去，祝愿他们幸福美满。教士为他们祈祷，新郎新娘交换戒指，接受祝福。农村婚礼的婚宴要持续1~3天。在宴会上，宾客们要把纸币别在新郎新娘的衣服上，直到别满为止。在婚礼的第三天人们一起跳舞狂欢，将婚礼推向高潮。婚礼后宾客要参观新居，赠送礼品。新婚夫妇一般住在新娘陪嫁过来的房子里，不与双方父母同住。对塞浦路斯人来说，女儿出嫁是一件很重要的事，父母要给女儿丰厚的嫁妆，包括一所新住宅，嫁妆由女儿带进她的新家庭，婚后仍属于她自己。如果父母陪送不起，女儿也许会一辈子嫁不出去。

土耳其族有自己的风俗习惯。土耳其族人喜欢在国庆节、婚礼和丰收等吉庆场面跳民族舞，现在在大宾馆或旅游场所也能看到土耳其族的民族舞蹈表演。土耳其族的民族舞通常按照这样的顺序进行：集体舞、妇女舞、戏剧舞、屠夫舞。集体舞男女同台共舞，而妇女舞的节奏一般较为缓慢。土耳其族民族舞的显著特点是舞蹈者穿戴艳丽的民族服饰。[①] 土耳其族人在跳民族舞时还有民族音乐伴奏。土耳其族的民族乐器由鼓（davul，一种大鼓，用一根棍子打击）、唢呐（zurna）、达拉布卡鼓（darbuka）和古提琴（fiddle）组成，这些乐器可以奏出基本的音乐节奏。[②] 土耳其族人每年都要举行民族舞蹈比赛活动。

土耳其族人的饮食习惯也很有特色，他们喜欢用柠檬汁作调味品，每顿餐都有鲜柠檬汁或柠檬片，与萝卜片和黑面包一起吃。土耳其族人通常用当地的大米加鸡蛋和柠檬熬汤，味美且开胃。用肉、鸡蛋和大蒜做成的带有辛辣味的炸肉饼 Kieufdhe（hofte），是土耳其族人的一种特色食品，类似于大米羊肉菜叶包。烤全羔羊和“Qeftali” kebab 是土耳其族人的两种风味小吃，

---

① *Folk Dances*，http：//www. cyprusive. com/？ CID =75，2011 -02 -05.

② *Folk Dancing Music*，http：//www. cyprusive. com/？ CID =76，2100 -02 -05.

到北塞游览，只有品尝了烤全羔羊和“Qeftali”kebab才算完美，大街小巷卖“Qeftali”kebab成为一道风景线。土耳其族人热情好客，到土耳其族人家里做客，主人会给你端上浓香的咖啡、含有蜂蜜和坚果的蛋糕（tpasta-cakes），如果是夏天，会用加有冰冻水果或果酱的水招待你。[①]

土耳其族人的手工艺品如莱夫卡纳花边（Lace-Work of Lefkara）、颇显富贵的头巾（yemeni）、蚕茧工艺品、手工基里姆地毯（hand-woven kilims）等，也是游人喜欢购买的纪念品。[②]

## 二　节日

塞浦路斯的节假日较多，有全国性的，也有希腊族和土耳其族的。

**塞浦路斯全民共同的节日有：**

元旦，1月1日；

塞浦路斯解放斗争纪念日，4月1日；

五月节，5月1日；

青年和体育节，5月19日。

**希腊族人的主要节日有：**

主显节，1月6日；

命名日，1月19日；

绿色星期一，希腊东正教复活节前50天；

希腊独立日，3月25日；

复活节，公元325年尼科西亚宗教会议规定，每年过春分月圆后的第一个星期天为复活节，一般在3~4月间，具体日期不

① *Food and Drink*（*Cuisine*），http：//www.cyprusive.com/？CID=54，2011-02-05.

② *Traditional Hand Crafts*，http：//www.cyprusive.com/？CID=57，2011-02-05.

固定；

圣灵降临节，6 月 4 日；

跳火节，6 月 23 日；

圣母升天节，8 月 15 日；

圣诞节，12 月 25 日；

塞浦路斯独立日（国庆日），10 月 1 日；

希腊国庆日，10 月 28 日。

**土耳其族人的主要节日有：**

伊斯兰教新年，伊斯兰教历 1 月 1 日；

圣纪节，伊斯兰教历 3 月 12 日；

开斋节，伊斯兰教历 10 月 1 日；

宰牲节，伊斯兰教历 12 月 10 日；

国家主权和儿童节，4 月 23 日，这个节日来自土耳其独立战争期间 1920 年土耳其国民大会的召开日期，1929 年，根据儿童保护组织的建议，这一天被定为儿童节，从 1986 年起，土耳其政府开始在 4 月 23 日庆祝国际儿童节；

和平和自由日，7 月 20 日；

团结抵抗日，8 月 1 日；

胜利日，8 月 30 日；

土耳其国庆日，10 月 29 日；

“北塞浦路斯土耳其共和国”日，11 月 15 日。

# 第二章

# 历　史

## 第一节　上古简史（远古至公元 4 世纪）

### 一　早期人类活动遗迹

考古发现表明，人类来到塞浦路斯岛最早约于公元前 8800 年。在塞浦路斯岛南海岸阿克罗蒂里的一个山洞里，考古发现了该时期人类生火的遗迹和石器片，还有幼河马、小象、鸟类和鱼的骨骼化石。

公元前 7000 ~ 前 6500 年的新石器时代，塞浦路斯迎来了首批定居者，他们在濒临海岸、河流地带或山坡上，有永久性水源且便于防御的地方，用石头和土坯建成圆形蜂窝状的房屋——“苏利”。他们以农耕为主，兼事捕鱼和狩猎，用石头制造器物、石斧及箭头等工具，人死后便埋葬在屋内的地面下。据考古发现，属于这一时期的定居地有 15 个，而规模较大、最具特点者，首推位于南海岸的基罗基提亚遗址，故称基罗基提亚文化。公元前 5700 ~ 前 5500 年，严重的自然灾害（如地震）致使基罗基提亚文化突然消失，从而在塞浦路斯历史上留下千余年人类活动的空档。

公元前 4600 ~ 前 4500 年，塞浦路斯迎来了第二批定居者，

他们与基罗基提亚文化并无继承关系。这一时期在塞浦路斯出现了陶器制作，而且制作工艺相当发达。考古发现表明，该时期的定居地有 30 处之多，其中位于南海岸索特拉的定居地规模最大，类似房屋的建筑约有 50 座，故称索特拉文化。公元前 4000 ~ 前 3900 年，地震将大部分定居地夷为平地，但人类在塞浦路斯的活动仍然继续着。

继索特拉文化之后，公元前 4000 ~ 前 2500 年，塞浦路斯社会进入了铜石并用时期，出现了以埃里米文化为特征的村社群体，定居地范围进一步扩大。至此，塞浦路斯的人类活动由间断、孤立状态，逐渐步入人口不断增加、各定居点之间频繁交往的连续发展阶段。

约公元前 2500 年，安纳托利亚难民来到塞浦路斯，并给塞浦路斯带来了一系列变化。首先，塞浦路斯从此开始冶炼青铜，标志着塞浦路斯历史进入了青铜器时代；其次，墓葬习俗发生了很大变化，不再像新石器时代那样，人们生前住的圆形蜂窝状房屋，死后就成为他们的墓穴，而是开始使用户外公墓。在尼科西亚附近的勒德拉和凯里尼亚附近的贝拉佩斯（今弗诺斯），都发现有这类著名的大坟地；再次，在墓葬中发现有十字形的小肖像，说明当时已存在对神祇的某种崇拜。上述变化首先发生在安纳托利亚难民定居的以菲里亚为中心的西部地区，故称菲里亚文化。另外，与崇拜丰产女神有关的一些神话也在此时传入塞浦路斯。

## 二　希腊人移民塞浦路斯

继安纳托利亚难民之后，古希腊人来到塞浦路斯。古希腊人向塞浦路斯移民经历了两个时期：第一时期发生在公元前 16 世纪，移民主体是古希腊的迈锡尼—阿卡亚人；第二时期发生于公元前 13 世纪末至公元前 11 世纪初，古希腊人大量移居塞浦路斯岛。

公元前 17 世纪，迈锡尼—阿卡亚人进入希腊中南部，后来征服了克里特的文化中心克诺索斯并向周围扩张。“从那时起，迈锡尼人就在爱琴海上居于统治地位，并且不断扩展他们的海外领地。他们的活动遍及地中海东部，特别是以铜矿著名的塞浦路斯岛。”[①] 据记载，公元前 1500 年，首批 1200 名迈锡尼—阿卡亚人移民来到塞浦路斯，定居于东南部的恩科米（今萨拉米斯附近）、克提昂（今拉纳卡）和伊达利昂等地。[②] 在这些地区都发现了较完整的迈锡尼—阿卡亚人城市的遗址，而且塞浦路斯北海岸的一个狭长地带至今仍称为“阿卡亚人海岸”。

迈锡尼—阿卡亚人的移民活动对塞浦路斯产生了巨大影响。随着迈锡尼—阿卡亚人的到来，塞浦路斯的人口结构发生了改变，迈锡尼—阿卡亚人成为塞浦路斯居民的主体。与古塞浦路斯人相比，文化发达的迈锡尼—阿卡亚人是富有阶层和权贵。塞浦路斯也进入了一个相对繁荣的时期，塞浦路斯最早的王国“阿拉西亚”或“阿赛”就存在于这一时期。在埃及的“阿玛尔档案”中，有阿拉西亚国王与埃及法老和叙利亚的乌加里特国王往来的书信。[③] 公元前 13 ~ 前 12 世纪之交，阿拉西亚王国因遭“海上民族”（Sea Peoples）的劫掠和破坏而灭亡。

东方文献中曾提到的“海上民族”，其中就包括古希腊人，他们因迈锡尼文化解体而向地中海东部地区迁徙。公元前 1225 ~ 前 1190 年，“海上民族”相继摧毁了塞浦路斯的主要定居点恩

---

① 〔英〕休特利·达比、克劳利·伍德豪斯著《希腊简史》，中国科学院世界历史研究所翻译小组译，商务印书馆，1974，第 15 页。

② Stavros Pantel, *A New History of Cyprus: From the Earliest Times to the Present Day*, London and The Hague, East-West Publications, p. 4.

③ Veronica Tatton-Brown, *Ancient Cyprus*, Second edition, British Museum Press, 1997, p. 31.

科米、克提昂、辛达、马阿、皮拉等城市，随后有部分“海上民族”在被他们夷为平地的废墟上重建并定居了下来，这就是古希腊人向塞浦路斯移民的第二个时期的第一波移民潮。公元前12～前11世纪之交的特洛伊战争，造成了古希腊人向塞浦路斯移民的规模更大的第二波移民潮。此次希腊人向塞浦路斯的移民活动一直持续了一个多世纪。

古希腊人大量移民塞浦路斯并在岛上相继建立起了诸多类似古希腊城邦的独立城市王国，从此，塞浦路斯历史进入了诸王国并存时期。塞浦路斯和希腊有许多关于希腊移民在塞浦路斯建立城市的传奇故事。《荷马史诗》也提到塞浦路斯的帕福斯国王基里拉斯曾向希腊的特洛伊远征军首领阿伽门农王馈赠过贵重礼品。① 古希腊历史学家希罗多德（前484～前425年）及这个时期的其他作家也都记述过当时塞浦路斯居民中有相当数量的希腊人。② 希腊移民彻底改变了塞浦路斯的人口结构，他们逐渐成为在塞浦路斯占绝对多数的民族——希腊族，希腊文化也随之渗入到塞浦路斯社会的各个领域。早在公元前3千纪，希腊文化中的丰产女神库普里斯就传入塞浦路斯，后来本土化为塞浦路斯爱神阿佛洛狄特，而且在塞浦路斯的传奇故事里，她就出生在塞浦路斯西南海岸一个名为皮特拉托罗米乌的地方，因而塞浦路斯被誉为“爱神之岛”。希腊文化中的其他神祇也都传入塞浦路斯岛，但塞浦路斯岛上各地居民的崇拜神祇却不尽相同，萨拉米斯的居民崇拜宙斯，埃皮亚和伊达利昂的居民尊崇雅典娜，而库里昂的居民敬奉阿波罗。当时，塞浦路斯岛上的各城市王国相互独立，而且相互之间时有争斗和冲突发生，但所有居民的精神生活却高度

---

① 〔塞浦路斯〕C. 斯布里达奇著《塞浦路斯简史》，北京第二外国语学院英语系翻译组译，北京人民出版社，1973，第12页。

② C. Spyridakis, *A Brief History of Cyprus*, Argonaut Inc., p. 6.

一致：他们都前往位于希腊中部的希腊宗教中心、阿波罗的圣地达尔斐奉献祭品，这一点与古希腊各城邦居民的情况极为相似。

此外，塞浦路斯岛上的诸王国均采用古希腊的王位世袭制度，国王行使最高祭祀、法官和军事统帅的职权。塞浦路斯人的日常用品也颇具迈锡尼文化特征。迈锡尼文化在古希腊文明衰落之后，仍在塞浦路斯延续了两个多世纪，通常称之为“后迈锡尼文化”。

继古希腊人移居塞浦路斯之后，公元前9世纪初至公元前8世纪，原居于叙利亚北部推罗城邦的腓尼基人来到塞浦路斯南海岸的克提昂，他们对克提昂进行重建并称之为“新城”。[①] 当亚述征服腓尼基人的西顿城邦和推罗城邦后，腓尼基人进一步向塞浦路斯迁徙。不过，腓尼基人并未在塞浦路斯岛上进一步扩张，只是把塞浦路斯作为他们向地中海西部的西西里岛、撒丁岛、迦太基甚至西班牙扩张的基地。

## 三 亚述和埃及统治下的塞浦路斯

塞浦路斯因其重要的战略地位，成为周围强国征服的对象。公元前709年，亚述征服了塞浦路斯。塞浦路斯诸王向亚述帝国称臣纳贡。

亚述统治时期，塞浦路斯有12个王国，它们是：萨拉米斯、帕福斯、索利、克提昂、凯里尼亚、拉皮索斯、马里昂、阿马修斯、塔马索斯、伊达利昂、奇特罗伊、努里。其中最重要的是萨拉米斯王国和帕福斯王国。

亚述对塞浦路斯的统治相对宽松。除了控制与外结盟、签约和宣战之外，一切内政仍归诸王国自己处理。首先，诸王国仍保留了迈锡尼的统治方式，实行王位世袭制度。国王大权独揽，身

① Costas P. Kyrris, *History of Cyprus: With an Introduction to the Geography of Cyprus*, Nicocles Publishing House, Nicosia, 1985, pp. 86 - 87.

兼最高祭司、法官和军事统帅。后来实行了公民会议制度。公民会议由国王主持。另外还设有由亲王（阿纳克特）和公主（阿纳赛）等王室成员组成的最高王室会议。实际上，这是一种王室寡头统治。其次，亚述征服并没有毁灭塞浦路斯诸王国的繁荣。再次，亚述人对塞浦路斯在建筑、文化上也没有产生多大影响，塞浦路斯仍保留着浓厚的迈锡尼建筑式样和文化特征。

亚述帝国解体后，公元前663年塞浦路斯重新获得了自由，贸易开始繁荣。塞浦路斯工匠制作的颇具特点的石灰岩雕像出口到周围各国，同时他们还在岛外建立作坊，进行巡回指导，并鼓励当地工匠仿制。

公元前560年，埃及国王阿马西斯攻占塞浦路斯。塞浦路斯诸王向埃及称臣纳贡，但仍保留相当程度的自治权。

埃及对塞浦路斯的统治时间虽短，却产生了一定影响。早在亚述统治时期，塞浦路斯就与埃及王夏巴卡（公元前716～前702年在位）联合反对亚述。在这次合作中，埃及的雕刻艺术传到了塞浦路斯。埃及统治塞浦路斯后，埃及王阿马西斯崇拜希腊的传统和文化，在他的慷慨捐助下，在塞浦路斯和希腊建起了许多神庙，并把他本人的木质雕像赐赠给这些神庙供奉。这一时期，塞浦路斯与埃及的贸易远远大于腓尼基与埃及的贸易。双方密切交往，在塞浦路斯形成了独具埃及特色的塞浦路斯雕刻艺术，其特征是脸庞宽大，眼睛大而凸出，嘴唇薄，鼻子硕大。这些塞浦路斯雕刻品还出口到希腊各地。另外，埃及对塞浦路斯的建筑也产生了显著影响。在萨拉米斯出土的这一时期的墓葬，其建筑风格颇具埃及特色。

## 四　波斯统治下的塞浦路斯

公元前6世纪，波斯帝国把扩张矛头指向了爱奥尼亚地区和希腊半岛。公元前546年，波斯征服了位于小

亚细亚西部的希腊人城市王国吕底亚，塞浦路斯便成为波斯从海上进攻希腊的必经之地。面对所向披靡的波斯大军，公元前525年，塞浦路斯诸王国主动向波斯帝国臣服。塞浦路斯与腓尼基、叙利亚、巴勒斯坦等被划归波斯帝国的第五行省管辖。这一时期塞浦路斯历史的主要特征，就是波斯和希腊对塞浦路斯的争夺。

塞浦路斯诸王向波斯帝国纳贡，年贡为350塔兰特①，并为其对外征战提供军队、船只。作为回报，塞浦路斯诸王国享有比埃及统治时期更高程度的自治权：诸王国内政完全独立自主；王位得到波斯国王的承认；可以完全自由地铸造银币和铜币；自主决定对外政策，甚至与外国签约时也无须波斯帝国官员的监督，这一点在波斯帝国其他行省均属例外。所以，尽管在波斯帝国的统治下，塞浦路斯仍然取得了较快发展，尤其在文化、艺术方面，如独具特色的“塞浦路斯风格”的雕塑正是出现于这一时期。

波斯帝国统治塞浦路斯后，由于诸王国之间的固有矛盾和波斯统治者的挑拨离间，塞浦路斯诸王国逐渐分化成了亲波斯和亲希腊两大派。索利、马里昂、克里昂和帕福斯王国是亲希腊的中坚；而塞浦路斯最有影响的萨拉米斯王国则与波斯关系密切。腓尼基人的新城——克提昂王国，是波斯帝国最忠实的盟友。

尽管塞浦路斯诸王国获得了高度自治权，但人们对波斯帝国的异族统治仍然心怀不满。公元前500年，当小亚细亚西部的希腊人城邦爱奥尼亚举起反抗波斯统治的大旗时，萨拉米斯的奥勒西洛斯推翻了亲波斯的王兄高戈斯国王，联合除阿马修斯以外的

---

① 古希腊、巴比伦等国最大的币制单位和重量单位，1塔兰特约等于30公斤白银。

其他诸王国，发动了一次反抗波斯统治的民族起义。波斯帝国大军在萨拉米斯附近登陆，两军展开激战。由于双方力量悬殊，奥勒西洛斯英勇阵亡，起义失败了。奥勒西洛斯成为塞浦路斯希腊人的民族英雄。希罗多德曾对此次塞浦路斯人起义作过详细记述："塞浦路斯人只过了短短一年的自由生活就又重新沦为奴隶了（公元前498年）。"

奥勒西洛斯领导的反抗波斯帝国的起义失败后，塞浦路斯诸王再度向波斯帝国称臣，他们的自治地位也并无多大改变。公元前480年，波斯帝国大王薛西斯出兵希腊，塞浦路斯诸王向波斯提供了150艘船只，并参加波斯大军与希腊作战。但对于这一事件史学家有不同解释。希罗多德认为塞浦路斯人表面上帮助波斯入侵自己的希腊同胞，而实际上是暗中帮助希腊人。

公元前450年，雅典人远征塞浦路斯。雅典军队初战告捷，占领了塞浦路斯西北部的马里昂。但次年围攻腓尼基人占据的克提昂时，雅典统帅西蒙阵亡，雅典被迫与波斯媾和，签订《卡里亚斯和约》，雅典承认波斯在塞浦路斯的地位。在波斯扶植下，腓尼基人占领了岛上最著名的城市萨拉米斯。公元前411年，萨拉米斯城的建立者，托塞家族的后裔埃瓦哥拉斯一世（公元前435～前374年），在雅典的帮助下被拥立为萨拉米斯国王。埃瓦哥拉斯一世发动了实现塞浦路斯独立和统一的"塞浦路斯战争"（公元前390～前380年），虽然壮志未酬，但他在传播希腊文化方面发挥了重要作用。

## 五　亚历山大大帝和埃及托勒密王朝统治下的塞浦路斯

公元前332年，塞浦路斯诸王向东征的亚历山大大帝提供了由120艘最好的战船组成的舰队，而且萨拉米斯国王普尼塔普拉斯、阿马修斯国王安德诺科斯和索利国王帕西克拉茨，亲率本国的舰队参加了战斗。亚历山大大帝给了塞浦路斯丰厚的回报，他把塞浦路斯诸王视为自己忠诚的盟友，承认他们的自治地位，而且诸王还可以铸造金币，只是要求在钱币上铸有他的名字和头像图识。塞浦路斯诸王享有在亚述、埃及和波斯统治时期从未有过的特权。

在亚历山大大帝时代，塞浦路斯与希腊，特别是雅典商贸往来异常活跃，经济繁荣。这一时期，岛上有萨拉米斯、帕福斯、库里昂、拉皮索斯、凯里尼亚、马里昂、阿马修斯、塔马索斯和伊达利昂等王国，而尼科克里昂统治的萨拉米斯和尼科克列斯统治的帕福斯最为重要。

公元前323年，亚历山大大帝病故巴比伦后，埃及的托勒密王朝与希腊的安提俄克王朝对塞浦路斯展开激烈争夺。托勒密之弟美尼拉斯占领塞浦路斯，并彻底消灭了在塞浦路斯存在了10个世纪的诸城市王国，第一次实现了塞浦路斯的统一，把塞浦路斯划为托勒密王朝的一个行省，由埃及任命的塞浦路斯总督治理。

公元前306年，安提俄克令其子德米特里·波利奥克雷茨夺取塞浦路斯。在德米特里统治塞浦路斯的12年里（公元前306～前294年），塞浦路斯成为安提俄克父子对外征战的军事基地，不仅在岛上驻扎有大量军队，而且在岛上砍伐树木，制造战舰。公元前294年，托勒密又重新夺回了塞浦路斯，从此开始了埃及托勒密王朝对塞浦路斯长达两个半世纪的统治。

公元前2世纪，托勒密王朝统治者下令，将塞浦路斯总督府从萨拉米斯迁到了帕福斯。在托勒密一世和托勒密二世统治时期，塞浦路斯相对和平稳定，经济繁荣，也出现了一些新兴城市，其中有三个城市就是以托勒密二世菲拉德尔弗斯之妻阿西娜的名字命名的。

## 六　罗马共和国和罗马帝国统治下的塞浦路斯

公元前58年，罗马占领了塞浦路斯。罗马元老院通过了兼并塞浦路斯的法案，将其划归罗马共和国的西利西亚省管辖，由罗马任命的总督治理。

罗马短暂占领塞浦路斯期间，其统治相当残酷。罗马派驻塞浦路斯第一任总督卡图（Cato the younger，公元前95～公元46年），在财务官和护民官波布利乌斯·克劳狄（Poblius Claudius，公元前93～公元52年）指使下，没收了塞浦路斯的金库，用于罗马内战。公元前51～前50年，著名的罗马演说家西塞罗兼任塞浦路斯总督，对灾难深重的塞浦路斯人民充满同情，他把贷款利率从48%降到12%，并要求撤走了驻扎在岛上的罗马军队。[①]

公元前48年，罗马名将恺撒到埃及调解托勒密王朝内争，被“埃及艳后”克里奥巴特拉的美貌和才智所征服，次年，恺撒恢复了克里奥巴特拉的埃及王位，并将塞浦路斯赠与了克里奥巴特拉。公元前44年，恺撒遇刺身亡，克里奥巴特拉又倾心恺撒的部将安东尼，被安东尼封为“众王之王后”和塞浦路斯王后。但好景不长，公元前31年，屋大维征服埃及，结束了托勒密王朝对塞浦路斯的统治，将塞浦路斯并入了罗马版图，从此开始了罗马对塞浦路斯长达三个多世纪的统治。公元前30年，塞浦路斯为罗马共和国直属元老院行省，公元前22年，又转为罗马帝国元老院行省，从此，塞浦路斯进入了“罗马治下的和平时期”（公元前27～公元180年）。

塞浦路斯作为元老院行省，由元老院任命一位元老任总督，任期一年。总督之下设有两位助手，一位是财务官，另一位是行

---

① Vassps Karageorghis, *The Cyprus*: *Ancient Monuments*, C. Epiphaniou Publications Ltd., 1989, p. 40.

政官。这两位助手由元老院任命，任期一年。岛上的所有事务，均由这三人统管和决定。

除此之外，各城市还有城市委员会，负责该城市的内务。而各城市的城市委员会则由地方行政长官主持的平民会议（德莫斯）所领导，平民会议的工作由一个秘书、一个掌管财务的库司和管理市场的职员组成。另外，还设有一位体育督察官。

在罗马帝国统治下，塞浦路斯被划分为 4 个行政区：东部的萨拉米斯行政区、北部的拉皮索斯行政区、西部的帕福斯行政区和南部（包括中部的特罗多斯山丘陵地区）的阿马修斯行政区。4 个行政区下辖 12 个城市：帕福斯、克提昂、阿马修斯、克里昂、萨拉米斯、卡帕西亚、凯里尼亚、拉皮索斯、索利、阿西娜（以前的马里昂）、奇特罗伊（基斯里尼）和塔马索斯。塞浦路斯首府仍设在帕福斯。

罗马帝国在塞浦路斯实行相对宽容的政策。希腊语仍作为塞浦路斯的官方语言，允许塞浦路斯发行铜币和银币，可以与帝国发行的金币和银币兑换。另外，这一时期塞浦路斯商贸繁荣。

罗马帝国统治时期，塞浦路斯曾大兴土木。最引人注目的是萨拉米斯的大商场工程和引水桥工程。萨拉米斯大商场兴建于公元 1 世纪，全长 230 米，是迄今发现的最大的罗马式商场。在克里昂、萨拉米斯、索利和帕福斯等地，都建有体育馆、赛马场和剧场。索利的剧场可容纳 3500 人，但最大的仍属首府帕福斯的剧场。被称之为著名的“大理石会堂”的萨拉米斯体育馆，内部还陈列有罗马帝国时代部分重要的雕像。

公元 45 年，使徒巴纳巴斯与保罗奉安提阿教会差遣，开始了基督教史上的第一次旅行布道。他们从安提阿出发，首先来到塞浦路斯，在岛上周游传教。次年，巴纳巴斯与保罗再次来到塞浦路斯首府帕福斯传教，而且使罗马帝国驻塞浦路斯总督保罗斯皈依了基督教。公元 47 年，使徒巴纳巴斯带着马克来到塞浦路斯传教，并在塞浦路斯建立起了基督教直属使徒教会，该教会是世界上建立最早的基督教教会之一。

## 第二节 中古简史（330～1571年）

### 一 拜占庭帝国统治下的塞浦路斯

公元395年，罗马帝国分裂为东西两部分。西罗马帝国在北方蛮族的入侵下于公元476年崩溃，而东罗马帝国继续存在了一千多年。因东罗马帝国的首都君士坦丁堡（今伊斯坦布尔），是在古城拜占庭镇的旧址上扩建而成，东罗马帝国故称拜占庭帝国。

拜占庭帝国融合了希腊、罗马文化，其中在法律、外交和军事方面罗马的习惯占重要地位，在语言、文字和神学方面主要受希腊的影响。具有浓厚希腊文化传统的塞浦路斯，顺应了拜占庭帝国的文化氛围，受到帝国历代皇帝的特别关心和保护。公元326～327年，君士坦丁大帝的母后圣海伦巡幸塞浦路斯，在岛上兴建了许多基督教教堂，还将赴耶路撒冷朝圣时搜集到的圣十字架碎片（据认为是耶稣遇害的十字架）赐给这些教堂。

在拜占庭帝国统治时期，塞浦路斯不断受到崛起的阿拉伯人的袭扰。7世纪中叶，叙利亚总督穆阿维叶组织了对塞浦路斯的首次远征，拜占庭帝国援军赶到时阿拉伯人才撤离。在这次远征中，穆阿维叶总督副手的妻子、先知穆罕默德的亲戚乌姆·哈拉姆，从骡子上摔下丧命，并葬于此，随后在这里建起了清真寺，成为穆斯林的圣地。691～692年，为了躲避阿拉伯人的入侵和掠夺，拜占庭帝国皇帝查士丁尼二世在达达尼尔海峡附近，为塞浦路斯基督徒开辟了一个新的居住区，即新查士丁尼区，由约翰大主教管理。许多人在迁移过程中因船只失事和疾病而丧生，直到 698 年这些避难者才返回塞浦路斯。为了纪念这一流亡时期，塞浦路斯大主教至今仍冠有“新查士丁尼区兼全塞浦路斯大主教”的头衔。

阿拉伯人对塞浦路斯的入侵和劫掠，时间长达三个多世纪，给塞浦路斯造成严重破坏，而且以教堂等基督教建筑物受到的破坏最为严重，因此在被誉为考古博物馆的塞浦路斯，这个时期的教堂的遗址却很少。

## 二 艾萨克·科穆宁与英王狮心理查的短暂统治

艾萨克·科穆宁，拜占庭帝国皇帝曼努尼尔之侄，曾任奇里乞亚总督，被亚美尼亚人俘虏后卖给了圣殿骑士团，后来被赎回。不久艾萨克纠集了一撮暴徒前往塞浦路斯，用伪造的委任状当上了塞浦路斯总督。1184 年，艾萨克反叛朝廷，自立为王，并打败了拜占庭皇帝派去平叛的军队。艾萨克在塞浦路斯实行暴政统治。

1191 年春，英国国王狮心理查与法国国王菲力普·奥古斯都发起了第三次十字军东侵。英王理查在塞浦路斯登陆，俘获艾萨克，占领塞浦路斯。1192 年 3 月 12 日，理查与贝伦加里娅在利马索尔的圣乔治教堂举行了婚礼，这是英国国王在海外举行的唯一一次婚礼。理查在塞浦路斯大肆搜刮钱财，筹足十字军东侵的给养后，将塞浦路斯以 10 万贝占特[①]的低价转让给了耶路撒冷的圣殿骑士团。

一般认为，第三次十字军东征因英王和法王“各怀鬼胎、矛盾重重，没有收到多大效果”，但实际上英王理查占领塞浦路斯，以及随后由盖伊建立的鲁西格南王朝，应是此次十字军东征

① 拜占庭帝国发行的一种金币，公元 6～15 世纪在欧洲流通，一枚金币贝占特约合 1 英镑。

的最大成果。因为塞浦路斯是通往巴勒斯坦重镇阿克的桥头堡，如果十字军不能有效占领和控制塞浦路斯，十字军不但重新夺回阿克困难，而且防守阿克更不易。在以后的多次十字军东征中，塞浦路斯成了十字军最稳固的舰队集结地和物资供给地。另外，理查占领塞浦路斯绝非偶然，当理查舰队航行至罗得岛时，理查得知艾萨克与萨拉丁结成抗击十字军的联盟，他已有占领塞浦路斯的计划，从而保障从塞浦路斯向巴勒斯坦十字军的供给。

## 三　鲁西格南王朝统治下的塞浦路斯

### 1. 鲁西格南王朝的建立及其政教制度

耶路撒冷圣殿骑士团接管塞浦路斯后，岛上希腊人的起义仍此起彼伏，圣殿骑士团无可奈何地把塞浦路斯的统治权转让给了法兰克人盖伊·鲁西格南。

盖伊·鲁西格南统治塞浦路斯不到两年，也没有称王，1194年死后，其弟阿莫里·鲁西格南继承了统治权。1196年，阿莫里为了获得罗马教皇的支持，向罗马教皇表示忠诚，罗马教皇正式承认他为塞浦路斯国王。

鲁西格南王朝的统治阶级是法兰克人，国王是最高统治者，拥有全部军事和行政大权。王国最重要的权力机构是最高法院，由国王主持，所有贵族参加，它拥有行政权、立法权和司法权。最高法院对国王的权力也有制约，没有经过最高法院的裁决，国王也不能随意处罚贵族。鲁西格南王朝的行政、司法制度，基本上是根据《耶路撒冷法典》制定的，该法典还被译成了塞浦路斯的希腊文。

国王之下设有王朝总管，负责王国的所有行政事务。统帅的责任是，平时领导和训练雇佣军，当国王不在时，指挥王国的军队。宫廷大臣负责王宫事务、国王的各种礼仪及贵族向国王宣誓效忠的誓言等。

国王是最大的封建主，所拥有的土地称王室土地。国王封赏的法兰克贵族称男爵，男爵的封地称男爵领地；男爵之下还有骑士，骑士的封地称采邑。另外，自由民拥有的小块土地称份地。实际上，不论是男爵领地还是骑士采邑，仍然由国王控制，他们使用土地的回报，就是当发生战争时，必须向国王提供军队。

鲁西格南王朝统治下，农民分为三个阶层，处于最底层且人数最多的是农奴（Parici），他们用自己的生产工具耕种地主分配的土地，收成的1/3交给地主，另外每人须交人头税，每周还必须在地主的土地上做两天苦役。实际上，农奴就是地主的个人财产，可以随同土地一起被买卖。第二个阶层是佃农（Perpyarioi），他们部分是拜占庭帝国王公的家仆、佣人及其后代，部分是以前的城镇居民、家庭手工业者或工匠。佃农不允许被买卖或交换，但与农奴一样，也必须交收成的1/3给地主，并每周为地主做两天的苦役。第三个阶层是自由民（Lefteroi），他们部分是被释农奴的后代，绝大多数则是通过赎买获得自由，但他们还须交人头税。自由民主要是城市里的艺人、工匠、王宫和贵族府宅里的仆从，以及教堂等机构的雇工，他们以获取报酬维持生计。总之，希腊人丧失了原有的一切权利，成为法兰克统治阶级剥削和奴役的对象。

鲁西格南王朝的政教完全分离，但王朝统治者采取大力扶持天主教会，严格抑制希腊东正教会的政策。1260年4月，罗马教皇亚历山大四世颁布《塞浦路斯问题训谕》，严格限制塞浦路斯希腊东正教会的活动。直到1448年，鲁西格南王朝的摄政者海伦王后，废除了亚历山大四世的《塞浦路斯问题训谕》，恢复了塞浦路斯希腊东正教会的独立地位。

**2. 鲁西格南王朝与十字军东侵**

鲁西格南王朝的建立，是第三次十字军东侵的直接结果，东侵思想贯穿鲁西格南王朝始终。在随后的十字军东侵中，鲁西格南王朝统治的塞浦路斯发挥了极为重要的作用。

1197 年阿莫里被加冕为耶路撒冷国王，自然对保护巴勒斯坦的拉丁王国负有责任，并于 1205 年死于阿克，年仅几个月的儿子雨果一世（1205～1218 年在位）继位。1217 年德皇腓特烈二世发起第五次针对埃及的十字军东侵，雨果一世也率军队参战，并于 1218 年 1 月病死在黎波里（黎巴嫩）。第六次十字军东侵的目的，实际上是德皇腓特烈二世为争夺鲁西格南王朝的摄政王之职。

第七次十字军东侵，鲁西格南王朝国王亨利一世与法王路易九世，在塞浦路斯谋划长达 8 个月之久。1249 年 5 月，他们率军从利马索尔出发进攻埃及，但同样没有摆脱失败的命运。

14 世纪中叶，鲁西格南王朝统治的塞浦路斯进入鼎盛时期。以“基督的壮汉”闻名的国王彼得一世（1358～1369 年在位），大力宣扬十字军东侵和对异教徒的圣战，自认为是解放圣地的“最佳人选”。1361 年，彼得一世率兵攻占了小亚细亚南岸的重要商港安塔利亚和阿拉尼亚，并得到塞尔柱土耳其埃米尔的承认。为了获得西欧封建主的支持，1362 年 10 月，彼得一世开始了对欧洲各国宫廷的游说访问。历时近三年，他先后访问了威尼斯、米兰、热那亚、阿维尼翁、莱茵河诸城、巴黎、伦敦、皮尔多（法国东南部的重要港口城市）、布拉格和科拉科夫。彼得一世的行动虽然得到了这些欧洲王公的高度赞赏和鼓励，但谁都不愿亲身介入。在罗得岛，彼得一世组成了一支由 140 艘战船和一万多名士兵组成的远征军，对埃及的商贸重镇亚历山大城进行了掠夺。

彼得一世的此次东侵，虽然初战告捷，但欧洲舆论却不以为然，而且招致威尼斯和热那亚的强烈反对。因为被激怒的埃及马木鲁克素丹下令禁止欧洲商人在埃及和叙利亚的一切商贸活动，威尼斯人经过数月的好言相劝，才使素丹取消了禁令。但彼得一世准备进攻贝鲁特的计划，在威尼斯的压力下，被迫改为对小亚细亚沿岸城市的掠夺和破坏，还曾一度攻陷叙利亚的的黎波里城。由于王朝内讧加剧，而且获得了丰厚战利品的士兵回家之心情比从穆斯林手中解放圣地更为迫切。1367 年秋，彼得一世停止了军事行动，再次前往欧洲寻求支持。1368 年 9 月，失望而归的彼得一世因王朝内讧和宫廷矛盾，于次年元月被男爵刺杀，彼得二世继承了王位。

1372 年，彼得二世（1369～1382 年在位）加冕为耶路撒冷国王，威尼斯人与热那亚人在塞浦路斯的冲突加剧。1373 年春，热那亚派舰队对塞浦路斯进行掠夺和破坏，10 月，攻占了法马古斯塔和尼科西亚，并俘获了国王彼得二世。10 月 21 日，彼得二世被迫接受了热那亚人占领法马古斯塔和向热那亚战争赔偿等苛刻条件。

自彼得一世远征亚历山大后，彼得二世和杰纳斯（1398～1432 年在位）国王分别于 1370 年和 1414 年，两度与埃及素丹签订了和平条约，但双方之间的海盗式掠夺从未间断。1426 年 7 月，埃及远征军攻占尼科西亚城，杰纳斯国王被虏往埃及。在罗马教皇、热那亚和威尼斯的斡旋下，鲁西格南王朝向埃及素丹称臣纳贡并缴纳赎金后才被释放。

向热那亚的赔偿和贡金，已经使王国的经济濒临崩溃，现在又要向埃及交付赎金和进贡，只有靠增加税收。沉重的赋税最终导致农民武装起义，进一步加速了鲁西格南王朝的衰落。

**3. 詹姆斯篡夺王位**

杰纳斯国王因两年的囚禁，身心健康遭到破坏，1432 年含辱死去，其子约翰二世（1432～1458 年在位）继位。约翰二世怯弱无能，贪婪女色，第一个妻子死后，与情妇玛丽埃塔鬼混并生有一子詹姆斯。为了安抚被统治的希腊人，稳定政局和恢复经济，1441 年，约翰二世续娶了拜占庭皇帝之侄女海伦为后。次

年王朝最高法院确认海伦王后为摄政王，海伦王后成为王朝的实际统治者。海伦王后给希腊族人诸多帮助，1448 年，她下令废除了《塞浦路斯问题训谕》。为保护希腊人的利益，她与罗马教皇及其特使作斗争。海伦王后的事迹至今仍在塞浦路斯希腊族人中传颂。

1458 年 4 月和 6 月，海伦王后和约翰二世相继去世，他们的独生女夏洛特（1458～1460 年在位）继位。在这期间，王朝贵族分为两派，一派支持夏洛特女王，并得到了热那亚人的支持；另一派支持约翰二世的私生子詹姆斯，他们阴谋夺取王位，而且威尼斯人把赌注也下在了他的身上。1458 年 12 月，詹姆斯阴谋败露后逃往埃及。

1460 年 9 月，詹姆斯在埃及马木鲁克的帮助下，攻占尼科西亚，夏洛特女王逃到塞浦路斯北部的凯里尼亚城堡。夏洛特多次向西欧封建主求援，但均未成功。4 年后詹姆斯攻占了凯里尼亚城堡，并在威尼斯人的帮助下从热那亚人手中夺回了法马古斯塔。至此，詹姆斯二世（1460～1473 年在位）完全控制了整个塞浦路斯。

1468 年 7 月，詹姆斯二世与威尼斯贵族之女，年方 15 岁的凯瑟琳·科内罗结婚。1473 年 7 月，詹姆斯二世死后，王位留给了他尚未出生的孩子。8 月 22 日詹姆斯三世出生，但一年后神秘夭折。科内罗成了名义上的女王。1489 年 2 月 26 日，在威尼斯的软硬兼施下，科内罗女王被迫将塞浦路斯转由威尼斯占领和管理，从此结束了鲁西格南王朝对塞浦路斯长达近三个世纪的统治。

## 四　威尼斯占领下的塞浦路斯

威尼斯统治塞浦路斯后，塞浦路斯成为威尼斯的属地，由威尼斯任命的一位总督和两位顾问治理，这三人便组成塞浦路斯地方政府，负责行政、税收、司法和塞浦路斯封建主军队。当发生战争时，军队由威尼斯执政团任命的将军统一指挥。总督和顾问任期均为两年，享受威尼斯政府俸禄。总督府设在尼科西亚。另外，为了相互牵制，塞浦路斯最重要的港口城市法马古斯塔的军政长官，由威尼斯执政团直接任命，俸禄与总督相同。总督和法马古斯塔军政长官的任期均为两年。威尼斯的这种统治特点，虽然抑制了地方官员的个人野心，但严重影响了对塞浦路斯事务的有效管理。

威尼斯把塞浦路斯仅作为在中东地区的一个军事基地和东西方贸易的桥梁，只管榨取，很少投资，疏于管理，农田荒芜，人口锐减，激起了农民的抗税起义。1571 年 8 月，奥斯曼帝国征服塞浦路斯，结束了威尼斯对塞浦路斯长达 82 年的占领。

## 第三节 奥斯曼帝国统治下的塞浦路斯（1571～1878 年）

### 一 奥斯曼帝国在塞浦路斯统治的特点

#### 1. 统治初期的宽容政策

土耳其人统治塞浦路斯之时，正值世界发生巨变之际。西欧开始出现资本主义萌芽，以技术为特征的近代文明迅速扩展。新航路的发现，太平洋成为世界贸易的中心，传统的地中海贸易逐渐萧条，直接影响到作为东西方贸易中转站的塞浦路斯的经济。另外，土耳其人对塞浦路斯一年多的征服战争，致使农业未能及时耕种，加上军队的践踏破坏，粮食歉收，饥荒四起，人民挣扎在死亡线上。为了安抚民心、恢复经济，奥斯曼帝国政府采取了一系列宽容政策。

奥斯曼帝国政府宣布废除封建农奴制度，把束缚在封建主领地上的农奴解放出来，他们可以拥有自己的土地。塞浦路斯岛居民信仰自由，人们可以自由选择自己的信仰，希腊东正教会得到了奥斯曼帝国政府的承认，失势300多年的东正教会大主教辖区重新建立起来，还允许东正教会赎回被土耳其人接管的修道院。这些宽容政策最初由穆斯塔法承诺，随后一个由塞浦路斯人组成的代表团前往君士坦丁堡，面呈大维齐，最后由素丹恩准。在1572年3月和1573年，素丹两度发布圣谕，要求组成由贝勒贝（总督）、税收财务官和卡迪（法官）负责的塞浦路斯地方政府。素丹告诫地方政府官员，不得在使用宗教法和在税收方面欺压希腊族基督教徒臣民，执法要公正，税收要合理，避免引起异教徒臣民的不满甚至反叛。

素丹的宽容政策让饱受天灾人祸的塞浦路斯居民看到希望，但浩荡圣恩却是昙花一现，随之而来的是地方官员欺上瞒下，贪赃枉法，为私饱中囊随意增加税收，人民生活极端艰难。土耳其族民众率先发动了反抗地方贪官的起义，素丹的确也严惩过引起民众骚乱的贪官，直到希腊革命波及塞浦路斯之前，素丹对塞浦路斯的宽容与善意仍未改变。

**2. 土耳其人统治的特点**

土耳其人征服塞浦路斯后，与安纳托利亚本土的另外4个地区组成帝国的一个行省。但实际上塞浦路斯是由奥斯曼帝国政府任命的总督治理。总督下设有一个委员会，其成员由穆夫提①、瓦克夫②、3位土耳其贵族和2位希腊族贵族组成。该委员会由总督主持，每周例会一次，就塞浦路斯的财政、税收和管理等重大问题向总督提供咨询，而且会上做出的决定必须由出席会议的成员签名，签署的这种文件被称之为“穆斯巴塔斯”（Musbatas）。该

① 穆斯林的教法说明官、法律顾问，是人民与法官联系的中间人，有咨询权而无审判权。

② 伊斯兰宗教寺院等财产的管理者。

委员会成员的构成充分体现了土耳其人在塞浦路斯的统治地位。

在总督治理下，塞浦路斯被划分为 17 个行政区，到 19 世纪削减为 6 个。每个行政区由两位土耳其人管理，一位是掌管行政和统率军队的土耳其贵族阿迦，另一位是伊斯兰教宗教法官卡迪。征服塞浦路斯的穆斯塔法帕夏为首任总督。总督府设在尼科西亚。另有两位帕夏分别坐镇法马古斯塔和帕福斯。奥斯曼帝国统治之初，据 1572 年非穆斯林人口缴纳的哈拉吉（人头税）推算，岛上有非穆斯林人口 85000 人，除人口占绝对多数的希腊族人外，还有亚美尼亚人、马龙派信徒和极少数信仰罗马天主教的欧洲人；另外还有新定居的 2 万多土耳其人。由于严重的蝗灾、瘟疫和饥荒，除了死于灾荒外，塞浦路斯居民大量逃往克里特岛和希腊半岛，到 1640 年，非穆斯林人口不足 25000 人。为了阻止外逃和把逃往岛外的难民吸引回来，奥斯曼帝国当局采取了一些措施，如取消设在法马古斯塔和帕福斯的两个帕夏辖区，削减尼科西亚总督府的开支。但据当年去过岛上的旅游者记述，这些措施收效甚微。

1670 年，奥斯曼帝国政府为了恢复经济，取消了对塞浦路斯的帕夏管理制度，把塞浦路斯与安纳托利亚本土的 4 个地区划归海军统帅治理。海军统帅指派一位代理人即专使，具体负责塞浦路斯事务，其年薪规定为 15000 皮阿斯特（约合 3000 英镑）。为了获得专使这一肥差，土耳其人竞相行贿，任职后便尽力敛财，曾多次激起塞浦路斯人，尤其是土耳其族人的反抗。

1703 年，人民的反抗引起奥斯曼帝国政府的关注，随后将塞浦路斯转为大维齐的个人领地。大维齐同样也每年委派专使代为管理。专使集行政、军事和税收权于一身，直接向大维齐负责。实际上就是大维齐把塞浦路斯的统治权“租赁”给专使，专使向大维齐缴纳双方商定的“租金”。专使没有固定薪金，其报酬完全根据他在塞浦路斯榨取的多少而定。所以，获得专使之职是实现迅速暴富的美差。大维齐选派专使的条件当然是出价最高者。

1745 年，塞浦路斯改为由帕夏治理的独立行省，每年给大维齐一定的补偿。实行这一制度后的第二任帕夏阿布·贝克尔，是整个奥斯曼帝国统治时期为数甚少的在塞浦路斯享有盛誉的帕夏之一。1747 年，贝克尔帕夏个人捐助 5 万多皮阿斯特，把阿皮拉（Arpera）泉水引到了拉纳卡，整个工程长达 10 公里，至今在拉纳卡附近还可看到引水渠的遗迹。

1849～1861 年，塞浦路斯归并到首府设在罗得岛的爱琴海帕夏辖区。在这一时期，总督更换频繁，平庸无能者居多。即使有能力者，因任期太短也无所作为。1861 年再次恢复为由总督治理的独立行省，但仅 7 年后，又转归新设置的达达尼尔行政区，总督府设在克拉克，对塞浦路斯的管理更是鞭长莫及。1871 年又再次恢复了爱琴海帕夏辖区对塞浦路斯的管理，直到 1878 年奥斯曼帝国素丹下诏将塞浦路斯交由英国治理。

无论作为独立行省还是其他帕夏辖区，为了便于管理和征收赋税，按宗教信仰把塞浦路斯划分成了两个区，即穆斯林区和雷亚①区。穆斯林区主要由奥斯曼帝国委派的地方官员、士兵和土耳其定居者构成，是塞浦路斯的统治阶级。非伊斯兰教信仰者归雷亚区，主要是信仰希腊东正教的希腊人、亚美尼亚人、马龙派信徒和少量信奉天主教的欧洲人。在土耳其人的统治下，雷亚是没有政治权利的二等公民，必须缴纳人丁税（哈拉吉），作为他们继续信仰原有宗教、免服兵役和人身财产安全得到保护的代价。除此之外，还有土地税、盐税，某些地区还有特别地区税，如莱夫卡（Lefha）和埃皮斯科皮（Episcopi）地区，因有供水设施而缴纳水税。所有这些税收都是由帕夏委托的专使或大维齐的代理人负责，下达具体征收数量。具体征收办法是：穆斯林区的

① 雷亚（Rayahs），是土耳其人对异教徒的称呼。

各村庄，由土耳其村民推选或官员指定的负责人负责收取，然后逐级上交。雷亚区由大主教、主教负责征收。

**3. 大主教兼任埃思纳克**

在被征服地区扶持和利用人口占绝对多数的民族进行统治，是奥斯曼帝国统治的突出特点。奥斯曼帝国征服塞浦路斯后，为了安抚民心、稳定社会，实行宗教信仰自由的民族宽容政策，恢复了在法兰克人和威尼斯人统治时期被限制的希腊东正教会的合法地位。所以在奥斯曼帝国307年的统治中，塞浦路斯正教会不仅保护了希腊族基督徒，防止被统治阶级土耳其人所伊斯兰化，而且保持了希腊人的语言、文字等希腊民族文化传统，尤其是自19世纪开展的希腊文教育，极大地激发了希腊族人的民族意识，增强了民族凝聚力。同时，正教会的主教们为保护希腊族人（常常也包括贫苦的土耳其人）的合法权益，阻止奥斯曼地方官员私自增加税收，反对暴政做出了不懈的努力，逐渐树立了正教会世俗的领导地位。正教会大主教被公认为是人民的代言人和领导者，可以直接向素丹面陈人民疾苦。1660年，奥斯曼帝国政府任命大主教尼科弗罗斯（Nikiforos）及其继承人负责穆斯林区和异教徒雷亚区的税收，标志着大主教不仅是塞浦路斯希腊族人的宗教领袖，同时也成为塞浦路斯世俗事务的管理者，即埃思纳克①。在随后的90多年里，大主教多次前往君士坦丁堡，陈述人民的疾苦，请求大维齐减轻赋税和阻止奥斯曼总督的暴政。

## 二 希腊革命对塞浦路斯的影响

19世纪初，欧洲各地相继爆发了反对专制统治，要求建立议会制政府的起义，动摇了奥斯曼帝国的统治。

① 埃思纳克（Ethnarch）：奥斯曼帝国在东正教会地区所设的一种政教合一的官职，相当于省长、总督或民族首领。

1821年，希腊爆发的反对奥斯曼帝国统治的希腊民族起义，对塞浦路斯产生了重大影响。

早在1814年，希腊民族主义者就在俄国的敖德萨成立了秘密组织“友谊社”（希腊语称“菲力克·希特里亚”）。1818年，“友谊社”派代表来到塞浦路斯，与大主教基普里亚诺斯建立了联系，并介绍他参加了该组织。基普里亚诺斯大主教坚定支持希腊的民族事业，承诺对领导希腊起义的“友谊社”给予道义和物质上的支持。

希腊革命引起奥斯曼帝国政府对塞浦路斯的密切关注。土耳其人密探发现塞浦路斯某修道院院长锡奥洛斯·锡苏斯，不仅是“友谊社”成员，而且还将大量宣传希腊革命的书籍带入塞浦路斯，并在塞浦路斯秘密宣传希腊革命。总督库楚克·梅赫梅特预感希腊革命即将波及塞浦路斯，请求素丹立即向塞浦路斯增派军队，要求解除希腊族人的武装，处死从大主教、主教到各级希腊族头领及普通居民共486人。素丹下令库楚克召集奥斯曼各封建军事首领立即行动。1821年7月9日，库楚克把黑名单上的人召到总督府，这些希腊族人原以为是总督要求他们前来向素丹表达忠诚，而听到的却是他们的死刑令。

总督库楚克对希腊族人的大屠杀，在希腊族人心中埋下了对奥斯曼帝国素丹，甚至对土耳其族人仇恨的种子，成为希腊族人要求回归主体民族，把塞浦路斯与希腊合并的重要因素。

1830年1月3日，希腊终于摆脱了奥斯曼帝国的统治而获得独立，给塞浦路斯希腊族人极大鼓舞。但大屠杀的打击使塞浦路斯未能恢复元气，人民生活极端痛苦，而在此时，奥斯曼总督要求补交拖欠的税收，引发多次人民抗税起义，但均被奥斯曼帝国政府残酷镇压。

大屠杀的阴影和抗税起义的失败，使塞浦路斯居民极度悲观失望。1853年沙俄重创奥斯曼军队的消息，使希腊族人备受鼓舞，他们希望俄军解救同为东正教的塞浦路斯。然而英、法为了扼制沙俄，转而扶持摇摇欲坠的奥斯曼帝国使其不致解体。在内忧外患和英、法的支持下，奥斯曼帝国走上了史称“坦齐马特”的改革之路。奥斯曼帝国的改革对塞浦路斯也产生了一定积极影响，但就奥斯曼帝国对塞浦路斯的整个统治而言，帝国政府不够重视，管辖权变更频繁，地方总督贪赃枉法，常常把塞浦路斯作为个人发财的摇钱树。帝国政府只是从塞浦路斯攫取资源，运走钱物，从不关心岛上居民的生存环境，道路失修，干旱和蝗灾造成的饥荒不断。希腊族人常把奥斯曼帝国统治时期，比作塞浦路斯历史上最黑暗时期，尽管这种比喻与后来希腊族和土耳其族之间的矛盾和冲突有关，但是奥斯曼帝国政府对塞浦路斯的疏于管理却是不争的事实，就是在坦齐马特改革时期，塞浦路斯人的生活环境也没有得到多大改善，这也是1878年英国占领和管理塞浦路斯后，希腊族人欢迎英国统治者的重要原因之一。

## 第四节 英国统治下的塞浦路斯（1878～1960年）

### 一 从占领到直辖殖民地

#### 1. 英国的占领与统治

1878年1月，奥斯曼帝国在俄土战争中战败，被迫接受瓜分其领土的《圣斯蒂法诺条约》。英国以“保护”奥斯曼帝国为由，迫使奥斯曼帝国同意将塞浦路斯岛由英国占领和管理。1878年6月4日，英国与奥斯曼帝国签订了《联合王国和土耳其防务同盟条约》，通常称之为《塞浦路斯条约》。条约规定：“如果俄国得到巴统、阿尔达汉、卡尔斯并企图进一步占领帝国素丹陛下的亚洲领土，英国以武力保卫奥斯曼帝国；相应的，土耳其政府承诺在亚洲臣民中实行必要的改革，保护基督教徒和其他臣民的利益，同时，为了让英国能够履行条约所规定的义务，奥斯曼帝国政府同意把塞浦路斯交由英国占领和管理。”① 这是《塞浦路斯条约》的第 1 条，也是其核心内容。7 月 1 日，英、奥双方又签订了保证和限定上述条约实施的 6 条补充条款。其中第 3 条规定，英国占领和管理塞浦路斯后应给予奥斯曼帝国一定补偿：“英国每年应向奥斯曼帝国政府支付塞浦路斯岁收与行政费用的盈余，其额度按最近 5 年的平均数估算”，每年大约 87676 英镑，外加 4166220 奥克的食盐。同时，第 6 条规定了英国归还塞浦路斯的条件，即“如果俄国归还卡尔斯和在最后战争中所占领的亚美尼亚的其他领土，英国应撤出塞浦路斯，1878 年 6 月 4 日签订的条约废除”。实际上，由于塞浦路斯重要的战略地位，英国并没有认真考虑还要将它归还给奥斯曼帝国。

1878 年 7 月 4 日，英国皇家舰队副司令约翰·海将军，率领 50 名海军陆战队，乘皇家“弥诺陶洛斯”号旗舰，从塞浦路斯东南部的拉纳卡湾登陆。7 月 10 日，英国皇家战舰“萨拉米斯”号，把素丹的特使萨米帕夏和英国驻君士坦丁堡二秘沃尔特·巴林送到塞浦路斯。萨米帕夏带着素丹把塞浦路斯交由英国占领和管理的诏书，巴林拿着英土《塞浦路斯条约》的副本。12 日，在尼科西亚奥斯曼总督府，萨米宣读了素丹的诏书，奥斯曼总督贝塞姆正式向约翰·海将军移交了塞浦路斯的管理权。7 月 22 日，英国首任驻塞浦路斯高级专员加尼特·沃尔斯利率 1500 名英军赴塞浦路斯就任。次日，沃尔斯利用英、希、土三种文字向全岛发表通告，表示英王陛下政府要采取措施发展塞浦路斯的商业和农业，促进塞浦路斯繁荣，使塞浦路斯人民享有自由、公正、安全的生活。克提昂主教基普里亚诺斯代表全岛对英王陛下政府的善

① Katia Hadjidemetriou, *A History of Cyprus*, translated by Costas Hadjigeorgiou, Hermes Media Press Ltd., 2002, p. 334.

意和承诺表示欢迎，并表达了塞浦路斯希腊族人的民族愿望。

在塞浦路斯希腊族人看来，这是继 1191 年英王理查在第三次十字军东侵时占领塞浦路斯之后，英国人第二次占领和统治塞浦路斯。希腊族人欢迎英国人，是因为他们认为英国曾于 1863 年把爱奥尼亚群岛送给了希腊，所以，他们把英国的统治看成是实现他们的民族愿望——与希腊合并的第一步。他们相信，英国将会支持和帮助他们实现塞浦路斯与希腊合并。大主教索弗里尼奥斯在欢迎沃尔斯利的致辞中明确表示："我们接受这种政府管理权的变化，因为我们相信，英国政府会像把爱奥尼亚群岛送给希腊一样，将会帮助塞浦路斯与血肉相连的祖国希腊合并。"[①] 另外，希腊族人认为，他们与英国人同为基督教徒，因而不会受到英国统治者的宗教歧视，而且英国是强大的民主政体国家，希望得到公正、合理的统治。

英国统治后，对塞浦路斯进行了一系列的税制改革，制定了系统的税收制度。1882 年英国当局完成了对塞浦路斯的人口和土地普查，作为税收的基础。取消了农业税，代以按不动产征收。1906 年又取消了奥斯曼帝国一直实行的免除兵役税。1926 年废除了谷物税。另外，像绵羊税、烟税、酒税、食盐专卖税和关税仍继续征收。为了有效管理和杜绝腐败，由高级专员、司法专员和一位副专员组成高等法院。然而，英国统治后塞浦路斯人民的负担并没有减轻。

英国接管塞浦路斯政权后，一直由外交部管理，从 1880 年转归殖民部。殖民部制定了一整套改革方案，但因英国国会拒绝财政部拨款而搁浅。英国不仅不对塞浦路斯投资建设，还要求塞浦路斯每年向奥斯曼素丹政府支付 92799 英镑，作为英国接管塞浦路斯政权的补偿金，而这笔钱最终又以奥斯曼政府偿还英国债

① Doros Alastos, *Cyprus in History: A Survey of 5000 Years*, ZENO, 1955, p. 308.

务形式流入了英国国库。塞浦路斯人惊讶地发现，他们实际上成了奥斯曼帝国债务的偿还者。直到 1927 年补偿金终止的 48 年里，塞浦路斯总收入 1500 多万英镑，其中作为补偿金流入英国国库的就达 430 多万英镑，而同期英国财政对塞浦路斯的“援助金”只有 174.7 万英镑。

显而易见，造成塞浦路斯经济发展资金缺乏，发展缓慢的主要因素是“补偿金”问题。塞浦路斯希腊族立法委员会成员多次要求英国政府解决该问题，英国政府均以各种理由加以拒绝。19 世纪 20 年代的世界经济危机使塞浦路斯经济雪上加霜，出口锐减，人民生活极端贫困。经济问题增加了希腊族人对英国的不满，也成为 1931 年希腊族人反对英国人起义的原因之一。

**2. 早期“意诺西斯”运动**

“意诺西斯”，即与希腊合并。当 1830 年希腊脱离奥斯曼帝国的统治实现独立时，在希腊周边以希腊人为主的各个岛屿普遍存在这一思想，当然也包括塞浦路斯。但是，只是在英国接管塞浦路斯政权之后，希腊族人才把这一要求公开地提了出来。1881 年 10 月，希腊族人递交给英国政府的一份备忘录中称：“塞浦路斯人民尊重历史，从未忘记他们的希腊血统，基于英国的慷慨，我们希望对我们的愿望给予积极的考虑，我们的唯一愿望就是像爱奥尼亚群岛一样，与我们的祖国合并。”1895 年，塞浦路斯立法委员会中的希腊族成员认为：“自英国占领塞浦路斯的第一天起，塞浦路斯的希腊族人就表达了我们珍藏数世纪的民族愿望。我们绝不放弃任何表达这一愿望的机会，相信公正、慷慨的英国人会给予我们实现这一愿望的合法权利。”① 同年，利马索

① Mehmet Yuva, *The History of the Partition of Cyprus and President Makarios in Context of International and Arab Relation (1878 - 1974)*, Ph. D. dissertation, 1997, pp. 44 - 45.

尔的希腊族人提出了塞浦路斯与希腊合并案。该合并案称："利马索尔的希腊族人今天郑重要求，我们与塞浦路斯人口占绝对多数的其他希腊族人一样，无论是过去、现在，还是将来，都希望与希腊合并；而且只与同我们有着同种族、同血缘的希腊合并。"为了同样的目的，1898 年，希腊人乔治·夫拉霍德斯发起成立了"塞浦路斯爱国者联盟"，号召其成员无论何时何处，只要遇到英国人，就向他们表达要求与希腊合并的愿望。[①] 1911 年，意大利打败了奥斯曼帝国军队，占领了其属地特里波利和昔兰尼加，该事件再次唤起了希腊族人要求与希腊合并的热情，塞浦路斯的许多城市都爆发了要求与希腊合并的群众集会。1911 年 12 月 1 日，希腊族立法委员会成员向英国高级专员递交的提案中称："作为希腊民族不可分割的一部分，我们以无法抗拒的民族之情，强烈要求与祖国希腊王国合并。如果我们的愿望与英国政府的某些利益相抵触，我们只能表示遗憾，这是我们的权利，也是慷慨的英国民族的秉性。"在该提案中，希腊族人不仅把实现其民族愿望的希望寄托于英国的慷慨，而且提出"这是我们的民族权利"，这在希腊族人对民族解放和民族平等的认识上，无疑是前进了一大步。1912 年 4 月，当英国政府拒绝了上述提案后，希腊族立法委员会成员集体辞职，以示抗议。而且希腊族人开始把宣传的范围从城市扩大到了农村，成立了中央民族委员会，组织和领导争取民族解放的斗争。

1912 年 10 月，克里特岛终于回到了祖国希腊的怀抱，再次增强了塞浦路斯希腊族人斗争的信心。在希腊参加巴尔干同盟对奥斯曼宣战后，希腊族立法委员会成员赫里斯托祖卢·索诺斯，率

---

① Mehmet Yuva, *The History of the Partition of Cyprus and President Makarios in Context of International and Arab Relation* (*1878 - 1974*), Ph. D. dissertation, 1997, p. 45.

领数百名希腊族志愿者参加了希腊军队。由此可见，塞浦路斯希腊族人要求与希腊合并，不仅源于共同的民族、宗教和文化传统，希腊民族与土耳其民族长期积怨，也成为“意诺西斯”的强大推动力，而且这一点在塞浦路斯以后的政治发展中体现得更加突出。

希腊族人的要求引起了英国政府的极大关注。1881 年，英国首相格莱斯顿通过英国驻塞浦路斯高级专员对希腊族人的要求表明了立场：“我收到了从拉纳卡、利马索尔和尼科西亚等地寄来的要求塞浦路斯与希腊合并的大量请愿书，我想告诉这些希腊族人，英王陛下政府真切希望塞浦路斯繁荣，但你们必须记住，根据与奥斯曼帝国的条约，塞浦路斯仍然是奥斯曼帝国的一部分，英国只是占领和管理，所有违反条约的类似建议不予考虑。”1907 年，英国殖民大臣温斯顿·丘吉尔巡视塞浦路斯，也持这一观点。所以，在 1914 年英国吞并塞浦路斯之前，英国拒绝了希腊族人将塞浦路斯与希腊合并的请求，并且巧妙地把原因推到了奥斯曼帝国一边，不仅把希腊族人因不能实现合并而产生的愤怒转嫁到奥斯曼帝国身上，而且使希腊族人对英国人同情和理解他们的事业而感激涕零。

**3. 第一次世界大战爆发后的塞浦路斯**

1914 年 8 月，第一次世界大战爆发，奥斯曼帝国公开加入德奥同盟对英、法、俄协约国宣战。作为报复，1914 年 11 月 5 日，英国宣布废除《塞浦路斯条约》，吞并塞浦路斯。同时英国提出，如果希腊加入英法俄协约国，对德奥土保同盟国宣战，英国愿意把塞浦路斯让给希腊。1915 年 1 月，英国外交大臣爱德华兹·格雷明确表示，英国对希腊在小亚细亚海岸将做出“重要让步”。①

① Mehmet Yuva, *The History of the Partition of Cyprus and President Makarios in Context of International and Arab Relation (1878 - 1974)*, *Ph. D. dissertation*, 1997, p. 47.

希腊首相维尼齐罗斯力谏国王康斯坦丁积极回应英国的建议，参加协约国对奥斯曼宣战。但康斯坦丁国王担心希腊参战将招致德国的进攻。1915 年 3 月 6 日，国王罢免了首相维尼齐罗斯。希腊政府没有对英国的建议做出回应。

1915 年 11 月，当大主教率代表团拜访英国驻塞浦路斯高级专员时，高级专员明确告诉大主教，在英国割让塞浦路斯的建议被希腊政府拒绝后，英国已经将建议收回。高级专员还进一步警告大主教，“作为英国臣民，从今以后应避免制造事端，在公众集会上不要表演歌颂希腊的歌曲”，并指出“塞浦路斯的未来发展方向是伦敦，而不是雅典”。

1917 年 6 月 12 日，在协约国的压力下，希腊国王康斯坦丁逊位，其子亚历山大继位。第三次上台的维尼齐罗斯首相立即向德奥同盟宣战。但此时，希腊和英国均未提及割让塞浦路斯的问题，只是在战争结束后的 1919 年 7 月 29 日，在希腊与意大利签订的一个条约中规定，意大利把 1919 年占领的多德卡尼索斯群岛划归希腊，同时规定，在英国把塞浦路斯让给希腊后的 15 年内，由公民投票决定罗得岛的归属问题。但该协定并没有说明英国把塞浦路斯让给希腊的具体时间和条件。其实，在此之前，英国割让塞浦路斯的可能性已经不复存在了。早在 1916 年 3 月，英、法、俄三国签订的《塞克斯—皮科协定》便规定，没有法国的同意，英国不得割让或放弃塞浦路斯。法国担心塞浦路斯归属权的变化，可能会影响到法国在叙利亚的利益，该条约也给塞浦路斯与希腊合并增添了一个新的制约因素。

尽管英国拒绝塞浦路斯与希腊合并，但在 1917 年希腊参加协约国对德奥同盟宣战后，塞浦路斯成立了“泛塞浦路斯希腊人大会”，派代表前往希腊慰问“为民族和自由而战的英勇将士们”，并请求英国高级专员允许他们为与他们息息相关的祖国希腊而战斗。

第一次世界大战结束后，在世界性民族独立和解放运动的推动下，英国的许多媒体也要求本国政府把战时民族自决原则运用到塞浦路斯。在瑞士召开的国际社会主义者大会上，英国工党代表麦克唐纳提出了塞浦路斯问题。1919 年 1 月 25 日的英国《每日电讯报》援引麦克唐纳的发言："除了欧洲的大事外，还有许多亟待解决的小问题，其中包括我们特别关注、我们负有特殊责任、我们至今还占领着的塞浦路斯问题……近 40 年来，我们顽固地拒不允许他们成立地方自治政府，又对他们请求与希腊王国合并的要求充耳不闻。今天他们再次提出请求，该是我们的政府给予他们自由的时候了。"塞浦路斯的希腊族人，也利用这一时期媒体广泛讨论塞浦路斯问题的有利时机，积极活动。1919 年 1 月，大主教塞里罗斯三世和希腊族立法委员会成员前往伦敦，向英国政府表达他们的愿望。英国殖民大臣迈纳接见了代表团，尽管迈纳对希腊族人要求塞浦路斯与希腊合并的愿望表示理解和尊重，但仍以他初任殖民大臣为由搪塞，未作任何明确答复。希腊族代表们在伦敦活动半年之久，向英国议员表达他们的要求，通过媒体转达塞浦路斯人民的愿望，但仍空手而归。这是对希腊族人要求实现民族愿望的一次沉重打击，这次打击终于使希腊族人认识到，以前英国人所谓的"塞浦路斯的主权仍归奥斯曼帝国，因此英国政府不能考虑合并问题"等原因，完全是骗人的鬼话，其真正目的是企图把塞浦路斯作为军事基地而长期占有。希腊族人与英国人之间的关系开始紧张。

1920 年 12 月 8 日，遭到英国政府冷遇的希腊族立法委员会成员代表，回到塞浦路斯后集体辞职，以示抗议。面对"意诺西斯"运动的不断高涨，英国当局在塞浦路斯首次实施戒严法，并将两名希腊籍的"意诺西斯"活动分子逐出塞浦路斯。1921 年，在希腊革命 100 周年之际，大主教塞里罗斯三世发起成立了"民族事业中央委员会"，广泛宣传希腊族人的民族事业，激发希腊族民众的斗志。1921年12月，希腊族民族主义者还成立了一个名为“民族大会”的政治组织，号召希腊族人在政府和立法委员会内，拒绝与英国当局合作。[1] 这一时期，希腊族人的各种政治组织如雨后春笋纷纷涌现，虽然其组织形式不同，斗争方式各异，但在实现与希腊合并这一民族目标上却是高度一致的。

**4.《洛桑条约》使土耳其放弃对塞浦路斯的主权**

凯末尔革命成功后，1923年7月24日，土耳其共和国与协约国签订《协约及参战各国对土耳其和约》，简称《洛桑条约》。虽然《洛桑条约》不是因塞浦路斯问题签订的，但它却对塞浦路斯的主权做出了明确规定。其中第20条规定：“土耳其共和国兹承认1914年11月5日英国政府宣布兼并塞浦路斯。”第21条规定，1914年11月5日前定居塞浦路斯的土耳其人，有权选择加入英国国籍或12个月内离开塞浦路斯，或加入土耳其共和国国籍。《洛桑条约》的签订，标志着英国占领塞浦路斯的合法化，从此，从国际法上真正结束了土耳其与塞浦路斯的宗主权关系。

1925年3月10日，英国宣布塞浦路斯为英国的直辖殖民地，以前的高级专员现在改称为总督。至此，英国完成了对塞浦路斯从占领和管理到单方面宣布吞并，最后到合法地成为英国的直辖殖民地的全过程。塞浦路斯完全被置于英国的殖民统治之下，也是英国在中东地区的唯一一个直辖殖民地。

## 二 1931年希腊族人起义与总督的独裁统治

**1. 1931年希腊族人反对英国统治的起义**

1926年，英国政府任命曾任耶路撒冷军政长官的罗纳德·斯托尔斯为塞浦路斯总督。斯托尔斯是为数不多

① Doros Alastos, *Cyprus in History: A Survey of 5000 Years*, ZENO, 1955, p. 334.

的热衷于塞浦路斯事务的总督之一，他努力改善塞浦路斯的经济、交通和通信设施，是首位在英国为塞浦路斯产品做宣传的英国人。他还对塞浦路斯的考古工作表现出极大兴趣。在斯托尔斯的努力下，1927 年英国政府最终取消了塞浦路斯每年向英国国库支付的“补偿金”。从客观上讲，尽管斯托尔斯在塞浦路斯有许多有益之举，但其真正目的不是为塞浦路斯人谋幸福，而是为了塞浦路斯社会的稳定，让民众感到满足而忠于英国。所以，当希腊族人不断提出与希腊合并的要求时，斯托尔斯怒不可遏，认为在民主、强大的英帝国的统治下，塞浦路斯繁荣兴旺，怎么还坚持要求与贫穷弱小、政局长期不稳的希腊合并，他认为这是塞浦路斯的教育体制和过于民主惹的祸。因此，他着手整顿教育和限制民主。

斯托尔斯把教师划归公务人员，置于政府的严格控制和监督之下。禁止教师向希腊族学生和土耳其族学生教授希腊历史和土耳其历史，限制学者对希腊语言和希腊传统文化的研究，企图从教育这个源头上割断塞浦路斯与希腊和土耳其的联系。同时，斯托尔斯认为，过于民主不仅不利于政府职能的有效发挥，而且会导致民族主义情绪的高涨。所以，他建议殖民当局修改塞浦路斯宪法，扩大立法委员会成员的人数，其目的是让选举产生的立法委员会成员享有更多的民主权利，从而把英国给予塞浦路斯人的民主，主要体现在毫无决策权的立法委员会内，相应地对广大民众的民主权利采取各种措施进行限制。为此，斯托尔斯修改了塞浦路斯的刑法与之相适应，把原来由村民直接选举村社领导改为由殖民当局任命。塞浦路斯人的民主自由权利受到极大的限制。

20 世纪 20 年代末的世界经济危机也影响到塞浦路斯。由于铜矿和石棉矿出口锐减，数千名矿工被解雇，政府的债务不断增加，征用贫穷民工的数量也大量减少，造成失业人口大幅增加，塞浦路斯的经济形势急剧恶化。

塞浦路斯的政治发展出现了新特征。这一时期出现了工会、商会和农民组织和更为激进的“民族青年俱乐部”，教会是所有政治组织的中坚力量。1931 年 4 月 28 日，总督斯托尔斯强行实施增税法案，引起希腊族人的强烈不满。9 月 12 日，希腊族立法委员会成员召开秘密会议，决定采取与英国当局不合作政策，号召民众拒绝纳税，抵制英货。10 月 20 日，克提昂主教米洛纳斯在利马索尔举行的群众集会上，号召民众不要遵守不合法统治者的法律，为争取塞浦路斯人民的解放而斗争，只有获得解放，才能摆脱贫困。此次群众集会的消息不胫而走，迅速传遍千家万户。当天下午，首府尼科西亚的数千群众走上街头，积极响应克提昂主教的号召。尼科西亚佩纳罗梅尼教堂的主持狄奥尼修斯·基克科提斯竖起了一面希腊国旗，要求民众为它而战。在基克科提斯铿锵有力的“我宣布革命”的号召下，激动的群众高呼“到政府大厦去”，人群开始向两公里外的总督府进发。在总督府广场，示威群众与企图驱散游行队伍的警察发生了冲突，群情激昂的示威者将火把抛向了木质结构的总督府，总督府很快就化为灰烬。警察向示威者开枪，造成一死多伤，政府被迫同意为死者举行了万人参加的葬礼。

起义爆发的消息迅速传遍了塞浦路斯的各个角落，象征自由的希腊国旗到处飘扬。在农村，农民也积极行动起来，组成了自己的管理机构。城市的局势已失去控制，警察只能保护政府办公部门和公共设施。在尼科西亚，共产主义组织异常活跃，积极活动，努力建立各种民族组织的联合阵线。

起义爆发后，总督立即宣布全岛处于戒备状态，实行宵禁，并从埃及紧急抽调军队，英国战舰也驶入塞浦路斯水域待命。英国政府将发动这场起义的克提昂主教和凯里尼亚主教等十多位希腊族领导人强行送往英国，依“涉嫌动乱的特殊罪行”将 2000 多人判处监禁。反对英国统治的起义很快就被镇压了。[1]

1931年希腊族人反对英国殖民统治的起义，是英国占领和统治塞浦路斯后，在塞浦路斯首次爆发的反抗英国殖民统治的民族斗争，是塞浦路斯民族觉醒的体现。在此次起义中，塞浦路斯人首次提出了只有斗争，才能摆脱困境，获得自身解放，要求英国统治者撤出塞浦路斯的政治主张。与以前完全寄希望于英国统治者的“慷慨”和“富有同情心”相比，这是对帝国主义殖民统治本质的认识上的飞跃，从此开创了塞浦路斯人民反对英国殖民统治的新篇章。

**2. 总督的独裁统治**

英国殖民当局镇压了希腊族人反对英国殖民统治的起义后，在塞浦路斯岛实行总督的独裁统治。1931年11月12日，英国当局下令解散立法委员会，终止执行宪法，同时赋予总督立法权，开始了总督对塞浦路斯的独裁统治。所有政治组织被宣布为非法组织，实行严格的新闻检查制度，市政选举也被废除。虽然土耳其族人没有参与这次起义，但也没有幸免独裁统治的压迫。

在随后的几年中，英国当局制定了一系列限制人民自由的法律。为了切实执行这些法律，警察有权随时进入居民家中或对街上行人进行搜查。严禁报刊刊发任何有关塞浦路斯和国际问题的新闻，就是转载《伦敦时报》和英国国会的文章，也必须接受审查，有些文章照样被封杀，塞浦路斯许多报刊被迫停办；拥有或携带有关社会主义的书籍，会受到严厉惩处；禁止将希腊等国家的报纸带入塞浦路斯。

殖民当局严厉控制教育，禁止学校向学生讲授希腊历史和土耳其历史，在学校或公开场所不得张贴有关希腊和土耳其英雄

---

① Doros Alastos, *Cyprus in History: A Survey of 5000 Years*, ZENO, 1955, pp. 347 - 350.

人物的图画。任何形式的游行和集会均被取缔。凡超过 5 人的聚会，也必须得到警察局的允许。所以超过 5 人的一场婚礼或家庭宴会也需要报请当局批准。英国当局的这些法律，不仅扼杀了塞浦路斯人民的民主、自由权利，而且严重影响了商贸洽谈和经济合作等经济活动的开展，阻碍了塞浦路斯经济的恢复和发展。

**3. 岛外的“意诺西斯”运动**

在英国当局的高压统治之下，塞浦路斯的民族运动处于相对低潮时期，但岛外塞浦路斯人的“意诺西斯”运动却异常活跃。

1931 年，被迫流亡希腊的塞浦路斯希腊族人，在雅典成立了“塞浦路斯中央委员会”，主要从事向希腊国会议员的宣传工作，同时向塞浦路斯难民提供援助。被驱逐出塞浦路斯的察戈里迪斯和克洛卡西迪斯，在雅典建立了“塞浦路斯学生联合会”。被英国殖民当局强行送往伦敦的凯里尼亚主教马卡里奥斯·米里安修斯后来到了希腊，在雅典成立了“塞浦路斯友谊社”。这些组织都积极宣传“意诺西斯”，但他们的活动也都受到希腊政府的限制。在美国也有“纽约塞浦路斯兄弟会”组织，利用美国的希腊文媒体，呼吁美国政府和公众关注塞浦路斯问题，促进该问题早日解决。

在塞浦路斯岛外从事宣传“意诺西斯”运动的组织中，影响最大的是“伦敦塞浦路斯人委员会”。该委员会成立于 1932 年，其成员主要是由埃夫多罗斯·乔安尼迪斯领导的一批塞浦路斯希腊族人，他们利用在英国首都的便利条件，不仅宣传“意诺西斯”，而且对塞浦路斯的政治、经济、公民权和自由等诸多问题进行广泛宣传，向英国政府和公众施加影响。该委员会还多次向英国政府提交报告，建议在塞浦路斯成立以希腊族和土耳其族为基础的联合自治政府，要求给予塞浦路斯人民民主和自由。但是，英国殖民当局拒绝接受任何改变塞浦路斯现状的建议。

1938年6月29日，英国殖民当局在对该委员会的答复中，再次重申了塞浦路斯现状不容改变的顽固立场。但该委员会并没有气馁，继续采取一切可能的方式，尤其是通过国会质询等渠道，从各方面引起英国政府对塞浦路斯问题的关注。1939年，该委员会制定了一系列的宪法议案，经过向塞浦路斯的相关组织和个人征询修改意见后，最后制定了塞浦路斯自治政府《宪法草案》，并呈送英国政府。尽管英国政府并未采纳，但它对于英国民众了解塞浦路斯问题，推动塞浦路斯的民主进程，无疑具有一定的促进作用。

## 三　第二次世界大战对塞浦路斯的影响

### 1. 希腊首次要求合并塞浦路斯

1939年9月，第二次世界大战爆发，尽管塞浦路斯没有直接参与战争，但这次战争对塞浦路斯产生了重要影响。

在战争爆发之前和战争期间，德国对塞浦路斯的宣传异常活跃。德国电台的“亲爱的希腊听众”节目，重点做策反希腊族人的宣传，号召希腊族人反抗英国统治，接受纳粹思想，加入德国阵营，并承诺将帮助希腊族人实现塞浦路斯与希腊合并的民族愿望。[①] 1940年9月18日意大利进攻希腊之前，希腊一直保持中立，希腊与德国的贸易关系密切，德国是希腊烟草的大宗出口国。德国正是利用希腊的中立和与希腊血肉相连的塞浦路斯希腊族人对英国统治的不满，来煽动希腊族人反抗英国统治的。但纳粹的宣传并没有在塞浦路斯产生重大影响。相反，当意大利进攻希腊后，英国殖民当局号召希腊族人“为自由和希腊而战”，塞

① Doros Alastos, *Cyprus in History: A Survey of 5000 Years*, ZENO, 1955, p. 367.

浦路斯希腊族人积极响应，3000 多名希腊族青年参加了英军和盟国军队对德、意作战，其中不少人壮烈牺牲。

1940 年 12 月，英国驻雅典大使迈克尔·帕勒里特建议，作为对塞浦路斯希腊族人在关键时刻对帝国的忠诚和对希腊参战的鼓励，把塞浦路斯割让给希腊，英国外交部希腊事务专家菲利普·尼科内斯强烈反对。1941 年 3 月 21 日，英国外交大臣艾登与希腊首相科里季斯在雅典讨论英国远征军在希腊登陆问题时，科里季斯要求英国把塞浦路斯割让给希腊，或者至少应该做出一个有步骤地解决塞浦路斯问题的承诺，以便给抗击德意进攻的希腊人道义上的鼓励，但艾登认为讨论这一"敏感且复杂的问题"超出了他的"职权"范围。3 月底，德军进攻希腊在即，科里季斯再次向艾登提出：既然希腊即将遭到德国的进攻并可能被占领，克里特岛和希腊半岛，对于希腊国王和他的政府来说已经很不安全，因此，必须把塞浦路斯或它的一部分割让给希腊，这样希腊政府就可以在希腊领土上继续行使权力。4 月 6 日，德军进攻希腊。4 月 9 日和 11 日，希腊首相科里季斯和国王乔治，再次分别向英国政府和英国驻雅典大使帕勒里特提出上述要求。希腊国王还建议，从伯罗奔尼抽调 4 万希腊军队随他前往塞浦路斯，可供盟军调用。4 月 13 日，英国首相丘吉尔致电在雅典的英军司令威尔逊将军，赞同希腊国王和他的军队前往塞浦路斯，但 4 月 14 日英国外交大臣艾登又否定了这一建议，认为希腊"国王可以在塞浦路斯行使的权力，就像任何外国元首在那儿的权力一样"①。当天晚上，丘吉尔召开内阁会议进一步讨论了希腊的建议，决定对希腊做出让步。英国将这一决定通知了希腊政府，但希腊政府不知何故没有及时做出回应。5 月 1 日，已撤往

① Costas P. Kyrris, *History of Cyprus*: *With an Introduction to the Geography of Cyprus*, Nicocles Publishing House, Nicosia, 1985, p. 353.

克里特岛的希腊政府继任首相艾曼努尔·特索德洛斯建议，塞浦路斯“应当作为国王的个人礼品赠与”希腊，艾登拒绝了该建议，并指出塞浦路斯不会比克里特更安全，而且在战争时期考虑割让塞浦路斯问题不合时宜。最后，英国对该问题的处理意见，集中体现在1941年5月31日英国外交部和殖民部的两份备忘录中。这两份备忘录建议，塞浦路斯的未来，待战争结束后作为和平条约的一部分，英国与希腊进行讨论。这两份备忘录强调了塞浦路斯在英国战略上的重要性，要求必须防止任何影响和破坏英国地位的敌对势力在该地区出现。同时备忘录还提出，英国考虑到战争结束后把塞浦路斯主权转归希腊的可能性，希腊必须向英国提供一个有期限的或永久性的军事基地，这样既可以改善英国与塞浦路斯人的关系，也能使英国在该地区的地位更加巩固。然而，丘吉尔同时强调应考虑“被移交给希腊的塞浦路斯穆斯林”的感情。[①]

**2. 英国的宪法改革**

战争结束后，世界范围内的民族解放运动风起云涌，激发了塞浦路斯希腊族人“意诺西斯”运动的高涨。在战争中受到重创而实力大减的英国，为了平息民族运动，稳定塞浦路斯局势，抛出了宪法改革方案。

1946年10月23日，新任殖民大臣克里奇·琼斯在英国众议院宣布，英国政府决定在塞浦路斯建立更加自由和进步的地方政府，负责管理塞浦路斯内部事务，其中包括一项改变塞浦路斯经济状况的十年社会经济发展计划，同时宣布废除禁止选举新的正教会大主教的1937年基督教法，但只字未提塞浦路斯希腊族人所普遍关心的“意诺西斯”和塞浦路斯的前途问题。

---

① Costas P. Kyrris, *History of Cyprus: With an Introduction to the Geography of Cyprus*, Nicocles Publishing House, Nicosia, 1985, pp. 252 - 258.

塞浦路斯希腊族人对琼斯的讲话反应强烈。“伦敦塞浦路斯人委员会”对琼斯的讲话最先提出批评，并向英国首相艾德礼提交公开信，呼吁“如果英王陛下政府怀疑塞浦路斯人民要求与希腊合并的普遍性，你们可以进行自由公正的投票进行验证”。1946 年 12 月，由埃思纳克委员会成员芝诺·罗西德斯、商会主席德米特里厄斯和新当选的尼科西亚市长约翰·克莱里季斯组成的塞浦路斯代表团，在代理大主教勒昂提奥斯的率领下前往伦敦，向英国政府表达塞浦路斯人民不赞成其宪法改革计划，而要求“合并，只与希腊合并”的愿望。但是，英国政府并没有理会希腊族人的反对呼声，继续推行其宪法改革计划。殖民大臣琼斯要求塞浦路斯代表在英国政府实施该计划的过程中给予合作。他明确告诉希腊族代表们，希腊族人追求民族复兴的愿望根本不可能实现，如果放弃“意诺西斯”，要求实行塞浦路斯自治，英国政府会认真考虑。但代表们除了“意诺西斯”外，拒绝讨论任何其他方案。

1947 年，英国政府任命温斯顿为塞浦路斯总督，在塞浦路斯实施宪法改革计划。温斯顿的到来遭到希腊族人的抵制，但却受到土耳其族人的欢迎。1947 年 6 月 20 日，大主教勒昂提奥斯号召希腊族人抵制温斯顿的改革计划，而且提出“合并，只与希腊合并”的口号。“合并，只与希腊合并”成为“意诺西斯”主义者的至理名言。但总督温斯顿并没有理会希腊族人的反对，邀请塞浦路斯各界人士参加咨询委员会，试图“建立一个由塞浦路斯人直接参与管理岛内事务的政府”。埃思纳克委员会领导的右翼组织拒绝了邀请，左翼组织经过一番犹豫后同意参加。左翼组织认为，通过塞浦路斯自治政府更容易实现与希腊的合并。但右翼组织指责左翼组织的妥协，认为这种妥协实际上是对英国殖民者对塞浦路斯人奴役的永久化的支持。

尽管遭到右翼组织的抵制，1947 年 7 月 11 日，仍有 4 位右翼人士、7 位左翼人士和 7 位土耳其族人参加了由首席大法官爱德华·杰克逊召集的咨询委员会会议，总督温斯顿在会议开幕词中要求代表们在规定的范围内提出他们的建议。代表们惊讶地发现，所谓规定的“范围”，不仅不允许提“意诺西斯”，而且也拒绝建立自治政府。实际上就是不给选举产生的代表任何真正管理塞浦路斯事务的权力。会议很快陷入僵局。

1948 年 1 月，希腊族委员联合拟定了一份要求成立自治政府的建议，由利马索尔市长塞尔瓦斯和拉纳卡市长萨塔玛斯转呈英国政府。英国政府经过数月的研究，决定拒绝接受该建议。紧接着英国政府推出了殖民大臣琼斯的建议，其主要内容包括：成立立法委员会，成员 22 人，以民族为基础选举产生，其中 18 名希腊族人，4 名土耳其族人，另外还有 4 位英国官员，他们是殖民大臣、司法大臣、财政大臣和高级专员。英国政府认为，让“这些官员参加立法委员会，他们能更直接地听取塞浦路斯立法委员会成员的意见”。立法委员会主席由总督从非立法委员会成员中任命。立法委员会的辩论和立法权，应限制在尽可能小的范围内，塞浦路斯的地位问题不能讨论，对于提交的任何财政、修改宪法或涉及塞浦路斯防御、外交或少数民族特殊利益的提案，总督拥有最终裁决权。也就是说，如果总督不同意上述提案，立法委员会会议就不能讨论；总督拥有广泛的立法保留权，即对于立法委员会通过的法案或动议，或被立法委员会会议拒绝或否决的法案，如果总督认为该法案对公共利益、民众健康和政府运行有益，有权宣布生效实施。总督还拥有将法案退回立法委员会按照他的意见重新修订的权力；作为英王的代表，总督在行政委员会中应享有特权，总督不一定必须听从行政委员会的忠告，但当总督的行为与行政委员会的忠告冲突时，总督必须向英国国务大臣说明缘由。另外，行政委员会中也包括如立法委员会中提及的 4 位英国官员，以便于国务大臣对行政委员会工作进行直接指导。

英国殖民大臣琼斯的建议，实际上把未来宪法框架内成立的塞浦路斯立法委员会和行政委员会，仅仅当做表达塞浦路斯人民意见的讲坛和咨询机构，而没有任何实际权力。3 月 20 日，咨询委员会的所有希腊族成员拒绝接受该建议，再次要求建立自治政府。但是，总督以个人名义邀请的其他 3 位委员与 7 位土耳其族委员构成了咨询委员会的多数，通过了琼斯的建议。

尽管琼斯的建议获得了咨询委员会的通过，但总督温斯顿深知，如果没有人口占绝对多数的希腊族人的支持，在塞浦路斯实施任何一部新宪法都不可能获得真正成功。8 月 12 日，总督温斯顿宣布解散讨论制定宪法的咨询委员会，但没有收回琼斯的制宪建议。温斯顿同时还宣布，英国政府无意改变塞浦路斯主权。表明英国政府绝不会满足希腊族人“意诺西斯”的要求。

英国当局在塞浦路斯实行宪法改革的努力失败后，“左翼劳动者联盟”（PEO）组织了大规模的游行示威活动，要求“自治政府——合并”，即要求建立自治政府，然后过渡到与希腊合并。1947 年 1 月，塞浦路斯劳动人民进步党（简称“劳进党”）放弃了建立自治政府的要求，转而支持“意诺西斯”。从此结束了塞浦路斯的多元化政治局面，逐渐出现了希腊族人要求实现“意诺西斯”和土耳其族人反“意诺西斯”的二元政治格局，而且这种二元政治间的相互对抗性也日渐明显。1948 年 10 月 3 日，希腊族右翼民族主义者在尼科西亚举行大规模“意诺西斯”群众集会，紧接着在 11 月 28 日，土耳其族领导人库楚克领导的“塞浦路斯土耳其民族党”，发动了 1.5 万土耳其族人参加的反“意诺西斯”大游行。

希腊族人团结了起来，“意诺西斯”成为他们共同的目标。但对于如何实现“意诺西斯”，在英国统治之初，希腊族人曾寄希望于英国人的“慷慨”，但 70 年的历史经验证明，“富于同情心”的英国人并不那么慷慨，一再拒绝希腊族人的要求。左翼民族主义者开辟中间路线，企图通过建立自治政府，然后过渡到“意诺西斯”。而英国政府拒绝给予塞浦路斯自治权，势单力薄的希腊族人难以唤起国际社会对塞浦路斯问题的关注。他们把民族复兴的希望又寄托于祖国希腊，要求希腊政府向其盟友英国施加压力，以实现塞浦路斯与希腊合并。

战后初期，希腊政府对希腊族人的“意诺西斯”事业心有余而力不足。二战期间，希腊饱受纳粹德国的占领和破坏，战后又经历了 1947～1949 年的内战，其经济和军事完全依赖于英国和美国的援助。真是吃了人家的嘴软，希腊政府不便向英国政府提出棘手的塞浦路斯问题，担心影响与英国的密切关系，但对于同宗同源希腊族人的要求，希腊政府也不能无动于衷。1948 年 2 月 28 日，希腊议会通过了一项决议，呼吁英国人民帮助塞浦路斯的希腊族人，满足他们的要求。英国政府对希腊的呼吁未予理睬。所以，左右为难的希腊政府只好采取中立政策，对于希腊族人的要求，既不支持也不反对。而塞浦路斯希腊族人也充分理解希腊的困境，未曾向希腊政府过分施压。

## 四　“意诺西斯”运动的发展

### 1. 希腊族“意诺西斯”全民公决

经过激烈论战团结起来的希腊族人，开始寻求向国际社会表达他们的民族愿望。1949 年 8 月 9 日，“伦敦塞浦路斯人委员会”向联大特别委员会提交备忘录，希望增进联合国对塞浦路斯这一非自治地区的了解。“伦敦塞浦路斯人委员会”的行动，得到了塞浦路斯希腊族民众和组织的大力支持，为实现“意诺西斯”开辟了新的途径。1949 年 3 月 17 日，劳进党下属的“民族解放联盟”（简称 EAS）发表宣言，宣布在“为解决经济问题坚决斗争”的同时，接受“意诺西斯”路线，并决定发起征集支持“意诺西斯”者的签名活动，后来将签名分别寄给了联合国和希腊政府，呼吁国际社会关注塞浦路斯问题，要求把战后联合国倡导的民族自决原则运用到塞浦路斯，让塞浦路斯人就“意诺西斯”问题举行全民公决。面对“意诺西斯”运动的高涨和要求民族自决呼声的日益强大，大主教马卡里奥斯二世接受了埃思纳克委员会的建议，于 1949 年 12 月 8 日发表通谕，号召民众就“意诺西斯”问题进行全民公决。希腊族人的所有政党和组织对大主教的通谕立即表示全力支持。

1950 年 1 月 15 日至 22 日，在大主教的领导下，塞浦路斯希腊族人就是否赞成“意诺西斯”举行全民公开签名投票活动。224747 名 18 岁以上有投票权的希腊族人参加了投票，其中 215108 人投票赞成，占参加投票人数的 96%。由于英国殖民当局的限制，所有政府公务员（其中包括中小学教师）均未参加此次投票。27 日，大主教正式公布了投票结果。希腊族人以最明确的方式，表达了他们的民族感情和希望与希腊合并的愿望，其结果受到了国际社会的普遍关注。①

2 月 4 日，大主教把希腊族公民投票的结果通知了总督安德鲁·赖特，殖民当局对该结果不予理会，认为英国政府已不再考虑塞浦路斯与希腊合并问题，该问题早已被“封杀”，并尽力淡化公民投票所造成的影响。殖民大臣温斯顿在对上院的讲话中还暗示，此次公民投票没有在政府的监督下进行，存在着不公正，因此不能真正反映希腊族民众的意见。实际上，1949 年 12 月 12 日，大主教请求英国殖民当局对公民投票进行监督，但遭到了总督的拒绝。因为总督十分清楚，不论什么人监督公民投票，其结果都是几乎所有的希腊族人赞成与希腊合并。

① Costas P. Kyrris, *History of Cyprus: With an Introduction to the Geography of Cyprus*, Nicocles Publishing House, Nicosia, 1985, pp. 363 - 365.

为了让国际社会了解希腊族人的心声，扩大公民投票结果的影响，塞浦路斯派出了两个代表团向相关政府及其民众宣传塞浦路斯问题。由凯里尼亚主教基普里亚诺斯、塞浦路斯知名人士拉尼提斯和埃思纳克委员会驻雅典代表萨沃瓦斯·洛伊齐季斯组成的代表团，先后访问了希腊、法国和英国，然后前往美国联合国总部，与参加第五次联大的各国代表进行了接触，表达塞浦路斯人民的要求。最后还访问了波兰、捷克斯洛伐克和匈牙利。“民族解放联盟”率领的代表团，由法马古斯塔市长阿扎罗蒂奥斯、劳进党秘书长帕帕约安努、“伦敦塞浦路斯人委员会”的埃夫多罗斯·乔安妮狄斯组成，也先后访问了英国和法国，并用英、法两种文字出版了宣传小册子《塞浦路斯向世界展示其事业》，向两国国会议员、知名人士和有关组织散发，增进他们对塞浦路斯问题的了解、关注和支持。此次希腊族公民投票的结果，对塞浦路斯的历史进程产生了重大影响。

**2. 希腊族要求民族自决**

希腊族公民投票之后，埃思纳克委员会制定了实现其民族愿望的奋斗目标。一方面，争取联合国各成员国代表对塞浦路斯问题的了解、关注、同情和支持，争取联大把民族自决原则运用到塞浦路斯；另一方面，争取希腊政府的支持。只有获得希腊政府的支持，才能把该问题提交联合国大会讨论，因为只有联合国成员国才有权向联大提交议案，而塞浦路斯只是英国的一块殖民地。另外，希腊族人的目标是要与祖国希腊合并，如果没有希腊政府的同意和支持，这一目标就根本不可能实现。

为了获得联合国和希腊政府的支持，1952 年 10 月至 1953 年 7 月，大主教马卡里奥斯①访问美国、英国、法国和希腊，与

① 即马卡里奥斯三世，原名米海尔，1950 年 10 月大主教马卡里奥斯二世病逝后，当选为大主教，立为马卡里奥斯三世，一般称马卡里奥斯。

各国政要、联合国代表和新闻媒体会谈，解释希腊族人的民族夙愿——“意诺西斯”。在雅典，马卡里奥斯三世受到了希腊陆军元帅帕帕戈斯首相的接见，马卡里奥斯三世请求首相对塞浦路斯希腊族的事业给予支持，要求希腊政府把塞浦路斯问题提交联合国大会讨论。但帕帕戈斯对此未置可否。

在争取希腊政府支持的同时，希腊族人也注重对同宗同源的希腊民众的宣传，并得到了希腊民众的普遍同情和支持。在希腊出现了许多声援和支持塞浦路斯希腊族人事业的组织，其中最具代表性的是希腊大主教斯皮里宗领导的“为塞浦路斯而斗争泛希腊委员会”。希腊教会和民众对希腊族人事业的同情和支持，已经成为一股强大的政治势力，使希腊政府再也不能对塞浦路斯问题等闲视之。1953 年，英国外交大臣艾登访问雅典，帕帕戈斯首相试探性地向艾登提及塞浦路斯问题，艾登立即断然拒绝。艾登认为：“为了对盟国负责和确保英国在中东的利益，继续占有塞浦路斯作为英国的军事基地是必不可少的，这不是殖民主义，它是任何一个政府的基本责任。”① 艾登拒绝了希腊政府提出的就塞浦路斯地位问题进行双边谈判的建议。

1954 年年初，英国议会对塞浦路斯问题展开激烈辩论，议员们普遍反对把民族自决原则运用到塞浦路斯，建议在塞浦路斯尽快实行宪法管理，然后逐步过渡到建立自治政府，直到自治政府有能力决定塞浦路斯的未来。这也是英国政府为了获得塞浦路斯人的支持和安慰希腊民众所采取的一贯立场，绝大多数希腊族人对这一立场一直寄予厚望。7 月 28 日，英国殖民大臣霍普金斯在众院的讲话中认为：“英帝国的某些地区，由于其特殊的战

① Sir Anthony Eden, *Full Circle*, London, 1960, p. 365. Cited from Mehmet Yuva, *The History of the Partition of Cyprus and President Makarios in Context of International and Arab Relation (1878 - 1974)*, Ph. D. Dissertation, 1997, p. 72.

略地位，永远不可能完全独立。”[①] 霍普金斯的言论与英国一贯坚持的模糊立场相抵触，充分暴露了英国企图永远不让塞浦路斯脱离英国统治的真正目的，从而在英国和塞浦路斯引起强烈反响。在野的英国工党和自由党猛烈抨击保守党政府的塞浦路斯政策，虽然这是英国政党之间为选举所进行的政治性表演，但也反映出在战后世界民族独立运动风起云涌之际，英国的殖民主义思想不仅遭到被压迫民族和人民的反抗，同样也受到反对派的指责。英国政府的顽固立场，更让其盟友希腊政府深感失望。

在马卡里奥斯三世和希腊民众的压力下，1954 年 6 月 20 日，希腊政府向联合国首次提交议案，要求把民族自决原则运用到塞浦路斯。9 月 23 日，联大程序委员会以 9 票赞成、3 票反对、3 票弃权，同意把希腊的议案作为第九届联大的议程，随后联大也以 30 票赞成、19 票反对和 11 票弃权通过了该议案。英国坚决反对联大讨论塞浦路斯问题。英国驻联大代表皮尔逊·狄克逊在联大辩论中认为：“塞浦路斯是大英帝国的一个属地，其事务联合国无权干涉，因为它完全是英国的内政。”在英国的唆使下，新西兰代表提交了反对将塞浦路斯问题作为联大议案的动议，并于 12 月 15 日得到联大政治与安全委员会的通过。17 日，联大会议支持政治与安全委员会的决定，取消了在本次联大会议上讨论塞浦路斯问题的议案。1955 年，希腊再度向联合国呈递议案，但在英、美和土耳其的强烈反对下再遭否决。马卡里奥斯三世和希腊政府争取联合国解决塞浦路斯问题的努力彻底失败了。

**3. “埃欧卡”的武装斗争**

英国殖民大臣霍普金斯认为塞浦路斯“永远不可能完全独

---

① Sir Anthony *Eden*, *Full Circle*, London, 1960, p. 365. Cited from Mehmet Yuva, *The History of the Partition of Cyprus and President Makarios in Context of International and Arab Relation* (*1878 - 1974*), Ph. D. Dissertation, 1997, p. 72.

立”的言论，在塞浦路斯引起了强烈反响。长期支持配合英国政府的希腊族人，对英国政府公开蔑视盟国倡导的民族自决原则，企图长期占领塞浦路斯的言行愤怒不已。为了扑灭日益高涨的“意诺西斯”运动，1954 年 8 月 2 日，英国殖民当局的司法部长宣布，凡提倡、书写、宣讲赞成“意诺西斯”或改变塞浦路斯主权者将构成煽动罪，处以最高 5 年的监禁；刊载此类文章的报刊将被停办 3 年。消息传开后，塞浦路斯工会宣布进行 24 小时罢工；13 家希腊族人报纸宣布停刊一周，以示抗议。埃思纳克委员会、教会和其他组织都向英国政府提出强烈抗议，要求立即取消这一践踏民主、限制新闻自由的《反煽动法》。英国的媒体也对殖民当局的做法提出批评。8 月 5 日的《每日电讯报》指出：“在塞浦路斯……禁止提倡塞浦路斯与希腊合并，粗暴践踏新闻自由的法律复活了，编辑们即使引用或转载英国国会或英国报纸上的观点，也将招致麻烦。”8 月 3 日的《曼彻斯特卫报》发表评论，对英国政府如此“肆意限制新闻自由的做法感到十分震惊”。希腊族人对英国政府失去了信任，对英国政府能够像把爱奥尼亚群岛赠与希腊那样，和平地允许他们实现“意诺西斯”的民族愿望不再抱任何幻想，希腊族人被压抑了 76 年的不满和愤怒与日俱增。

对英国人失望后，希腊族人把实现民族目标的希望又寄托于联合国，希望在联合国的主持下，把民族自决原则运用到塞浦路斯。但在英、美的极力阻挠和反对下，联合国两度否决了希腊政府的提案，再次失望和极度愤怒的希腊族人，举行了大规模的反对英国和美国的示威活动，民族主义组织和劳进党领导的罢工运动此起彼伏，示威者与英国军警发生了流血冲突。面对反对英国统治的示威活动的迅速发展，大主教马卡里奥斯紧急前往雅典，与希腊政府商讨塞浦路斯局势。在雅典期间，马卡里奥斯会见了格里瓦斯。

乔治·西奥多勒斯·格里瓦斯，1898年生于塞浦路斯东部重镇法马古斯塔的特里科莫，父亲经商，母亲是位内科医生。1909年，格里瓦斯进入著名的泛塞浦路斯预科学校学习。1919年毕业后考入雅典皇家军事学院，在该学院学习期间，他参加了“意诺西斯”的一个希腊民族主义组织，并于同年取得希腊国籍。1922～1923年希、土战争中，格里瓦斯任希腊陆军少尉。1925年去法国凡尔赛陆军学校学习，1928年回到希腊后被提升为希腊军队参谋。1932年再次前往法国，在巴黎的高级战争（游击战争）学校深造。二战期间，他参加了一个被称为“X”的秘密抵抗组织，抵抗德国占领军。1946年，格里瓦斯把该组织改造成了“泛希腊党”，该党在1950年和1951年还参加了希腊议会选举。此次马卡里奥斯与格里瓦斯在雅典会晤，促使格里瓦斯决定回塞浦路斯建立武装，反对英国的统治，为“埃欧卡”[①] 的建立开始进行思想上和物质上的准备。

格里瓦斯回到塞浦路斯后，立即把马卡里奥斯领导的两个青年组织的成员改编成了“埃欧卡”的主要战斗人员。这标志着希腊族人的第一支武装力量正式建立。格里瓦斯自然是“埃欧卡”的军事总指挥，而它的政治代言人则是马卡里奥斯。塞浦路斯教会积极为“埃欧卡”筹备经费购置装备。“埃欧卡”成员还利用1946年英军倾倒在法马古斯塔海岸的废弃弹药自己制造武器。

从1955年4月1日开始，塞浦路斯发生了一系列针对英国官员、警察机构和政府设施的炸弹爆炸事件，这标志着“埃欧卡”争取自决的4年（1955～1959年）武装斗争的正式开始，这是希腊族人第二次以暴力方式争取民族解放的斗争。如果说1931年的希腊族人反对英国殖民统治的起义，是在缺乏组织和

① 希腊语首字母的缩写EOKA，意为“全塞浦路斯战斗者组织”。

领导核心及内部意见不统一的情况下发生的一次具有较大偶然性的起义，那么，此次“埃欧卡”的武装斗争，是在大主教马卡里奥斯的统一领导下，在格里瓦斯将军的军事指挥下，向英国殖民者发动的真正具有军事性质的武装斗争。尽管这一斗争的目标是要实现“意诺西斯”，与人口居少数的土耳其族人的目标不一致，但它反对帝国主义殖民统治的历史意义却值得肯定。

**4. 英、希、土三国伦敦会议与土耳其的介入**

“埃欧卡”的军事行动使塞浦路斯局势骤然紧张，土耳其族领导人公开要求英国政府对恐怖活动进行镇压，从而造成警察部队中的希腊族人全部退出。在“埃欧卡”继续采取袭击行动的同时，马卡里奥斯再次前往雅典，要求希腊卡拉曼利斯政府把塞浦路斯问题再次提交联合国讨论。

面对十分严峻的塞浦路斯局势，英国又想起了已经在巴勒斯坦和南亚次大陆等地多次使用过的，堪称手法精湛的灵丹妙药——“分而治之”政策。1955 年 6 月 30 日，英国首相艾登邀请希腊和土耳其举行英、希、土三国伦敦会议，讨论“东部地中海地区的政治和防御（其中也包括塞浦路斯）”问题。这是自 1923 年签订《洛桑条约》，土耳其放弃对塞浦路斯的一切权利之后，英国政府首次邀请土耳其政府参与讨论塞浦路斯问题。土耳其的介入，使塞浦路斯问题的解决更加复杂。

希腊对英国邀请土耳其参与解决塞浦路斯问题的讨论极为不满，认为塞浦路斯问题应当由塞浦路斯代表与英国政府双方谈判解决，反对土耳其介入，但是为了支持英、美反对共产主义的战略联盟，希腊政府几经犹豫后最终参加了三国会谈。土耳其政府则爽快地接受了英国的邀请。

1955 年 7 月 16 日，马卡里奥斯发表声明，反对英、希、土三国伦敦会谈，认为它是“旨在阻挠把塞浦路斯问题提交到联合国的陷阱，塞浦路斯人民绝不接受伦敦三国会议所达成的任何协议，因为它与塞浦路斯人民的民族权利和愿望背道而驰，即使希腊政府赞成那些协议”①。

8月29日，伦敦三国会议召开。英国外交大臣麦克米伦简要介绍了英国提出的“一部塞浦路斯新宪法”。新宪法规定，在塞浦路斯成立自治政府，成员由选举产生，而且塞浦路斯成员将占多数；各部长由塞浦路斯人担任，向议会负责；政府职能将逐渐移交给塞浦路斯人。麦克米伦还建议，成立一个永久性的英、希、土三国组成的监督委员会，共同监督塞浦路斯自治政府的运作。他还邀请希、土两国参加讨论英国利用塞浦路斯对三国的共同防御。麦克米伦的“塞浦路斯新宪法”，完全否定了塞浦路斯人民的自决权。

在伦敦会议期间，塞浦路斯爆发了大规模有组织的罢工和示威游行。包括教会、农民和商人在内的社会各阶层代表纷纷发表演讲，表达对英国殖民统治的极大愤慨，“意诺西斯”的呼声处处可闻。暴力事件亦日趋频繁。位于首府尼科西亚市中心的梅塔克萨斯广场的英国学会大楼被付之一炬。在马卡里奥斯和希腊民众的压力下，希腊代表坚决要求依据麦克米伦新宪法成立的自治政府，必须向塞浦路斯人的自决过渡，进而实现希腊族人所期望的“意诺西斯”。英、土两国代表断然拒绝希腊的这一要求。土耳其代表则提出，一旦英国退出塞浦路斯，塞浦路斯应归还土耳其。土耳其外长佐卢称，土耳其的要求是基于土耳其对塞浦路斯长达300年统治的历史。希腊代表坚持，只要排除“意诺西斯”的可能性，就不接受任何其他解决塞浦路斯问题的方案；而土耳其则坚持，只要不排除“意诺西斯”的可能性，任何解决方案也不接受。英国则狡诈地认为，如果希腊和土耳其谈妥了条件，

① Stavros Panteli, *A New History of Cyprus*: *On the Earliest Times to the Present Day*, East-West Publications, London, 1984, p. 267.

英国就让塞浦路斯实行自治，但在主权问题上不承担任何责任。希、土两国首次公开表达了解决塞浦路斯问题的原则立场，其对抗性不言而喻。

9月6日，土耳其的伊斯坦布尔和伊兹密尔爆发了针对希腊人的骚乱，反对塞浦路斯与希腊合并。希腊政府对在土耳其发生的针对希腊人的暴力事件非常愤怒，决定停止参加同盟国之间的一切活动，包括北大西洋公约组织在东地中海地区举行的军事演习，以示抗议。北约理事会考虑调解，但毫无结果。9月7日，伦敦三国会议终因各方立场大相径庭，陷入僵局而结束。

9月1日，希腊把塞浦路斯问题提交联大讨论的请求再次被联大拒绝。联合国担心联大对塞浦路斯问题进行辩论，可能会引发新的冲突。但联合国的拒绝反而使其担心变成了现实，塞浦路斯局势进一步恶化。

面对不断恶化的塞浦路斯局势，9月25日，英国政府任命前陆军参谋长、陆军元帅约翰·哈丁爵士为塞浦路斯总督。哈丁上任后立即宣布在塞浦路斯实行紧急状态和宵禁，建立新的负责治安的保安部队，该部队由一万名英国士兵和主要由土耳其族人把持的警察部队组成。哈丁宣布"埃欧卡"为非法组织，开始大肆搜捕"埃欧卡"成员。紧急状态文告中规定，凡私自携带武器或弹药者，将被判处死刑。尽管如此，针对英国人的暴力事件仍然有增无减，仅一周内就有5名英国士兵被杀。街头巷尾处处可闻呼喊"狄亨尼斯"（格里瓦斯的外号，袭用了拜占庭英雄之名）的声音。马卡里奥斯指责殖民当局的这些措施，完全是"极权的法西斯主义"，英国政府正试图用武力迫使希腊族人屈服。

英国政府以武力消灭"埃欧卡"的同时，继续挑拨土耳其族人制衡希腊族人的"意诺西斯"。英国殖民大臣博伊德在众议院表示：如果希腊族人有自决权，那么土耳其族人也应拥有这些权利。英国希望通过鼓动土耳其族人向希腊族人施加压力，使他们放弃"意诺西斯"，由英国继续占领和统治。

博伊德的言论以及英国殖民当局的所作所为，使土耳其政府和塞浦路斯土耳其族人受到鼓舞，而且立即行动起来。土耳其开始向土耳其族人提供政治上和军事上的支持，迅速建立了土耳其族人的准军事组织"火山"武装组织，与希腊族人的"埃欧卡"相抗衡。英国殖民当局还有意让主要由土耳其族人组成的警察部队驱散希腊族示威者，拘捕"埃欧卡"同情者，警察与示威者之间的冲突时有发生，甚至发生流血事件，进一步加深了希腊族人和土耳其族人之间的对立情绪。"火山"组织领导人要求英国当局必须对土耳其族人进行保护，防御"埃欧卡"分子的袭击。同时，拉乌夫·登克塔什[①]等人组建了"土耳其族人抵抗组织"（简称"TMT"），保护"毫无防御的土耳其族人"免受希腊族人的攻击。"土耳其族人抵抗组织"还决定把土耳其族人与希腊族人隔离开来。塞浦路斯局势的发展日益明朗。英国拉土耳其介入塞浦路斯问题的目的，一方面就是利用土耳其制衡希腊，另一方面是支持塞浦路斯土耳其族人，使土耳其族人壮大而制约希腊族人的"意诺西斯"，达到一箭双雕，自己坐收渔翁之利，长期占领塞浦路斯的目的。其结果是希、土两国均介入塞浦路斯问题，使塞浦路斯希腊族和土耳其族矛盾更加激化。伦敦三国会议对塞浦路斯问题产生了极其深远的影响。

**5. 英国殖民当局放逐马卡里奥斯**

马卡里奥斯拒绝接受英国在伦敦三国会议上所提出的塞浦路斯新宪法，这使英国政府确信，只要马卡里奥斯在岛上，塞浦路斯问题就不可能得到解决。而且自 1955 年 4 月 1 日"埃欧卡"发动武装斗争以来，给英国军队和殖民当局的警察部队造成很大损失。岛上的英国人日夜心惊胆战，随时都可能遭到袭击，甚至

① Rauf Douktash，后来的土耳其族领导人。

连戒备森严的哈丁爵士的总督寓所也不再安全，侍者从他的床下发现了一枚定时炸弹。成员只有数百人，配备自制武器的“埃欧卡”，竟能使3万英军和4500名警察部队疲于奔命，处处遭受袭击。总督哈丁认为，马卡里奥斯一定是“埃欧卡”的幕后总指挥，要彻底剿灭“埃欧卡”，必须首先除掉其头目——马卡里奥斯。但是，哈丁也不能不考虑马卡里奥斯在国际上的影响，以及他作为大主教在塞浦路斯希腊族人心中的地位。另外，尽管土耳其族警察与英国人积极合作，但自“埃欧卡”发动武装斗争以来，“埃欧卡”袭击的目标仅限于英国人和殖民当局的警察机构，没有一起针对平民或土耳其族人的暴力事件。据统计，1955～1959年间，在暴力事件造成的数百名死亡者中，希腊族人178人，英国人142人，土耳其族人84人（其中22人是土耳其族警察）。

1956年2月，总督哈丁和殖民大臣博伊德与马卡里奥斯举行了一系列的谈判，英国提出了一个建立有限自治政府的新建议。但马卡里奥斯拒绝接受有限自治，坚决要求自决，双方谈判破裂。3月9日，马卡里奥斯与凯里尼亚主教基普里亚诺斯和另外两名希腊族人秘书，在尼科西亚机场遭英国安全部队拘捕，被放逐到了位于印度洋中部的塞舌尔群岛。

马卡里奥斯被放逐后，哈丁迅速调集新组建的安全部队，按照紧急状态法所赋予的特权，大肆搜捕“恐怖分子”，企图彻底剿灭“埃欧卡”成员。同时，哈丁下令查封宣传“意诺西斯”的报纸和电台，要从媒体宣传上和希腊族人的精神上彻底消灭“意诺西斯”。

马卡里奥斯被放逐的消息传开之后，在塞浦路斯和希腊激起了大规模的抗议示威游行。希腊政府立即召回了驻英国大使以示最强烈的抗议。

**6. 两族开始冲突与麦克米伦方案**

马卡里奥斯被放逐后，1956年8月，“埃欧卡”宣布休战，

愿与英国殖民当局谈判解决塞浦路斯问题。但总督哈丁错误地认为，这是马卡里奥斯被放逐后他们愿意投降的表现，便要求“埃欧卡”成员迅速缴械，接受审讯。哈丁派大批安全部队加紧搜捕，致使“埃欧卡”的武装斗争不久又重新开始了。英国当局则继续实行宵禁，大设集中营，更加严厉地进行镇压，而且还采取了“联保制”。在法马古斯塔，英国殖民当局曾一次就罚款4万英镑，摊派到每个家庭，最高者竟达数千英镑。

在此期间，英国政府任命曾任印巴分治专家的拉德克利夫勋爵为塞浦路斯制宪专员，寻求解决塞浦路斯问题的方案。拉德克利夫建议：在新成立的议会和自治政府各部中，希腊族人占多数，但同时应当妥善保障土耳其族人的权利；岛内治安仍然由英国人负责。1956年12月，该建议被提交英国议会讨论，殖民大臣博伊德解释说，倘若希腊族人继续要求“意诺西斯”，那么土耳其族人也有权选择与土耳其合并，其结果必将导致分治。

希腊政府拒绝接受拉德克利夫建议。希腊舆论普遍认为，在联合国的压力下，塞浦路斯问题最终会得到他们所希望的结果。土耳其总理曼德列斯对博伊德的讲话立即表示赞赏，认为土耳其族人也有权要求塞浦路斯与土耳其合并。土耳其媒体也大加宣称希腊族人和土耳其族人不能生活在一起，岛上也有人遥相呼应，指责“受屈辱的土耳其族人”成了“埃欧卡”恐怖分子袭击的对象。

英国当局为了实施拉德克利夫建议，也没有忘记去征求远在塞舌尔群岛的马卡里奥斯的意见。遭马卡里奥斯断然拒绝后，哈丁总督加大了对“埃欧卡”的打击和清剿力度。

拉德克利夫建议被马卡里奥斯和希腊政府拒绝后，塞浦路斯局势进一步恶化。1957年2月，联大通过了一项并无实质性内容的决议，要求双方通过谈判，“和平、民主和公正地解决”塞浦路斯问题。英、希、土三国一致表示同意，但对该决议的意图却有不同理解。希腊认为该决议要求英国与“塞浦路斯人民”之间进行谈判，而英、土两国则认为是要求英、希、土三国政府谈判解决塞浦路斯问题。

“埃欧卡”总指挥格里瓦斯对联合国决议做出了积极回应。格里瓦斯发表声明称，如果英国政府释放马卡里奥斯大主教，并允许他参加解决塞浦路斯问题的谈判，“埃欧卡”就停止一切军事行动。英国政府经过两周的讨论，有条件地同意了他的要求，即释放马卡里奥斯，但不允许其返回塞浦路斯。1957 年 3 月 28 日，马卡里奥斯获释回到了雅典。

1957 年，哈罗德·麦克米伦当选英国首相。10 月初，英国政府任命 H. 富特为塞浦路斯总督。富特尽力表现出善意和信任，部分取消了紧急状态措施，释放了许多嫌疑犯，与格里瓦斯会面。格里瓦斯接受了富特的善意，开始约束“埃欧卡”的军事行动。

为了寻求各方都能接受的政治解决途径，富特前往土耳其，试图说服土耳其采取更加积极的态度，但土耳其总理曼德列斯拒绝与他会晤。与此相反，当塞浦路斯土耳其族领导人库楚克和“塞浦路斯是土耳其的一部分党”（简称 CPT，以“要么分治，要么死亡”为宗旨）领导人内贾蒂·扎格尔从伦敦回到伊斯坦布尔，土耳其人涌上街头向他们致意。就在同一天，塞浦路斯发生了希腊族和土耳其族冲突的“几尼耶利村事件”，标志着两个民族之间全面冲突的开始。

几尼耶利村位于首都尼科西亚与北部的凯里尼亚市之间，这一天，英国军警在该村拘捕了 50 名希腊族人，将他们带到土耳其族聚居区后又释放了，这些希腊族人与土耳其族人发生了冲突，造成 9 名希腊族人死亡的严重事件。而且两族之间的冲突很快蔓延到两族散居的阿莫尔菲塔郊区。这是希腊族和土耳其族之间首次因塞浦路斯未来地位问题而发生的暴力冲突，从而拉开了自 1878 年英国占领塞浦路斯以来，希腊族和土耳其族之间暴力冲突的序幕。

希腊族和土耳其族暴力冲突愈演愈烈，波及面进一步扩大。“土耳其族人抵抗组织”散发传单，向希腊族人发出警告：“在此之前我们只向希腊族人中我们的敌人开枪，今后我们将向任何一个希腊族人射击。”连续不断的暴力冲突似乎要表明，“希腊族人和土耳其族人不能生活在一起”的“事实”。富特极力营造的互信与和谈氛围顷刻间丧失殆尽，“埃欧卡”又恢复了军事行动，现在他们不只是针对英国人，也开始袭击土耳其族人。富特不得不走上他的前任哈丁爵士的老路：实行宵禁和紧急状态，命令安全部队进行大拘捕。

在此期间，希腊政府把塞浦路斯问题的解决仍寄希望于联合国，为了获得联合国更多成员国的支持，希腊政府积极展开外交活动，积极发展与东欧社会主义国家的关系，甚至接受苏联外长访问雅典的要求；扩大与不结盟国家的联系。尽管希腊对英、美不支持其“意诺西斯”极为不满，但由于在经济和军事上仍然有赖于英、美，故与其关系不冷不热。英、美、土、希均系北约成员，英国曾与希腊政府接触，希望在北约范围内解决塞浦路斯问题，但希腊政府拒绝该组织的干预，坚持必须让马卡里奥斯大主教返回塞浦路斯，并废除在塞浦路斯实行的《紧急状态条例》后才能开始谈判，而且还坚持这种谈判只能在英国政府与塞浦路斯人的唯一代表马卡里奥斯之间进行。

英国拒绝了希腊政府提出的英国政府与马卡里奥斯直接谈判的要求，双方再次陷入僵局。1957 年 7 月 15 日，希腊再次呼吁联合国在塞浦路斯实行民族自决原则。1958 年，希腊族和土耳其族冲突日益加剧，促使联合国通过了一项新的决议，号召有关各方寻求一项民主的解决方案，麦克米伦方案便应运而生。

1958 年 6 月 19 日，英国首相麦克米伦邀请希腊和土耳其共同讨论他提出的塞浦路斯自治方案，通称麦克米伦方案。该方案规定，塞浦路斯自治政府由英、希、土三国“共管”，希腊族和土耳其族在自治政府内分别设立议会，两族内部事务分别由两族自行管理，外交、国防和岛内安全由英国负责。除此之外，英国允许希腊和土耳其政府积极参与塞浦路斯希腊族和土耳其族自治政府的事务，允许希、土两国派代表与英国和塞浦路斯希腊族和土耳其族共同制定一部塞浦路斯新宪法。随后麦克米伦穿梭于雅典和安卡拉之间，向希、土两国政府解释他的新方案。土耳其政府赞成麦克米伦方案，但希腊政府认为该方案可能导致严重后果而拒绝接受。

50 年代中后期，中东地区的形势发生了巨大变化。伊拉克在 1958 年 7 月革命后退出了巴格达条约组织，土耳其成为中东地区该组织的重要成员。希腊为抗议发生在伊斯坦布尔和伊兹密尔的针对希腊侨民的抢劫事件，撤回了希腊驻土耳其北约司令部的希腊代表，这些事件引起了美国的关注。塞浦路斯继续作为英国的军事基地，对于北约显得更加重要。所以，美国公开欢迎麦克米伦方案，并向接受该方案的土耳其政府提供了 359 万美元的贷款，还免除了土耳其政府 800 万美元的债务。在得到美国和土耳其的支持后，英国政府不顾马卡里奥斯和希腊政府的反对，宣布将从 1958 年 10 月 1 日起实施麦克米伦方案。

## 五　艰难的独立历程

### 1. 马卡里奥斯独立思想的产生

从塞舌尔群岛回到雅典的马卡里奥斯，密切注视着塞浦路斯局势的发展，深感危机迫在眉睫，迫使他对塞浦路斯的未来作深入的、历史性的思考。首先，他认识到实现希腊族人的民族愿望“意诺西斯”的可能性越来越小，在目前的形势下基本上已不可能。虽然“埃欧卡”自 1955 年 4 月 1 日发动

武装斗争以来，给英国当局和驻塞浦路斯的英军制造了诸多麻烦，但仅凭“埃欧卡”的军事行动，不大可能实现塞浦路斯与希腊合并的目的。其次，希腊政府希望联合国把民族自决原则运用到塞浦路斯，但在塞浦路斯进行民族自决，实际上就是“意诺西斯”，因而必然遭到英美，尤其是土耳其的坚决反对，同时，苏联及社会主义阵营也不予支持。因此，通过联合国实现的可能性也不大。再次，土耳其的介入使“意诺西斯”基本上走入了死胡同。土耳其族人一贯反对希腊族人的“意诺西斯”，要求维护英国在塞浦路斯的统治，由英国人保护他们的利益。随着土耳其的介入及其对土耳其族人的支持，土耳其族人提出了与“意诺西斯”针锋相对的要求：如果英国撤离塞浦路斯，塞浦路斯应归还给土耳其，或者希腊族和土耳其族在塞浦路斯分治。

由于上述因素，马卡里奥斯认为，如果继续坚持“意诺西斯”而不采取灵活、务实的策略，可能会失去和平解决塞浦路斯问题的时机，造成某些国家直接介入、干涉塞浦路斯事务的悲惨结局。而且英国政府的最后通牒已不允许他犹豫，因为实施麦克米伦方案，就意味着向英国和土耳其分治塞浦路斯的目标迈出了第一步，这是他绝对不愿看到的后果。形势已不允许他一味消极被动地反对英国政府接二连三提出的方案，必须积极主动地提出基于现实，能被各方接受的解决办法。独立——一个不受任何外部势力干涉的独立的塞浦路斯，在马卡里奥斯的脑海里油然而生。9月，在雅典，马卡里奥斯与英国工党议员巴巴拉·卡斯尔女士会谈时，明确表示他现在的立场是宁愿独立，而不是“意诺西斯”。对于马卡里奥斯立场的突然转变，他自己的解释是：“美国的立场与英国的政策完全一致，我们只有向联合国提出基于独立的解决办法，才是成功的唯一希望……我们不能不面对现实……英国方案的实施……将不可避免地导致分治，或者，将会给土耳其赋予以后无法取消的权利。"[1] 其实，马卡里奥斯思想的转变，也符合苏联及社会主义阵营和不结盟国家的立场。从英国的殖民统治下实现独立，而不与北约成员国希腊合并，会得到更多联合国成员国的同情和支持，尤其是从帝国主义殖民统治下获得独立的第三世界国家的支持。

马卡里奥斯实现塞浦路斯独立的呼吁，得到了有关各方的积极回应。在联合国的积极支持下，各方在实现塞浦路斯独立的框架内，开始了一系列的谈判，为政治解决塞浦路斯问题迎来了一丝曙光。

**2.《苏黎世—伦敦协定》的签订及其内容**

希腊政府和马卡里奥斯反对北约秘书长斯帕克的调解，而希望 1958 年第五届联大能对塞浦路斯问题做出较为公正的裁决，并为此而积极活动。联大政治委员会共收到了 7 个有关解决塞浦路斯问题的提案。英、希、土三国分别提出了自己的议案。英国积极争取联大支持它的塞浦路斯自治提案，即麦克米伦方案。而希腊接受了马卡里奥斯实现塞浦路斯岛独立的思想，一改自 1954 年两度要求由联合国主持在塞浦路斯实行民族自决原则的主张，提议在塞浦路斯建立独立的国家。希腊的提案使第三世界国家代表耳目一新，似乎看到了解决该问题的一线希望。但土耳其却要求把民族自决原则运用到塞浦路斯，这是此前希腊政府和塞浦路斯希腊族人的一贯主张，但二者却有着天壤之别。土耳其要求塞浦路斯的希腊族和土耳其族分别自决，实际上就是要求在塞浦路斯依据民族实施分治，是一个十足的分治方案。

除了上述事关三国的提案外，印度等 9 国、伊朗、哥伦比亚

① Hal Kosut, *Cyprus: 1948 - 1968*, p. 47. Cited from Mehmet Yuva, *The History of the Partition of Cyprus and President Makarios in Context of International and Arab Relation (1878 - 1974)*, Ph. D. Dissertation, 1997, p. 124.

和比利时分别提交了4个有关解决塞浦路斯问题的提案。经历印巴分治痛苦的印度，坚决反对分离主义，强调实施英国方案必将导致分治。伊朗的提案并无新意，呼吁继续进行自1957年开始的英、希、土三国会谈，同时建议英国召集塞浦路斯希腊族和土耳其族代表参与。英国认为伊朗的提案难于实施，而美国却支持伊朗提案，认为不应把复杂的塞浦路斯问题提交联大解决，而应在北约的主持下，有关各方进行“静态外交”，直接谈判才能有机会取得实质性进展。联大政治委员会最终以多数票赞成通过了伊朗的提案。

12月4日，在伊朗提案通过的当天晚上，土耳其外长佐卢主动邀希腊外长阿维罗斯在政治委员会大厅会晤，双方交换了各自对本国安全利益的基本看法，并约定继续接触。5日，墨西哥代表起草了英、希、土三国代表私下会谈达成的协议草案，并以57票赞成、0票反对、1票弃权获得联大会议的通过，即联合国第1287（XⅢ）号决议。该决议并无实质性内容，只是重申了1957年2月26日联合国通过的第1013（XI）号决议的内容，主张各方积极努力，制定出符合联合国宪章的、和平、民主、公正的解决方案。但希、土两国代表私下的会谈仍在进行。6日，希、土两国外长经过两个小时的会谈，决定恢复英、希、土三国在巴黎北约总部会议期间的谈判。同时双方为了表明继续会谈的诚意和缓解塞浦路斯紧张局势，共同请求英国殖民当局释放了一批在押犯。

随后希、土两国代表的谈判取得了重大突破。土耳其方面愿意放弃分治，但坚持希腊族和土耳其族的内部事务必须最大限度地分开，确保土耳其族人超过人口比例地参与未来塞浦路斯政府的管理工作，同时土耳其坚持必须在塞浦路斯驻军，以保障土耳其南部海岸安全和保证土耳其族人平等地享有管理国家的权利。希腊原则上接受了土耳其的要求和建议，并与马卡里奥斯进行磋商。实际上，此时希腊已经开始与土耳其谈判在英、希、土三国保证下，塞浦路斯实现独立的问题。希、土两国正在为塞浦路斯的未来做出安排。

1959 年 1 月 18 ~20 日，希、土两国外长在巴黎欧共体会议期间进一步进行私下会谈。2 月 10 日，希腊首相卡拉曼利斯和土耳其总理曼德列斯在苏黎世会晤。11 日，希、土两国发表联合公报，宣布双方最终就塞浦路斯问题达成了协议。两国外长立即飞往伦敦，向英国外交大臣劳埃德汇报双方达成的新协议。同时希腊和土耳其政府也分别向塞浦路斯希腊族和土耳其族领导人通报了该协议的基本内容。马卡里奥斯仔细地阅读了希、土两国达成的协议后心存疑虑，要求对协议的某些条款进行修改，但摆在他面前的只有两种选择，要么原封不动地接受协议，要么予以拒绝并准备承担可能产生的一切后果。马卡里奥斯深知这种后果的严重性，只好无可奈何地全部接受。①

1959 年 2 月 19 日，在英国伦敦的兰开斯特大厦，召开了有希腊、土耳其两国和塞浦路斯希腊族和土耳其族代表参加的会议。实际上，这是一次由英国首相麦克米伦主持的四方代表的签字仪式，因为协议已由希腊和土耳其两国政府核定，根本不允许希腊族和土耳其族代表对其表达不同意见或修改建议。最后，希腊政府代表卡拉曼利斯首相、土耳其政府代表外交部长佐卢、塞浦路斯希腊族人代表马卡里奥斯大主教和土耳其族人代表库楚克博士，分别在协议上签了字，标志着《苏黎世—伦敦协定》的正式形成，也表明即将诞生的塞浦路斯共和国宪法的基础获得了“一致”同意。

《苏黎世—伦敦协定》共有 27 条，列入塞浦路斯宪法，并

① Polyvios G. Polyviou, *Cyprus: The Tragedy and the Challenge*, Washington, 1975, p. 12.

载入相互关联的《保证条约》、《联盟条约》和《设立军事基地条约》之中。条约规定即将诞生的塞浦路斯共和国为总统制；总统由希腊族人担任，副总统由土耳其族人担任，分别由希腊族和土耳其族通过选举产生；副总统对外交、国防以及财政事务享有否决权，其他一切事务由部长会议的多数票决定。规定政府设立10名部长，希腊族占7名，土耳其族占3名，分别由正副总统任命。塞浦路斯共和国的全部公职人员由希腊族和土耳其族按7∶3的比例分配。设一院制议会，议员50名，其中希腊族35名，土耳其族15名，由希腊族和土耳其族分别选举产生；众议院下设两个民族院，分别处理希腊族和土耳其族的宗教、教育、文化和其他民族事务；在5个主要城镇分别设立希腊族和土耳其族的单独市政机构；在警察、宪兵和最终建立的塞浦路斯军队中，希腊族和土耳其族的比例是6∶4。另外还规定设立一个由希腊族和土耳其族人数各占一半的高等法院。

由英国、希腊、土耳其和塞浦路斯四国签订的《大不列颠及北爱尔兰联合王国、希腊、土耳其和塞浦路斯保证条约》（简称《保证条约》）规定，维护塞浦路斯共和国的主权、独立和领土完整，禁止塞浦路斯作为整体或一部分与他国合并。由希腊、土耳其和塞浦路斯三国签订的《希腊、土耳其共和国和塞浦路斯共和国联盟条约》（简称《联盟条约》）① 规定，希腊和土耳其可以在塞浦路斯分别驻扎军队950人和600人，“帮助训练塞浦路斯军队，同时作为维护两族间良好关系的促进因素”。《设立军事基地条约》因涉及殖民统治结束后，保留英国军事基地的主权以及在共和国领土上的军事设施，以及财政、国籍等复杂的管理和法律问题，同时，马卡里奥斯向希腊政府明确表示，

① 《保证条约》和《联盟条约》均草签于1959年2月19日，1960年8月16日于尼科西亚修订并生效。

此条约应由即将诞生的塞浦路斯共和国代表与英国政府直接谈判，因此直到《苏黎世—伦敦协定》签订时，还未开始谈判，但其基本原则已在协定中确定。英国对塞浦路斯境内的两个军事基地——利马索尔以西的阿克罗蒂里空军基地和拉纳卡以东的德凯利亚陆军基地，作为永久性军事基地保持主权；对岛上的其他军事和民用设施享有使用权。

《苏黎世—伦敦协定》签署后，有关各方均表示满意。希腊首相卡拉曼利斯对媒体说："此时此刻，作为塞浦路斯共和国的保证国，我们对这个新国家的诞生感到由衷的高兴"，并赞扬了高级别外交活动在解决塞浦路斯问题中所发挥的作用，认为这一模式应被运用到解决更大的国际争端中去。土耳其外长佐卢充分肯定，"所达成的协议是对塞浦路斯问题平等、公正的解决"。随后马卡里奥斯宣布："这是一个伟大的日子……我坚信今天是和平、自由、繁荣的塞浦路斯新时代的开端。"同一天，马卡里奥斯还向全体塞浦路斯人民发表了广播讲话，要求希腊族和土耳其族人民团结起来，共同建设新国家。马卡里奥斯说，"经历数世纪外国统治的塞浦路斯，终于自由地奔向自己的未来"。

《苏黎世—伦敦协定》的达成，实际上是以牺牲塞浦路斯希腊族和土耳其族人民的利益，实现了英国、希腊、土耳其三国在塞浦路斯利益的平衡。英国获得了设立永久性主权军事基地和战时利用塞浦路斯各种公共设施的权利；希腊和土耳其可以在塞浦路斯驻军，保护其民族和国家的利益。这不能不说是三国的胜利，尤其是英帝国，当年迫使奥斯曼帝国素丹签约占领和管理塞浦路斯，随后将其吞并为英国的直辖殖民地。塞浦路斯问题原本是塞浦路斯人民要求英国殖民者撤出塞浦路斯，英国却使之成为塞浦路斯希腊族和土耳其族之间的民族矛盾及其"母国"希腊和土耳其两国之间的国际争端。希腊和土耳其两国艰难地进行谈判，英国却置之度外，只是作为权威的仲裁人主持了四方的签字仪式，并且毫无疑义地拥有永久性主权军事基地，我们不能不为大英帝国的狡诈而惊叹。

**3. 马卡里奥斯面临的挑战**

《苏黎世—伦敦协定》是大国在塞浦路斯分配利益和向马卡里奥斯施加压力的结果，因此，该协定签署后，马卡里奥斯遇到了来自希腊族人内部的严峻挑战，这一挑战首先来自曾经是他的密切合作伙伴的“埃欧卡”军事领导人格里瓦斯。

1959 年 3 月 9 日，格里瓦斯号召“埃欧卡”成员和他的追随者放下武器，接受《苏黎世—伦敦协定》，并强调要用“和平、团结、博爱”取代“战争之歌”。随后他离开塞浦路斯回到了离别 4 年多的雅典。在雅典机场，雅典大主教和希腊外长为他举行了盛大的欢迎仪式，希腊议会给予他“民族骄子”的最高荣誉，希腊国王保罗授予他英雄勋章和乔治一世十字勋章，并被晋升为将军。但不久，格里瓦斯开始指责马卡里奥斯“背叛”了“意诺西斯”和希腊族人的民族事业，向英国和土耳其做出了太多让步。尽管马卡里奥斯、土耳其族领导人库楚克、希腊首相卡拉曼利斯和外交大臣阿维罗斯均发表声明，否认这种“毫无根据”的指责，但格里瓦斯的指责越来越强烈。7 月 20 日，格里瓦斯称他“将尽其所能准备斗争”，“坚定地为塞浦路斯的解放而战斗”。

为了应对格里瓦斯的挑战，马卡里奥斯在一次万人群众集会上，号召“人们不要理会某些政治家的煽动，他只是企图利用我们的斗争谋取个人私利，并在塞浦路斯人民中制造纠纷”。土耳其族领导人库楚克也向格里瓦斯发出警告，对马卡里奥斯表示支持。9 月 15 日，马卡里奥斯第一次指名道姓地公开批评格里瓦斯。10 月 6 ~9 日，两人在罗得岛会面，马卡里奥斯劝导格里瓦斯应以大局为重，指出他的言行只能对土耳其有利，但格里瓦斯充耳不闻，继续发表颇具挑衅性的言论。

格里瓦斯公开反对马卡里奥斯，拒绝接受《苏黎世—伦敦协定》的言行，在塞浦路斯也拥有一批支持者，其中包括凯里尼亚主教基普里亚诺斯。基普里亚诺斯四处发表演说，谴责、甚至要求拒绝接受《苏黎世—伦敦协定》，号召希腊族民众继续争取“意诺西斯”，支持格里瓦斯的行动。另外，在 1959 年 5 月，塞浦路斯出现了一个叫“塞浦路斯意诺西斯阵线”（简称 KEM）的地下组织，散发传单指责马卡里奥斯和希腊政府，并宣布所有反对“意诺西斯”和狄格尼斯者为“叛徒”。

与此同时，《苏黎世—伦敦协定》签订后，随着塞浦路斯共和国的即将建立，按条约规定，希腊族和土耳其族分别开始进行选举新国家总统和副总统的准备工作。前“埃欧卡”成员分裂为相互对立的两派，其中右翼分子组成了“民主联合战斗者阵线”（简称 EDMA），支持马卡里奥斯接受协定，后来马卡里奥斯将其改组成自己的竞选政党“爱国者阵线”（简称 PF）。而“埃欧卡”中的左翼分子则成立了“民主联合青年组织”（简称 EDON），与“民主联合战斗者阵线”针锋相对。

后来，塞浦路斯著名人士约翰·克莱里季斯和以尼科西亚市长德尔维斯为首的塞浦路斯六大城市市长，组成了民主同盟联合会（简称 DU），并推选克莱里季斯作为候选人与马卡里奥斯竞选总统。另外，1959 年 12 月 4 日，总督富特取消了自 1955 年实施的紧急状态法，劳进党的活动合法化，公开支持民主同盟联合会的候选人克莱里季斯。实际上，这一时期希腊族人政治斗争的特点就是支持马卡里奥斯及其签署的协定与反对者之间的斗争。

1959 年 12 月 13 日，希腊族人进行总统选举，马卡里奥斯以绝对优势当选塞浦路斯共和国首任总统。但据分析家认为，马卡里奥斯的支持者中，有 66.82% 的人并不赞同《苏黎世—伦敦协定》，而是认为不论塞浦路斯形势如何发展，马卡里奥斯大主教都是他们的最佳领导人。所以，尽管马卡里奥斯顺利当选总统，但希腊族内部反对协定的势力仍然存在，而且不时激化并导致与土耳其族人关系紧张。

**4. “狄尼兹”号偷运武器事件**

《苏黎世—伦敦协定》签署之后，希腊族领导人马卡里奥斯和土耳其族领导人库楚克分别发表讲话，要求希腊族和土耳其族人民团结合作建设新国家。1959 年 12 月，他们分别当选总统和副总统后，再次强调希腊族和土耳其族人民团结合作的重要性。但是长期形成的民族对立情绪不可能在短期内完全化解，需要时间和双方的共同努力来弥合。而且协定又将本来是左邻右舍希腊族和土耳其族划分为政治经济利益不同的两个实体，无形中制造了新的更广泛的矛盾和纠纷。另外，希腊族人中反对马卡里奥斯和协定的强大势力，也使土耳其族人忧心忡忡。

1959 年 8 月 27 日至 9 月 28 日，不明身份的枪手相继杀害了 3 名土耳其族人和 1 名希腊族人，协定签署后所迎来的和平氛围日渐消失。

10 月 18 日，塞浦路斯巡逻艇在塞浦路斯东北部水域查获了一艘土耳其人的摩托艇“狄尼兹”号（该艇的注册地是土耳其的伊兹密尔），3 位土耳其籍船员被抓获，但他们在被捕之前已将载运的武器扔进了水里。塞浦路斯的法马古斯塔法院以非法偷运武器罪对 3 人提出指控（后来查明 3 人确实偷运武器，但总督为了淡化其不利影响，将 3 人逐出塞浦路斯而了事）。21 日，马卡里奥斯认为，“狄尼兹”号偷运武器事件表明，土耳其族人缺乏诚意和善意，使希腊族人深感不安。马卡里奥斯还责令正在与希腊族人共同制定共和国宪法的土耳其族领导人库楚克，要求库楚克停止制宪工作，严肃查处偷运武器事件。对此，库楚克发表声明表示，土耳其族人不能为“某些不负责任的人”的行为负责，号召希腊族和土耳其族人民和平相处。另一位土耳其族领导人登克塔什，指责马卡里奥斯中断了制宪工作，同时还认为马卡里奥斯对希腊族持枪极端分子视而不见，而在该事件上小题大做。土耳其外交部也发表声明称："土耳其从不鼓励向塞浦路斯偷运武器，现在不会，将来也不会。"安卡拉电台称"狄尼兹"号是土耳其渔民的"捕海豚船"。

"狄尼兹"号偷运武器事件表明，希腊族和土耳其族间的和平相处是如此脆弱，任何风吹草动，都可能成为相互指责甚至新的冲突的开端。1960 年 4 月 1 日，在"埃欧卡"成立五周年纪念会上，马卡里奥斯高度评价了其功绩，称"'埃欧卡'解放斗争的光辉历程是民族自由的基石……在《苏黎世—伦敦协定》的框架下，不可能实现我们的希望和目标"。马卡里奥斯的讲话，立刻引起了土耳其族领导人库楚克的强烈反应，库楚克告诫土耳其族人要提高警惕，防止希腊族人把《苏黎世—伦敦协定》当成"一场新的战争的桥头堡"。不难看出，不论希腊族人还是土耳其族人，从普通民众到最高领导人，并没有从内心真正消除相互猜疑，两族再次发生冲突的因素仍然存在。

**5. 塞浦路斯共和国的诞生**

尽管马卡里奥斯遇到来自希腊族人内部的前所未有的指责和对所签署的《苏黎世—伦敦协定》的反对，也尽管希腊族和土耳其族之间仍然相互猜疑、指责甚至时有零星冲突，但是，马卡里奥斯和库楚克仍然继续合作，依照《苏黎世—伦敦协定》的要求，为建立独立的塞浦路斯共和国进行一切准备工作。

按照《苏黎世—伦敦协定》要求，自 1959 年 2 月 19 日该协定签订之日起的 18 个月内，实现塞浦路斯的完全独立。1959 年 3 月 27 日，马卡里奥斯与库楚克就临时政府的部长之职达成协议。内政、司法、财政、通信、工商业、劳动社会服务部部长、农业部副部长由希腊族人担任，国防、农业、健康部部长、财政部副部长由土耳其族人担任，马卡里奥斯兼任外交部长。上述各部部长及副部长与马卡里奥斯、库楚克和总督富特共同组成了 14 人的临时过渡委员会。

制宪工作也在紧锣密鼓地进行着。1959 年 4 月 13 日召开了第一次制宪会议，1960 年 2 月 11 日在瑞士洛桑完成了宪法草案，4 月 6 日在尼科西亚宣布共和国的第一部宪法正式完成。该宪法体现了《苏黎世—伦敦协定》的基本内容，构成了即将诞生的塞浦路斯共和国的法律基础。

宪法包括 199 条和 6 个附件，完全是对《苏黎世—伦敦协定》的具体化。根据宪法，1960 年 7 月 30 日，希腊族和土耳其族分别举行了众议院的议会选举，尽管希腊族和土耳其族的弃权率分别高达 36% 和 26%，但还是顺利地选出了各族的议员。在分配给希腊族人的 35 个席位中，马卡里奥斯领导的“爱国者阵线”获得了 30 个席位，劳动人民进步党获得了 5 个席位。在土耳其族人的议会选举中，库楚克领导的民族阵线党（NEP）包揽了分配给土耳其族的全部 15 个席位。至此共和国建立的一切准备工作基本就绪，唯独与英国关于设立主权军事基地条约的谈判尚未达成共识。

根据《苏黎世—伦敦协定》，英国继续享有在塞浦路斯的军事基地的主权，但所占面积应由塞浦路斯共和国政府与英国政府直接谈判解决。英国最初要求 440 平方公里，而马卡里奥斯只同意给 93 平方公里，为此英国强令推迟建国日期，经过讨价还价最终确定为 277 平方公里，占塞浦路斯总面积的 3% 。

1960 年 7 月 1 日，英国和塞浦路斯双方代表宣布就所有重大问题达成了协议。8 月 16 日，英国向塞浦路斯共和国移交政权。同一天，马卡里奥斯宣誓就任塞浦路斯共和国第一任总统，库楚克任副总统。塞浦路斯共和国正式诞生了。8 月 24 日，塞浦路斯成为联合国的第99个成员国，1961年2月16日加入英联邦，同年5月24日成为欧洲委员会的第16个成员国。塞浦路斯终于摆脱了英国78年的殖民统治，成为世界民族国家体系中的一员。

## 第五节 塞浦路斯共和国

### 一 共和国宪法危机

#### 1. 建立单独市政机构之争

在安排政府各级公务人员的过程中，根据共和国宪法第123条规定，“公务人员的70%应为希腊族人，30%应为土耳其族人”，“在实际可行范围内，应适用于公务人员系统的一切职级”。但希腊族人认为，土耳其族人所占比例太大，而且根据土耳其族人所受教育程度，当时也不可能提供如此比例的受过良好教育的公职人员，同时也会造成更多的希腊族人失业，因此要求按两族实际人口比例进行分配。据1960年统计，全岛人口为571225，土耳其族人占17.4%，希腊族人占77.4%，其他少数民族占5.2%。土耳其族坚持依据宪法规定的比例进行分配，而且对希腊族的无理要求进行了报复。1961年春，在众议院审议税收法时，由于土耳其族议员的坚决反对，共和国税收法没有得到通过，致使马卡里奥斯总统不得不使用总统令进行征税，马卡里奥斯的这一措施在宪法中没有规定，因此1965年最高宪法法院裁决其不符合宪法。此外，在组建共和国军队问题上，两族意见相左。按宪法第129条规定：“共和国应有一支由2000人组成的军队，其中60%为希腊族人，40%为土耳其族人。”总统马卡里奥斯主张依此比例组建一支统一的共和国军队，但是副总统库楚克坚持希腊族和土耳其族按此比例分别组建

军队。马卡里奥斯气愤之下宣布不建立军队。两族分歧不断扩大。但是，真正引起新生共和国宪法危机的核心问题，还是关于是否建立单独市政机构之争。

按照共和国宪法第 173 条规定：“在本共和国 5 个主要城市，即尼科西亚、利马索尔、法马古斯塔、拉纳卡和帕福斯，应由当地的土耳其族居民建立单独的市政机构。”其实，早在 1958 年英国统治时期，土耳其族人曾以希腊族人把市政议会当成宣传“意诺西斯”的“政治温床”和忽视土耳其族居民为由，退出了统一的市政机构，建立起了单独的土耳其族人市政府。1959 年，英国殖民政府承认了土耳其族人市政府的既成事实，通过了《1959 年土耳其族人市政法暂行草案》，赋予了土耳其族市政府对其本民族事务的管理权。希腊族人曾多次向殖民当局提出抗议，但无果而终。在制宪过程中希腊族和土耳其族代表对该问题产生过激烈争论。由于协定规定自协定签订之日起的 18 个月内实现塞浦路斯独立，时间紧迫，希腊族方面做出了让步，协定对该问题的规定也就成了宪法的基本条款。现在，随着宪法的具体实施，该问题再次浮出水面，成为希腊族和土耳其族争执的导火索。

总统马卡里奥斯认为，在五大主要城市设立单独的土耳其族人市政机构，将出现管理功能重叠的两个市政机构，不仅造成人力、物力、财力上的浪费，损害两族的利益，也可能使中央政府的政令难于畅通实施。因此坚持建立希腊族和土耳其族统一的市政机构，并提出了在统一的市政府领导下，确保土耳其族人利益和权利的三项具体措施。但是，副总统库楚克认为马卡里奥斯的建议“不现实”，要求严格执行宪法。

是否建立单独市政机构之争使两族关系逐渐恶化。希腊族人指责土耳其族人坚持建立单独市政机构的目的，是向他们的长期目标——实现塞浦路斯分治迈出的第一步，而土耳其族人则指责希腊族领导人破坏共和国宪法，企图逐渐剥夺宪法所赋予土耳其族人的合法权益，将塞浦路斯引向“意诺西斯”。

由于两族意见不一，土耳其族无法按宪法要求建立单独的市政机构。1962 年 12 月 27 日，众议院中的土耳其族议员提交议案，要求将现行的《1959 年土耳其族人市政法暂行草案》延长至 1963 年年底，在此期间双方寻求解决方案，但土耳其族的提案遭到希腊族议员的拒绝。12 月 29 日，总统马卡里奥斯宣布，从 1962 年 12 月 31 日凌晨起，现行的殖民统治时期的城市法终止执行，共和国内的所有市政机构不复存在，其行政职能由即时成立的共和国地方政府接管。同一天，为了应对马卡里奥斯的总统令，“维护土耳其族市政秩序，不给共和国政府插手机会”，土耳其族民族院通过了一项法案，宣布从 12 月 31 日凌晨起，现行的土耳其族人市政机构就是土耳其族人根据宪法建立的合法市政府。土耳其族人市长也纷纷发表声明，宣布土耳其族人市政府将继续行使其职能，视一切“不合共和国宪法条款的规定为非法”而不予执行。

两族相互指责不断升级，两族领导人已不可能坐下来直接讨论解决分歧。1963 年 4 月，两族分别向共和国最高宪法法院提出申诉。1963 年 4 月 25 日，最高宪法法院做出裁决，宣布双方的“立法”均属越权，马卡里奥斯总统规定在城市实行的“农村管理和发展法”无效，土耳其族人民族院通过的城市自治法也无效。但是，早在最高宪法法院做出裁决之前，马卡里奥斯就曾公开表示，在单独建立土耳其族人市政机构方面，他绝不服从最高宪法法院的裁决。实际上，最高宪法法院的裁决并无多大意义，因为两族之间的矛盾已经超出了内部协商解决的范围，动摇了宪法的基础，对保证共和国独立的《苏黎世—伦敦协定》提出了挑战。

**2. 马卡里奥斯的“十三点修正案”**

马卡里奥斯的修宪言论遭到土耳其政府的强烈反对，但却得到英国驻塞浦路斯高级专员的同情和支持,[①] 而此时希腊政府危机，也给马卡里奥斯可乘之机。1963 年 11 月 30 日，马卡里奥斯正式提出了他的修改共和国宪法的“十三点修正案”。其主要内容包括：

（1）废除共和国总统和副总统的否决权。

（2）共和国总统暂时不在或不能行使职责时由副总统代理行使总统职权。

（3）众议院希腊族人议长和土耳其族人副议长由众议院统一选举，不再按以前分别由希腊族、土耳其族议员的绝对多数选举产生。

（4）当众议院议长暂时不在或不能行使其职责时由副议长代理行使议长职权。

（5）废除宪法中关于众议院分别以希腊族或土耳其族议员的绝对多数通过法律的条款。

（6）废除宪法中关于在 5 个主要城市单独建立市政机构的条款，相应的条款应该是：

①上述五城市的市政议员应按这些城市中希腊族和土耳其族居民的比例分别选举产生。

②上述五城市的财政预算中扣除公共服务开支后，应根据这些城市中土耳其族居民的人口比例留出相应比例的平衡资金，其用途根据土耳其族市政议员的要求而定。

（7）统一司法权。

（8）取消对保安部队中警察和宪兵的区分。

（9）共和国军队和安全部队的员额由法律决定，而不能由总统和副总统决定。

---

① Salahi R. Sonyel, *Cyprus the Destruction of a Republic*: *British Documents 1960 – 1965*, The Eothen Press, 1997, pp. 38 – 42.

（10）希腊族和土耳其族构成共和国公务人员的比例和军队组成比例，由原来的 7:3 和 3:2 改为按希腊族和土耳其族人口的实际比例计算。

（11）公共服务部门的数量由原来的 10 个减为 5～7 个。

（12）公共服务职能部门的决议以简单多数通过。

（13）取消民族院，建立新的行政体系。但是，如果土耳其族人要求保留土耳其族民族院，应当允许保留。①

显而易见，马卡里奥斯的"十三点修正案"很有针对性，旨在把实施宪法过程中，希腊族和土耳其族产生争执的涉及建军、税收、公务人员比例和单独市政机构等问题的宪法条款进行修改。马卡里奥斯在公布该修正案的同一天，也将其送到副总统库楚克手中。库楚克讥讽地称："'意诺西斯'比它都好。"库楚克对采访他的记者言辞非常坚定地说："塞浦路斯共和国宪法不容改变。"

12 月 7 日，土耳其外长发表讲话，对马卡里奥斯单方面修改宪法感到十分震惊，认为马卡里奥斯修改宪法，意味着废除了国际条约对土耳其族人所提供的保护，"把土耳其族人降为任凭希腊族人摆布的单纯少数民族的地位"，宣布土耳其政府拒绝接受"十三点修正案"。12 月 20 日，在英国的协调下，英国、希腊、土耳其三国外长在巴黎商讨塞浦路斯局势。希腊、土耳其两国建议首先应由塞浦路斯希腊族和土耳其族领导人直接商谈，而且土耳其政府还坚持两族之间的谈判必须在宪法范围内进行。

**3. "赫姆斯街事件"导致土耳其族撤出联合政府**

在马卡里奥斯单方面修宪的强烈刺激下，1963 年 12 月 21 日，"赫姆斯街事件"导致两族冲突再起。此日清晨，一支希腊

① Stavros. Panteli, *A New History of Cyprus: On the Earliest Times to the Present Day*, East-West Publications, London, 1984, pp. 351－352.

族武装警察巡逻队在尼科西亚的赫姆斯街（现在的两族分治界线），拦住一批土耳其族人要求检查，结果双方发生争执并开枪射击，冲突造成土耳其族人 2 死 1 伤和希腊族人 1 伤的严重事件，冲突很快向全市蔓延。马卡里奥斯和库楚克联合呼吁停止冲突，但是冲突仍在继续。第二天，在尼科西亚北郊希腊族和土耳其族杂居的阿莫尔菲塔和特拉乔拉斯地区发生了激烈战斗。在帕福斯警察局，马卡里奥斯和库楚克与共和国希腊族和土耳其族部长们会晤后再次联合发出和平呼吁，但冲突者对他们的呼吁已经充耳不闻。当天下午土耳其族警察撤离岗位，与土耳其族人一道在土耳其族人居住的各街区入口处设置路障进行驻守，共和国各级政府中的土耳其族公务人员也全部撤出。① 与此同时，散居于希腊族人中的土耳其族人纷纷逃往土耳其族人聚集区。这一切都预示着希腊族和土耳其族新一轮冲突的全面展开。

## 二　两族冲突与各方调解

### 1. 英、希、土三国维和

希腊族和土耳其族新一轮冲突爆发后，美、英两国极为担忧，要求希腊和土耳其分别向希腊族和土耳其族领导人施加压力，尽快制止冲突。1963 年圣诞之夜，英、希、土三个保证国经过紧急磋商后发表联合声明，要求希腊族和土耳其族立即停止战斗，并提出由三国驻塞浦路斯分遣队组成维和部队的建议，该建议得到了马卡里奥斯和库楚克的一致同意。在前 4 天的冲突中，由于希、土两国分遣队的部分介入，伤亡有所增加。实际上，希腊族和土耳其族之间的民族冲突，已经发展成为两族相互争夺地盘的战争。12 月 27 日，三国维和部队成立，由

① 希、土两族有不同说法。希腊族人称之为“退出”，而土耳其族人认为是被希腊族人“驱逐”。

英国的杨格将军统一指挥。

英、希、土三国的维和行动最初取得了一定成就，建立了隔离冲突的中立区，基本上沿着1959年以前防止“埃欧卡”与土耳其族人冲突的梅森—狄克逊线划分。杨格将军用绿色粉笔画了一条临时隔离线，以制止尼科西亚市内的冲突，这条线后来被称为“绿线”，至今仍是两族的分界线。

在三国维和部队中，由于希、土两国分遣队与希腊族和土耳其族关系密切，不可能真正中立地进行维和，所以，维和的任务实际上完全由英国军队承担，而且冲突双方根本无视英国军队的存在，激烈战斗有增无减。土耳其政府要求马卡里奥斯立即停止这种“灭绝种族的屠杀”，否则土耳其将根据《保证条约》和《联盟条约》单方面采取行动，土耳其战斗机曾两度飞临尼科西亚上空。但是，马卡里奥斯不仅没有理会土耳其干涉的威胁，而且还派外长基普里亚努（希腊族人）前往英国，试图说服英国公开支持废除《保证条约》和《联盟条约》，使土耳其失去干涉塞浦路斯事务的合法权利。同时，马卡里奥斯对希腊过渡政府要求制止冲突恢复和平的呼吁充耳不闻。12月27日，当得到土耳其军舰在距塞浦路斯海岸40公里水域活动的报告时，马卡里奥斯才感到事态严重，请求英国政府派舰队阻止土耳其军队登陆，但是英国政府认为土耳其不可能入侵塞浦路斯，并拒绝军事介入。同一天，塞浦路斯驻联合国代表（希腊族人）要求安理会干预。在12月28日召开的安理会紧急会议上，土耳其代表否认有土耳其舰队驶向塞浦路斯，并呼吁联合国关注“土耳其族人正在成为‘大规模种族清洗’的牺牲品”，土耳其的立场是“没有哪个政府会对这种局面袖手旁观”。安理会通过决议要求英国制定解决方案。

28日，英国派英联邦关系大臣桑迪斯前往塞浦路斯调解。桑迪斯与马卡里奥斯和库楚克达成协议，规定杨格将军指挥的三国维和部队无须事先通知希腊族和土耳其族领导人，可以在尼科西亚及其郊区自由巡逻。

尽管有英、希、土三国维和及英国的调解，但塞浦路斯局势不但没有缓和反而日趋恶化。1963 年的最后一天，马卡里奥斯既没有听从希腊政府的劝告，也没有事先告知希腊政府，突然向许多国家领导人致电，宣布他废除了《保证条约》和《联盟条约》。英国调解人桑迪斯知道后当面怒斥马卡里奥斯是在"拆毁总统府"，"土耳其军队必然会依据条约赋予的权利登陆塞浦路斯，英国政府只能要么与土耳其合作恢复塞浦路斯局势，要么任凭土耳其放手去干，但无论如何英国绝不会与自己的重要盟友土耳其开战"。马卡里奥斯终于屈服了，仅隔 3 个小时，他再次向各国领导人致电："在我今天致各国政府首脑的电文中，我宣布我们已经决定废除《保证条约》和《联盟条约》，这可能会造成我们已经废除这些条约的印象，我希望对此澄清。它只是传递一个我们寻求通过适当方式终止这些条约的愿望。"①

但是，希腊族和土耳其族的冲突再次升级，到 1963 年年底，除双方的大量伤亡之外，有 103 个村庄近 3 万土耳其族人被迫离开家园，两族杂居的阿莫尔菲塔此时已空无一人。英国指挥的三国维和部队已经没有能力阻止两族愈演愈烈的冲突。

**2. 伦敦会议**

英国主导的英、希、土三国维和行动日显疲态，英国担心局势失控。1963 年 12 月 26 日，英国提议召开有关各方参加的伦敦会议，并经过外交努力，确定英、希、土三国外长和希腊族和土耳其族代表在伦敦讨论塞浦路斯局势。

1964 年 1 月 15 日，伦敦会议召开。参加伦敦会议的除预先商定的英、希、土三国外长和希腊族和土耳其族代表外，马卡里

---

① Salahi R. Sonyel, *Cyprus the Destruction of a Republic: British Documents 1960 - 1965*, The Eothen Press, 1997, p. 60.

奥斯还派外长基普里亚努以塞浦路斯政府代表的身份参加会议。基普里亚努在伦敦机场对记者说，他对此次会议的结果并不乐观，认为希腊族人唯一可以接受的解决方案是废除条约，建立由多数民族主导的国家。另外值得注意的是，在伦敦会议召开的同一天，苏联与亚非团结委员会在尼科西亚开会，并发表声明指责“某些北约国家干涉塞浦路斯内政”。伦敦会议的内外氛围预示其结果不容乐观。

在伦敦会议上，塞浦路斯外长基普里亚努和希腊族代表克莱里季斯坚决要求废除条约和修改宪法，而土耳其族代表登克塔什则认为，三年来的事实证明，希腊族人和土耳其族人不能生活在一起，要求在联邦制政府的基础上划分族界，两族分治。由于双方观点相去甚远，会议于2月10日以失败告终。

**3. 英美“桑迪斯—鲍尔方案”**

伦敦会议失败后，两族冲突更加频繁和激烈，土耳其族人逃离希腊族人聚集区的人数剧增，占塞浦路斯总人口17.4%的土耳其族人，逐渐聚集到仅占塞浦路斯领土2%的地域，基本处于希腊族人的包围之中。而且希腊族人对土耳其族人实行经济封锁，致使土耳其族人的基本生活用品严重匮乏。

面对这种局面，土耳其政府表示“我们必须对我们的人民负责，保障他们的正常生活和安全”。而希腊政府对土耳其干涉塞浦路斯内政的威胁做出了强烈反应，希、土两国爆发战争的可能性已经达到极限。对此美国非常焦虑，担心一旦希、土两国爆发战争，将成为苏联向塞浦路斯全面渗透的绝佳时机，英国的军事基地很可能将不复存在，北约的东南翼也将遭到沉重打击，塞浦路斯可能成为“地中海的古巴”。[①]

① Salahi R. Sonyel, *Cyprus the Destruction of a Republic: British Documents 1960 - 1965*, The Eothen Press, 1997, p. 108.

伦敦会议失败后，英国请求美国向塞浦路斯派遣军队，作为北约维和部队的一部分参与塞浦路斯的维和行动。1964 年 1 月 28 日，美国总统约翰逊任命北约驻欧洲部队司令莱曼·L. 莱姆尼策为总统特使参与斡旋。莱姆尼策先后访问了雅典和安卡拉，警告两国政府他们之间爆发战争的严重后果，并让土耳其政府保证在英、美方案实施之前不得单方面采取行动。1 月 31 日，英、美制定出了塞浦路斯维和方案，后来通称“桑迪斯—鲍尔方案”。该方案建议美国向塞浦路斯派遣 1200 人的分遣队，并提供 1 万名北约多国维和士兵所需的后勤设施和装备；维和时间 3 个月，在这期间由联合国协调员制定出解决塞浦路斯冲突的方案。

希腊和土耳其政府接受了英、美提出的维和方案。2 月 4 日，马卡里奥斯也原则上表示接受，但他坚持多国维和部队必须在联合国的领导下，这实际上是对英、美方案的婉转拒绝。就在同一天，尼科西亚学生在美国驻塞浦路斯使馆前示威，指责“桑迪斯—鲍尔方案”是北约的干涉方案。而与此相反，这些示威者还来到苏联使馆前，苏联驻塞浦路斯大使在阳台上微笑致意。当晚，美国大使馆发生炸弹爆炸事件。

英、美方案受挫后，美国国务卿乔治·鲍尔先后访问了英国、希腊、土耳其和塞浦路斯，又提出了对前一方案的修改意见，希、土两国表示接受，但马卡里奥斯寸步不让。2 月 7 日，苏联担心实施英、美方案可能导致塞浦路斯北约化，赫鲁晓夫向英、希、土、法和美国政府就北约维和建议提出抗议，称该方案是“侵犯了塞浦路斯共和国主权、独立和自由的又一次十字军入侵计划”。

在马卡里奥斯毫不妥协的抵制下，英、美企图以北约部队在塞浦路斯维和的方案彻底破产了。塞浦路斯局势继续恶化，在南部城市利马索尔也发生了激烈战斗。土耳其政府对马卡里奥斯彻底丧失了信心，对由英国领导的维和部队制止冲突的能力也不再存有幻想，单方面采取行动的倾向进一步增强。美国在不断与英、希、土三国密切磋商的同时，派第六舰队在希腊和土耳其之间的海域游弋，防止土耳其的单方面行动可能导致希、土两国战争。

在此期间，希腊族领导人与苏联高层接触频繁，苏联的军用物资不断通过埃及运往塞浦路斯，希腊族人的反美亲苏情绪不断增强。2月中旬，英国政府终于无可奈何地决定同意塞浦路斯政府（实际上是希腊族人）将塞浦路斯问题提交联合国解决。英国的决定也得到了美国的赞同。英、美两国认为，在联合国，即使有苏联等国的帮助，塞浦路斯也不可能获得足以废除《保证条约》和《联盟条约》的支持，为了避免希、土两国发生战争，让联合国主导维和行动也不失为上策。

**4. 联合国的维和与调解**

塞浦路斯两族冲突爆发后，联合国密切关注着局势的发展。1963年12月28日，应塞浦路斯政府要求安理会讨论了塞浦路斯局势，并通过决议要求英国制定解决方案。1964年1月13日，同样是在塞浦路斯政府的要求下，联合国秘书长吴丹派代表调查塞浦路斯问题。1月17日又任命印度人古亚尼考察英、希、土三个保证国的维和效果，而且派特使参加了由英国主持的伦敦会议，听取各方意见。2月下旬，塞浦路斯政府正式请求安理会解决塞浦路斯问题，安理会经过征询英、希、土三国和塞浦路斯希腊族和土耳其族意见后，于3月4日通过了关于塞浦路斯问题的安理会第186号决议。

联合国安理会第186号决议号召所有成员国，“制止可能使独立的塞浦路斯共和国局势进一步恶化的任何行动或威胁”，要求塞浦路斯政府“承担起维护法律和秩序的职责，采取一切必要措施制止塞浦路斯的暴力和流血冲突”，同时呼吁希腊族和土耳其族人民及其领导人“最大限度地保持克制”。第186号决议还建议成立联合国驻塞浦路斯维持和平部队，该建议得到了塞浦

路斯政府的支持。3 月 6 日，古亚尼将军被任命为联合国驻塞浦路斯维和部队总司令。维和部队由来自奥地利、加拿大、丹麦、芬兰、瑞典、爱尔兰、英国的 6238 名维和武装部队和来自澳大利亚、奥地利、丹麦、新西兰、瑞典的 173 名维和警察部队组成。由于希腊族和土耳其族冲突日益激烈，3 月 26 日芬兰分遣队率先赶赴塞浦路斯，开始了联合国规定的为期三个月的维和行动。由于塞浦路斯问题一直没有得到彻底解决，致使联合国驻塞浦路斯维和行动一延再延，至今还在继续维和，成为持续时间最长的联合国维和行动。

在联合国维和的同时，安理会第 186 号决议还建议派遣调解人员寻求政治解决塞浦路斯冲突的途径。经过一年的调研和听取各方意见，1965 年 3 月 26 日，联合国调解员加洛・拉索・普拉萨向安理会提交了一份调解报告。该报告共分五大部分，其中第四部分详细叙述了自 1963 年 12 月希腊族和土耳其族冲突以来，希腊族和土耳其族的现状和他们的根本目标，进而提出了解决塞浦路斯问题的建议，主张为保证塞浦路斯的独立、主权和统一，任何解决方案都应符合联合国宪章。该报告得到了塞浦路斯希腊族人和希腊政府的肯定，但该报告把土耳其族人当做少数民族对待，也就决定了该报告被塞浦路斯土耳其族人和土耳其政府拒绝的命运，表明联合国此次对塞浦路斯问题调解的失败。

**5. 约翰逊书谏**

安理会第 186 号决议并没有给塞浦路斯带来所期望的和平。决议通过的第二天，在凯里尼亚附近的两个村庄发生战斗，造成土耳其族人两死两伤。冲突随即波及阿莫尔菲塔、尼科西亚、凯里尼亚等地，土耳其族人有较大伤亡。1964 年 3 月 12 日，土耳其族领导人库楚克向联合国对希腊族人提出指控。13 日，土耳其政府向马卡里奥斯发出最后通牒，要求立即停止一切针对土耳其族人的屠杀行为；释放所有被扣押的土耳其族人质，归还被害土耳其族人遗体；恢复土耳其族人行动、交通和通信的自由，否则土耳其政府将采取“单方面行动”。希腊政府对土耳其的威胁做出了强烈反应，声称希腊将参加保卫塞浦路斯的战斗。4 月，希腊首相帕潘德里欧与马卡里奥斯会晤后决定，为防止土耳其入侵塞浦路斯，希腊向塞浦路斯派遣大约 2 万名希腊官兵。希腊的这一举动无异于火上浇油，希、土两国都有军事调动迹象。为了防止一触即发的希、土两国战争，美国第六舰队驶往东部地中海，在希、土两国海域游弋。根据有关报道，当时苏联潜艇也在该水域活动。事态的发展促使安理会又通过了第 187 号决议，要求所有成员国执行第 186 号决议，避免采取可能使塞浦路斯局势进一步恶化的任何行动。

塞浦路斯局势的发展使美国极为忧虑，国务卿鲍尔再次访问了希、土两国，并邀请两国总理访美。6 月 5 日，美国总统约翰逊致信土耳其总理伊斯梅特·伊诺努。约翰逊指出：（1）土耳其的军事干涉不明智且充满危险。（2）干涉的结果将导致塞浦路斯分治，这与《保证条约》相违背。（3）干涉行动将违反许多国际承诺，其中包括采取任何行动前与美国磋商的承诺和与其他两个保证国磋商的承诺；破坏北约的稳定，造成苏联介入的危险；与联合国致力于塞浦路斯和平的努力相抵触。（4）“我严肃地告诉你，美国绝不允许利用美国提供给土耳其的武器装备，在当前形势下干涉塞浦路斯”。约翰逊总统甚至警告土耳其政府，如果土耳其采取单方面行动，当苏联进攻土耳其时就不会得到北约的帮助。[①] 随后，虽然希、土两国总理先后访问了美国，缓和了希、土两国一触即发的紧张关系。但是，这封约翰逊书谏成为美、土两国自 1947 年以来“蜜月期”终结的分水岭，美、土关

① Suha Bolukbasi, "The Johnson Letter Revisited", *Middle Eastern Studies*, Vol. 29, No. 3, July 1993, pp. 505 - 525.

系开始转向冷淡，土耳其国内出现反美浪潮。

**6. 美国的“艾奇逊方案”**

虽然约翰逊书谏制止了土耳其可能采取的单方面军事行动，但是，塞浦路斯问题不解决，希、土两国关系就不可能真正缓和，东部地中海局势就不可能真正稳定。为了彻底解决塞浦路斯问题，1964 年 6 月 20 日，美国前国务卿迪安·艾奇逊前往塞浦路斯，与联合国调解员杜米奥雅、希腊和土耳其代表共同商讨解决塞浦路斯问题的途径，经过一系列的磋商后，艾奇逊提出了解决冲突的“艾奇逊方案”。该方案建议：(1) 塞浦路斯与希腊合并，作为对土耳其的补偿，土耳其在塞浦路斯拥有一个为期 50 年的军事基地，其大小相当于塞浦路斯领土的五分之一；同时希腊将其位于爱琴海的小岛卡斯特洛里佐岛让与土耳其。(2) 在塞浦路斯划分两个行政区，两族分别设立平行的政府机构。(3) 希、土两国在塞浦路斯建立联合军队司令部。(4) 对所有希望迁出塞浦路斯的土耳其族人给予补偿。①

“艾奇逊方案”出笼后，土耳其愿意接受作为进一步谈判的基础，但却遭到希腊族人和希腊政府的断然拒绝。希腊族领导人坚持塞浦路斯共和国的独立、中立和不结盟，而不是“意诺西斯”，而且坚持只有联合国才能在塞浦路斯维和并作为塞浦路斯独立和完整的保证者。

1964 年 6 月，原“埃欧卡”领导人格里瓦斯返回塞浦路斯，整合希腊族人的各种武装组织，预示着新一轮更大规模冲突的开始。8 月 6 日，希腊族武装企图攻占位于塞浦路斯西北部蒂利里亚区的土耳其族人控制区科基纳，② 双方发生了自冲突以来最为

---

① Salahi R. Sonyel, *Cyprus the Destruction of a Republic: British Documents 1960 - 1965*, The Eothen Press, 1997, pp. 106 - 112.

② 科基纳是土耳其族控制的主要出海口，占领了科基纳，既可以切断土耳其族人从海上获得土耳其的军事装备和战略物资的通道，也可以防止土耳其军队登陆。

激烈的战斗。土耳其政府要求希腊族人停止攻击，但没有得到任何响应。7 日，土耳其战机轰炸了该地区的希腊族人阵地，最后在安理会第 193 号决议的要求下才实现停火。土耳其认为，联合国驻塞浦路斯维和部队不能保护土耳其族人的安全，轰炸行动是不得已而为之。希腊政府宣称，如果土耳其不立即停止其军事行动，希腊政府将“不会袖手旁观”。

希、土两国已处于战争边缘。苏联对土耳其的军事行动大加指责，声称要帮助塞浦路斯抵御外国入侵。苏联向塞浦路斯的渗透，使美国极为忧虑。8 月 20 日，艾奇逊与英国磋商后，对他早先提出的“艾奇逊方案”进行了修改，建议把塞浦路斯与希腊合并，然后北约在塞浦路斯设立军事基地，土耳其任该军事基地北约军队的司令，若干年后把该军事基地租给土耳其。修改后的“艾奇逊方案”同样遭到希腊族人和希腊政府的拒绝。希腊族人寄希望于联合国的调解，标志着“艾奇逊方案”的流产。但 1967 年上台的希腊军政府接受“艾奇逊方案”，希望以此为基础实现塞浦路斯与希腊合并。希腊军政府的立场遭到了马卡里奥斯的坚决反对，并导致马卡里奥斯与希腊军政府关系恶化。

**7. “圣锡奥多罗斯—科菲努村事件”与两族和谈**

尽管联合国的调解失败了，美国的“艾奇逊方案”流产了，国际社会的积极斡旋也尚未缓和塞浦路斯的紧张局势，但在此期间，塞浦路斯内部出现了某些变化。

自马卡里奥斯修宪导致两族冲突，土耳其族人退出共和国政府后，塞浦路斯政府实际上完全由希腊族人控制，尤其在马卡里奥斯宣布废除《苏黎世—伦敦协定》后，曾一度产生了塞浦路斯是否还存在合法政府的质疑。土耳其族人和土耳其政府认为，在塞浦路斯只存在分别代表希腊族和土耳其族利益的机构。但是，英国为了其自身利益，而联合国的调解也必须由塞浦路斯政府提出请求，为了尽快结束冲突，联合国也就事实上承认了马卡

里奥斯政府的合法性。马卡里奥斯根据其“十三点修正案”建立了行政和立法机构；1964 年建立了警察和宪法部队；通过了征兵法，征召 1 万名希腊族人建立起了国民警卫队；组成了完全由希腊族人构成的最高法院；通过了曾引起希腊族和土耳其族冲突的《城市自治法》；1965 年设立教育部以取代希腊族民族院，原来的希腊族人司法机构也转为共和国法院；而且为土耳其族人制定了一部《少数民族权利法》。马卡里奥斯已真正建立起了一个由多数民族控制的塞浦路斯政府。

随着土耳其族人逐渐从两族散居地撤出，两族之间出现了掘壕固守的界线。土耳其族人在尼科西亚与凯里尼亚之间的最大聚集区成立了临时管理机构，建立了独立的公共服务体系、警察部队和电台。由于希腊族人对土耳其族人实行经济封锁，库楚克领导的土耳其族人临时管理机构，完全依赖于土耳其政府每年 1000 多万英镑的援助。希腊族和土耳其族各自为政的状况，为各方调解结束冲突增添了诸多障碍。

尽管马卡里奥斯和希腊帕潘德里欧政府拒绝接受“艾奇逊方案”，但以希腊国王康斯坦丁为首的部分高层领导人，主张以修改后的“艾奇逊方案”为基础解决塞浦路斯问题。首相和国王的矛盾导致帕潘德里欧辞职，在希腊出现了军人独裁政府。希腊军政府在美国的压力下向马卡里奥斯施加压力，企图接受“艾奇逊方案”，实现“意诺西斯”，改善与土耳其的关系。希腊军政府宣称，“希腊与土耳其必须联合起来，对付共同的敌人——共产主义，在这一基本利益面前，所有分歧都是次要的”。1967 年 9 月，希、土两国首脑两度会晤达成如下共识：塞浦路斯必须纳入西方盟国防御体系，保护土耳其大陆的安全和塞浦路斯土耳其族人的利益，遏制来自北方的共产主义的威胁。两国首脑还讨论了“艾奇逊方案”。但是，希、土两国关系的改善并没有给塞浦路斯希腊族和土耳其族带来和解，相反，两族继续加紧扩大各自的控制区，从而导致“圣锡奥多罗斯—科菲努村事件”。

对“圣锡奥多罗斯—科菲努村事件”，希、土双方各执一词。科菲努村是一个土耳其族人聚集区，位于尼科西亚与利马索尔主干公路的中间地带，科菲努村以南约5公里处是希腊族和土耳其族散居的圣锡奥多罗斯村，再往南便是土耳其族人的莫里村。在1967年7月以前，圣锡奥多罗斯村从来未发生过两族冲突，希腊族警察一直在该村巡逻。7月该村发生了枪击事件，希腊族警察暂停巡逻。9月秩序恢复后，进入该村巡逻的希腊族警察遭到了土耳其族武装人员的阻挠，在联合国维和部队的斡旋下两族开始了长时间的谈判。11月14日，在谈判尚未达成一致时，希腊族警察擅自进入该村巡逻，也未遇到土耳其族人的阻拦。次日，当“埃欧卡”前军事总指挥格里瓦斯带领希腊族巡逻队再次进入该村时，遭到了土耳其族武装人员的射击，双方发生战斗，增援的国民警卫队很快占领了该村，战斗蔓延到了科菲努村。冲突造成22名土耳其族人和1名希腊族人死亡。11月16日，在联合国的及时调解下双方同意停火。

土耳其政府对该事件作出强烈反应。11月17日凌晨，土耳其政府向希腊政府发出最后通牒，要求立即召回格里瓦斯；撤回自1964年派驻塞浦路斯的所有希腊军队；对遇害土耳其族人及其财产进行赔偿；解除包括国民警卫队在内的所有希腊族人武装；取消对土耳其族人的经济封锁。与此同时，土耳其政府号召国民献血，做出武装干涉的架势。希腊也开始清理防空设施，两国军队在希、土边界形成对峙。11月24日，土耳其总统向世界各国领导人发出警告，土耳其准备“一次性而且彻底地”解决塞浦路斯问题。联合国秘书长特使、北约秘书长和美国总统特使共同促使希、土两国谈判，并于26日达成了协议。尽管一场战争避免了，但土耳其政府从此确信，解决塞浦路斯问题的唯一可

接受方案，就是希腊族和土耳其族的联邦制。

在国际社会的努力和联合国的斡旋下，1968 年 6 月 3 日，希腊族和土耳其族代表在黎巴嫩首都贝鲁特举行和谈预备会议，6 月 24 日，在尼科西亚开始了自 1963 年 12 月冲突以来两族直接对话的第一轮谈判。希腊族谈判代表是克莱里季斯，土耳其族谈判代表是登克塔什，另外还有联合国秘书长的特别代表奥索里奥·塔福尔。两族代表在谈判程序上达成共识：首先解决宪法问题，然后再过渡到对相关条约问题的谈判。但是，双方谈判的焦点很快就集中到关于地方政府的自治权问题上，即土耳其族人要求在独立的共和国中央政府下，土耳其族人拥有自治的地方政府。希腊族代表拒绝接受，谈判陷入僵局，8 月 28 日结束。

尽管本轮谈判未能达成任何协议，但两族代表均承认共和国宪法存在着问题，并同意通过谈判寻求解决方案。双方能够达成这一共识本身，就是此轮谈判取得的巨大成就，因为在此之前，土耳其族领导人和土耳其政府一直坚持认为，《苏黎世—伦敦协定》和以此为基础的 1960 年共和国宪法不容谈判。另外，双方在会谈结束时同意以后继续谈判，也是双方对会谈持积极态度的具体体现。

在第二轮谈判中，土耳其族代表提出如果双方能在土耳其族人地方政府自治问题上达成协议，土耳其族将作出一系列让步，其中包括：放弃土耳其族人副总统的否决权；将土耳其族人在政府、众议院代表、公共服务系统和警察部队中的比例，由原来的 30% 减少为土耳其族人的实际人口比例（大约 20%）；取消众议院议长、副议长分别由希腊族和土耳其族民族院的绝对多数选举产生的要求；接受希腊族方面提出的以众议院简单多数为基础的建议。土耳其人作出的这些让步，实际上就是接受了 1963 年马卡里奥斯“十三点修正案”的多数条款。土耳其族代表登克塔什认为，如果宪法中能够明确规定地方自治政府的权力和功能，土耳其族方面将作出上述让步。但马卡里奥斯反对土耳其族人从宪法上得到这些权利，只承认土耳其族人在宗教、教育、文化和个人身份等方面享有自治权。

第三轮会谈开始后，土耳其族代表对地方政府的功能与权力问题更明确地限定为：地方政府必须以土耳其族人聚集的村庄为基础，不考虑这些村庄在地理上的联系；两族有各自的中央政府职权；地方政府的权力和功能应该在宪法中得到确认，而不能以立法机构的代表权取而代之。实际上土耳其族方面又作出了某些让步，不再要求与希腊族人划界而治，但希腊族方面拒绝了土耳其族代表的上述三个要求。两族对地方政府的权力和功能问题分歧太大，都不愿在这一核心问题上作出让步。最后，登克塔什取消了对地方政府功能与权力的上述要求，同时也收回了在其他方面所作出的让步。登克塔什不无遗憾地对克莱里季斯说："似乎对我来说，不要提出地方政府的形式，而直接寻求可能解决宪法问题的方案也许更有用……当然，你知道，我所提出的以地方政府形式保护土耳其族人的权利，是土耳其族人至今所能寻找到的令人满意的唯一可接受的方案，虽然我承认《苏黎世—伦敦协定》所赋予土耳其族人的某些权利应该被删除，但是，我明确告诉你，如果你方能够接受地方政府自治原则，可以被删除的东西比你方所接受的还要多。"① 登克塔什的言外之意是，如果希腊族能在宪法中确保土耳其族的自治权，土耳其族人愿意放弃《苏黎世—伦敦协定》所赋予土耳其族人更多的权利。

1970 年 9 月 21 日，希腊族和土耳其族代表在尼科西亚展开了第四轮谈判。由于在地方政府问题上双方各持己见，互不妥协，近一年的谈判毫无进展，整个谈判面临彻底失败。1972 年 7

① Farid Mirbagheri, *Cyprus and International Peacemaking*, Hurst & Company, London, 1998, p. 57.

月4日，希腊、土耳其和联合国代表参加了两族的谈判，也未能促使两族达成任何协议，1974年7月，持续6年的两族谈判彻底宣告失败，再次丧失了和平解决两族纷争，实现塞浦路斯和平的机会。

## 三　土耳其入侵及其影响

### 1. 马卡里奥斯与希腊军政府关系恶化

马卡里奥斯拒绝接受美国的“艾奇逊方案”，导致与希腊军政府的关系紧张。1969年塞浦路斯出现了一系列反对马卡里奥斯，以实现“意诺西斯”为目标的激进组织，如“民族阵线”、“阿克里塔斯组织”、“意诺西斯青年先锋队”、“帕福斯民族青年”、“民族拯救组织”等，这些组织受希腊军政府的支持，发起了一系列针对马卡里奥斯及其支持者的恐怖活动。1970年3月8日，袭击了马卡里奥斯乘坐的直升机。3月23日，“民族阵线”成员占领了利马索尔警察局，抢劫了枪支弹药。1971年9月，原“埃欧卡”总指挥格里瓦斯再次潜入塞浦路斯，整合“倒马”势力，并于次年成立了秘密军事组织——“埃欧卡—B”。

为了应对各种激进组织和“埃欧卡—B”不断升级的挑衅，1971年马卡里奥斯组建了辅助警察部队，保护希腊族领导人的安全和公共设施。马卡里奥斯的行动招致希腊军政府的强烈不满。1973年2月11日，希腊军政府要求马卡里奥斯改组塞浦路斯政府，甚至要求把格里瓦斯吸收到政府中去。马卡里奥斯被迫做出妥协，其坚定支持者、希腊族人外交部长基普里亚努被迫辞职。6月，塞浦路斯政府改组，“埃欧卡—B”成员渗透到政府各部门。另外，根据《苏黎世—伦敦协定》在塞浦路斯长期驻有950名希腊分遣队。这些由希腊军人直接或间接控制的武装组织，都成了反对马卡里奥斯、实现“意诺西斯”的有生力量。

1973 年 2 月，马卡里奥斯第三次当选塞浦路斯共和国总统，极端组织则加紧了“倒马”进程，策划了代号为“阿波罗”、“格罗索斯”、“阿佛洛狄特 3”等一系列针对马卡里奥斯的暗杀活动。1974 年 1 月 27 日，格里瓦斯死后，希腊军政府任命了更加激进的希腊军官指挥国民警卫队，加速“倒马”进程，推进“意诺西斯”。

1974 年 4 月 25 日，马卡里奥斯决定取缔极端组织，宣布“埃欧卡—B”为非法。马卡里奥斯与希腊军政府之间的斗争达到白热化。7 月 2 日，马卡里奥斯发表了致希腊共和国总统吉齐基斯将军的公开信。公开指责自 1971 年 9 月雅典军政府支持格里瓦斯潜入塞浦路斯成立“埃欧卡—B”以来，该组织在塞浦路斯制造了许多事件，“在倡导‘意诺西斯’的爱国旗帜下从事着罪恶的勾当”，“埃欧卡—B”已成为塞浦路斯的“政治杀手”，而它的人员和资助者正是由希腊官员控制的希腊族国民警卫队。马卡里奥斯要求将这些希腊官员全部撤出塞浦路斯。[①]

7 月 7 日，塞浦路斯各大报纸头版头条刊载了马卡里奥斯的公开信，把马卡里奥斯与希腊军政府之间的矛盾公开化，这是希腊军政府所始料未及的。希腊军政府和在塞浦路斯的希腊军官没有做出任何公开反应，但却加紧制定和实施推翻马卡里奥斯的行动计划。

**2. 希腊军政府的“赫米斯”行动**

1974 年 7 月 2 日，也就是马卡里奥斯致希腊总统公开信的当天，希腊军政府确定了代号为“赫米斯”的军事政变计划。为转移塞浦路斯政府的注意力，7 月 12 日，希腊军政府召回了

① Mehmet Yuva, *The History of the Partition of Cyprus and President Makarios in Context of International and Arab Relation* (*1878 - 1974*), Ph. D. Dissertation, 1997, p. 204.

希腊驻塞浦路斯代表。“赫米斯”行动开始实施。

1974 年 7 月 15 日晨 8 时，坦克和枪炮声打破了首都尼科西亚的宁静。由控制希腊族国民警卫队的希腊军官、希腊军政府派往塞浦路斯专门执行“赫米斯”行动的希腊特种部队和希腊依据《苏黎世—伦敦协定》派驻塞浦路斯的希腊分遣队组成的政变部队，开始猛烈炮轰塞浦路斯总统府，完成政变的首要目标——炸死塞浦路斯总统马卡里奥斯。当总统府在密集的炮火下轰然倒塌后，政变者确信马卡里奥斯已经葬身废墟，很快占领了尼科西亚的各重要位置和电台等设施，并通过塞浦路斯广播电台发表公告：“国民警卫队的行动完全是为了制止希腊族人的内讧，维护塞浦路斯的社会秩序稳定”；同时告诫和安抚土耳其族人，“该事件完全是希腊族人内部之事”。政变者还威胁马卡里奥斯的支持者，“马卡里奥斯已死，国民警卫队已控制了塞浦路斯的整个局势，抵抗者将格杀勿论。”同日，桑普森被雅典军政府扶上了傀儡总统的宝座，桑普森还任命了各部部长。

希腊族人听到政变的消息后感到震惊和愤怒，自发组织进行抵抗，尤其是当他们听到总统马卡里奥斯仍然活着，并号召他们继续抵抗的声音后，在诸多地区形成了抵抗政变者的据点。“埃欧卡—B”的成员和国民警卫队的部队官兵参加了镇压抵抗者的战斗。

实际上，在政变者炮轰总统府时，马卡里奥斯在总统卫队的保护下逃到了帕福斯。在帕福斯，马卡里奥斯通过一家私营的“自由塞浦路斯广播电台”，号召希腊族人继续抵抗政变者，捍卫塞浦路斯共和国的独立、自由和民主。随后马卡里奥斯乘直升机逃到阿克罗蒂里英国主权军事基地，由英国飞机送往马耳他，17 日到了伦敦。英国政府表示继续承认马卡里奥斯是塞浦路斯民选的合法总统。

塞浦路斯政变引起了国际社会的高度关注。土耳其政府强烈遣责政变，宣称塞浦路斯现状不容改变。而希腊军政府否认卷入政变。希、土两国军队都处于高度戒备状态，并向塞浦路斯增派舰队。在16日召开的联合国安理会紧急会议上，苏、美展开了激烈交锋。苏联要求安理会立即采取措施恢复塞浦路斯合法政府，确保塞浦路斯的独立和统一，而美、英则坚持塞浦路斯局势尚不明朗，“采取行动还为时尚早”。安理会最终没有通过任何决议而休会。

7月18日，马卡里奥斯来到纽约联合国总部，美国政府称其为塞浦路斯正教会大主教，而不再是从前的塞浦路斯共和国总统。在19日的安理会紧急会议上，美国竟企图让桑普森政变当局的代表与马卡里奥斯平等发言，遭到了多数成员国的反对。马卡里奥斯指责希腊军政府“无视塞浦路斯人民的民主权利，无视塞浦路斯共和国的独立和主权，公开侵犯塞浦路斯的独立，希腊军政府已将其独裁之手伸向了塞浦路斯……政变之后，臭名昭著的尼科斯·桑普森被希腊军政府扶植为总统，而部长们则全部是‘埃欧卡—B’恐怖组织的支持者和领导人”。

美、英的极力阻挠致使联合国不能及时做出决议，令土耳其政府大失所望。塞浦路斯局势正在朝美、英和希腊所始料不及的方向发展。

**3. 土耳其的“和平行动”和“阿提拉”计划**

土耳其对塞浦路斯军事政变立即做出反应。政变发生当日，土耳其总统主持召开内阁紧急会议，认为塞浦路斯现状不容改变，不接受“任何既成事实”。土耳其军队处于戒备状态，而且不断向土、希两国边界和土南部海岸基地增军。7月16日，土耳其建议与英国共同根据英、希、土三国《保证条约》进行干涉。而英国建议通过外交途径解决，不愿军事介入。土耳其决定单方面干涉。土耳其要求希腊立即解除政变上台的桑普森的总统职务，从塞浦路斯撤出希腊官兵，希腊政府没有给予积极回应。

7 月 20 日凌晨，土耳其开始实施“和平行动”计划。土耳其军队分别在土耳其族人控制的塞浦路斯北部城市凯里尼亚登陆，同时空降部队在尼科西亚—凯里尼亚公路之间的土耳其族人控制区实施空降，并出动飞机轰炸尼科西亚和法马古斯塔的希腊族国民警卫队兵营，次日，进入塞浦路斯的土耳其军队已达 8000 人。

土耳其入侵塞浦路斯后，希腊立即宣布全国总动员，并向希、土两国边界增兵，同时要求安理会召开紧急会议。在安理会上，这次轮到苏联采取拖延战术，给土耳其军队争取进军时间，会议最终通过了安理会第 353 号决议，要求尊重塞浦路斯的独立、主权和领土完整；立即停止一切外国对塞浦路斯的军事干涉；呼吁英、希、土三个保证国立即进行谈判。22 日，在英、美的斡旋和压力下，希、土两国接受联合国决议实施停火，此时土耳其军队已占领了塞浦路斯领土的 20%。

在希、土双方宣布接受停火协议的第二天，希腊国内爆发大规模示威游行，希腊军政府被迫辞职，前首相卡拉曼利斯组成文官政府。同时，塞浦路斯政变当局总统桑普森也宣告下台，由塞浦路斯众议院议长克莱里季斯（希腊族人）接任代总统。25 日，英、希、土三国外长在日内瓦开始了第一轮谈判，希、土双方达成了自停火之日起不得扩大各自实际控制区的共识，由联合国驻塞维和部队从停火线建立隔离区，双方交换了战俘和人质。但在希腊族和土耳其族间建立平等的自治政府问题上，谈判陷入僵局。

8 月 8 日，在联合国和美、英的斡旋下，希、土两国外长、希腊族代表克莱里季斯、土耳其族代表登克塔什开始第二轮谈判。谈判自然是以希腊和希腊族代表为一方，土耳其和土耳其族代表为另一方进行。谈判的焦点仍然是建立两个平等的地方自治政府问题。与 1968～1974 年两族谈判截然不同的是，希方要求以实施 1960 年宪法为谈判的基础，而土方则认为该宪法被证明不可行，要求彻底废除。可见希、土双方谈判地位的逆转。

8月13日，土方提出建立联邦制的土耳其族人自治州的建议，希腊族代表克莱里季斯要求给予36小时对土方的建议进行研究。因为在希、土第二轮谈判开始后，马卡里奥斯在伦敦发表声明，宣称事先未经他同意所达成的任何协议他将不予承认。土方严词拒绝了克莱里季斯的要求，认为希方是在为希腊向塞浦路斯增兵争取时间。两个小时后土耳其军队开始了在塞浦路斯的第二步行动——“阿提拉”计划（“阿提拉”为5世纪时匈奴领袖的名字）。

土耳其军队的第二步入侵行动开始后，联合国安理会接连通过了第354号、第355号和第357号决议，要求交战双方“立即严格遵守停火”，但是直到16日土耳其军队攻占了塞浦路斯西北部的重镇莱夫卡和莫尔富后才宣布接受停火，至此土耳其军队实现了第二步军事行动的目标——为希腊族和土耳其族划定了分界线——“阿提拉线”，即从塞浦路斯西北部的莱夫卡，经过尼科西亚延伸到东部的港口城市法马古斯塔北部的大片地区，约占塞浦路斯总面积的37%，实现了分割塞浦路斯面积三分之一，建立土耳其族人自治州的既定目标。

**4. 马卡里奥斯回岛复职**

土耳其武装干涉结束后，塞浦路斯代总统克莱里季斯与土耳其族领导人登克塔什多次会晤，谈判解决土耳其入侵造成的大量难民问题。塞浦路斯的局势基本稳定了下来，此时政变中侥幸逃生流亡英国的马卡里奥斯计划回岛复职，在岛内外引起不同反应。

对马卡里奥斯是否应回塞浦路斯恢复其总统职务，希腊族人内部意见不一。拥有武装的“埃欧卡—B”强烈反对，担心马卡里奥斯复职后对他们曾参与“倒马”政变进行报复，该组织约有2000名武装成员，是此次政变的中坚。克莱里季斯接任代总

统后，为了避免希腊族人内讧，减弱抗击土耳其入侵的力量，没有对他们采取行动。另外，对于代总统克莱里季斯而言，虽然与马卡里奥斯并无矛盾，也并未计较因马卡里奥斯复职而使自己丧失权力，但二人在内外政策上存在分歧。马卡里奥斯对土耳其族人较为强硬，对外持中立和不结盟政策；而克莱里季斯对土耳其族人持温和立场。在1968～1974年的希腊族和土耳其族和谈中，克莱里季斯希望希腊族做出让步，与土耳其族人实现和解，由于马卡里奥斯的反对而未能实现。在对外政策上，克莱里季斯极力主张加强与美国等西方国家的关系，尤其在土耳其入侵后该主张有增无减，希望通过美国对土耳其施压，使后者做出较大让步。而且克莱里季斯基本接受在独立、主权和领土完整的塞浦路斯共和国内，以地理为基础希腊族和土耳其族实行联邦制的解决方案。克莱里季斯曾公开表示希望马卡里奥斯推迟回岛，给他足够时间与土耳其族领导人登克塔什进行谈判，解决难民和交换战俘等急迫的问题。但他无意妨碍马卡里奥斯回岛，而且一直与他保持联系，并为马卡里奥斯顺利回岛做必要的准备。

土耳其族人强烈反对马卡里奥斯回岛复职，认为他是自1963年年底希腊族和土耳其族冲突以来土耳其族人遭屠杀和1967年“圣锡奥多罗斯—科菲努村事件”的元凶，是“一个有极端主义观点的人，他曾用武力来实现其政治目的”。另外，土耳其族人也担心马卡里奥斯回岛，可能导致希腊族内部的支持者与反对者之间的武装冲突，从而殃及少数仍定居在南部的土耳其族人的安全。土耳其族领导人登克塔什甚至威胁说，如果马卡里奥斯回岛，可能导致希腊族和土耳其族业已进行的谈判中断。

土耳其政府明确表示反对马卡里奥斯回岛复职。1974年11月30日，土耳其国家安全委员会宣布“鉴于最近塞浦路斯紧张局势可能加剧”，决定把土耳其4个省的戒严期再延长一个月。希腊卡拉曼利斯政府虽然对马卡里奥斯即将回岛深感不安，但不想造成干涉塞浦路斯内政之嫌，表示要“尊重塞浦路斯人民的选择”，同时希腊军队也加强戒备以防不测。

虽然各方对马卡里奥斯回岛复职反应各异，但此时都采取了一系列加强戒备的措施。1974 年 12 月 5 日，马卡里奥斯从伦敦飞往雅典，与希腊总理卡拉曼利斯会谈，协调双方在解决塞浦路斯问题上的立场。12 月 7 日，马卡里奥斯飞抵尼科西亚，向欢迎他的 20 万希腊族民众发表讲话，宣布对政变的参与者实行大赦，呼吁希腊族人团结起来，希望希腊族和土耳其族人民团结，致力于解决目前的问题。

**5. 土耳其族邦的建立**

土耳其的入侵和占领，使希腊族和土耳其族成为从地域上彻底分开的两个民族，为分治塞浦路斯提供了现实基础。1975 年 2 月 13 日，登克塔什宣布成立“塞浦路斯共和国土耳其族邦”。登克塔什对媒体解释说，“土耳其族国民议会的这个决定，既不意味着成立了一个新政府，也不意味着建立了一个新国家，它意味着土耳其族自治政府有了一种新的结构，这可能就是未来的塞浦路斯联邦的一个邦”，“在两个地理区域的基础上继续与塞浦路斯希腊族统一在一个联邦制度之中”。2 月 23 日，土耳其族邦成立了由 50 人组成的制宪议会，议员宣誓要“尊重人权、尊重在法律和凯末尔思想指导下的民主的、非宗教的社会原则”，“维护塞浦路斯联邦土耳其族邦的存在，为塞浦路斯土耳其族邦的继续存在、繁荣和昌盛而努力”。6 月 8 日，土耳其族邦通过公民投票批准实施土耳其族邦宪法。根据新宪法登克塔什当选为土耳其族邦总统。

土耳其族邦的建立是对塞浦路斯共和国独立、主权和领土完整的沉重打击。塞总统马卡里奥斯强烈谴责土耳其族的单方面行动，并要求安理会召开紧急会议讨论塞浦路斯局势。除土耳其政府表示尊重土耳其族人的决定，并希望全世界也表示同样的

“谅解和尊重”（土耳其总理语）外，国际社会为之震惊，对土耳其族的单方面行动纷纷表示指责、遗憾或关注。希腊指责土耳其族的行动是非法的。美国国务卿基辛格表示美国将继续承认塞浦路斯共和国政府是塞浦路斯的唯一合法政府，承诺仍然对塞浦路斯的主权、独立和领土完整负有责任。英国政府继续把登克塔什看做是塞浦路斯共和国副总统和土耳其族人领袖。但是，美、英等西方国家对土耳其族人的分治行为所表示的“遗憾”、“关注”，令希腊族人和希腊政府感到失望。在塞浦路斯希腊族控制区和希腊爆发了大规模反美、反英示威游行，要求希腊族领导人请求苏联帮助。示威者高呼“发给我们武器去战斗，不要分治，要一个统一的塞浦路斯，让难民返回家园”，“马卡里奥斯去莫斯科，我们才会得救”的口号。示威者还在希腊使馆前要求“希腊应该战斗，你们对我们负有这种义务”。

2 月 14 日，登克塔什提出两族会谈的九点建议，通过联合国秘书长转交希腊族领导人。九点建议的核心是，建立一个两族双区的联邦制国家，土耳其族邦的成立正是未来联邦制国家的一个组成部分。但土耳其族设想的联邦是一种松散的联邦，类似于邦联，中央政府权力有限。希腊族认为如果中央政府没有足够的权力维护联邦国家的统一，那就等于是分治。另外，希腊族也反对建立临时政府，认为临时政府的成立将意味着依据《苏黎世—伦敦协定》建立的、一直被国际社会所承认的、代表塞浦路斯的唯一合法政府将被取而代之，他们认为在新的两族联邦共和国政府成立之前，以马卡里奥斯为总统的塞浦路斯政府应继续存在。

2 月 19 日，安理会应塞浦路斯政府要求，开始讨论因土耳其族邦成立所造成的塞浦路斯紧张局势，时间长达 3 个星期，举行了 8 次会议。经过多方协商，3 月 12 日，安理会通过了关于塞浦路斯问题的第 367 号决议。该决议要求在联合国秘书长的主持下恢复两族政治会谈。虽然希腊族和土耳其族均表示接受该决议，但都有所保留。土耳其族对决议中“塞浦路斯政府”的提法颇有微词，而希腊族则抱怨该决议采取了“妥协而不触犯任何一方的措施，因而可能已经损害了塞浦路斯共和国的根本存在”。可见两族和解的复杂性和艰巨性。

## 四 塞浦路斯和平进程

### 1. 70年代后期的和平进程

#### (1) 维也纳会谈

1975年4月28日至5月3日，在联合国秘书长瓦尔德海姆的主持下，希腊族代表克莱里季斯与土耳其族代表登克塔什举行了首轮会谈，会谈的内容主要集中在三个方面：中央政府的权力和功能问题、领土问题和难民问题。对于中央政府的权力和功能问题，自1974年土耳其入侵并占领塞浦路斯北部后，土耳其族人一直坚持认为，塞浦路斯未来的国家，是由两族两地区构成的联邦制国家，中央政府的权力是有限的，这样才能避免土耳其族人被希腊族人统治，保障土耳其族人的安全，防止1964年和1967年事件重演。希腊族人基本接受了联邦制国体的设想，但不是两族两地理区域，而是两族多地理区域的联邦制，甚至可能包括4个或5个邦，而且联邦中央政府必须拥有强大的权力，保障塞浦路斯的独立、主权和领土完整。对于领土问题，希腊族要求土耳其族控制的领土不得超过20%，但土耳其族坚持在该问题上让步有限。在难民问题上，希腊族坚持20万希腊族难民应返回他们的北部家园，土耳其族曾一度允许，但只是口头承诺，并未付诸实施。

1975年6月5~7日的第二轮会谈，因土耳其族坚持将于6月8日举行批准成立土耳其族邦及土耳其族邦第一部宪法的公民

投票，使会谈草草结束。7 月 31 日至 8 月 2 日的第三轮会谈，达成了两族居民根据自愿迁居本民族控制区的协议。第四轮会谈在没有进行实质性讨论的情况下就草草结束。1975 年 11 月 20 日，联大通过了由不结盟运动成员国提出的关于塞浦路斯问题的决议。土耳其族对联合国拒绝承认土耳其族邦政府与马卡里奥斯领导的塞浦路斯政府享有同等地位极为不满，要求联合国驻塞维和部队应与土耳其族邦缔结一项单独的协议，甚至以要求联合国维和部队撤出相要挟。

在联合国秘书长瓦尔德海姆的积极斡旋下，1976 年 2 月 17～21 日，克莱里季斯与登克塔什在维也纳举行了第五轮会谈，集中讨论了中央政府的权力和功能以及领土问题，但双方分歧依旧，只达成了在 6 周内为下次会议提交有关上述两个问题书面建议的共识。4 月，希腊族谈判代表塔索斯·帕帕佐普洛斯[①]与土耳其族谈判代表乌米特·苏莱曼·奥南分别提出了书面建议。双方彼此拒绝接受对方的建议。5 月 4 日，联合国宣布两族会谈无限期推迟，直到 1977 年 2 月 12 日，马卡里奥斯与登克塔什会谈达成四点协议后，两族才恢复了第六轮维也纳会谈，但在核心问题上仍然没有任何突破，历时两年的维也纳会谈，就这样结束了，令国际社会大失所望。

（2）马卡里奥斯—登克塔什四点框架协议

1977 年 1 月 9 日，土耳其族领导人登克塔什致函马卡里奥斯，建议两人举行高级别会谈。1 月 27 日，在尼科西亚联合国维和部队控制区的莱德拉宫，马卡里奥斯与登克塔什举行了自 1963 年以来，塞浦路斯共和国总统与副总统之间的首次会谈。当然登克塔什自封为土耳其族邦总统而非塞浦路斯共和国副总

---

① 克莱里季斯因在解决塞浦路斯问题上与马卡里奥斯意见分歧而辞去了谈判代表一职，接替其职的帕帕佐普洛斯于 2003 年当选塞浦路斯共和国第五任总统。

统。2月12日，在联合国秘书长瓦尔德海姆的参与下，两位领导人在尼科西亚举行了第二次会谈，双方在互有让步的情况下达成了四点框架协议：①在塞浦路斯应建立一个独立的、不结盟的、两族联邦共和国；②两族各自管辖的领土将根据土地的经济特点、生产特点和财产情况来确定；③中央政府应确保两族联邦国家的统一；④在讨论行动自由、定居自由和财产自由方面，应考虑到两族联邦制的基本原则和土耳其族的某些实际困难。

在马卡里奥斯与登克塔什会谈取得进展的鼓舞下，1977年3月31日至4月7日，恢复了中断一年的维也纳第六轮两族会谈，但双方谈判代表并没有沿着马卡里奥斯—登克塔什四点协议继续寻求解决方案，反而是对马卡里奥斯—登克塔什四点框架性协议做出了不同解读，双方分歧太大根本无法弥合。但马卡里奥斯—登克塔什四点框架协议所确定的基本原则为两族后来的谈判所遵循。

（3）基普里亚努—登克塔什十点协议

1977年8月3日，塞浦路斯总统马卡里奥斯病逝，议长基普里亚努当选总统，继续奉行马卡里奥斯的毫不妥协的强硬政策。1978年11月，美国、英国和加拿大共同提出了解决塞浦路斯问题的美、英、加三国方案，该方案没有得到希腊族和土耳其族的积极响应而被搁置。1979年5月18~19日，在联合国秘书长瓦尔德海姆的主持下，基普里亚努与登克塔什在尼科西亚举行会谈，尽管双方在关键问题上仍然存在着较大分歧，但双方达成了继续会谈解决塞浦路斯问题的十点协议。十点协议规定：①继续举行两族谈判；②谈判仍以1977年2月12日马卡里奥斯—登克塔什四点协议以及联合国决议为基础；③共和国所有公民的人权和基本自由必须得到保证；④谈判解决所有领土和宪法方面的问题；⑤优先考虑在联合国主持下达成归还（法马古斯塔的）

瓦罗沙区的协议，同时开始关于宪法和领土问题的谈判，以便全面解决塞浦路斯问题，关于瓦罗沙区的协议一旦达成应立即生效，无须等待其他问题谈判的结果；⑥双方同意不采取可能阻碍谈判的任何行动，并注重可能促进友好、互信和恢复正常关系的实际措施；⑦设想塞浦路斯非军事化，并讨论有关这方面的所有问题；⑧有效保证塞浦路斯的独立、主权、领土完整和不结盟，反对其他国家吞并塞浦路斯的所有领土或部分领土，反对任何形式的分治；⑨举行两族谈判时中间无须休会期，以避免拖延时间；⑩两族谈判在尼科西亚举行。

希腊族、土耳其族和国际社会对十点协议表示满意。根据该协议，1979 年 6 月 15 日，在联合国特别代表的主持下，希腊族代表约安尼季斯与土耳其族代表奥南在尼科西亚恢复了中断两年的谈判。22 日双方在瓦罗沙问题上未能达成一致，谈判中断。土耳其族要求希腊族接受双区和安全原则才能恢复谈判，两族谈判再次陷入僵局而结束。

**2. 80 年代的和平进程**

（1）“北塞浦路斯土耳其共和国”的成立

1980 年秋至 1981 年冬，在联合国秘书长瓦尔德海姆及其特别代表雨果·戈比的积极斡旋下，促成了在“过渡性协议”和“戈比建议”基础上的会谈，但谈判仍然在以前的僵局中徘徊。在这期间，希腊族对土耳其族在宪法，尤其在领土方面的强硬立场极为不满，积极寻求将塞浦路斯问题国际化。1982 年 5 月，37 国在芬兰召开声援塞浦路斯大会，要求对土耳其施加政治和经济压力，迫使其从塞浦路斯撤军。1983 年 2 月，塞浦路斯政府又建议不结盟国家会议对塞浦路斯问题做出谴责土耳其的决议。同时塞政府积极回应苏联一贯主张的通过召开国际会议解决塞问题的建议，而且还积极促使欧洲人权委员会谴责土耳其在塞浦路斯严重侵犯人权。1983 年 4 月，塞政府在希腊的支持下，要求联合国讨论塞问题，实际上是对土耳其没有履行联合国决议的上诉。5月13日联合国通过决议，要求“所有占领军立即撤出塞浦路斯共和国”。另外，希腊还要求欧共体讨论塞浦路斯问题，向土耳其施加压力。土耳其族领导人和土耳其政府对塞政府和希腊政府努力将塞问题进一步国际化的企图极为反感，认为希腊族的行动破坏了“过渡性协议”和“戈比建议”要求两族采取措施表现善意和促进互信的和谈基础。1983年6月，土耳其族领导人登克塔什扬言要宣布北部独立，两族关系再度紧张。

1983年11月15日，土耳其族领导人登克塔什宣读了当天由土耳其族议会通过的独立宣言，宣布成立“北塞浦路斯土耳其共和国”，新国家将奉行不结盟政策。同时土耳其族议会任命登克塔什为总统。土耳其族人为他们新国家的诞生举行了公开的庆祝活动。次日，登克塔什呼吁全世界承认塞浦路斯有两个国家。他在接受英国广播公司记者的采访时说，“我们在这里，我们是在塞浦路斯北部的第二个国家，我们正向另一边伸出友谊之手”。12月2日，土耳其族议会通过决议，成立一个由70名议员组成的新议会。12月6日，新议会召开第一次制宪会议。

1985年3月20日，土耳其族议会通过了北塞浦路斯土耳其共和国“独立宪法”。

土耳其族宣布独立后，土耳其政府立即给予承认，并把土耳其族的建国决定，归咎于希腊族方面未能使持续了长达9年的两族和谈达成一个解决办法。

土耳其族单方面宣布建立独立国家的决定，再次使希腊族人和国际社会震惊。塞浦路斯总统基普里亚努立即表示“绝不承认这一既成事实”，指责“土耳其族领导人一直在为土耳其占领的塞浦路斯的领土脱离塞浦路斯共和国创造条件”，呼吁国际社会“现在是不能容忍弱肉强食原则和允许一个国家把它的条件强加给其他国家的时候了”。随后塞政府关闭了两族控制区的边界。

希腊政府指责土耳其族方面的行动是非法的，强烈要求西方各国政府为抵制这一非法行动而努力。美国对土耳其族的行动表示愤怒，参众两院分别通过决议反对土耳其族宣布独立，要求土耳其族领导人撤销独立的决定。英国政府拒绝承认北塞浦路斯土耳其共和国，并要求英、希、土三个保证国召开紧急会议，讨论土耳其族的决定，但没有得到希、土两国的回应。希腊对美、英没有采取具体措施制止土耳其族的决定表示强烈不满。欧共体、不结盟国家和苏联及其阵营国家均表示拒绝承认“北塞”的独立地位。

1983 年 11 月 18 日，应塞浦路斯政府、希腊和英国的要求，安理会召开紧急会议，并通过了第 541 号决议（巴基斯坦投了唯一的反对票，约旦弃权），要求土耳其族当局撤销独立决定，号召所有成员国拒绝承认北塞浦路斯土耳其共和国。时至 2010 年年底，这个土耳其族人国家仍然只有土耳其一国承认。

（2）两族“间接会谈”

由于土耳其族宣布成立“北塞浦路斯土耳其共和国”，希腊族和土耳其族的和平谈判中断。塞浦路斯出现的新危机再次引起国际社会的关注。在土耳其族的单方面行动遭到普遍指责的同时，希腊族和土耳其族都面临着彻底解决塞浦路斯问题的国内外压力。1984 年 1 月 11 日，塞浦路斯总统基普里亚努向联合国秘书长德奎利亚尔提交了一份全面解决塞浦路斯问题的五点建议，其前提是土耳其族必须收回独立声明，登克塔什拒绝接受。

1984 年 9 月 10 日至 1985 年 1 月 20 日，联合国秘书长德奎利亚尔作为中间人，在联合国总部主持了由塞浦路斯总统基普里亚努与土耳其族领导人登克塔什举行的三轮“间接会谈”，但仍然没有取得任何进展。1984 年 11 月 22 日，美国总统里根致信土耳其总统埃夫伦将军，要求土耳其政府从速解决塞浦路斯问题。在土耳其政府的压力下，11 月 30 日，登克塔什宣布完全接受联合国秘书长德奎利亚尔的新建议，准备在领土方面做出重大让步，即从现在所控制的37%减少到29%；并放弃轮流担任联邦国家总统的要求；同意内阁部长按7∶3的比例组成，不再坚持先前提出的对等原则。同时，土耳其族同意分3个阶段将瓦罗沙和另外6个地区交由联合国暂时管理，以便让希腊族难民重返定居；土耳其族人副总统的否决权限制在只与土耳其族直接相关的问题上。另外，土耳其族还提出了更为慷慨的让步：联合国驻塞维和部队驻扎的"绿线"是由希腊族提供的，占塞浦路斯领土的3%，登克塔什现在建议采取对等措施，也愿让出与之比邻的3%的领土，以便建立一个两族共管的双族区。登克塔什愿意做出的让步，已经接近马卡里奥斯曾经提出的要求。

联合国秘书长德奎利亚尔对两族达成和平协议表现出从未有过的乐观，他对媒体说"只需要同两族代表会晤一小时就可以解决遗留的所有问题"。在复会时他告诫基普里亚努和登克塔什："如果你们决心达成一项协议，现在就是唯一的一次机会。假如丧失了这次机会，我相信机会是不可能再有了。"① 基普里亚努和登克塔什对秘书长的协议草案产生了不同理解。登克塔什要求双方立即在协议草案上签字，而基普里亚努则认为，协议中所包含的土耳其撤军、三项基本自由、保证国和希腊族难民返回家园四大问题，需要举行高级别会谈进一步谈判，对这些问题达成一致意见后方可签署，基普里亚努拒绝立即签署秘书长提出的协议草案。1985年1月20日，双方未能达成共识，历时4个月的两族高级别"间接会谈"以失败告终。1986年3月联合国秘书长又提出了修改后的框架性协议草案，但双方分歧仍难以弥合，谈判终止。

此次"间接会谈"中土耳其族所做出的让步，是自1974年

① C. H. Dodd, *The Cyprus Imbroglio*, The Eothen Press, 1998, p. 132.

7月土耳其入侵塞浦路斯后土耳其族所做出的幅度最大的让步，难怪联合国秘书长对达成协议充满信心，但由于希腊族领导人缺乏远见卓识和对现实的洞察力，在谈判中又缺乏灵活性，丧失了自土耳其入侵后最有可能达成全面解决塞浦路斯问题协议的一次良机。

“间接会谈”失败后，1985年3月12日，土耳其族议会通过了“北塞”独立宪法。该宪法与1975年制定的宪法不同，新宪法没有提及将来希腊族和土耳其族可能重新统一的问题。6月9日，土耳其族举行了自1983年11月15日宣布独立以来的首次总统大选，登克塔什当选“北塞”首任总统。6月23日还进行了土耳其族议会选举。

**3. 塞浦路斯问题的新变化**

（1）土耳其族争取国际承认

80年代末国际形势出现缓和，希、土两国关系也趋向缓和，为希腊族和土耳其族恢复和谈起了积极的推动作用。1988年2月，新当选的塞浦路斯总统瓦西里乌已意识到早日结束塞浦路斯分治的紧迫性，表示愿与土耳其族领导人登克塔什无条件地进行会谈，瓦西里乌还先后访问了希腊、英、美、法、加、联邦德国、比利时、芬兰、卢森堡和梵蒂冈等国家，寻求国际社会对塞浦路斯和谈的支持。

1988年8月，在联合国秘书长德奎利亚尔的斡旋下，两族领导人恢复了中断三年多的直接会谈。经过历时近一年的三轮谈判，双方在未来国体、政府结构、议会席位分配、国际保证、土耳其撤军、两族居民的行动自由、定居自由和财产自由等所有重大问题上，不仅没有取得任何进展，而且由于长期谈而不决，两族间衍生出许多新的问题。在此次谈判中，希腊族在要求土耳其撤军的同时，还要求1974年后从土耳其移居到塞浦路斯土耳其族区的土耳其移民，也必须同时撤出塞浦路斯。这又是一个更为复杂的问题，双方在移民的数目上各执一词。

1989 年 7 月，为了使陷入僵局的谈判能够继续进行，联合国秘书长根据双方的立场提出了一个折中方案。塞浦路斯政府很快做出响应，愿在联合国折中方案的基础上继续谈判，但登克塔什以该方案是联合国官员与希腊族合作炮制出来的而拒绝接受，而且登克塔什扬言如果联合国不撤销该方案就退出谈判。

在两族和谈陷入僵局之际，两族内部各政党对谈判也在施加影响。土耳其族的族社解放党和土耳其族共和党，尖锐抨击登克塔什及其领导的民族团结党对和谈的消极态度，发起了声势浩大的签名运动，支持两族和谈，建立两族双区联邦制统一国家。在希腊族内部，前总统基普里亚努领导的民主党、现议长里萨利迪斯领导的社会党以及教会力量坚决反对举行无条件谈判，要求把土耳其撤走军队和移民、国际保证和公民的三个基本自由作为和谈的先决条件，认为目前的谈判不可能解决塞浦路斯问题，希腊族社会党甚至主张制造危机，引起国际社会对塞浦路斯问题的关注，以此促进塞浦路斯问题的解决。

8 月下旬，土耳其族议会通过了一项决议，不仅反对在联合国折中方案基础上继续进行谈判，而且首次正式提出要求希腊族方面和国际社会对“北塞”的地位予以承认，在此后的所有和谈中，承认问题也就成了两族漫漫和谈道路上的另一大障碍。

（2）申请加入欧共体导致两族矛盾激化

1990 年 7 月 4 日，塞浦路斯政府正式申请加入欧共体，这个决定立即在土耳其族和土耳其引起强烈反应。土耳其认为没有得到“北塞”同意，塞浦路斯政府的申请“在法律上和政治上都是无效的”，在塞浦路斯分治的情况下，塞浦路斯政府无权代表整个塞浦路斯提出加入欧共体的申请。土耳其族领导人登克塔什认为，希腊族的决定是对两族和谈的“致命打击”，宣布将尼科西亚莱德拉宫关卡关闭 24 小时，以示抗议，同时还宣布将瓦

罗沙的控制权由土耳其军队移交给“土耳其族保安部队”，扬言要在瓦罗沙安置土耳其族居民。7 月 20 日，土耳其做出更强烈反应，驻北塞的土耳其军队在土耳其入侵塞浦路斯 16 年之际，在绵延 180 公里的“绿线”附近调兵遣将，炫耀武力。希腊族方面也不甘示弱，10 月 30 日，以庆祝塞浦路斯共和国独立 30 周年之机，举行了盛大的阅兵式，将近年来从法国等国家购进的新型坦克、大炮和反坦克火箭等军事装备，浩浩荡荡地通过尼科西亚的主要大街。同日，土耳其族一侧再次举行了大规模阅兵式。两族领导人还互相指责对方企图使用武力和以武力相威胁。实际上双方形成了严重的军事对峙局面，紧张关系不断升级。

（3）联合国的“整套设想”和“建立互信措施”

1992 年加利接任联合国秘书长后，为缓和两族紧张关系，加利在希腊、土耳其、塞浦路斯希腊族和土耳其族三国四方之间进行穿梭外交，在德奎利亚尔方案的基础上推出了全面解决塞浦路斯问题的“整套设想”，内容涉及总体目标、指导原则、宪政安排、领土调整、难民安置、经济发展以及过渡时期的安排等问题共 101 条条款。1992 年 6 月至 11 月，在加利的斡旋下，两族领导人瓦西里乌与登克塔什在纽约举行了间接会谈，而且在会谈期间，安理会相继通过了第 750 号、第 774 号和第 789 号决议，支持秘书长的斡旋努力，但由于双方分歧太大，谈判陷入僵局。1992 年 12 月 12 ~ 13 日，欧共体卢森堡会议开始讨论塞浦路斯加入欧共体的谈判，使两族在“整套设想”基础上的谈判彻底失败。

美国支持联合国秘书长的斡旋工作，美国总统布什认为两族谈判失败是因为缺乏互信，呼吁在联合国的主持下实施“建立互信措施”，作为全面解决塞浦路斯问题的突破口。1993 年 3 月，在联合国秘书长主持下，塞浦路斯总统克莱里季斯与土耳其族领导人登克塔什在纽约会谈，确定谈判“建立互信措施”。5 月 24 日，两人进行直接会谈，集中讨论“建立互信措施”中的两个关键问题：瓦罗沙重新定居和重新开放自1974年关闭的尼科西亚国际机场。由于双方都缺乏诚意又无力承担拒绝的后果，所以就成了为谈判而进行谈判，在谈判中提出诸多问题，直到1994年年底仍未达成任何实质性协议，谈判失败。

## 五 冷战后的两族对抗与安南统一方案

### 1. “冲击绿线事件”和“导弹风波”

冷战结束后，世界总体趋向和平，但地区动荡加剧。塞浦路斯政府有解决塞问题的紧迫感。在希腊政府的支持下，塞政府加快了加入欧盟的进程。但是，土耳其族以希腊族人控制的塞政府不能代表整个塞浦路斯为由，要求在塞浦路斯加入欧盟之前，必须先解决塞浦路斯问题，还根据《苏黎世—伦敦协定》要求塞浦路斯加入欧盟必须以土耳其是欧盟的成员为前提。土耳其族的极力阻挠使希腊族颇感愤怒，在希腊族的努力下欧盟禁止进口北塞产品，给本来就处于困境中的北塞经济巨大打击，新仇旧恨使两族矛盾进一步激化。1996年8月，希腊族示威者冲击“绿线”缓冲区，两名试图爬上旗杆撕下土耳其国旗的示威者，被土耳其族军队开枪打死，土耳其族军人也有一死一伤。塞浦路斯政府没有对希腊族示威群众进行有效控制，希望通过制造事端引起国际社会的广泛关注，督促解决塞浦路斯问题。而土耳其族当局的过激行动使事态进一步扩大，也招致了国际社会包括某些土耳其族人和土耳其人士的指责。美国国务院发言人称国旗只是“一块布而已”，无须反应如此强烈。但土耳其外长吉洛则严正警告：“任何人胆敢侮辱我们的国旗，我们将打断他的手！”

“冲击绿线事件”发生后，希腊和土耳其总理先后飞抵塞浦路斯，分别对希腊族和土耳其族表示支持和声援。10月，希腊和希腊族、土耳其和土耳其族分别举行了较大规模的联合军事演

习，希、土两国均派出战机飞临塞浦路斯领空进行投弹和轰炸等实战演习。次年1月4日，希腊族又与俄达成了一项价值6亿美元的武器合同，计划购置俄制S－300地对空导弹，从而又引发了一场“导弹风波”。

土耳其对塞浦路斯政府购置俄罗斯导弹反应强烈，认为它直接威胁到土耳其的国家安全。土耳其外长吉洛声称，如果有必要土耳其将进行先发制人的打击。对此俄罗斯也做出回应：“不能容忍对塞浦路斯共和国主权的威胁。”尽管苏联解体后继承了苏联主要军事设施的俄罗斯，其整体实力远不及苏联，但对北约咄咄逼人的东扩仍存有戒心，企图在塞浦路斯制造事端，引起希、土两国关系紧张，以牵制北约的急剧东扩。美国也感到事态的严重性，要求土耳其保持克制，认为土耳其无权向希腊发出威胁，并派负责南欧事务的官员凯里·卡瓦纳穿梭协调，并得到了俄罗斯承诺在16个月内不会交付部署导弹的保证后，希、土双方的紧张关系才有所缓和。

“导弹风波”不仅使希腊族和土耳其族以及希、土两国本来就已紧张的关系更加紧张，而且对塞浦路斯问题的解决产生了更深远的影响。首先，它使土耳其更坚定了不能从塞浦路斯撤军的决心。其次，土耳其与“北塞”高层互访频繁，签订了一系列政治、经济、军事合作协议，其中最突出的是在1997年1月20日双方签订的《土耳其—北塞浦路斯土耳其共和国联合宣言》，该宣言是在新形势下对1995年12月28日双方签订的《联合宣言》的进一步完善和补充，次日土耳其大国民议会也做出了批准该宣言的决议。该宣言称土耳其将始终不渝地支持“北塞”，确保土耳其族人的安全；在塞浦路斯问题上必须保证希腊族和土耳其族的政治平等，承认塞浦路斯存在两个主权国家，采取邦联方式是解决塞浦路斯问题的最后机会；塞浦路斯加入欧盟必须在两族达成政治解决塞浦路斯问题的协议后，在两族代表共同参与下才能讨论塞浦路斯加入欧盟的条件，而且必须是塞浦路斯与土耳其同时加入欧盟。同时，土耳其与土耳其族一致发出威胁，如果希腊族单方面加入欧盟，他们将加速“北塞”与土耳其的一体化进程。1997 年 1 月，土耳其在国民议会通过了一项向北塞提供 2.5 亿美元援助的议案。

塞浦路斯总统克莱里季斯为了尽快加入欧盟，希望进入欧盟后再对土耳其和“北塞”施加强大的政治和经济压力，迫使土方妥协，所以故意淡化土方的威胁，认为那是“虚张声势”。但从塞浦路斯独立以来的历史发展看，土耳其从威胁要武装干涉到入侵塞浦路斯，从土耳其族声言要独立到正式宣布独立，实际上土耳其族为了自身安全，不会做出妥协，而且在土耳其看来，塞浦路斯问题是土耳其的民族事业，没有任何妥协或退让的余地，不论遇到多大的外部压力也要勇敢地面对。

**2. 美英与联合国促和**

冷战结束后国际形势缓和，但地区性的民族、宗教和极端分裂势力造成的地区冲突加剧，塞浦路斯局势充分反映了这一新特点。克林顿当选总统后曾承诺要在任期内争取解决塞浦路斯问题。1995 年 11 月，克林顿总统派特使詹姆斯·贝蒂访问塞浦路斯，促使希腊族和土耳其族领导人发表了一项承诺政治解决塞问题的联合公报。1996 年 7 月，美国国务卿奥尔布莱特要求希腊族和土耳其族边防军司令会晤，缓解沿“绿线”的军事对峙，避免可能发生的冲突事件。土耳其族响应了奥尔布莱特的要求，但希腊族以土耳其占领军的继续存在为由拒绝派代表参加。仅仅时隔一月，8 月就发生了希腊族示威者冲击“绿线”事件。

“冲击绿线事件”发生后，英国派特别代表戴维·汉内前往塞浦路斯斡旋，提出了解决塞浦路斯问题的十点建议，强调通过联合国、欧盟和美国的合作解决塞浦路斯问题。1996 年 12 月，英国外交大臣马尔科姆·赖福克德访问塞浦路斯时，将汉内的十

点建议正式提交两族领导人考虑。但两族领导人并未对英国的建议给予足够重视。

美国总统特使理查德·霍尔布鲁克紧急出访希腊、土耳其和塞浦路斯三国，联合国和欧盟也积极斡旋。1997 年 7 月 9～12 日，在联合国秘书长的主持下，希腊族和土耳其族领导人在纽约的特劳特贝克举行了直接会谈，按照秘书长的要求双方讨论了未来塞浦路斯宪法问题和《联合声明草案》。由于土耳其族获知欧盟已同意无论两族能否达成协议，欧盟都将开始塞浦路斯加入欧盟的谈判，而且在 2000 年的入盟候选国中没有土耳其，登克塔什立即退出了谈判。随后，土耳其领导人埃杰维特访问“北塞”，庆祝土耳其入侵塞浦路斯 20 周年，双方发表了新的土耳其—“北塞”《联合宣言》，强调双方将在经济、财政和国防方面采取联合行动，以及在对外事务上进行合作。

在联合国和美、英的斡旋下，1997 年 8 月 11 日，克莱里季斯和登克塔什在瑞士的格林举行了第二轮会谈。但是在会谈前，登克塔什明确表示鉴于欧盟已决定在两族达成协议前开始塞浦路斯加入欧盟的谈判，他参加会谈不是要谈判解决塞浦路斯问题，而是来解释土方的立场，他不会签署任何协议，因此联合国秘书长助理提交的《联合声明草案》最终未能签署。

格林会谈失败后，土耳其加大了对“北塞”的支持，认为塞浦路斯问题取得进展的唯一方式是承认塞浦路斯有两个国家，即希腊族人控制的塞浦路斯共和国和土耳其族人的北塞浦路斯土耳其共和国，而且认为国际社会的承认与否并不重要，重要的是塞浦路斯“两国”的相互承认，然后开始逐渐向邦联的方向发展。实际上，土耳其的政策是塞浦路斯两个独立国家的邦联，而不是一个单一主权和国际地位、单一国民的塞浦路斯联邦。

格林会谈的失败促使希腊族和土耳其族领导人展开了频繁外交，争取国际社会的支持。在 10 月的英联邦国家爱丁堡会议上，在希腊族的积极努力下通过了一项谴责“北塞”的决议。在此期间，土耳其族领导人登克塔什也出访美国，美国总统特使霍尔布鲁克建议土耳其族与希腊族一道参加塞浦路斯加入欧盟的谈判，“希腊族方面不要放弃他们是塞浦路斯唯一合法代表的权力，土耳其族方面也无须放弃他们对承认北塞浦路斯土耳其共和国的要求，双方只是一起坐在欧盟的谈判桌前”。登克塔什对这个奇特的建议未置可否，因为他此次出访美国的主要目的是希望“让国际社会改变对土耳其族的不公正待遇，承认‘北塞’的独立主权地位”，“我郑重声明，我们不会考虑由希腊族提出的塞浦路斯加入欧盟的申请，无论其结果如何，我们不参与这一国际骗局，否则，我们将永无成功之日”。随后土耳其官员访问了“北塞”，双方达成共识：国际社会不承认“北塞”，“北塞”就不再参加联合国主持的任何会谈。11 月 11 日，美国总统特使霍尔布鲁克再次前往塞浦路斯斡旋，但无功而返。

**3. 希腊族否决安南统一方案**

1999 年 12 月，在联合国秘书长安南建议下，塞浦路斯总统、希腊族领导人克莱里季斯和土耳其族领导人登克塔什，在纽约举行了首轮“近距离间接谈判”。2000 年 2 月，双方在日内瓦再次进行谈判。此后，双方又举行了三次间接谈判，就塞浦路斯的权力分配、安全保障、领土和财产等问题交换了意见。同年 11 月，间接谈判因登克塔什退出而中断。登克塔什坚持认为，“北塞浦路斯土耳其共和国”必须得到国际社会的承认。

2002 年 1 月，在联合国斡旋下，两族领导人开始直接谈判，至 8 月 27 日，双方共举行了六轮直接会谈，均因分歧严重未能取得任何实质性进展。

2002 年 11 月，联合国秘书长安南建议仿照瑞士联邦的模式，建立由“希腊族州”和“土耳其族州”平等组成的“共同国家”政府。土耳其族拒绝接受。

2003年3月，应安南的邀请，塞浦路斯共和国第五任总统、希腊族领导人帕帕佐普洛斯，与土耳其族领导人登克塔什在海牙举行三方会谈，讨论由安南制定的塞浦路斯统一方案。安南方案的基本内容是：建立一个松散的联邦制塞浦路斯共和国；土耳其族将所控制领土由37%减少为30%；近一半希腊族难民返回北部土耳其族控制区，给希腊族人总计300亿美元的补偿；土耳其驻扎在北塞的3.5万军队逐渐减少至《苏黎世—伦敦协定》所规定的650人；两族在政治上平等，内部事务自治。由于两族在领土和移民等问题上分歧太大，会谈失败。

土耳其政府对两族和解采取了积极态度。2003年3月刚就任的土耳其总理埃尔多安，为寻求改善与欧盟关系，推进土耳其加入欧盟进程，表示如果联合国在土耳其加入欧盟问题上发挥作用，土耳其愿意考虑尽快实现塞浦路斯统一问题。这是土耳其政府自1974年以来，首次提出愿意与国际社会一道，共同解决塞浦路斯问题。同时，随着欧盟决定2004年5月1日将正式接纳塞浦路斯为欧盟正式成员国，欧盟希望希腊族和土耳其族能够通过实质性谈判解决塞浦路斯问题，塞浦路斯作为一个整体加入欧盟，也支持联合国继续进行调解。在此背景下，2004年2月，联合国秘书长安南再次邀请帕帕佐普洛斯和登克塔什，以安南方案为基础，在尼科西亚开始新一轮的谈判，双方对安南统一方案提出60多处修改意见，但仍然没有达成协议。

为了表明国际社会对塞浦路斯统一的支持，安理会对安南的塞浦路斯统一方案进行了表决，俄罗斯一票否决，安理会未能通过支持塞浦路斯统一方案的决议。但俄罗斯表示将接受塞浦路斯公投结果。2004年4月24日，在联合国的主持下，塞浦路斯希腊族和土耳其族分别对安南统一方案进行全民公投，参加投票的土耳其族人有64.91%支持安南的统一方案，而参加投票的希腊族人有75.83%反对该方案。安南方案遭希腊族否决。安南表示尊重塞浦路斯公投结果。塞浦路斯丧失了一次统一的良机，国际社会对此无不感到遗憾。

在公投之前，塞浦路斯总统帕帕佐普洛斯公开要求希腊族人投反对票，甚至指责安南方案有偏袒土耳其族人之嫌。首先，安南方案要求建立一个松散的塞浦路斯联邦制共和国，实际上就是土耳其族人所一贯要求的中央政府权力有限的两个独立国家的邦联，这是自马卡里奥斯总统以来历届塞浦路斯政府所坚决反对的，希腊族认为这将导致塞浦路斯的永久分治。其次，在领土方面，安南方案要求土耳其族将所控制的领土由原来的37%减少到30%，实际上土耳其族在领土上的让步，没有超出在1984年联合国秘书长德奎利亚尔主持的两族间接谈判中，登克塔什承诺将所控制领土减少到29%的范围，仅占人口17.4%的土耳其族却控制30%的领土，希腊族人难以接受。再次，在难民返回问题上，安南方案主张有限返回，即20万希腊族难民可允许一半返回，这样在土耳其族控制的北部就不会重新出现希腊族人口占绝对多数的局面，保证了土耳其族的绝对优势地位。最后，希腊族认为，拒绝安南方案，既无损于南部塞浦路斯政府已经享有了30多年的国际社会承认的地位，也不影响其加入欧盟进程。相反，接受安南统一方案，不仅使“北塞”获得了与塞浦路斯政府平等的地位，而且“北塞”的孤立地位将获解脱。

对于安南统一方案，土耳其领导人登克塔什起初也持否定态度，担心统一后的南部希腊族会利用其强大的经济实力和国际地位，控制“北塞”的经济命脉，但在土耳其政府的劝导下，同时安南方案也更多地满足了土耳其族在国际地位、安全保障和经济等方面的要求，所以最终接受了该方案。

公投结果使塞浦路斯政府备受指责，无形中却给“北塞”的国际孤立解冻带来机遇。4月26日，欧盟外长卢森堡会议决定，将尽快解除对“北塞”的经济制裁，向“北塞”提供 2.6 亿欧元的经济援助，取消“北塞”销往欧盟的水果和蔬菜的所有关税。更让土耳其族人感到欣慰的是，5 月欧盟将在“北塞”设立欧盟驻“北塞”办事处。另外，美国也在考虑取消对“北塞”的贸易制裁。“北塞”将有可能被国际社会所接受。

**4. 希、土两族重启统一谈判**

2008 年 2 月，塞劳动人民进步党主席赫里斯托菲亚斯当选为塞总统后，立即请求联合国安排他与“北塞”土耳其族领导人塔拉特举行会谈。3 月 21 日，赫里斯托菲亚斯与塔拉特在联合国秘书长驻塞特别代表默勒的官邸举行了 3 个多小时的会谈。两族领导人同意尽快成立多个工作小组和技术委员会，为在 3 个月后进行实质性谈判做准备。双方还一致同意打通位于首都尼科西亚老城区中心地带的德拉步行街，便于希、土两族交往，增进互信。美国国务院当日发表声明对希、土两族重启谈判表示欢迎，并表示美国将继续支持塞浦路斯希、土两族举行建设性的对话，支持联合国为推动塞浦路斯问题的解决所做的各种努力。7 月 25 日，赫里斯托菲亚斯与塔拉特在尼科西亚举行会谈，双方同意在 9 月 3 日就未来南北重新统一开启全面和平谈判。双方还同意建立安全热线电话，以便直接交流，并通过了在环境、文化保护、危机处理、刑事等领域合作的 16 项措施。联合国秘书长潘基文对塞浦路斯两族开启全面谈判表示欢迎。

2010 年 1 月 11 日，希、土两族领导人赫里斯托菲亚斯和埃拉特再次举行谈判。此轮谈判涉及政府治理、权力分配、1974 年塞分裂后被迫离开家园人员的财产问题以及经济一体化、共同融入欧盟等问题，但由于双方分歧太大，谈判没有取得实质性进展。同年 4 月，埃尔奥卢当选为土耳其族领导人后表示，土耳其族不会退出谈判，只是要更好地维护土耳其族人的利益。

## 第六节 著名历史人物

### 一 埃瓦哥拉斯一世（Evagoras Ⅰ，公元前 435 ~ 前 374 年）

萨拉米斯国王埃瓦哥拉斯一世，是塞浦路斯岛上希腊文化的传播者。公元前 411 年，萨拉米斯城的建立者，托塞家族的后裔埃瓦哥拉斯一世，在雅典的帮助下被拥立为萨拉米斯国王。作为回报，埃瓦哥拉斯一世在伯罗奔尼撒战争中支援了雅典人，雅典人于公元前 410 年授予埃瓦哥拉斯一世雅典荣誉公民称号，其授誉法令刻在了雅典卫城的一根圆柱上，残存的圆柱现保存在雅典博物馆。

公元前 405 年，埃瓦哥拉斯一世再次为遭到斯巴达人重创的雅典将军科农提供庇护。公元前 399 年，科农击败斯巴达人，恢复了自伯罗奔尼撒战争结束时丧失的海上霸权。埃瓦哥拉斯一世在雅典盛誉空前，雅典人把他和科农的塑像矗立在雅典宙斯神庙附近的中心广场，并授予埃瓦哥拉斯一世金叶花冠。

埃瓦哥拉斯一世雄心勃勃，决心以萨拉米斯为霸主，把纷争不和的塞浦路斯诸王国统一起来。他采取了和平和武力征服相结合的手段。埃瓦哥拉斯一世的统一运动遭到了克提昂、阿马修斯和索利等王国的抵制，它们于公元前 390 年投奔波斯王，请求波斯帝国干预。另外，波斯王对埃瓦哥拉斯僭越权限，铸造金币，怒不可遏。波斯大军兵临塞浦路斯，从而拉开了埃瓦哥拉斯一世为实现塞浦路斯统一和独立的“塞浦路斯战争”（公元前 390 ~ 前 380 年）的序幕。

在“塞浦路斯战争”中，埃瓦哥拉斯一世并没有得到雅典的相应帮助，雅典曾派军支援，但当斯巴达与波斯帝国签订《安塔尔西达斯和约》后，雅典军队撤走了。埃瓦哥拉斯一世并没有完全陷于孤立，他得到了埃及等盟友的援助，曾一度取得重大胜利。公元前382年攻克腓尼基的推罗城，随后又在克提昂附近的一场海战中大捷。由于埃及中止了援助，埃瓦哥拉斯一世从此急转直下，最后不得不放弃他的宏伟目标，承认波斯帝国在塞浦路斯的统治，以保住他在萨拉米斯的王位。这场长达十年的战争，使萨拉米斯贫困不堪，政局动荡。公元前374年，埃瓦哥拉斯一世遇刺身亡，其子尼科克列斯继承了王位，称埃瓦哥拉斯二世。埃瓦哥拉斯二世执政后，曾利用波斯人的帮助企图统一全岛，遭到了其他诸王国的反对。公元前351年，普尼塔普拉斯推翻了埃瓦哥拉斯二世，夺取了萨拉米斯国王的宝座。

埃瓦哥拉斯一世虽然壮志未酬，但他对塞浦路斯历史文化产生了巨大影响。正是他把希腊拼音字母介绍到塞浦路斯，并在全岛广泛推广。在他的大力倡导下，希腊文化在塞浦路斯广泛传播。他铸造的钱币上镌刻的赫拉克勒斯神像，具有著名的普拉克西特列斯派（雅典人，古希腊雕塑家，公元前390～?，作品以将神话传说人物纳入世俗生活为其特征）的特征，其他希腊众神，如阿波罗、赫拉、雅典娜、阿尔迪美丝和阿佛洛狄特等神像，也常见于这一时期的钱币上。同时，也有上述众神的雕像，其中，克提昂著名的阿尔迪美丝雕像，也属于普拉克西特列斯派，现收藏于维也纳博物馆。该时期的重要建筑是弗尼（埃皮亚）王宫和库里昂的阿波罗神殿。弗尼王宫的建筑风格，比塞浦路斯以往的任何建筑都更多地吸收了希腊式的建筑艺术特色。遗憾的是，这一建筑可能是在塞浦路斯战争期间毁于兵燹。由于塞浦路斯与希腊保持着密切交往，这一时期塞浦路斯的艺术与审美的发展，与希腊本土不相上下。现已发现的许多雕刻、花瓶等器物说明了这一点。

## 二　巴纳巴斯（St. Barnabas，?～公元75年）

巴纳巴斯（希腊文Barnabas，有译为“巴拿巴”或“巴尔纳伯”），塞浦路斯直属使徒教会的创建者，利未（犹太教中供职于圣殿者）后裔，原名约瑟，生于塞浦路斯东部著名城市萨拉米斯的犹太人家庭，后移居耶路撒冷。因其禀性宽厚，富有信德，使徒们称他为“巴纳巴斯”（意为“鼓励者”）。据《使徒行传》和《保罗书信》记载，巴纳巴斯是耶稣受难后的著名使徒之一，早年信仰耶稣，加入耶路撒冷教会，曾变卖田产，将所得全部献于教会。保罗（Paul）初信道时，不受众人信任，唯有巴纳巴斯接待他，并向信徒们介绍，最终使耶路撒冷的基督徒领袖们承认，曾热衷于迫害基督徒的保罗是自己的弟兄。后来巴纳巴斯与保罗一起到安提阿传道，成立安提阿教会，信徒们被称之为“基督徒”正是从安提阿开始的。在安提阿教会，两位使徒不仅在犹太人中布道，而且向非犹太人传教，后来又妥善解决了非犹太人信道无须受割礼等重大问题，使起初只为犹太教异端的基督教，跨越了犹太民族的界限，向世界性宗教迈出了第一步，这是使徒巴纳巴斯对基督教的重要贡献之一。①

公元45年，使徒巴纳巴斯与保罗奉安提阿教会委派，开始了基督教史上第一次旅行布道。对于这一重大事件，《使徒行传》中有“巴纳巴斯和保罗奉差遣”的记载：“在安提阿教会中有几位先知和教师，就是巴纳巴斯……马可并保罗。他们侍奉主，禁食的时候，圣灵说：‘我分派巴纳巴斯和保罗，去做我要他们所做的工作。’于是就禁食祷告，按手在他们头上，就打发他们去了。”② 两位使徒走出巴勒斯坦向外邦人传教，是基督教向世界性宗教发展迈出的第二步，而且他们布道的第一站，正是与巴勒斯坦隔海相望的塞浦路斯。所以，塞浦路斯是基督教向外邦传播最早的地区。

---

① C. Spyidakis, *A Brief History of Cyprus*, Argonaut Inc., 1964, p. 32.

② 马自毅著《圣经人物》，学林出版社，2000，第554～560页。

关于基督教是如何在塞浦路斯传播的，《使徒行传》中有这样的记载“他们（指巴纳巴斯和保罗）既被圣灵差遣，就下到西流基，从那里坐船往塞浦路斯去。到了萨拉米斯，在犹太人各会堂里传讲神道，还有马可做他们的帮手”。两位使徒首先选择萨拉米斯传教，因为萨拉米斯不仅是巴纳巴斯的故乡，而且是塞浦路斯的主要犹太人移民聚集区。两位使徒主要在各犹太人会堂里传教，说明他们在塞浦路斯的传教活动，开始时主要还是向犹太人布道。基督教社团反对高利贷，解放奴隶，特别是以信奉基督作为赦罪得救的条件，不分种族、贫富和一视同仁等主张，在当时颇具吸引力，不但一些犹太移民加入了基督教社团，而且一些希腊人也加入了该社团。基督教在塞浦路斯社会产生了影响。公元 46 年，巴纳巴斯与保罗来到塞浦路斯的行政首府所在地帕福斯，向罗马帝国驻塞岛总督塞尔吉乌斯·保罗斯（Sergius Paulus）讲解上帝之道。在两位使徒的说教下，保罗斯皈依了基督教。对于保罗斯接受基督教的经过，《使徒行传》中有神奇的传说，而塞浦路斯史籍中有圣保罗因向总督传教而被缚柱鞭挞的记载。[①] 在当时基督教被罗马帝国所禁止的情况下，作为罗马帝国地方总督的保罗斯皈依基督教，可以说是塞浦路斯悠久而绚烂的历史上最突出的插曲之一，因为它是这一新的宗教渗入罗马帝国政权的开端，也是罗马贵族接受基督教的首例。[②]

公元 47 年，使徒巴纳巴斯带马可再次来到塞浦路斯传教，并建立了塞浦路斯基督教直属使徒教会，该教会成为世界基督教教会的先驱之一。尽管使徒巴纳巴斯在塞浦路斯的传教活动取得了巨大成就，但也遭到部分坚信犹太教、视基督教为异端的犹太

---

① C. Spyidakis, *A Brief History of Cyprus*, Argonaut Inc., 1964, p. 52.

② Costas P · Kyrris, *History of Cyprus*, Nicocles Publishing House, 1985, p. 155.

教徒的强烈反对。公元 75 年，巴纳巴斯在萨拉米斯被犹太教徒用乱石砸死，以身殉道。[①]

### 三　马卡里奥斯（Makarios Ⅲ，1913～1977 年）

马卡里奥斯，原名米哈伊尔·克里斯托都娄·牟斯寇斯（Mihail Christodoulou Mouskos），塞浦路斯共和国首任总统，希腊族人，1913 年 8 月 13 日生于塞浦路斯西部帕福斯地区一个叫上帕纳伊亚村（Ano Panayia）的中产阶级家庭。11 岁丧母，小学就读于本村的教会学校，初中进入英国在塞浦路斯办的世俗学校学习，随后在著名的基克科修道院度过了他的高中学习阶段。马卡里奥斯的家庭与当地牧师关系密切，他的内弟就是一位乡村牧师，对马卡里奥斯后来的成长和事业有较大影响。

在修道院的学习和生活，对马卡里奥斯性格的形成产生了重要影响。1931 年，塞浦路斯发生了历史上最为严重的旱灾，经济恶化，民不聊生，英国殖民当局对此视而不见，人民要求改善经济环境，实现“意诺西斯”的起义被当局血腥镇压。当局还加大了对教会的迫害。当时塞浦路斯的社会政治经济状况，使年仅 18 岁、即将从基克科修道院毕业的马卡里奥斯认识到，英国统治者既不代表塞浦路斯教会的利益，也不代表塞浦路斯人民的利益，是塞浦路斯教会和人民的剥削者和压迫者。1933 年，高中毕业的马卡里奥斯进入了泛塞浦路斯预科学校深造。该校是塞浦路斯最著名、历史最悠久的学校，由前大主教基普里亚诺斯（因参加和领导 1821 年起义被奥斯曼帝国杀害）创建，完全采用希腊式教育体制，主要教授希腊传统文化和 1821 年反对奥斯曼帝国统治的希腊革命史。学校的特殊历史背景和教学氛围，对

① 何志龙：《犹太人移民与基督教在塞浦路斯的传播》，《西北大学学报》（哲学社会科学版），2007 年第 4 期。

马卡里奥斯坚决反对外国殖民统治，积极投身“意诺西斯”运动产生了巨大影响。

1936 年，马卡里奥斯回到母校基克科修道院任教，次年被任命为该修道院委员会秘书。1938 年荣升为位于帕福斯的圣锡奥多罗斯教堂执事。同年，该教堂资助他去雅典大学学习神学。1941 年纳粹德国占领希腊，马卡里奥斯以英国公民的身份继续在该校学习，1942 年完成学业。在第二次世界大战后的希腊内战期间，马卡里奥斯作为一名牧师在雅典的教堂工作。1946 年，经其尊师推荐，获世界基督教委员会资助到美国马萨诸塞州波士顿大学深造。1948 年，当选为克提昂主教，这是塞浦路斯历史上首次把一个学生选为主教。同年 6 月回岛任职，并建立了“正教会运动”组织，激励青年人与英国殖民者进行斗争。马卡里奥斯任克提昂主教，还有一层特殊意义。1931 年时任克提昂主教的尼科迪默斯，在利马索尔向群众发表了题为“合并、坚决与英国殖民当局斗争”的著名演说。尼科迪默斯认为，“从各方面看，与祖国希腊合并，是实现我们民族解放的唯一出路，我们绝不屈从于邪恶的、可恶的、可耻的、非法的英国统治，争取实现与祖国希腊的合并”。现在，马卡里奥斯站在了同一讲坛上，勇敢地继承了尼科迪默斯的事业。1949 年 10 月 3 日，他在一次盛大的群众集会上说：“让我们在埃思纳克委员会的领导下，继续我们的崇高斗争，直到神圣的自由之光普照大地，塞浦路斯与希腊合并之舟抵达胜利的彼岸。从英国的统治下获得自由，是我们发自内心的呐喊，伟大的希腊万岁！与祖国希腊合并万岁！”1950 年 10 月，大主教马卡里奥斯二世逝世。10 月 18 日，米哈伊尔当选为大主教，立为马卡里奥斯三世，从此开始了他领导塞浦路斯教会和人民，为摆脱英国殖民统治而战斗的征程。1955 年，马卡里奥斯组织建立了反对英国殖民统治的希腊人军事组织“埃欧卡”。1956 年 3 月 9 日，英国殖民当局以马卡里奥斯支持恐怖主义为名，将其流放到位于印度洋中部的塞舌尔群岛，次年获准回到雅典，但被禁止返回塞浦路斯。1958 年 9 月，马卡里奥斯在雅典表达了塞浦路斯独立的愿望，得到了各方的积极回应。1959 年 2 月 19 日，马卡里奥斯代表希腊族签订《苏黎世—伦敦协定》。同年 3 月，马卡里奥斯回到塞浦路斯，在尼科西亚受到热烈欢迎。12 月 13 日，他以压倒性优势赢得总统选举，成为塞浦路斯共和国首位总统。

1963 年 11 月 30 日，马卡里奥斯正式提出了修改共和国宪法的“十三点修正案”，导致希、土两族冲突。1974 年 7 月 15 日，希腊军政府在塞浦路斯策划军事政变，马卡里奥斯逃往英国。12 月 7 日，马卡里奥回到塞浦路斯，受到希腊族人的热烈欢迎，并恢复了总统职位。1973 年第三次连选连任总统期间，于 1977 年 8 月 3 日病逝于尼科西亚。

马卡里奥斯总统对华友好，1974 年 5 月访问中国，与毛泽东主席、周恩来总理、邓小平副总理会谈。

### 四 基普里亚努（Spyros Kyprianou，1932～2002 年）

斯皮罗斯·基普里亚努，塞浦路斯共和国第二任总统，希腊族人，1932 年 10 月 28 日生于利马索尔市。1954 年毕业于英国伦敦格雷因法学院，获得高级律师资格。1952 年组建“塞浦路斯留英学生联盟”并任主席。1957～1959 年任马卡里奥斯大主教驻伦敦代表。塞浦路斯 1960 年独立后的第一任外交部长，此后他担任这一职务长达 12 年。1977 年塞浦路斯首任总统马卡里奥斯大主教逝世后，他接任代总统。在 1978 年和 1983 年的两次大选中，他都获胜连任总统。此间舆论普遍认为，基普里亚努为塞浦路斯经济在 20 世纪 80 年代取得的长足发展作出了杰出的贡献。

基普里亚努是中国人民的老朋友。1971 年他作为外长代表

塞浦路斯政府同中国签署了两国建交公报。1984 年他曾以总统身份访问中国。因患癌症于 2002 年 3 月 12 日去世，享年 69 岁。

## 五 瓦西里乌（George Vasiliou，1931～ ）

乔治·瓦西里乌，塞浦路斯共和国第三任总统，希腊族人，1931 年 5 月 20 日生于法马古斯塔市。在塞浦路斯中学毕业后于 1948～1950 年先后在维也纳医科大学和日内瓦医科大学学习，1951 年入布达佩斯经济学院学习，1957 年获经济学博士学位。后作为学者在英国工作两年，1962 年返塞浦路斯。1970 年被推选为塞浦路斯工商联合会执委会委员。1979 年创建“中东研究中心”（地中海地区最大的经济研究和咨询机构），作为经济学家经常出席国际会议，就世界经济和地中海地区各国的经济问题发表演说。1988 年 2 月，在劳动人民进步党支持下，以无党派人士竞选总统获胜，1988 年 2 月至 1993 年 2 月担任塞浦路斯共和国总统。通晓英、法、俄、匈等多国语言。1990 年 8 月以总统身份访问中国。

## 六 克莱里季斯（Glafkos Klerides，1919～ ）

格拉夫科斯·克莱里季斯，塞浦路斯共和国第四任总统，希腊族人，1919 年 4 月 24 日生于尼科西亚，是已故的塞浦路斯著名律师爱奥尼斯·克莱里季斯（Ioannis Clerides，Q. C.，C. B. E.）的长子。1936 年赴英国读书。1939 年第二次世界大战爆发后，自告奋勇加入英国皇家空军。1942 年他驾驶的飞机在德国被击落后被俘，盟军占领德国后获得自由。后来克莱里季斯前往英国伦敦大学国王学院学习法律，并于 1948 年被授予法学学士学位。1951 年，他在格雷律师学院取得律师资格。1951～1960 年间在塞浦路斯开业做律师。

在 1955～1959 年塞浦路斯反对英国殖民统治的斗争期间，

克莱里季斯是一名“埃欧卡”成员，化名伊皮迪斯（Yperides），保卫了许多被英国拘捕的“埃欧卡”战士。他曾负责收集和整理英国殖民当局在塞浦路斯侵害人权的被侵害者的人事档案，希腊政府向欧洲理事会和欧洲人权委员会提交了此档案。

克莱里季斯参加了1959年关于塞浦路斯问题的伦敦会议。在塞浦路斯从殖民当局统治到独立自主的过渡时期（1959～1960年），担任司法部长。同时，他也是联合制宪委员会中希腊族代表团团长。1960年7月，克莱里季斯当选众议院议员，并被推选为众议院议长。1964年率领希腊族代表团参加解决塞浦路斯问题的伦敦会议。1970年7月第二届众议院选举中，再次当选议长，领导众议院直到1976年7月。

在希腊军政府策划军事政变，共和国总统马卡里奥斯流亡期间，按照共和国宪法，作为众议院议长行使共和国总统之职责（1974年7月15日至12月7日）。

1968～1976年4月，克莱里季斯被任命为两族谈判希腊族代表，一直同土耳其族代表登克塔什进行谈判。1969年2月，克莱里季斯建立统一党，并担任该党主席。1976年4月因与马卡里奥斯总统发生政见分歧，辞去谈判代表职务。同年5月，在统一党的基础上组建民主大会党，担任该党主席，并辞去议长职务。

克莱里季斯还多次代表塞浦路斯参加在联合国安理会举行的关于塞浦路斯问题的讨论。

1961～1963年间，克莱里季斯还担任塞浦路斯红十字会主席。由于他的突出贡献，被授予红十字会终身会员资格。

克莱里季斯领导民主大会党参加了1981年、1985年和1991年的众议院选举，均被选为众议院议员和民主大会党在众议院的领袖。在1993年2月14日塞浦路斯共和国总统选举中，当选为塞浦路斯共和国第四任总统。1998年2月15日再次当选，连任共和国总统。

克莱里季斯能讲一口流利的英语。他还出版了四卷本的自传《我的沉浮》(*My Deposition*)。

## 七　帕帕佐普洛斯(Tassos Papadopoulos, 1934～2008年)

塔索斯·帕帕佐普洛斯，塞浦路斯共和国第五任总统，希腊族人，1934年1月7日生于尼科西亚。曾在英国伦敦大学格雷法律学院学习法律，在塞浦路斯做过律师。1955～1959年反对英国殖民统治斗争期间，担任“埃欧卡”尼科西亚区负责人。1959～1960年，作为联合制宪委员会成员参与制定塞浦路斯共和国宪法工作，并担任过渡政府的内政部长。塞浦路斯共和国成立后，历任财政部长(1960～1961年)、劳动与社会保障部长(1960～1970年)、卫生部长(1964～1967年)、农业与自然资源部长(1967～1969年)。当选第三届众议院议长(1976～1981年)。1976～1978年间，作为希腊族代表参加塞浦路斯问题两族谈判。众议院第二届(1970～1976年)、第三届(1976～1981年)、第五届(1991～1996年)、第六届(1996～2001年)、第七届(2001～2006年)议员。曾任众议院外交与欧盟事务委员会主席、欧盟—塞浦路斯联合议会委员会代表团主席、众议院法律事务委员会成员、财政预算委员会成员、选拔委员会成员。2000年10月当选民主党主席。2003年2月当选塞浦路斯共和国第五任总统。①

2008年12月12日因肺癌在首都尼科西亚去世，终年74岁。帕帕佐普洛斯对华友好，曾多次访华，2008年2月卸任总统后，出席了2008年北京奥运会开幕式。

① *The Government of Cyprus*, The Press and Information Office of Reoublic Cyprus, 2006, pp. 1－2.

## 八 库楚克（Fazıl Küçük，1906～1984 年）

法兹尔·库楚克，塞浦路斯共和国首位副总统，土耳其族人，1906 年生于尼科西亚的农民家庭。毕业于尼科西亚的土耳其高中，后赴伊斯坦布尔、洛桑和巴黎攻读医药专业。1937 年回国，起初开办了一个诊所，但对政治的浓厚兴趣促使他成为塞浦路斯土耳其族人权利的代言人。1941 年，库楚克创办了报纸《人民之声》（*Halkin Sesi*），并担任总编。由于他开展了反对英国殖民统治的运动，《人民之声》直到 1942 年才得到英国殖民当局发行的许可证。该报至今仍在发行。

1943 年，库楚克成为土耳其少数民族协会（Kıbrıs Adası; Türk Azınlık Kurumu，简称 KATAK）的创始人之一。该协会的宗旨是促进塞浦路斯土耳其族人的社会、经济和政治福利。由于同其他成员意见不合，库楚克离开协会，建立了土耳其族民族联盟党（Kıbrıs Türk Milli Birlik Partisi）。经过 15 年的斗争，库楚克促使英国将土耳其宗教基金的管理权（Evkaf）移交给了土耳其族人。

1959 年，库楚克代表土耳其族人参加了伦敦和苏黎世会议，成功地使确保土耳其族人权利的条款写进了《苏黎世—伦敦协定》之中，并明确规定在即将制定的塞浦路斯共和国宪法中得到具体体现。1959 年 12 月 3 日，库楚克当选为新独立的塞浦路斯共和国副总统。1963 年年底马卡里奥斯提出宪法修正案引起两族冲突后，身为共和国副总统的库楚克与马卡里奥斯总统多次共同呼吁两族保持克制。1973 年登克塔什取代了库楚克成为土耳其族的领导人。尽管身体欠佳，但库楚克始终坚持通过《人民之声》支持土耳其族人的事业。1984 年 1 月 15 日，库楚克逝世于英国伦敦的威斯敏斯特医院。

## 九　登克塔什（Rauf Raif Denktaş，1923～　）

拉夫·拉提夫·登克塔什，土耳其族著名领导人。1923年1月23日生于塞浦路斯帕福斯区科蒂马。毕业于尼科西亚的英国学校。毕业后在法马古斯塔做翻译，之后做过法院书记员和教师。后来到伦敦林肯律师学院学习法律。1947年毕业后回到塞浦路斯，从事律师职业。

1948年，英国当局在塞浦路斯实行宪政改革，成立了立法委员会，登克塔什是其成员。同时，还是土耳其族事务委员会成员。1949～1958年间，任终身检察官。

1957年，登克塔什组建了“土耳其族抵抗组织”（TMT），反对“埃欧卡”推动的“意诺西斯”运动。1958年，登克塔什代表土耳其族参加了联合国大会。当年12月，在《苏黎世—伦敦协定》谈判期间，他建议土耳其政府考虑土耳其族人的权利。1960年塞浦路斯共和国成立，登克塔什当选为土耳其族民族院主席。

1963年年底，因马卡里奥斯总统修改宪法而导致两族冲突后，登克塔什前往安卡拉同土耳其政府协商。1964～1968年间，由于同“土耳其族抵抗组织”的密切关系，希腊族领导人禁止其进入塞浦路斯。

1975年6月20日，登克塔什当选为土耳其族邦总统，1981年再次当选总统。1983年11月15日，土耳其族单方面宣布成立“北塞浦路斯土耳其共和国”，根据“北塞”宪法，登克塔什当选“北塞”总统。登克塔什在土耳其族单方面宣布独立中扮演了关键角色，并分别于1985年、1990年、1995年和2000年4次当选连任“北塞”总统。

从1968年以来登克塔什一直担任着联合国主持的两族和平谈判的土耳其族首席谈判代表一职。

自2000年以来，塞浦路斯和土耳其希望加入欧盟的意愿促使双方重新努力取得和解。2002年，土耳其族在北塞浦路斯举行了声势浩大的游行示威，要求实现塞浦路斯统一，以期在2004年塞浦路斯加入欧盟时获得欧盟成员国地位。2003年12月的立法选举中，登克塔什领导的民族团结党受到了重创，2004年5月14日，登克塔什宣布他将不再竞选下届总统。2005年4月25日，登克塔什结束了他担任土耳其族总统长达30年之久的历史。

登克塔什爱好摄影和写作。他的摄影作品曾在美国、英国、澳大利亚、意大利、苏联、波兰、法国、奥地利和土耳其等国展出。他以英语和土耳其语相继出版了50部书。在1949～1957年间，他为库楚克博士主编的《人民之声》写了许多文章。

登克塔什还获得过许多奖项，是“北塞浦路斯土耳其共和国”、土耳其、美国一些大学的荣誉博士，还是国际瓦伦贝里基金会的名誉成员。[①]

① Costas Yennaris, *From the East: Conflict and Partition in Cyprus*, Elliott & Thompson, 2003, pp. 183－198.

# 第三章

# 政　　治

## 第一节　国体与政体

### 一　国体

在英国殖民统治时期，由英国委派的高级专员或总督对塞浦路斯进行直接统治。1878 年 6 月 4 日，英国迫使奥斯曼帝国签署了《塞浦路斯条约》，塞浦路斯转由英国占领和管理。7 月 22 日，英国首任驻塞浦路斯高级专员加尼特·沃尔斯利赴塞浦路斯就任。英国统治后，对塞浦路斯进行了一系列的税制改革，制定了系统的税收制度。为了有效管理和杜绝腐败，由高级专员、司法专员和一位副专员组成高等法院。英国接管塞浦路斯政权后，一直由外交部管理，从 1880 年转归殖民局。

1882 年英国当局在塞浦路斯成立立法委员会，其成员由 6 名英国官员和 12 名选举产生的塞浦路斯人组成，其中 9 名希腊族人，3 名土耳其族人。

1914 年 11 月 5 日，英国宣布废除 1878 年英、土签订的《塞浦路斯条约》，吞并塞浦路斯。1923 年 7 月 24 日，土耳其与协约国签订《洛桑条约》，“承认 1914 年 11 月 5 日英国政府宣布兼并塞浦路斯”。1925 年 3 月 10 日，英国宣布塞浦路斯为英国的直辖殖民地，以前的高级专员现在改称为总督。

1931 年 10 月塞浦路斯希腊族人发动反对殖民统治的起义后，11 月 12 日，英国当局下令解散立法委员会，终止执行宪法，同时赋予总督立法权，开始了总督对塞浦路斯的独裁统治。所有政治组织被宣布为非法组织，实行严格的新闻检查制度，市政选举也被废除。

1943 年塞浦路斯举行了首次市政选举，在利马索尔和法马古斯塔两市，劳动人民进步党成员普罗蒂斯·斯尔瓦斯（Ploutis Servas）和亚当·亚当马特斯（Adam Adamantos）分别当选市长，在其他 6 个城市均为希腊民族主义者当选。而在 1946 年的市政选举中，6 位当选者要么是劳动人民进步党成员，要么是其支持者，其中包括尼科西亚市的当选者爱奥尼斯·克莱里季斯（Ioannis Klerides）。

1946 年 10 月 23 日，英国新任殖民大臣克里奇·琼斯在英国众议院宣布，英国政府决定在塞浦路斯建立更加自由和进步的地方政府，负责管理塞浦路斯内部事务，其中包括一项改变塞浦路斯经济状况的十年社会经济发展计划，同时宣布废除禁止选举新的正教会大主教的 1937 年基督教法。1947 年，英国政府任命温斯顿为塞浦路斯总督，在塞浦路斯实施宪法改革计划。按照宪法改革计划成立了立法委员会，其成员 22 人，以民族为基础选举产生，其中 18 名希腊族人，4 名土耳其族人，另外还有 4 位英国官员，他们是殖民大臣、司法部长、财政部长和高级专员。立法委员会主席由总督从非立法委员会成员中任命。立法委员会的辩论和立法权，完全限制在尽可能小的范围内，塞浦路斯的地位问题不能讨论，对于立法委员会提交的任何有关财政、修改宪法或涉及塞浦路斯的防御、外交及少数民族的特殊利益的提案，总督拥有最终裁决权。总督还拥有将法案退回立法委员会按照他的意见重新修订的权力；作为英王陛下的代表，总督在行政委员会中享有特权，总督不一定必须听从行政委员会的忠告，但当总督的行为与行政委员会的忠告冲突时，总督必须向英国国务大臣说明缘由。另外，行政委员会中也包括如立法委员会中提及的4位英国官员，以便于英国国务大臣对行政委员会工作进行直接指导。

1959年2月19日，在英国首相麦克米伦的主持下，希腊、土耳其、塞浦路斯希腊族、塞浦路斯土耳其族代表签署《苏黎世—伦敦协定》。根据该协定，1959年4月13日召开了第一次联合制宪会议，1960年2月11日在瑞士洛桑完成了宪法草案，4月6日在尼科西亚宣布了塞浦路斯共和国的第一部宪法正式完成。1960年8月16日，塞浦路斯宣布独立，成立塞浦路斯共和国。

## 二 宪法

1960年宪法是塞浦路斯共和国的第一部宪法，也是塞浦路斯历史上的第一部宪法。该宪法体现了《苏黎世—伦敦协定》的基本内容，构成了塞浦路斯共和国的法律基础。该宪法共13章199条，还有3个附件。宪法规定，塞浦路斯共和国为总统制；总统由希腊族人担任，副总统由土耳其族人担任，总统和副总统分别由希腊族和土耳其族通过选举产生；副总统对外交、国防以及财政事务享有否决权，其他一切事务由部长会议的多数票决定。规定设立10名部长，希腊族占7名，土耳其族占3名，分别由正副总统任命。塞浦路斯共和国的全部公职人员由希腊族和土耳其族按7∶3的比例分配。设众议院，其议员50名，其中希腊族35名、土耳其族15名，由希腊族和土耳其族分别选举产生；众议院下设两个民族院，分别处理希腊族和土耳其族的宗教、教育、文化和其他民族事务。在5个主要城镇分别设立希腊族和土耳其族的单独市政机构。在警察、宪兵和最终建立的塞浦路斯军队中，希腊族和土耳其族的比例是6:4。另外还规定设立一个由希腊族人和土耳其族人各占一半的高等法院。1960年塞浦路斯宪法与其他民族独立国家的宪法相比，有两个显著特点。

第一，受国际条约的约束。1960年塞浦路斯共和国宪法是在《苏黎世—伦敦协定》的基础上制定的，可以说是《苏黎世—伦敦协定》的具体化和细化。《苏黎世—伦敦协定》规定了“塞浦路斯共和国的基本结构”。该协定总共27条，其中第20条规定，“在塞浦路斯的5个最大城市，应由当地的土耳其居民成立单独的市区”。第21条规定，“塞浦路斯共和国、希腊、联合王国和土耳其之间应缔结一项保证新的塞浦路斯国家独立、领土完整和宪法的条约。塞浦路斯共和国、希腊和土耳其之间应缔结一项军事同盟条约”。协定中明确规定：“以上两条约均应具有宪法效力。(本段应入宪法，作为一项基本条款)。”特别是协定的最后一条，即第27条规定，“所有上述各条，应认为是塞浦路斯宪法的基本条款”。可见，本宪法是在国际条约规定的基本条款的基础上制定的，是受国际条约制约的。

第二，强调国内民族与其他国家的联系，缺乏不同民族对国家的认同。少数民族缺乏对国家的认同，甚至存在分离主义倾向，这在多民族国家中较为普遍。但在一个国家的宪法中，明文规定国内的民族（不论是多数民族还是少数民族）与其他国家存在某种密切联系，在现代民族独立国家中极为少见。而塞浦路斯共和国1960年宪法第4条规定：“共和国政府机关和依据共和国法律设立的公共法人或公用事业机构应悬挂共和国国旗，并有在节假日同时悬挂共和国国旗和希腊国旗与土耳其国旗的权利。族社当局和机构有在节假日同时悬挂共和国国旗和希腊国旗或土耳其国旗的权利。共和国的任何公民，或由共和国公民组成的非公营的任何法人团体或非法人团体，有不受限制地在其建筑物上悬挂共和国国旗或希腊国旗或土耳其国旗的权利。希腊族和土耳其族有分别庆祝希腊国定假日和土耳其国定假日的权利。”① 而且民族院在有关本民族的宗教、教育、文化及向本族社成员征收个人税方面拥有立法权。虽然这些类似的宪法条款保护了希腊族人和土耳其族人的某些权利，但它极大地削弱了两个民族对国家的认同。宪法中也常提到“共和国公民”，但实际上这一概念已经变得非常空洞。说到“共和国公民”，人们往往会不知所云，它完全已被具体的“希腊族人”或“土耳其族人”所取代。这是英国殖民统治和周边大国干涉的恶果，为塞浦路斯悲剧埋下了种子。

1963 年年底两族爆发冲突，土耳其族人部长、议员和国家公务人员退出其职位后，只要满足法定的人数，众议院和部长会议继续运行，但最高宪法法院、高等法院和地方法院均因土耳其族法官缺席而不能开庭。在此背景下，塞浦路斯政府制定了《1964 年司法行政法》，以保证法律和秩序的正常运转。1967 年颁布了《公共服务法》。根据该法律，成立了新的公共服务委员会，由总统任命的 5 位成员组成，行使公共服务委员会的宪法职能。

## 三　政体

塞浦路斯共和国政体的突出特点是民族分权和民族权力的相互制衡。从民族分权而言，《苏黎世—伦敦协定》和宪法均突出了塞浦路斯两大主体民族——希腊族和土耳其族对共和国所有权力的划分，充分反映了民族分权的特点。宪

① 姜士林、陈玮主编《世界宪法大全》，中国广播电视出版社，1989，第 354 页。

法第 1 条即规定，“总统由希腊族人担任，副总统由土耳其族人担任。总统和副总统分别由塞浦路斯希腊族和土耳其族选举产生。”宪法没有对塞浦路斯共和国的国民进行界定，而在第 2 条对“希腊族人”和“土耳其族人”做了明确界定：“本宪法所说的希腊族包括共和国的所有原籍希腊并以希腊语为本族语，或具有希腊文化传统，或身为希腊东正教教徒的公民；本宪法所说的土耳其族包括共和国的所有原籍土耳其并以土耳其语为本族语言，或具有土耳其文化传统，或身为穆斯林的公民。”两族对共和国的所有权力部门的职位，从共和国总统、副总统到众议院议长、副议长，从各部部长、副部长到公务员、警察、军队的人数比例，均进行了具体的分配。共和国检察长和副检察长、审计长和副审计长、通货发行银行的总裁和副总裁，其正副职不得属于同一族社。[①] 共和国总统或副总统暂时缺席或暂时不能履行职务时，分别由众议院议长或副议长代行其职务，如遇众议院议长或副议长缺席或缺位时，由各族社最年长的众议员代行其职务。也就是说，当希腊族人总统缺席或不能履行职务时，土耳其族人副总统不能代行其职务，而是由希腊族人的议长代行总统职务，如果遇到议长也缺席，在未能及时选出议长之前，由希腊族众议员中最年长者代行其职务。总统任命希腊族部长，副总统任命土耳其族部长。宪法第 86 条规定，在众议院下，“希腊族和土耳其族分别从各自的成员中选出民族院议员，享有本宪法明文规定的保留给民族院的权力。”[②] 显而易见，希腊族人的权力土耳其族人不可逾越，土耳其族人的权力希腊族人不能替代。

① 姜士林、陈玮主编《世界宪法大全》，中国广播电视出版社，1989，第 368～369 页。

② 姜士林、陈玮主编《世界宪法大全》，中国广播电视出版社，1989，第 365 页。

希腊族和土耳其族两个民族的权力相互制衡，是塞浦路斯共和国政体的另外一个特点。塞浦路斯共和国实行的是行政、立法、司法三权分立，但三权之间的相互监督并不明显，而希、土两族权力的相互制衡却非常突出。从中央政府到地方市政机构，及至公务人员的安排，如果正职是希腊族人，副职必须是土耳其族人。宪法第46条规定，共和国最重要的三部即外交部、国防部和财政部，其中一部部长必须是土耳其族人。同时，第49条规定，土耳其族人副总统有权否决众议院通过的有关外交、国防或治安的决议。[①] “武装部队、宪兵和警察的首脑和副首脑应由共和国总统和副总统一致同意予以任命。上述首脑之一应为土耳其族人；如果一个首脑属于一个民族，则副首脑应属于另一个民族。”[②] 两族在权力分配方面相互监督、相互制衡的意图相当明显。

## 四　土耳其族的政治体制

1963年12月两族发生冲突，土耳其族各级公务人员退出了其职位，在尼科西亚与凯里尼亚之间的最大聚集区成立了临时管理机构，建立了独立的公共服务体系、警察部队和电台。

1975年2月13日，土耳其族领导人登克塔什宣布成立“塞浦路斯共和国土耳其族邦”（Turkish Federative State of Cyprus），首府设在尼科西亚北部。2月23日，土耳其族邦成立了由50人组成的制宪议会，议员宣誓要“尊重人权、尊重在法律和凯末

① 姜士林、陈玮主编《世界宪法大全》，中国广播电视出版社，1989，第360页。

② 《关于塞浦路斯的文件（伦敦协定）——塞浦路斯共和国的基本结构》第13条，转引自中国外交部国际问题研究所和西亚北非司合编《塞浦路斯问题重要文件、资料汇编》，1974年10月，第21页。

尔思想指导下的民主的、非宗教的社会原则”，“维护塞浦路斯联邦土耳其族邦的存在，为塞浦路斯土耳其族邦的继续存在、繁荣和昌盛而努力”。6 月 8 日，土耳其族邦通过公民投票方式批准实施土耳其族人自己制定的宪法。根据新宪法，登克塔什当选为土耳其族邦总统。

1983 年 11 月 15 日，土耳其族单方面宣布成立“北塞浦路斯土耳其共和国”（Turkish Republic of Northern Cyprus，简称 TRNC），首都在尼科西亚北部。12 月 2 日，土耳其族议会通过决议，成立一个由 50 名议员组成的新议会。12 月 6 日，新议会召开第一次制宪会议。1985 年 3 月 20 日，土耳其族议会通过了北塞浦路斯土耳其共和国“独立宪法”。5 月 5 日，70.16% 的土耳其族人支持该宪法。北塞宪法与土耳其族邦宪法基本相似，只是增加了大量“新共和国”需要的条款。

根据土耳其族的“独立宪法”，“北塞浦路斯土耳其共和国”是世俗的、多党制和半总统制的民主共和国。总统是国家元首，总理是行政首脑。政府行使行政权，立法权属于政府和共和国议会。司法独立于行政和立法。

“北塞”的行政权由“总统”负责，总统由选举产生，任期 5 年。总统候选人的条件是年满 30 周岁以上，在土耳其族区定居 5 年以上，且受过高等教育。总统任命总理，总理提出内阁部长名单，经总统同意后，还需得到议会的批准。当总统不能正常行使其职责时，由议会议长接任行使总统职责。

土耳其族议会由 50 名议员组成，普选产生，任期 5 年。议会的职责是制定、修改和取消法律，监督内阁和部长，讨论和通过预算，宣布战争，批准和签署国际条约，批准发展计划，批准一般大赦和特别大赦。

土耳其族拥有最高法院，最高法院即是最高上诉法院。最高法院由总统和 7 名法官组成。除最高法院外，土耳其族还有巡回法院、地方法院和家庭法院。①

土耳其族单方面宣布成立“北塞浦路斯土耳其共和国”，对塞浦路斯共和国的独立、主权和领土完整构成了严重威胁。在土耳其族宣布独立的第四天，即1983年11月18日，联合国安理会召开紧急会议，通过了第541号决议，要求土耳其族当局撤销独立决定，号召所有联合国成员国拒绝承认北塞浦路斯土耳其共和国。联合国只承认塞浦路斯共和国，塞浦路斯共和国政府是代表整个塞浦路斯的唯一合法政府，土耳其族单方面宣布独立是非法的，不承认“北塞浦路斯土耳其共和国”。时至今日，这个土耳其族人国家仍然只有土耳其一国承认，并在“北塞”设有大使馆，国际社会均不予承认。

## 第二节　国家机构

### 一　总统和副总统

宪法规定，共和国总统为国家元首，副总统为国家副元首。总统作为国家元首，在共和国各种正式场合和典礼中代表共和国；签署任命驻外使节和接受外国使节呈递的国书；签署国际条约；授予共和国勋章。副总统作为国家副元首，有权出席各种正式场合和典礼；出席外国使节呈递国书的仪式；向共和国总统推荐应授予共和国勋章的土耳其族社成员，总统对此推荐除有严正的反对理由外，应予接受。如果副总统愿意，此项授勋仪式由副总统主持。共和国总统和副总统通过直接、普选和秘密投票方式选举产生，除补缺选举外，选举应在同一天分别

① Northern Cyprus Government, http://www.northcyprusonline.com/North-Cyprus-Online-Government.php, 2008-01-20.

举行。总统和副总统候选人应为年满 35 岁共和国公民。经选举产生的共和国总统和副总统由众议院授任。总统和副总统任期 5 年，可连选连任。

1959 年 12 月，塞浦路斯共和国举行了第一届总统和副总统选举，马卡里奥斯当选总统，库楚克当选副总统。1963 年希、土两族发生冲突，12 月 23 日，共和国各级政府中的土耳其族公务人员全部撤出（希腊族人称之为“退出”，而土耳其族人认为是被希腊族人“驱逐”）。塞浦路斯自独立以来，已经历了 9 届 6 位总统。其中，在 1974 年 7 月 15 日，希腊军政府策划军事政变，推翻了马卡里奥斯合法政府，尼科斯·桑普森（Nikos Sampson）被扶上傀儡总统的宝座，23 日垮台。众议院议长格拉夫科斯·克莱里季斯（Glafkos Klerides）代行总统职务。12 月 7 日，马卡里奥斯回岛复职。1977 年 8 月 3 日，马卡里奥斯总统病逝，按照宪法第 44 条第 2 款规定，由众议院议长基普里亚努代理总统职务。在 8 月 31 日的总统补缺选举中，基普里亚努正式当选总统，完成马卡里奥斯总统为期 5 年的剩余任期。1978 年 2 月的总统大选中，基普里亚努再次当选（见表 3 - 1）。

2008 年 2 月 17 日，塞浦路斯举行了第 10 届总统选举，有 9 位候选人参加了角逐。在第一轮的投票中，9 位候选人获得的有效选票均未超过半数，其中得票最多的前两位是季米特里斯·赫里斯托菲亚斯（Dimitris Christofias）与爱奥尼斯·卡苏利季斯（Ioannis Kasoulidis），分别获得了 33.29% 和 33.51% 的选票。在第二轮的投票中，赫里斯托菲亚斯胜出，当选为塞浦路斯共和国第 10 届总统。

赫里斯托菲亚斯，希腊族人，1946 年 8 月 29 日生于塞浦路斯北部城市凯里尼亚的迪科莫村（Dhikomo）。年轻时在莫斯科求学，获苏联社会科学院历史学博士学位。14 岁加入泛塞浦路斯联合学生组织（PEOM）。1964 年成为劳动人民进步党党员、泛塞浦路斯劳动联盟（PEO）成员和联合民主青年组织（EDON）

**表 3－1　塞浦路斯共和国历任总统**

| 届别 | 总统姓名 | 任期开始时间 | 任期结束时间 | 所属政党 |
| --- | --- | --- | --- | --- |
| 1 | 马卡里奥斯（Makarios Ⅲ，第一任期） | 1960 年 8 月 16 日 | 1968 年 2 月 | 无 |
| 2 | 马卡里奥斯（第二任期） | 1968 年 2 月 | 1973 年 | 无 |
| 3 | 马卡里奥斯（第三任期） | 1973 年 | 1974 年 7 月 15 日 | 无 |
|  | 尼科斯·桑普森（Nikos Sampson） | 1974 年 7 月 15 日 | 1974 年 7 月 23 日 | “埃欧卡—B” |
|  | 格拉夫科斯·克莱里季斯（Glafkos Klerides，代理总统） | 1974 年 7 月 23 日 | 1974 年 12 月 7 日 | 统一民主党 |
|  | 马卡里奥斯（第三任期） | 1974 年 12 月 7 日 | 1977 年 8 月 3 日 | 无 |
|  | 斯皮罗斯·基普里亚努（Spyros Kyprianou，代理总统） | 1977 年 8 月 3 日 | 1977 年 9 月 3 日 | 民主党 |
|  | 斯皮罗斯·基普里亚努（补缺任期） | 1977 年 9 月 3 日 | 1978 年 2 月 28 日 | 民主党 |
| 4 | 斯皮罗斯·基普里亚努（第一任期） | 1978 年 2 月 28 日 | 1983 年 2 月 28 日 | 民主党 |
| 5 | 斯皮罗斯·基普里亚努（第二任期） | 1983 年 2 月 28 日 | 1988 年 2 月 28 日 | 民主党 |
| 6 | 乔治·瓦西里乌（George Vasiliou） | 1988 年 2 月 28 日 | 1993 年 2 月 28 日 | 联合民主党 |
| 7 | 格拉夫科斯·克莱里季斯（Glafkos Klerides，第一任期） | 1993 年 2 月 28 日 | 1998 年 2 月 15 日 | 民主联盟 |
| 8 | 格拉夫科斯·克莱里季斯（第二任期） | 1998 年 2 月 15 日 | 2003 年 2 月 28 日 | 民主联盟 |
| 9 | 塔索斯·帕帕佐普洛斯（Tassos Papadopoulos） | 2003 年 2 月 28 日 | 2008 年 2 月 28 日 | 民主党 |
| 10 | 季米特里斯·赫里斯托菲亚斯（Dimitris Christofias） | 2008 年 2 月 28 日 | 在任 | 劳进党 |

成员。1969 年，在联合民主青年组织第五届代表大会上当选为中央委员会委员。1974 年完成学业从莫斯科回国后担任联合民

主青年组织中央委员会秘书，1977年升任秘书长，直到1987年。在此期间，他与国际和国内青年组织保持密切联系。1976年当选为劳进党尼科西亚—凯里尼亚地区委员会委员。1982年当选为中央委员会委员。1986年进入中央政治局，1987年进入中央委员会书记处。1988年4月10日被政治局任命为代总书记，4月22日当选为总书记，后分别于1990年、1995年、2000年和2005年四度连选连任。他还是国家委员会——共和国总统的塞浦路斯问题最高顾问委员会成员。1991年5月19日在凯里尼亚代表劳进党当选众议院议员，并分别在1996年5月26日、2001年5月27日和2006年5月21日三度连选连任。2001年6月7日当选第8届众议院（2001～2006年）议长。2006年5月21日再次当选第9届众议院（2006～2011年）议长。2004年马其顿大学国际与欧洲经济社会研究院授予荣誉博士学位。通晓英语和俄语。[①] 他所领导的劳进党目前为塞浦路斯议会第一大党。赫里斯托菲亚斯是塞浦路斯历史上第一位劳进党出身的共和国总统。他在塞浦路斯希、土两族谈判问题上一直持积极而灵活的立场。

## 二 部长会议

根据1960年宪法，共和国的行政权由共和国总统和副总统予以保证，总统和副总统为保证行使行政权，设立由7名希腊族部长和3名土耳其族部长组成的部长会议。上述部长分别由总统和副总统指定，但以二人共同签署的文件任命。部长必须从众议院以外的具备众议院议员候选人资格的年满25岁的共和国公民中任命。部长会议拥有的行政权包括：对共和国政府总的指导与管理以及对总政策的指导；外交事务；国防与治

① *The Government of Cyprus*, The Press and Information Office of Republic of Cyprus, 2006.

安；所有公共服务机构的协调与监督；监督和处理属共和国的所有财产；审议由部长向众议院提出的法案；制定实施命令或条例；审议提交众议院的共和国预算。部长会议由总统召集。总统根据其本人的动议或根据副总统因特定事项适时提出的请求而召集部长会议。部长会议下设部长会议联合秘书处，其成员为一名希腊族人，一名土耳其族人。另外还设有一位政府发言人，属部长会议成员。

各部部长是该部的首脑，行使该部职权范围内的所有行政权。1960 年宪法规定设立 10 个部。1967 年通过法律，设立教育与文化部，处理 1960 年宪法所规定的希腊族民族院所负责的事务。目前的 11 个部分别是：

外交部：负责塞浦路斯共和国的海外利益。塞浦路斯在下列国家常设有大使馆或高级代办：澳大利亚、奥地利、比利时、保加利亚、中国、捷克、埃及、芬兰、法国、德国、希腊、匈牙利、印度、伊朗、爱尔兰、以色列、意大利、肯尼亚、利比亚、墨西哥、荷兰、葡萄牙、俄罗斯、西班牙、瑞典、南非、叙利亚、英国、美国、塞尔维亚等国。塞浦路斯外交部向欧洲理事会、欧盟、世界粮农组织、联合国教科文组织、国际海事组织、联合国维也纳办事处、联合国日内瓦办事处、联合国纽约总部等派驻代表。在纽约、汉堡、多伦多等城市设有领事馆。外交部下设 8 个司，其中之一负责海外的塞浦路斯人事务。

内政部：负责提供一般的行政服务。如城市规划和住房、国土和勘探、移民、户籍和动物保护区服务（Game and Fauna Services）、民防、地方政府、广播电视。同时监管新闻信息署的工作。

财政部：负责共和国财政的总体规划，编制财政预算案和对有关税收或同其他国家或团体的税务条约立法。财政部下设的部门有：国库、海关和消费税、国内税、统计和调查、储备、公共事务管理和人事局、政府出版局和数据处理服务。

国防部：职责是保卫共和国的领土免遭任何潜在侵略者的侵略。它负责组织和领导塞浦路斯军队和国民警卫队。

教育与文化部：负责教育管理，执行教育法律，向初等和中等及特殊教育的学生提供教育设施。教育部下属的机构有：高等和大专院校、中等和职业技术学校、小学、科研中心、文化服务和教育学院。

交通和工程部：负责协调交通和建设领域的活动。它由以下部门组成：公共工程（道路建设、公共建筑建设）、古迹、民航、商船、邮政服务、内陆运输及电子和机械服务。

工商业和旅游部：负责协调商贸活动，特别是出口贸易，促进工业和合作开发及矿产业的发展。它包括官方接待和注册部门。

农业及自然资源和环境部：负责处理所有促进农业部门发展的政府行为。它包括农业（包括畜牧业）、兽医服务、森林、水利发展、地质勘测、气象、农业调查、国土整治、渔业、矿业、农业保险和环境治理。

劳动和社会保障部：处理有关就业、职业培训、残疾人护理和康复、工伤事故和职业病的保护、改善工作条件和工作环境、工业关系、社会保险、社会福利服务以及与生产力的提高有关的所有政府行为。为提高劳动生产率，劳动和社会保障部下辖生产力促进中心、高等技术研究所、高级酒店研究所及残疾人康复中心。

司法和公共事务部：原司法部，1993 年更改为现名，并将公共秩序、警察和消防部门转归该部。同时为了促进解决因塞浦路斯问题而引起的人道主义方面问题，将失踪者服务、人道主义事务服务、受害群体救济委员会从原司法部转交由总统负责。司法和公共事务部的职责包括：国际公约的法律改革和监测、研究和推广、同最高法院的协作、有关司法的通畅执法和法院的顺畅运行的立法和行政措施、对有关人权的研究和推广、对监狱的监管、对刑事政策特别是对待罪犯的法规的实施、研究犯罪学以形成并实施预防和打击犯罪的政策。此外还负责有关妇女权利和青年组织的国家机制的协调，负责国家档案和租金补贴基金的监管。

卫生部：负责协调为共和国公民提供医疗服务的公立和私立机构。下辖的部门有医疗和公共卫生服务、心理健康服务、牙科服务、药剂服务和普通实验室。

## 三　独立机构

根据《宪法》，塞浦路斯共和国设有若干独立官员和机构，不隶属于任何部。共和国的独立官员有：总检察长（法律处首脑）、总审计长（审计处首脑）、塞浦路斯中央银行行长。1991 年设立了调查员。拥有独立职能的机构有公共服务委员会、教育服务委员会和规划局。

### 1. 总检察长

根据 1960 年《宪法》，由总统和副总统共同任命具有适任高等法院法官资格者两人，分别担任共和国总检察长和副总检察长，且两人不得属于同一族社。总检察长和副总检察长为共和国总检察署的首脑和副首脑，为共和国常务司法人员，有权出席任何法庭听讼。总检察长在他认为出于公众利益的必要时，有权下令提出、实施、接管、继续或中止对共和国内任何人的犯罪行为的追诉。此外，总统对某一法庭通过的判决进行赦免、暂缓或减刑的宪法特权，是在总检察长的建议之上行使的。总检察长是倡导纪律委员会和倡导法律委员会主席。[①]

---

① *About Cyprus*, The Press and Information Office of Reoublic Cyprus, 2001, pp. 104 - 105.

**2. 总审计长**

共和国审计署设有总审计长和副总审计长，为审计署的首脑和副首脑，由总统和副总统共同任命两名人选担任，且两人不得属于同一族社。总审计长在副总审计长的协助下，以共和国名义，控制由共和国直接管理或根据共和国授权管理的一切支出和收入，审计和监督由共和国直接管理或根据共和国授权经营的钱财、其他资产和债务的全部账目，为此目的，总审计长有权调阅与上述账目有关的全部账册、案卷和报告，并有权进入储存上述财产的场所。总审计长每年向总统和副总统提交一份关于执行其职责的述职报告，并由总统和副总统提送众议院。只有共和国最高法院有权将总审计长撤职或免职。1964 年后两族实际上已经分治，现在副总审计长也由共和国总统任命。①

**3. 塞浦路斯中央银行行长**

塞浦路斯共和国中央银行设有行长和副行长，由总统和副总统共同委任两名适当人选担任，且两人不得属于同一族社。行长在副行长的协助下，实施共和国有关货币的法律，负责通货发行银行的经营管理，同时在与其职务有关的财政政策方面，应执行部长会议的有关决议和法律的有关规定，且在实施上述政策的方法上，应征询财政部长的意见并接受其指导。行长应就共和国货币、资金和证券的情况每半年向总统和副总统提出报告，并由总统和副总统提送众议院。

**4. 督导（Ombudsman）**

督导制度是随着 1991 年《政府督导法》的颁布，于 1991 年 2 月成立的。

督导是由共和国总统根据部长会议的推荐任命的，需经众议

① *About Cyprus*, The Press and Information Office of Reoublic Cyprus, 2001, p. 104.

院批准。督导的基本职责是：在一个投诉提交之后，去审核一个行政行为。此行为是否触犯了个人的基本权利和自由，是否与法律或行政原则相违背。督导对警方、武装力量、公共市政局和地方当局的行政部门拥有管辖权。当共和国总统、部长会议、众议院、司法部、总检察长、总审计长、中央银行行长和公共服务委员会，在按照《共和国宪法》行使职权时，督导对其行为无权管辖。各部长的行为，除了当其在对有关政府政策的问题采取行动或当其作为部长会议的成员之外，都在督导的管辖范围之内。

督导对任何一个他进行了调查的案例提交报告，该报告连同投诉的副本一起提交至涉及的行政部门。如果投诉被认为是有充分理由的，纠正此状况的提议确立。如果（此）部门不遵守该报告中提出的建议的话，督导可以向部长会议和众议院提交特别报告，对该部门的不合法行为进行谴责。进一步的措施由众议院和部长会议作出。

督导每年向总统提交一份报告，并将报告副本提交众议院和部长会议。众议院的议员委员会负责检查督导的报告。

**5. 公共服务委员会**

根据 1960 年《宪法》，公共服务委员会由共和国总统和副总统共同任命的 1 名主席和 9 名委员组成。其中 7 名为希腊族人，3 名为土耳其族人，任期 6 年。只有共和国公民、品德高尚并具有众议员候选资格的人，方可被任命为公共服务委员会委员。而且现任或在最近 12 个月内曾任部长、众议院议员或民族院议员、政府官员或任何武装部队成员、任何地方政府机关或依法建立的公益事业法人团体或机关的官员或职员、工会或其附属团体或协会的成员，不得被任命为主席；现任或最近 6 个月内曾任上述职务的人员，不得任命为公共服务委员会委员。公共服务委员会的职责是：关于两族社间公职的分配以及对公务员的任命、批准、安排常任的或可领退休金的职务、提升、调动、退休和实施包括免职或撤职在内的纪律处分。包括共和国总统和副总统共同任命的会计长（国库首长）和副会计长（国库副首长）的退休，以及对会计长和副会计长实施包括免职或撤职在内的纪律处分，也属于公共服务委员会的权限。该委员会会议由主席召集并主持。[①]

1963 年年底两族发生冲突后，公共服务委员会全为希腊族人，由总统任命的 1 名主席和 4 名成员组成，行使其职责。

**6. 教育服务委员会**

教育服务委员会负责所有供职于公立学校和公共机构的教育工作者的任命、确认、永久性安置、晋升、调职、调派、退休和行使纪律管制，包括解雇或强制性退休。

教育服务委员会由 1 名主席和 4 名成员组成，由部长会议任命，任期为 6 年。主席每年须向部长会议提交年度工作报告，为部长会议对有关教育方面的决策提供依据。

## 四 土耳其族的行政机构

**1. 总统**

土耳其族单方面宣布成立“北塞浦路斯土耳其共和国”，建立了完善的行政机构。按照北塞宪法规定，“北塞”总统是其“国家”元首，任期 5 年。自 1975 年土耳其族邦成立，1983 年土耳其族单方面宣布成立“北塞”，直到 2005 年 4 月 25 日，登克塔什一直连选连任土耳其族的总统。在 2005 年 4 月 17 日举行“总统”选举中，塔拉特当选土耳其族的第二位总统。

麦赫迈特·阿里·塔拉特（Mehmet Ali Talat），1952 年 7 月

① 姜士林、陈玮主编《世界宪法大全》，中国广播电视出版社，1989，第 370 页。

6 日生于凯里尼亚，在塞浦路斯完成了他的中学学习。曾获土耳其中东科技大学电机工程学和土耳其东地中海大学国际关系学硕士学位。1977 年加入共和土耳其族党。1993 年起先后任“北塞”“教育与文化部长”、“副总理”和“国务部长”。1996 年当选共和土耳其族党主席。1998 年和 2003 年两次当选“议员”，2004 年 1 月和 2005 年 2 月两次出任“总理”。2005 年 4 月 25 日就任北塞“总统”。

2010 年 4 月 17 日，土耳其族举行“总统”选举，埃尔奥卢战胜塔拉特当选“北塞”第三位总统。

德维斯·埃尔奥卢，1938 年生于法马古斯塔。曾在土耳其的伊斯坦布尔大学学习医学。1976 年进入土耳其族邦议会。1976～1977 年担任土耳其族邦的教育文化青年和体育部部长。1983 年当选“北塞”议员。作为民族团结党领导人在 1985～1994 年和 1996～2004 年两度出任总理。2009 年选举获胜后第三次出任总理。

**2. 总理**

根据“北塞”宪法，总理是“国家”行政首脑。总统授权议会中议席超过 50% 的党派组阁，总理任命各部部长，总理和各部部长组成部长会议。内阁必须得到议会的批准，也就是必须进行信任投票。从 1969 年 12 月 29 日至 1976 年 7 月 5 日，登克塔什作为上耳其族人的领导人，一直被称为“土耳其族社总统”。

## 第三节　立法与司法

### 一　众议院

根据塞浦路斯共和国 1960 年宪法第 4 章“众议院”第 61 条规定，除本宪法明确规定保留给民族院的事项外，共和国对所有事项的立法权由众议院行使。众议院议员名额为50人，其中35名希腊族人，15名土耳其族人。参选议员的条件是年满25岁以上的共和国公民。众议院每届任期5年。众议院只有根据本院绝对多数通过的决议方可解散，上述绝对多数应包括至少1/3的土耳其族议员。众议员不得兼任部长、民族院议员、包括市长在内的市议会议员、共和国武装部队或保安部队的职务，也不得兼任公共职务或市政职务。土耳其族社选出的众议员并不得兼任宗教职务。众议院议长应为希腊族人，由希腊族社选出的议员选举产生；副议长为土耳其族人，由土耳其族社选出的议员选举产生。议长和副议长的任期与众议院的任期相同。

众议院下设议长和副议长办公厅，由议长和副议长分别指定2名希腊族议员和1名土耳其族议员任众议院秘书，2名希腊族议员和1名土耳其族议员任众议院行政秘书。

设立众议院遴选委员会，由议长和副议长及众议院选举的8名委员组成，由议长任委员会主席，副议长任副主席，8名委员由众议院在选出议长和副议长之后的同次会议上选举产生，其中6名希腊族议员，2名土耳其族议员。遴选委员会负责设置众议院的各常设委员会及其他临时委员会、特别委员会或专门委员会，并任命议员为各委员会的委员。提交众议院审议的任何法案均先送交有关的委员会讨论。委员会的法定人数为成员总数的1/2以上。

各政治党派在每一个委员会中，都按照其在众议院中席位总数的比例，而得到了充分的代表。从这个意义上说，众议院的委员会具有广泛的代表性。各委员会有权召集任何感兴趣的党派、组织、社团、工会、个人或法人代表来提供信息或根据、或（召集这些人）对任何在考虑之中的法案表达和解释其观点或看法。

众议院的议事日程由议长负责制定并向众议院提出，上述议

程应包括副议长建议列入议程的事项。众议院的法律和决议以出席会议并参加表决的议员的简单多数票通过。如修改选举法，需要获得参加投票的希腊族议员和土耳其族议员分别计算的简单多数赞成。

总统或副总统须以咨文向众议院发表意见，或通过各部部长向众议院转达意见。部长们须参加众议院或各委员会的活动，并须就其管辖范围内的事项向众议院或各委员会作出陈述，或通报情况。法案提案权属于众议员和各部部长。

共和国总统和副总统有权否决众议院通过的有关外交、国防和安全方面的法律，但对众议院通过的其他法律，总统和副总统（联合或单独的）只拥有延缓实施的权力。他们可以将该法律或决定退回众议院，在此情况下，众议院必须在 15 天内重新审议（与财政预算有关的为 30 天内）。如果众议院坚持原来的决定，那么总统和副总统必须将此法律或决定在共和国的政府公告中公开颁布。

1985 年 7 月，众议院根据宪法第 62 条，通过了一项法律（法律 124），将众议院议员名额从 50 人增至 80 人，其中希腊族 56 人，土耳其族 24 人。议员由 18 岁以上的成年人普选选出。两个社区于同一天进行直接和无记名投票。然而，从 1964 年开始，土耳其族成员不再参加众议院，且土耳其族社区也不再按照共和国宪法进行选举。但众议院将分配给土耳其族社区的席位保持空缺。

马龙教派、亚美尼亚人和欧洲人少数民族也选举议员，这些议员参加会议，但无表决权。仅对有关其宗教团体的事务提供咨询。①

① *The Republic of Cyprus*: *An Overview*, Nicosia: The Press and Information Office of Reoublic Cyprus, 2003, pp. 6 – 7.

根据选举法，众议院席位分配到了各个选区。选区与行政区划一致。希腊族社区席位分配如表 3－2 所示：

**表 3－2 希腊族各选区议席分配***

| 选 区 | 席位 | 选 区 | 席位 |
|---|---|---|---|
| 尼科西亚行政区 | 21 | 帕福斯行政区 | 4 |
| 利马索尔行政区 | 12 | 凯里尼亚行政区 | 3 |
| 法马古斯塔行政区 | 11 | 总 计 | 56 |
| 拉纳卡行政区 | 5 | | |

* *About Cyprus*, The Press and Information Office of Reoublic Cyprus, 2001, p. 86.

每个选民可选择一个党派或一个无党派的候选人，不能从不同的党派中选择候选人。各党派的席位依照其选举实力来分配。

众议院通常的开会期为每年 9 月初至翌年的 7 月。会议每周举行一次，通常在周四。至少 1/3 的议员出席时，众议院才达到其法定人数。众议院的法律和决定由出席代表的简单多数票表决通过。

共和国建立以来进行了 9 次议会选举，分别在 1960 年、1970 年、1976 年、1981 年、1985 年、1991 年、1996 年、2001 年和 2006 年。2006 年第 9 届众议院选举的结果是：劳进党 18 席，民主大会党 18 席，民主党 11 席，社会民主运动 5 席，欧洲党 3 席，生态环境运动（绿党）1 席。劳进党总书记季米特里斯·赫里斯托菲亚斯再次当选，连任众议院议长。

值得注意的是，根据 1960 年宪法，希腊族和土耳其族分别在各自的成员中选出民族院，享有宪法明文规定保留给民族院的权力。两族冲突爆发后，两族合作已不可能。1965 年，塞浦路斯政府设立教育部以取代希腊族民族院，原来的希腊族人司法机构也转为共和国法院。土耳其族成立了临时管理机构，制定了《少数民族权利法》。建立了独立的公共服务体系、警察部队和电台。这样，1960 年宪法所规定建立的民族院也就不复存在。

## 二 司法

根据塞浦路斯共和国 1960 年宪法，塞浦路斯的司法体系由最高宪法法院、高等法院、下级法院以及由族社所享有的司法权所设立的法院组成。

根据 1960 年宪法，共和国最高宪法法院由一名希腊族法官、一名土耳其族法官和一名中立法官组成，由中立法官任该法院院长。最高宪法法院院长和其他法官由共和国总统和副总统共同任命。最高宪法法院应设在共和国首都。中立法官不得是本共和国、希腊王国、土耳其共和国或联合王国及其殖民地的国民或公民。希腊族或土耳其族法官须是本共和国公民。最高宪法法院院长任期 6 年。希腊族法官和土耳其族法官为共和国常任司法人员，任职不超过 68 岁。设立以高等法院院长为主席、以高等法院资深在职希腊族法官和土耳其族法官为委员的委员会，裁定最高法院院长的退休、撤职或免职；裁定最高宪法法院希腊族法官或土耳其族法官的退休或撤职。该委员会以多数通过的决议对共和国总统和副总统均有约束力，总统和副总统应共同遵守。最高宪法法院对总统和副总统认为众议院所通过的法律或决议或共和国预算或其他任何条款对某一族社有歧视；对于众议院同各民族院或其中任一民族院之间、共和国国家机关之间或地方政府机关之间有关权力或权限的纠纷或争议事项有作最后裁决的专属管辖权。共和国总统和副总统在众议院所通过的法律或决议、总统对于希腊族民族院通过的法律或决议、副总统对于土耳其族民族院通过的法律或决议，在公布之前的任何时候，就所通过的法律或决议或其他任何具体条款是否同宪法的规定相抵触或不符合的问题，向最高宪法法院征询意见，最高宪法法院在听取总统和副总统方面的代表同众议院方面的代表的辩论后，提出对所征询问题的意见，并通知总统和副总统以及众议院，该法律或决议或其他任何条款同宪法的规定相抵触或不符合，总统和副总统不得公布该法律或决议或其他有关条款。最高宪法法院对指控行使行政权或执行权的机关、机构或个人的决议、法令或懈怠为违反宪法或法律的规定，或超越或滥用其职权而向最高宪法法院提出的争讼有作最后裁决的专属管辖权。此外，最高宪法法院拥有对宪法希腊文本和土耳其文本的不一致之处的裁决权和对宪法含意模糊的文辞的解释权。

1960 年宪法规定设立共和国最高宪法法院，凌驾于希腊族和土耳其族之上，意在解决两族之间可能出现的分歧或纠纷，但两族之间的矛盾直接冲击着宪法基础，最高宪法法院的裁决很难得到实施和执行。1963 年 4 月，两族曾分别向共和国最高宪法法院提出争讼，最高宪法法院很快作出了裁决，宣布双方的“立法”均属越权，马卡里奥斯总统规定在城市实行的《农村管理和发展法》无效，土耳其族民族院通过的《城市自治法》也无效。但两族均不服从最高宪法法院的裁决。因为两族之间的矛盾已经超出了内部协商解决的范围，动摇了宪法的基础，对保证共和国独立的《苏黎世—伦敦协定》提出了挑战。①

除根据宪法所规定的由最高宪法法院和民族院所规定的法院行使的司法权外，共和国的司法权由高等法院和依据宪法制定的法律所规定的下级法院行使。

根据共和国 1960 年宪法规定，高等法院由共和国总统和副

① 彭树智主编，何志龙著《中东国家通史·塞浦路斯卷》，商务印书馆，2005，第 208 页。

总统共同任命的2名希腊族法官、1名土耳其族法官和1名中立法官组成。中立法官为高等法院院长，并有2票之权。高等法院应设在共和国首都。中立法官不得是本共和国、希腊王国、土耳其共和国或联合王国及其殖民地的国民或公民。希腊族法官和土耳其族法官必须是本共和国的公民。高等法院院长和其他法官应从具有高深专业知识和高尚道德的法学家中遴选任命。高等法院院长任期6年。设立以最高宪法法院院长为主席和以最高宪法法院希腊族法官和土耳其族法官为委员的委员会，依照高等法院院长委任状明确规定的服务条件裁定其退休、撤职或免职；裁定高等法院希腊族法官和土耳其族法官的退休或撤职。该委员会以多数通过的决议对共和国总统和副总统具有约束力，总统和副总统应共同遵守。

高等法院是共和国最高上诉法院，有审理和裁决来自除最高宪法法院以外的任何法院的一切上诉案件的管辖权。只有高等法院才有权决定关于审理原告与被告分属不同族社的民事法庭、审理被告与受害者分属不同族社的刑事法庭的组成（该法庭应由分属希腊族社和土耳其族社的法官共同组成）。高等法院有签发人身保护令、执行令、诉讼终止令、纠正越权令和调取案卷令等命令的专属管辖权。高等法院为最高司法委员会，其院长有投两票之权。司法官员的任命、提升、调动、撤职及处分等事宜均为最高司法委员会的专门职权范围。

1964年后，两族处于分治状态，1960年宪法已无法完全实施，希腊族控制的塞浦路斯共和国政府制定了一系列新的法律，而土耳其族也根据“北塞浦路斯土耳其共和国”宪法行使司法权。

目前塞浦路斯共和国的司法情况是，根据1960年的宪法和其他生效的法律，设立的司法机构有：共和国最高法院、巡回法院（所有地区永久性巡回法院）、地方法院、军事法院、产业纠纷法院、租金管理法院和家事法院。

最高法院由 13 名法官组成，其中之一为该院院长。

最高法院判决由共和国总统提交的有关法规的合宪性或在任何判决过程中出现的任何问题，包括对众议院的任何法律或决议或政府财政预算中存在歧视的投诉。最高法院也拥有对有关权利冲突或存在的歧视、政府部门之间的权责、对宪法条款的解释存在异议或不明确等问题的裁决权。

最高法院是共和国的最终上诉法庭，对于来自巡回法院和地方法庭的民事和刑事上诉、对于法官在最高法院原定和修订的司法权运用上独自开庭且作出决定的上诉，拥有审理和裁决的司法权。拥有对有关行政权或行政行为、判决或错判的最终司法审判修正权（通过行政法律）。通过对追索权的废除执行相关补救。最高法院拥有签发人身保护令、执行令、诉讼终止令、纠正越权令和调取案卷令等命令的专属管辖权。

根据《1991 年法院法规（修正案）》（第 136/91 号），1991 年 5 月 6 日建立了常设巡回法院（Permanent Assize Court），受理塞浦路斯的所有地区的巡回法院管辖权内的所有案件。巡回法院拥有不受限制的刑事审判权，并拥有最高可判处 3000 塞镑赔偿金的处罚权。

每个行政区都有一个地方法院。地方法院行使规定的刑事和民事司法管辖权，包括最高法院根据 96/86 法授权的海事案件和婚姻诉讼案件。地方法院的司法管辖权的范围，因组成法庭的法官的不同而不同。

由最高法院院长和法官组成的最高司法委员会，拥有除最高法院的法官之外的所有司法人员的任用、晋升、调职、解雇和纪律处分的权力。①

① *About Cyprus*, The Press and Information Office of Reoublic Cyprus, 2001, pp. 60 - 61.

### 三　土耳其族的立法和司法

“北塞”的立法机构是共和国会议（Assembly of the Republic，土耳其语为：Cumhuriyet Meclisi），议员50人，任期5年，按照比例代表制选举产生。一个政党在议会选举中获得超过5%的选票，就可在议会中拥有席位。议员是从尼科西亚、法马古斯塔、凯里尼亚、莫尔富、特里科莫5个选区选举产生。议会选举是选民为候选人个人投票。

2009年4月18日，“北塞”议会选举中，民族团结党赢得了44.07%的选票，获得26席；共和土耳其族党赢得29.15%的选票，获得15席；民主党赢得10.65%的选票，获得5席；族社民主党赢得6.87%的选票，获得2席；自由与改革党赢得6.20%的选票，获得2席；统一塞浦路斯党、政治人民党（Politics for the People Party，土耳其语为：Halk çin Siyaset Partisi）、独立人士因得票率均未超过5%而没有获得席位。

土耳其族的司法权属于独立法院。其司法机构设有宪法法院、最高法院、地方法院、行政法院、军事法庭等。

## 第四节　政党、团体

### 一　政党

**劳动人民进步党**（The Progessive Party of the Working Peopole，简称AKEL）　前身为成立于1926年8月15日的塞浦路斯共产党，斯盖利亚斯任总书记。1931年得到共产国际的承认，1933年英国殖民当局宣布该党非法，28名主要领导人被捕判刑，党组织陷于瘫痪。1937年塞尔瓦斯重建塞共。1941年塞尔瓦斯另建劳动人民进步党，与塞共同时存在。1944

年塞共与劳动人民进步党合并成为“塞浦路斯劳动人民进步党”。1945年8月召开劳进党四大，塞尔瓦斯因坚持“意诺西斯”立场被开除出劳进党中央。1954年召开劳进党八大，同各进步团体组成民族解放阵线，并与马卡里奥斯大主教建立了统一战线。1955年11月，英国殖民当局宣布取缔劳进党，后者转入地下活动。1960年塞浦路斯共和国成立后，劳进党恢复合法地位，并在众议院获得5个席位。1974年7月15日希腊军政府策划军事政变，随即土耳其以恢复塞浦路斯秩序为借口出兵塞浦路斯，劳进党陷入瘫痪。希腊军政府扶植的桑普森政权登台后，劳进党恢复正常活动。1989年苏联东欧剧变后，劳进党改组了中央委员会，坚持社会主义选择。1996年5月，在议会选举中获得19个席位，成为议会第二大党。

劳进党对内主张建立有各政党参加的民族团结政府，实现和平与稳定，确保人民的民主自由权利。在塞浦路斯问题上谴责土耳其入侵，要求外国军队撤出塞浦路斯，使塞岛实现非军事化。主张建立独立、统一、领土完整和不结盟的国家，支持在两族首脑会晤和联合国有关决议的基础上召开国际会议，并进行两族对话，公正和平地解决塞浦路斯问题。对外强调维护世界和平，防止战争。支持塞浦路斯加入欧盟，但前提是加入欧盟有助于实现塞浦路斯的统一。

劳进党曾与苏联共产党关系密切。20世纪50年代，劳进党曾与中国共产党友好交往，60年代关系中断。1987年3月，劳进党与中国共产党恢复关系，两党交往不断深化。

劳进党现有党员1.4万人。2001年6月，塞浦路斯反对党一致推选劳进党总书记季米特里斯·赫里斯托菲亚斯为新议会议长。2008年2月，赫里斯托菲亚斯当选为塞浦路斯共和国第十届总统，这是自塞浦路斯1960年独立以来，劳进党领袖首次当选共和国总统。目前该党为塞浦路斯议会第一大党，执政党。总

书记为安德罗斯·基普里亚努（Andros Kyprianou）

**民主大会党**（Democratic Rally，简称 DISY） 1976 年 7 月 4 日在原“统一党”的基础上建立。1981 年在议会选举中获 35 个议席中的 12 席，为议会第二大党。1985 年获议会 56 个议席中的 19 席，跃升为议会第一大党。1996 年获 20 个席位，仍保持第一大党地位。2006 年获得议会 18 席，成为第二大党。该党对内主张保持塞浦路斯的希腊传统和特点，发展资产阶级民主，尊重人权；发展农业和福利事业，通过发展经济提高人民生活水平。对外奉行亲西方政策，支持与希腊密切合作，支持塞浦路斯加入欧盟并大力发展同欧盟的政治、经济和文化关系。在塞浦路斯问题上要求土耳其撤军，倡导在欧盟和国际社会积极参与下，在欧盟准则、两族双区联邦制的框架内，通过两族谈判和对土耳其族作出一定妥协，和平解决塞浦路斯问题。

民主大会党对华友好。约有党员 1 万人，多系银行家、工商企业家、律师、医生和高级职员等。现任主席为尼科斯·阿纳斯塔西亚迪斯（Nikos Anastasiades）。

**民主党**（Democratic Party，简称 DIKO） 1976 年 5 月 20 日成立民主阵线，同年 7 月 11 日改名为民主党，是总统马卡里奥斯大主教为参加 1976 年议会选举，委派当时的外交部长基普里亚努组建的。同年 9 月与劳动人民进步党和社会党合作，组成“人民阵线”。该阵线在议会选举中获 35 议席中的 21 席。1977 年 8 月马卡里奥斯逝世后，基普里亚努继任总统，民主党成为执政党至 1988 年 2 月。1980 年 5 月，“人民阵线”解体，10 月民主党发生分裂，该党副主席利迪斯另组“新民主阵线”。1981 年议会选举，民主党在 35 个议席中获 8 席，是议会第三大党。1985 年 12 月，获议会 56 个议席中的 6 席，跃为第二大党。1996 年 5 月，在第七届议会选举中获 10 席，是议会第三大党。2006 年在第九届议会选举中获得 11 席。1993 年曾与民主大会党组成联合政府。

约有党员 8000 人，成员多系中小企业主、职员、自由职业者和富裕农民等。民主党的基本目标是实现国家统一和完全独立，争取国家的进步和经济发展。主张维护塞浦路斯的独立、主权、领土完整、统一和不结盟，支持塞浦路斯加入欧盟，主张加强国防，坚持土耳其从塞浦路斯撤军，根据联合国决议寻求解决塞浦路斯问题。民主党持对华友好态度。现任主席是马里奥斯·卡洛扬（Marios Karoyian）。

**社会民主运动党**（Social Democratic Movement） 前身为塞浦路斯社会党（The Socialist Party of Cyprus）。原称统一民主中间联盟，后称民族民主联盟。1970 年 5 月 3 日成立，在议会选举中获 35 个议席中的 2 席，1976 年选举中席位增至 6 席，该党领袖瓦索斯·利萨里迪斯（Vassos Lysarides）当选议长。1996 年 5 月，在议会获 5 席。1976 年参加社会党国际，为社会党国际正式成员。

社会党对内主张机会均等、消灭人剥削人的制度，在人民控制生产资料和资源的基础上建设社会主义；对外反对美国和北约对塞浦路斯的控制，主张积极发展与不结盟国家、社会主义国家和阿拉伯国家的关系。该党的目标是促进民族和社会的发展，加速迈向 21 世纪的政策改革；团结各方力量，成为第三大党。该党曾于 1998 年参政，1999 年由于克莱里季斯总统决定不在塞浦路斯南部部署俄制地空导弹而退出政府，与中央重组运动（Movement for the Regrouping of the Centre）合并后易名，但很快分裂。现有党员约 3000 人。现任主席为雅纳基斯·奥米卢（Yiannadis Omirou）。

其他政党还有：欧洲党（European Party）：2005 年 6 月成立。由欧洲民主党、新视野党和一位独立人士联合组成，主席为德米特里斯·希路瑞斯（Demetris Syllouris）。联合民主运动党（United

Democrats Movement)，主席为米哈利斯·帕帕拜特罗（Michalis Papapetrou）。战斗民主运动党（Fighting Democratic Movement），主席为迪诺斯·米哈利季斯（Dinos Mikhalidis）。绿党（Green Party of Cyprus），主席为乔治·佩尔蒂基斯（George Perdikis）。

## 二　团体

### 塞浦路斯青年局

塞浦路斯青年局成立于1994年4月，是一个独立的半官方组织。其组织结构是：中央青年局有7位领导成员，其中4位是在众议院中有代表席位的4个政党的青年组织的代表，另外3位则由部长会议直接任命。司法与公共事务部部长是塞浦路斯青年局与众议院之间联系的桥梁。

青年局下设4个部门：政治委员会、学生委员会、工会委员会和秘书处。青年局的活动经费为国家财政拨付。

青年局的成员主要为官员和注册会员，这种成员组成确保了青年会在处理青年事务时能够充满活力、保持流动性。这种结构也保证青年局摆脱了成为一个官僚机构的危险。

青年局的目标是促进塞浦路斯所有青年人——不论他们是来自哪个民族和宗教信仰团体——进步和健康成长，及时有效地处理青年人的各种问题，促进年轻人投身到国家的社会、经济和文化建设之中。

青年局重视研究青年人所面临的各种问题，并寻求制定一项全面而又具有法律行政效力的青年政策。青年局已经完成了对如下问题的研究：塞浦路斯青年人的业余生活、被遣返的塞浦路斯青年问题、未完成中等教育的辍学者、青年犯罪及相关问题、使年轻人作为社会成员参与活动，关于青年囚犯的研究、关于青年中心活动的研究、媒体对青年的负面影响、针对青年的暴力活动、军人问题、学生对于毒品的知识和态度及行为的研究。

青年局还开通了有关毒品的服务热线，其目的是为那些需要帮助的青年人提供辅导服务和情感帮助。该服务对求助者的信息保密，以帮助他们重新开始新生活。

为了使青年人更好地发挥作用，青年局支持建立各种青年组织。目前青年局下辖 39 个开展种类活动的青年组织。这些青年组织在塞浦路斯已经建立了百余个青年中心，其工作人员有 8000 余人，他们利用业余时间为青年提供健康服务，引导青年发挥创造力。2000 年，政府拨款 16 万塞镑支持青年中心的工作。

此外，青年局建立了青年信息中心。该中心搜集所有与青年有关的信息和学习材料，并通过网络传播给年轻人。各青年组织、学院、文化会馆、青年中心等通过网络与青年信息中心联系，其网址是：http：//www. CyprusYouthboard. org。

青年局与各青年组织举办各种青年服务活动，如召开有关青年问题的研讨会、举办青年文化艺术创作比赛、组织计算机培训等活动。特别值得一提的是，2000 年秋季在匈牙利首都布达佩斯举办了两族青年会议，与会的 15 名希腊族青年和 15 名土耳其族青年讨论了很多政治问题，其中包括塞浦路斯问题的解决以及青年在改善希土两族关系上扮演的角色等。两族青年的接触对推动塞浦路斯问题的解决具有积极意义。

## 三 土耳其族的政党

**民族团结党**（National Unity Party，土耳其语：Ulusal Birlik Partisi，UBP） 土耳其族的右翼保守政党。1975 年 10 月 11 日由拉夫·拉提夫·登克塔什创建。从成立之日直至 2003 年（1994 ~ 1996 年除外）一直为执政党。在 2009 年 4 月 19 日举行的北塞议会选举中，该党赢得了 44.07% 的选票，获得了 50 个席位中的 26 席。

民族团结党主张加强与土耳其的关系，支持“北塞浦路斯

土耳其共和国”事实上的独立，反对与国际社会认可的塞浦路斯共和国重新实现统一。现任党主席是德尔维斯·埃尔奥卢（Derviş Eroğlu，2008～　）。

**共和土耳其族党**（Turkish Republican Party，土耳其语：Cumhuriyetçi Türk Partisi，CTP）是土耳其族的一个社会民主政党。律师艾哈迈德·米特哈特·贝尔贝奥卢（Ahmet Mithat Berberoglu）为反对土耳其族领导人库楚克和登克塔什于1970年12月建立。

20世纪80年代，随着在土耳其各大学受到土耳其政治熏陶的大学生回岛后的大量加入，该党的政治立场转向了左翼，持亲苏立场。在厄兹凯·尔戈兹（Özker Özgür）领导下，该党开始参加与希腊族左派政党的和解会议。东欧剧变和苏联解体后，费尔迪·沙比·索耶尔（Ferdi Sabit Soyer）任党主席，该党的政治立场倾向于欧洲的社会民主和自由制度。1996～2005年麦赫迈特·阿里·塔拉特担任该党主席。2005年1月20日的议会选举中，该党赢得了44.5%的选票以及50席中的24席，从而成为了议会中的第一大党。4月17日，该党推举的总统候选人塔拉特以55.8%的得票率战胜登克塔什，成为“北塞浦路斯土耳其共和国”总统，也是“北塞”的第二位总统。塔拉特就任总统后，重新开启了两族和平谈判。

2009年4月19日“北塞”议会选举中，该党只赢得了29.15%的选票，获取了15个席位，失去了执政党的地位。现任主席为麦赫迈特·塔拉特。

**族社民主党**（Communal Democracy Party，土耳其语：Toplumcu Demokrasi Partisi，TDP）是土耳其族的一个中间偏左的社会民主党。成立于2007年5月，由和平民主运动和族社解放党（Communal Liberation Party，1976年3月成立，1989年与进步人民党合并）合并而来。在2009年4月19日的“北塞”议会选举中，赢得了 6.87% 的选票，获得了 2 个席位，这也是该党第一次参选。

**民主党**（Democratic Party，土耳其语：Demokrat Parti，DP）是土耳其族一个中间偏右的保守政党。1992 年由民族团结党分裂出来的议员所建立。1993 年 5 月，该党与新黎明党、社会民主党合并。

2005 年 1 月 20 日的议会选举中，该党赢得 13.5% 的选票，获 6 个席位。同年 4 月 17 日的总统选举中，该党推举的候选人穆斯塔法·阿拉巴哲奥卢（Mustafa Arabacıoğ lu）赢得了 13.3% 的选票。2009 年 4 月 19 日“北塞”议会选举中，该党赢得了 10.7% 的选票，获 5 个席位。现任党主席是前总统登克塔什之子塞达尔·登克塔什（Sedar Denktas）。

**自由改革党**（Freedom and Reform Party，土耳其语：Özgürlük ve Reform Partisi，ÖRP） 是土耳其族的一个中间偏左的社会自由政党，由民族团结党和民主党的 4 位成员于 2006 年成立。2009 年 4 月 18 日的议会选举中，该党赢得 6.20% 的选票，获得 2 个席位。该党与塔拉特领导的共和土耳其族党合作，组成联合政府。该党领导人图尔加伊·阿夫哲（Turgay Avci）出任“北塞”内阁副总理兼外交部长。

# 第四章

# 经　济

## 第一节　概述

独立之初，由于岛国的特点和英国的殖民统治，使塞浦路斯形成了以农产品和矿产品出口为主，基本无工业的严重依附型经济结构。其特征一是以农业为主，全国绝大多数人口是靠天吃饭的农民，农业劳动力占总劳动力的40%①，由于长期受浇灌不足和耕地分割田块太小而不利于机械化生产的影响，农业生产率相当低，生产的粮食不能自给。二是工业落后，只有简单的食品、饮料、服饰加工、采掘和传统手工业，而且规模小、工人少，没有形成国民经济的支柱性工业产业。整个经济主要靠出口农产品和矿产品换取外汇，用以进口日用工业品。独立之初虽受民族冲突困扰，塞政府实施的两个发展国民经济五年计划，使国家基本摆脱了依附型经济结构。然而，1974 年的土耳其入侵，使刚刚步入全面发展之路的塞浦路斯遭受灭顶之灾，经济濒临崩溃边缘。塞政府连续制定并实施了 4 个“紧急经济

① 〔英〕迈克尔·李、汉卡·李著《塞浦路斯》，北京师范学院《塞浦路斯》翻译小组译，北京人民出版社，1977，第 83 页。

行动计划”，仅仅20多年，不仅恢复和发展了经济，而且创造了经济发展之奇迹，塞浦路斯现已成为中东地区屈指可数的富国之一，经济长期持续、稳定、快速发展，其“两低一高”（失业率低、通货膨胀率低、经济增长率高）的整体经济特征为中东各国所称道。尤其是在工业化过程中重视农业，人口适度增长的政策值得发展中国家借鉴。

## 一 摆脱依附型经济

塞浦路斯的依附型经济结构主要体现在两个方面。首先，农产品和矿产品出口在塞经济中长期占有重要地位，矿产品的出口尤为突出。铜曾是大宗出口产品，塞浦路斯这个名称即源于希腊语的“来自塞浦路斯的铜”。第二次世界大战后世界矿产品价格的急剧上涨，曾给塞带来新的投资和丰厚利润，但是矿藏属非再生资源，随着不断开采而逐年减少。“在20世纪60年代初期，矿藏已非常枯竭……到60年代末期，所生产的铜全部未加工就出口了，总产量不到30年前的1/3。”矿藏的日益枯竭给依靠矿藏出口创汇的塞经济带来严重后果。而且塞浦路斯的主要贸易伙伴是英国，与英国的贸易额占塞全部出口的1/2和进口的1/3。同时作为塞浦路斯经济支柱的矿产业，却被美国人通过美国塞浦路斯矿业公司控制了，美国森林石油公司还取得了在塞的石油开采特权和油矿租让权。实际上，塞浦路斯的经济命脉掌握在了美国人手中。此外，在塞浦路斯有125家外国公司控制了保险业、贸易和银行业，对塞的经济发展有严重影响。塞经济对英、美等国有较大程度的依赖性。其次，基地经济特征明显。英国驻军在岛上的消费开支成了塞岛的间接“外援”，而这一外援性的外汇收入高达国民收入的15%，成为弥补进出口贸易逆差的重要资金来源。

1960年独立后，塞浦路斯政府尽管面临诸多政治问题，还

是采取措施改变这种奇特的依附型经济结构。在加大农业生产和促进工业化运动的总的政策指导下，制定并实施了三个“发展国民经济五年计划”。在加大农业生产方面采取的主要措施是：第一，进行土地改革。土地改革的基本方针是“要求农村土地自动合并，然后进行合理的重新分配”，以适应机械化的大农业生产。第二，增加灌溉设施。塞浦路斯没有常年不干的河流，相对缺水，而农业又离不开水，塞政府通过国家投资和私营企业投资相结合的办法，大力兴修水利，增加灌溉面积。从1960年到1974年，共修筑拦水、蓄水坝20座，灌溉面积从1960年的25800公顷增加到37600公顷，大大改善了水源不足的状况，为农业的发展奠定了基础。第三，提倡科学种田。塞浦路斯政府根据各地的自然环境特点，科学地规定各种农作物的收割起始日期，同时还进行科学耕作方法的研究，挖掘农业潜力。此外，政府确定农产品保护性收购价格，确保农民能增产增收，激发农民的种粮积极性。第四，鼓励发展畜牧和渔业。在奥斯曼帝国统治时期，猪在岛上几乎灭绝，塞政府鼓励养猪，从1963年到1970年，塞岛养猪头数增加了3倍。到1970年，畜牧业在农业总产值中约占35%。

在促进工业化方面，确立了工业为整个国民经济的主体，在市场经济范围内有选择地鼓励工业发展的政策。例如政府参与了在兰尼卡的综合炼油厂的建设，以带动整个经济向前发展。此外，政府还有效地利用关税政策，鼓励向工业领域投资。第二个五年计划规定，“凡遇到某种工业，从质量和价格的角度看，具有远大的发展前景，即给予一定的保护”。对新成立的企业，除投资补助外，还可享受三年免税。另外，塞浦路斯政府还鼓励国民“购买国货”，为发展民族工业创造条件。

第一个五年计划（1962～1966年）完成后，实现经济年平均增长率5.7%，超过5.5%的计划指标。在第二个五年计划

（1967～1971年）中，国民生产总值年平均增长率达7.4%[①]。1970年，国民人均收入750美元，在中东地区仅次于以色列，荣居第二。第三个五年计划（1972～1976年）仅执行了一半，因土耳其入侵而停止执行。到1973年，国民生产总值达到了9.94亿美元，比独立时的1961年增加了两倍多[②]，基本摆脱了以出口原材料为主，农业一枝独秀和基本无工业的局面，依附型经济结构得到一定改善。

塞浦路斯之所以能够在短短十几年间摆脱依附型经济结构，主要原因有两个方面，一方面是塞政府能够按照岛国的特点和从殖民地获得独立的农业国的实际情况出发，制定了切实可行的经济发展计划，尤其是把农业作为经济整体发展的龙头来抓，避免了一些新独立国家急于走上现代化之路而率先发展工业特别是重工业的弯路。另一方面是塞政府能够不折不扣地执行经济发展计划，把计划真正变成了现实。

## 二 紧急经济行动计划

摆脱了依附型经济的塞浦路斯，并没有顺利走上经济发展之路。由于民族问题处理失当，再度引起两族冲突，内部纷争导致外部势力干涉。希腊军政府对塞浦路斯共和国总统马卡里奥斯的军事政变，引起土耳其的武装干涉。土耳其入侵给塞造成多方面严重破坏，不仅造成了塞岛南北分治的局面，而且使独立后塞政府实施的两个发展经济五年计划所取得的经济建设成就几乎丧失殆尽，其中46%的工业、48%的农产品出口、41%的牲畜、56%的采矿业和采石业、40%的学校、20%的森

① 梁东升等主编《当代世界经济实用大全新编》，中国物价出版社，1994，第237页。

② 邝广生：《塞浦路斯》，《西亚非洲》1982年第2期，第73页。

林、65%的旅游业、87%的旅馆、法马古斯塔港口83%的货运设施遭到破坏，使塞浦路斯丧失了整体经济能力的70%①。工厂停工，土地荒芜，港口瘫痪，塞对外交往的重要通道——尼科西亚机场被迫停止使用。塞经济濒临崩溃境地。

不仅如此，入侵使近20多万相邻而居数世纪的希、土两族居民，为了安全或迫于无奈，背井离乡，逃往本民族所控制的区域。其中有20万希腊族人从土耳其军队占领的塞岛北部逃到南部希腊族人控制区，沦为难民，占希腊族总人口的1/3，造成严重的社会问题和经济负担。

面对土耳其入侵所造成的巨大经济损失和20万难民急待安置，南部希腊族控制的塞浦路斯政府被迫停止执行发展国民经济第三个五年计划，从1975年至1991年，连续制定并实施了5个“紧急经济行动计划”。该计划的实施，不仅解决了难民安置问题，恢复了经济，而且使塞浦路斯步入了经济腾飞的快车道。

前三个“紧急经济行动计划”的首要目标是安置难民，恢复经济。为此塞政府相继颁布了一系列新的政策、法规，在大力扶植农业、优先发展粮食生产的同时，积极鼓励私人投资和引进外资，在首都尼科西亚市郊和沿海城市规划工业区，利用本国资源发展工业项目，重点发展和扶植投资少见效快的出口加工、旅游和食品加工、服装、鞋帽、皮革等劳动密集型企业，尽快安置难民，减少失业人口，改善难民的生活条件，实现社会稳定。在第一个“紧急经济行动计划”（1975～1976年）和第二个“紧急经济行动计划”（1977～1978年）完成后，失业率降到了3.8%，国民生产总值首次达到1974年土耳其入侵前的水平，塞浦路斯经济基本得到了恢复。第三个“紧急经济行动计划”

① *Republic of Cyprus*: *From 1960 to the Present Day*, The Press and Information Office, Republic of Cyprus, 2002.

（1979～1981年）实施后，失业率进一步降至1.8%，使失业率达到了一个合理的水平。而且在实施该计划过程中，改变了在前两个计划中因急于安置难民就业而出现生产效率低下的问题，要求提高劳动生产率；增加出口创汇，缩小进出口贸易逆差，实现收支平衡；增加国内储蓄，为扩大再生产提供资金保障；保持适量外汇储备，增强应付金融风险的能力。前三个“紧急经济行动计划”的实施，不仅恢复了经济，重建了家园，而且使农业、旅游、建筑、交通运输等部门得到了较大发展，塞浦路斯经济进入了正常发展的轨道。

在实施第四个“紧急经济行动计划”（1982～1986年）过程中，塞政府开始进行经济调整，一是改变前三个计划中经济增长过快、对工业投资少和贸易赤字不断扩大的状况，规定经济年增长率为4%，年出口增长17%～18%，年进口增长率控制在15%以内，以稳定国内价格，减少国际收支逆差；二是改善国民收入分配，实现充分就业；三是吸引外资，加大对工业投资，实现工业现代化。该计划总投资额为20亿塞镑，其中私人投资占75%。为了切实实现上述目标，塞政府制定了新的政府保证计划，改进税收激励制度，大力鼓励国内外投资，引进先进技术，努力扩大出口，建立新的工业区，把塞浦路斯建设成为中东地区的服务中心。该项计划完成后，塞浦路斯取得了可喜的经济发展成就。1985年国民生产总值达23.52亿美元，人均收入5190美元，通货膨胀率为5%，失业率仅为3.5%，几乎人人有活干。不仅恢复和发展了经济，改变了落后面貌，而且成为中东地区除产油国外首屈一指的富国。经济的发展为整个社会进步提供了基础，文化、卫生、教育和社会福利也有了较大提高和改善，80%的人享受国家免费医疗，平均寿命男性为75.3岁、女性则高达79.8岁，达到发达国家的水平。

塞政府在经济发展取得如此巨大成就的情况下，并没有产生满足感和坐享其成的思想，而是抓住机遇，加快发展，继续制定和实施第五个“紧急经济行动计划”（1987～1991 年）。在该计划中，塞政府从实际情况出发，制定了以扩大出口生产为目标，重点发展加工制造业，积极开发旅游业，大力扶持农业，以促进出口贸易的发展方针，使加工业和旅游业得到迅猛发展。1989 年，塞浦路斯纺织品、服装和皮革制品出口额达 4.47 亿美元，其成衣销往近 40 个国家，其中阿拉伯国家是最大买主。塞浦路斯制造的服装已取代英国服装在沙特阿拉伯、叙利亚和黎巴嫩等国服装市场的传统地位①。1990 年，国民生产总值达 55.66 亿美元，人均国民收入 9860 美元，通货膨胀率为 4.5%，失业率为 1.8%。实施“紧急经济行动计划”的 1976～1990 年的 15 年间，国内生产总值年平均增长率为 7.73%。②

“紧急经济行动计划”之所以能够顺利实施、圆满完成，并取得如此巨大发展成就，其原因有三。

第一，计划长短适宜。塞政府制定的“紧急经济行动计划”，并非墨守成规，生搬硬套通常国家发展经济的五年或七年计划，而是视塞浦路斯具体情况而定。由于土耳其入侵对塞经济及基本设施破坏严重，难民聚集，人心不稳，所以塞政府制定的前两个计划均为两年，时间短，见效快，鼓舞人心。短短 4 年实现了安置难民，减少失业，恢复经济，安定民心，稳定社会的目的。第三个计划为期三年，实际上是对前两个短期应急计划中出现的诸如劳动生产率低、劳资矛盾逐渐激化（1978 年 3 月塞发生文职公务人员要求加薪的罢工）、妇女就业率相对较低等问题的解决与调整，为经济的正常发展扫平道路。后两个计划均为期

① 钱乘旦主编，韩文宁、洪霞著《塞浦路斯、马耳他》，四川人民出版社，2002，第 157 页。

② 国家统计局国际统计信息中心编《亚洲发展中国家和地区经济和社会统计资料汇编》（1992 年），中国统计出版社，1992，第 11～13 页。

5 年，这一时期塞浦路斯的社会与经济发展已不再处于“紧急”状态，已完全步入正轨。塞政府之所以继续采用“紧急经济行动计划”作为发展国民经济计划的名称，一方面是希望以此警示国民，国家仍然面临诸多困难，仍需万众一心，继续努力。另一方面也是向国际社会表明，塞浦路斯的经济的发展仍需要国际社会的援助和支持。塞政府的良苦用心，不仅激发了民众艰苦创业、建设国家的热情，而且继续得到了国际社会的普遍同情和大量援助，为经济发展发挥了重要作用。

第二，重视农业的政策和农业对国民经济发展的积极促进作用。塞浦路斯自古就是农业国，尽管受诸多自然因素的制约，塞政府仍然长期把发展农业作为立国之本。1974 年土耳其入侵导致南北分治后，塞政府控制的希腊族区的耕地面积大量减少，农产品产量显著下降，给粮食生产本来就不能自给的塞政府造成了很大压力。在实施“紧急经济行动计划”的整个过程中，塞政府一直把农业放在优先发展的位置，投资不断增加。在第一个“紧急经济行动计划”期间，用于农业的直接投资和信贷分别占 36% 和 54%；在第二个计划中，同类投资分别占 29.4% 和 29.5%；执行第三个计划的 1979 年，农业信贷占整个投资信贷的 51%。到 1979 年，农业总产值达 1.8 亿美元，超过了土耳其入侵前的最高水平①。到第四个计划完成时，已彻底改变了长期以来粮食不能自足的状况。1985 年，主要粮食作物大麦和小麦产量为 11.2 万吨，1987 年和 1988 年又分别达到 13.35 万吨和 15.9 万吨，是 1978 年产量 8.7 万吨的 1.83 倍，而同期农业劳动人口却大为减少。农业的发展不仅提高了广大农民的生活水平，缩小了城乡差别，有利于社会稳定；而且为工业发展提供了原料和充足的劳动力，保证了工业的顺利发展；同时增加了农产品的

① 《世界知识年鉴》(1984 年)，世界知识出版社，1983，第 127 页。

出口创汇能力，为工农业发展提供了资金，这种良性循环促进了整个经济的快速发展。

第三，加工制造业的迅猛发展。塞政府根据本国原料缺乏、市场狭小、资金短缺、劳动力充足的实际情况，不搞投资大、生产周期长、资金周转慢的重工业。而是重点发展投资少、周期短、资金周转快的劳动密集型加工制造业。为了刺激私营工业的发展，政府对私营企业给予长期低息贷款，优惠利率，对出口额大的企业给予3%的津贴，对进口原材料和设备免征进口税。这些措施大大促进了加工制造业的发展，第三个“紧急经济行动计划”完成时，加工制造业已取代农业成为国民经济增长的推动力。1990年，加工制造业产值达3.59亿塞镑，是1979年的1.875亿塞镑的近2倍。总之，“紧急经济行动计划”的实施，不仅恢复了经济，重建了家园，而且农业和加工制造业得到了较大发展，为90年代的经济腾飞打下了坚实的基础。

## 三　90年代的经济腾飞

冷战后的90年代，和平与发展成为世界潮流，不同国家、地区间的竞争，更多地体现为以经济为主的综合国力的竞争。塞政府不失时机地继续加快经济发展步伐，实现经济全面、稳定地发展。其主要特征是：

（1）以旅游、金融、保险为主体的第三产业异军突起，成为国家外汇收入的主要来源和拉动经济增长的主要产业。塞政府利用塞浦路斯拥有得天独厚的自然环境和众多人文景观，大力开发旅游资源。1979年接待游客29.7万人次，创汇1.55亿美元，1989年分别增至137.76万人次和9.56亿美元，1999年又进一步增至240万人次和20亿美元。旅游业对国民生产总值的贡献也从1979年的8.7%增至1999年的20.4%。旅游业的发展带动了相关产业的发展，如1999年饭店、餐饮业的收入占国民生产总值的

8.8%（见表4-1）。同时，金融、保险业也有较快发展。1999年，金融、保险及旅游服务业产值达65.46亿美元，占国民生产总值的72%，从业人员占劳动总人口的68.37%，显然已成为国民经济的支柱产业。①

表4-1 各产业和行业对GDP的贡献*

单位：%

| 各产业和行业 | | 1973年 | 1985年 | 1998年 | 1999年 |
|---|---|---|---|---|---|
| 第一产业 | | 16.6 | 8.3 | 4.9 | 4.3 |
| | 农业 | 12.9 | 7.8 | 4.6 | 4.0 |
| | 采矿业 | 3.7 | 0.5 | 0.3 | 0.3 |
| 第二产业 | | 29.5 | 29.3 | 21.5 | 20.8 |
| | 制造业 | 16.3 | 16.4 | 11.4 | 10.9 |
| | 电力 | 1.8 | 2.4 | 2.1 | 2.2 |
| | 建筑 | 11.4 | 10.5 | 8.0 | 7.7 |
| 第三产业 | | 53.9 | 62.4 | 73.6 | 74.6 |
| | 贸易 | 13.3 | 12.5 | 11.6 | 12.7 |
| | 餐饮旅馆 | 3.2 | 7.0 | 8.8 | 8.8 |
| | 交通运输 | 8.8 | 9.8 | 8.9 | 8.8 |
| | 财政保险、固定资产、商业服务 | 14.9 | 14.6 | 20.0 | 20.0 |
| | 社区社会、个人服务 | 3.8 | 4.8 | 9.2 | 9.2 |
| | 政府服务 | 9.4 | 13.1 | 14.0 | 14.0 |
| | 其他 | 0.5 | 0.6 | 1.1 | 1.1 |

* *Cyprus: On the Way to EU Membership*, The Press and Information Office of Republic of Cyprus, 2002, p. 26.

（2）农业和加工制造业继续稳定发展。第三产业的崛起并不意味着曾经推动经济增长的农业和加工制造业的衰落，相反，

① 根据近十年《世界知识年鉴》的有关统计数据所得。

农业和加工制造业仍继续发展，在国民经济中占有重要地位。1989 年，农业和加工制造业产值分别为 1.56 亿塞镑和 3.34 亿塞镑，到 1999 年分别增至 2.02 亿塞镑和 5.23 亿塞镑。虽然其产值增长缓慢，但劳动生产率却有较大提高。1989 年，农业从业人员为 3.58 万人，占总劳动力人口的 13.2%，加工制造业的从业人员则为 4.81 万人，占 17.7%；到 1999 年，同类数据分别降至 2.69 万人、9.3% 和 3.8 万人、13.3%。实际上，农业和加工制造业为第三产业的迅速发展提供了劳动力的支持。

（3）经济运行平稳，人民生活水平有较大提高。从 90 年代至今，塞浦路斯经济持续保持增长势头，第三产业突飞猛进，农业和加工制造业继续稳定增长，整个经济运行平衡，其整体经济特征突出表现为“两低一高”，即失业率低，通货膨胀率低，经济增长率高。至 1997 年的近十年来分别平均为 2.3%、4.66%、5.46%，这种良好的经济运行态势为世人所称道。国民人均收入近十年增长 4 倍多，达 14000 美元。一系列经济指标表明了塞浦路斯经济的发展水平，世界银行已将塞浦路斯列入发达国家行列。根据联合国开发计划署计算的国际比较综合指标，早在 1990 年，塞浦路斯的人文发展指数①已高达 0.923，而同期土耳其的是 0.694，以色列为 0.950，创造经济发展奇迹的亚洲四小龙之一的新加坡也只有 0.879②。

塞浦路斯之所以能取得如此巨大的经济发展成就，主要有如下四方面的因素：

---

① 人文发展指数是联合国开发计划署计算的国际比较综合指数，它包括了 160 个国家和地区的资料，它将各国的预计寿命、识字率和人均国民生产总值三个指标排序打分，然后加综合得出的指数。它表示各国社会发展程度的高低，数值越接近 1，社会发展程度越高。

② 国家统计局国际统计信息中心编《亚洲发展中国家和地区经济和社会统计资料汇编》（1992 年），中国统计出版社，1992，第 21 页。

首先，相对和平稳定的社会环境。在外界看来，塞岛一直是动荡之地，冲突之源，实际情况则不然。自 1974 年土耳其入侵造成两族南北分治后，尽管希、土两族的和解和国家的统一问题至今悬而未决，但两族沿“绿线”而治，长期处于不和也不战的相对“稳定”状态，而且在占塞领土 3% 的缓冲区（绿线），有联合国驻塞维和部队的监督和巡逻，维持了塞军事状态的稳定，防止了新的武装冲突的发生。实际上，20 多年来，希、土两族是在各自控制的区域内“和平共处”，为塞政府控制下的南部希腊族区赢得了发展经济所必需的和平稳定的社会环境。

其次，塞政府能够从本国的实际情况出发，发展经济的目标明确，政策灵活，措施得当，而且能够在经济发展过程中适时地调整经济结构，根据不同的发展阶段，有计划、分步骤地驱动新的经济部门刺激经济增长。60 ~ 70 年代中期，农业是塞经济的主体；70 年代后期至 80 年代，加工制造业在经济中起主导作用；而后，第三产业成为拉动经济增长的主要动力。每次产业结构的调整，无不立足于充分发挥塞岛的地理位置优势和自然环境特点。旅游、航运、金融、保险、出口加工、海水养殖、丘陵经济林都成为塞浦路斯的特色经济。

再次，国际援助是塞浦路斯经济发展中不可忽视的因素。从 1975 年开始，塞政府每年接受外援约 5000 万美元，如今则超过了 7000 万美元，包括每年欧盟提供的 3600 万美元，希腊提供的 2000 万美元和美国提供的 1500 万美元。1979 ~ 1999 年，欧盟对塞的 4 次财政援助金额总计达 2.1 亿欧洲货币单位，其中塞政府得到了 2.018 亿欧洲货币单位。2000 年，欧盟再次援助塞浦路斯 5700 万欧元，作为塞入盟前希、土两族和解之用①。塞政府

① *The Republic of Cyprus: An Overview*, The Press and Information Office, Republic of Cyprus, 2003, p. 24.

对外援资金合理投资，监管严格，为塞经济的发展起到了应有的作用。此外，联合国驻塞维和部队的开支和英国在塞浦路斯两个军事基地的消费，几乎成为塞政府的间接“外援”。1964～1995年期间，驻塞维和部队开支近8.2亿美元，仅1998年7月至1999年6月的经费预算就达4300万美元，这些经费使塞产品“内销”也能“创汇”。

最后，塞浦路斯拥有大批优秀的管理人才。人才是国家经济发展的“软资源”。塞浦路斯教育发达，在20世纪80年代初，每千人中受过高等教育的人数仅次于美国和加拿大，居世界第三，而且出国深造率很高。这些高素质人才保证了国家长期持续发展的需要。完善的体制使经济的快速发展与国民教育程度的提高形成了良性循环，相互促进，人才在经济发展中发挥了积极作用。

塞浦路斯振兴经济之路，值得发展中国家学习和借鉴。首先，塞经济的快速发展不是以牺牲农业为代价而发展工业，而是大力扶持农业。农业的发展不仅为工业的快速发展提供了保障，而且缩小了城乡差别，有利于社会安定。其次，塞经济的快速发展并没有伴随着人口的快速增长。1979～1999年的20年间，塞浦路斯的国内生产总值从17.8亿美元增至90.02亿美元，平均年增长率为20.29%，而同期希腊族人口从50万增至73.18万，平均年增长率仅为2.32%，保证了经济增长与人均收入的增长同步，实际人均收入从3102美元增至近15000美元，人民生活水平有较大改善。

2004年5月1日，塞浦路斯终于实现了加入欧盟的夙愿，成为欧盟正式成员国，这为塞迎来新的发展机遇。在2000年，塞政府就开始致力于把国家发展成为东部地中海地区的海外投资中心，并制定了相应的政策法规，塞所拥有的社会稳定，经济发达，以及与中东各国关系密切的优势，欧盟各国早就将其作为与中东国家贸易的桥梁和总部所在地，这一切无疑将对塞浦路斯努力实现中东地区金融中心地位的目标有积极的促进作用，塞经济将进入一个新的发展阶段。

## 第二节 农牧渔业

### 一 农业

农业在塞浦路斯经济发展中起着非常重要的作用，它不仅通过农产品出口创汇为国家增加外汇来源，而且提供了8.8%的就业机会，并为工业生产提供原材料。塞政府农业政策的总体目标是实现农业现代化，使农业在国家经济发展中作出更大贡献，提高农产品在国内外市场的竞争力。具体目标是：促进完全适应欧盟的共同农业政策，提高农业收入，促进农产品出口，提高公众健康，促进水资源的合理利用，保护自然环境。塞浦路斯出口的主要农产品有马铃薯、蔬菜、柠檬等。2005年，塞浦路斯农业总产值为2.5亿塞镑，占国内生产总值的3.4%，其中农牧林业的产值为2.074亿塞镑，渔业的产值为0.145亿塞镑。塞浦路斯长期重视保护森林资源，森林覆盖率高，目前拥有森林面积1735平方公里。

塞浦路斯发展农业的有利条件是耕地占其国土面积中的比例大，现有可耕地面积38万公顷，从事农业生产的人口为27648人，占总就业人口的8.8%。农业出口额（初级农产品和经过加工的农产品）为6.18亿塞镑，占国内出口总额的30%。

粮食产值和牲畜产值是农业总产值的两个主要部分，1999年这两项分别占农业总产值增加值的49%和39%。此外，占农业总产值较多的还有：副食品（牛奶和葡萄制品）约占3.7%，渔业占4.7%，林业占0.6%，其他占3%。

塞浦路斯的农业生产因各地区地形和气候的差异而呈现地区

性特征。在中央平原地区，主要种植由冬季雨水灌溉的小麦和大麦。马铃薯和柑橘类果树集中于沿海地区，是塞浦路斯主要的农产品。在海拔较高的特罗多斯山地区，生长着落叶果树、坚果、葡萄和各种蔬菜。帕福斯地区和利马索尔地区的山地则是葡萄的主要产地，这些葡萄主要用于酿造葡萄酒，而食用葡萄则主要产于东南沿海地区。帕福斯地区主要种植香蕉。在塞浦路斯的许多地方都种植橄榄树，用于生产橄榄油。塞浦路斯主要农作物产量如表 4－2 所示。

**表 4－2　主要农作物产量***

单位：万吨

| 品　种 | 1973 年 | 1986 年 | 1990 年 | 1991 年 | 1994 年 | 1996 年 | 1998 年 |
|---|---|---|---|---|---|---|---|
| 马铃薯 | 16.0 | 17.2 | 18.6 | 18.0 | 13.5 | 22.8 | 13.81 |
| 柑橘类 | 29.8 | 12.7 | 18.7 | 16.8 | 15.0 | 15.1 | 11.55 |
| 葡　萄 | 9.5 | 15.1 | 15.6 | 9.0 | 9.2 | 9.2 | 12.4 |

* *Cyprus: On the Way to EU Membership*, The Press and Information Office of Republic of Cyprus, 2002, p. 33.

为了加快农业发展，塞浦路斯农业及自然资源和环境部采取了引进和改良作物品种、改进种植习惯、扩大灌溉和使用现代灌溉技术、提高耕作和收割等农业机械化水平、保护植被和山区土地、增加农业资金投入等一系列措施，提高农业劳动生产率。塞浦路斯农业产值的主要指标如表 4－3 所示。

**表 4－3　农业产值的主要指标（1980～1998 年）***

| 指　　标 | 单位 | 1980 年 | 1990 年 | 1997 年 | 1998 年 |
|---|---|---|---|---|---|
| 总产值现价 | 亿塞镑 | 1.261 | 2.787 | 3.258 | 3.558 |
| 增加值现价 | 亿塞镑 | 0.729 | 1.75 | 1.781 | 1.97 |
| 占 GDP 的比例 | % | 10.0 | 7.2 | 4.3 | 4.3 |

续表

| 指 标 | 单位 | 1980 年 | 1990 年 | 1997 年 | 1998 年 |
|---|---|---|---|---|---|
| 吸收劳动力人口 | 万人 | 3.69 | 3.54 | 2.85 | 2.75 |
| 占从事经济活动人口比例 | % | 16.8 | 12.8 | 10.0 | 8.9 |
| 初级农产品出口总值 | 亿塞镑 | 0.337 | 0.650 | 0.359 | 0.405 |
| 占国内总出口比例 | % | 22.7 | 25.4 | 16.8 | 19.0 |

* *Cyprus*: *On the Way to EU Membership*, The Press and Information Office of Republic of Cyprus, 2002, p. 32.

## 二 畜牧业

牲畜饲养是塞浦路斯农业生产的重要组成部分。牛、绵羊、山羊、猪和家禽是畜牧业的主要产品（见表 4-4）。新鲜猪肉、家禽肉和蛋类生产完全可以满足国内需求，而牛肉、小牛肉、羊肉和羔羊肉则通过进口来补充。

**表 4-4 1998 年肉类产量***

单位：吨

| 家畜种类 | 产量 | 家畜种类 | 产量 |
|---|---|---|---|
| 绵羊和山羊 | 9840 | 禽 肉 | 31000 |
| 牛 肉 | 4000 | 猪 肉 | 472000 |

* *Cyprus*: *On the Way to EU Membership*, The Press and Information Office of Republic of Cyprus, 2002, p. 33.

为了提高牲畜产量，农业及自然资源和环境部主要通过改进饲养和管理方法、改进兽医服务来控制和治疗动物疾病、生产饲料、提高营养以及提高农民的管理水平等措施，提高牲畜产量。此外，政府还制定了畜牧业整体发展计划，政府和银行等金融机构加大对畜牧业的投资，支持畜牧业的发展。

农业及自然资源和环境部下辖的兽医服务中心，主要负责预防、控制和治疗动物疾病、预防人兽共患传染病和食源性疾病的传播、通过人工饲养从根本上提高动物质量。兽医服务中心特别重视预防动物疾病传入国内并扩散，尤其是那些周边或其他国家存在或出现的动物流行病。为此兽医服务中心组织和实施了动物疾病疫苗接种和传染病监控。同时，还制定实施了消灭和预防在国内出现的各种传染性疾病的控制计划。在塞浦路斯已经被完全消灭的主要疾病有炭疽病、猪烧、牛皮瘤、蝇蛆病等。此外，政府规定只允许从无传染病的国家进口肉产品。对于本国生产的用于国内消费和出口的动物产品，要求定期进行抗生素、激素、磺胺和反微生物因子残留物的检查，而且要求在产品的生产地对动物进行定期的检查。对活体动物、鸟类、鱼料和奶酪等物品的进口，实行进口通行证制度。

为了改良动物的品种，兽医服务中心还下设动物人工繁殖和动物生殖疾病两个研究室，为牲畜饲养者提供服务。

### 三　渔业

1999年，塞浦路斯的水产品产量为3679吨，总价值超过1377万欧元。塞水产品主要来自于本国沿海及国际水域的拖网捕鱼和水产养殖。1999年塞渔民首次使用了曳网捕鱼，提高了水产品产量。

渔业与海洋研究部的主要职责是保持海洋生物的生长，负责水产养殖业的发展和研究，以及保护和研究海洋环境。

为保护和开发渔业资源，政府制定了相关法律，为渔民提供资金和技术支持，鼓励投资。1996年渔业与海洋研究部提出了一个为期5年的水产养殖业贷款津贴计划。2000年，政府制定了水产养殖法。1999年塞浦路斯共有4个私人海上养鱼场，1个内陆养虾场和8个海上养虾场。1999年，可上市鱼的总产量达

1422 吨，价值约 500 万欧元。鱼苗产量为 1.86 亿尾，其中 1.28 亿尾出口，其价值约 150 万欧元。同时，在特罗多斯山地区还有 5 个养殖场。1999 年，鳟鱼的产量也达到了 66 吨。

设立、改善和维护护渔区是渔业与海洋研究部的主要工作之一。1995 年政府出台了《渔场管理和保护法》。目前，塞浦路斯共有 13 个护渔区，它们分别分布在帕拉利姆尼、阿基亚特里亚达、阿基亚纳帕、波塔莫斯、克西洛法古、德凯利亚、拉纳卡、利基、阿吉欧吉欧斯、拉特西、波莫斯和波基尔基斯。在帕福斯、利马索尔和拉纳卡的港口也都有渔船停泊。

渔业和海洋研究部也重视研究东地中海以及塞浦路斯周围海域的海洋环境，包括研究、检测和控制海洋污染，尤其是预防和治理石油污染；通过研究海洋物理学来掌握东地中海的水压特征；研究鱼类的动态数量和评定其种类；通过研究海洋生态学来探索深海有机物与其周围环境的关系；保护濒临灭绝的水生物及其栖息地，保护已处在危险中的海洋生态系统。

此外，农业研究会通过对农作物育种和蔬菜水果种植及家畜饲养的研究为农业提供服务。

## 四　水利事业

由于降雨量的变化无常和干旱的频繁发生，塞浦路斯没有常年不干的河流，只有季节性的河流。塞浦路斯的年平均降雨量为 500 毫米，而资料显示这一数字目前已经下降到每年 447 毫米，水库中的蓄水量也在急剧减少。实际上，在塞浦路斯的历史发展过程中，长期面对着水资源的缺乏问题。

地下水的开采利用相对成本低，曾经是塞浦路斯主要的饮用和灌溉水来源。但过量使用使地下蓄水层急剧下降，并且在沿海的大多数蓄水层都发生了海水渗透的情况。独立之后，塞政府对水资源的开发和利用转向了对水利事业的系统研究和水利工程的

建造方面。首先对全岛的水资源情况进行了全面的调查，为实施包括建造大量的水坝在内的长远计划做准备。到目前为止，塞浦路斯已经建成6个大型水坝，总储水量从1960年的600万立方米上升到2003年的3.075亿立方米，还建成了诸多大型的灌溉和输水工程，基本解决了水资源紧张问题。

**克里索克乌灌溉工程** 为了开发和利用普利斯—提斯—克里索克乌（Polis tis Khrysokhou）地区的地表和地下水资源，灌溉克里索克乌山谷和海湾地区约3100公顷的土地，塞政府决定建造克里索克乌灌溉工程。1984年开工建设，投资1800万塞镑，1988年第一期工程完成，在斯塔沃罗斯—提斯—普索卡斯（Stavros tis Psokas）河上建起了伊乌莱特（Evretou）大坝、一个引水系统、一些储水池，以及能够为2000公顷的土地提供灌溉的灌溉网。2002年，总投资300万塞镑的第二期工程竣工，将引水系统延长到了波莫斯大坝，从而能够为阿尔加卡（Argaka）和波莫斯之间的克里索克乌湾沿岸1100公顷的土地提供灌溉。

**南部引水工程** 南部引水工程是塞浦路斯政府建造的最大的水利工程。该工程的目的就是将那些白白流入大海的水储存起来，然后引到需要生活用水和农田灌溉的地方。

南部引水工程在塞浦路斯南海岸，位于西部的迪亚斯河（Dhiarizons）与东北的克基赫亚·（Kokkinokhoria）灌区之间。1984～1994年完成了第一期工程建设，总投资达9700万塞镑，在科里斯河（Kouris River）上建成了储水量达1.15亿立方米的科里斯大坝，铺设了110公里长的引水管道，将水引到了储水量达680万立方米的阿克拉水库（Akhna），在克基赫亚、阿思洛（Athienou）、特诺里（Troulli）和阿沃德莱尔（Avdellero）建成可灌溉9767公顷的灌溉系统。二期工程于2002年竣工，长达14.5公里的引水管道将迪赫里兹斯河水引到了科里斯大坝；在利马索尔和特尔赛芬洛（Tersephanou）建成了水处理厂，完成了特尔赛芬洛—尼科西亚引水系统，通过长达36.5公里的引水管道，把经过水处理厂处理的水引至利马索尔西部村庄、阿克罗蒂里（Akrotiri）、帕罗克里沙（Parekklisha）、马佐特斯（Mazotos）、基提（Kiti）等地，包括阿拉赫普灌溉系统，总灌溉面积达4159公顷。

**海水淡化工程** 1997年，塞浦路斯政府首次引进海水淡化技术解决水资源不足问题。建成了德凯利亚海水淡化厂，每天可提供4万立方米的淡水，以解决尼科西亚和利马索尔以及一些沿海旅游区如阿基纳帕（Agianapa）和帕拉利姆尼（Paralimni）的供水问题。

2001年，在拉纳卡机场附近建成了一个新的海水淡化厂，该厂每天可处理5.17万立方米海水。这两个海水淡化厂每年可以提供3300万立方米的淡水。

2002年，又在利马索尔和帕拉利姆尼建成两个海水淡化厂，每天可提供3万立方米的淡水。随着这几座海水淡化厂的建成使用，塞政府希望能够彻底解决饮用水短缺问题。

此外，塞浦路斯政府也在制定计划修建以灌溉为目的的海水淡化工厂。随着淡化海水费用的降低，淡化海水灌溉农田将成为现实。

**瓦斯亚—古尼亚中央废水处理厂** 合理地利用每一滴水是塞浦路斯政府坚定不移的政策。废水处理再利用已经成为塞浦路斯的一个重要水源。塞浦路斯政府在瓦斯亚—古尼亚（Vathia Gonia）建立废水处理厂，主要处理生活和工业废水。除排水系统之外，这个废水处理厂是目前塞浦路斯最大的环保工程。废水处理厂使用了最先进的技术。废水处理厂的建成实现了保护环境和变废水为灌溉用水的目标。

瓦斯亚—古尼亚废水处理厂位于波塔米亚（Potamia）村附近，主要处理来自尼科西亚和利马索尔地区的生活和工业废水。用船将这些废水运到废水处理厂，然后被分为家庭污水、乳制品污水、含金属废水、脂肪污水、石油和油脂废水、重度有机废水、轻度有机废水和沉积物等。每种废水都有根据其特性而设计的不同处理系统。该厂每天可处理2200立方米的废水。经过3次处理后的废水再进行消毒杀菌，然后被注入一个可容水2.84万立方米的池子里，用这些水为50公顷的草料种植提供灌溉。[①]

## 第三节　工业

### 一　制造业

制造业在塞浦路斯国民经济中占有重要地位，主要工业部门有食品加工、纺织、皮革、化工以及部分轻工业等，基本无重工业。2000年，制造业占GDP的比重达到10%，吸收总就业人口的13%，制造业产品出口创汇18.5亿塞镑。增值最高的产品有食品、饮料、服装、家具和金属制品。其他正在发展的工业包括印刷出版业、塑料、化学制品和制药。

在过去的10年，塞浦路斯的制造业经历了一个艰难的发展时期，生产、出口和劳动力增长缓慢。在国际市场竞争加剧的大背景下，由于塞制造业部门存在的结构问题，同时塞加入世贸组织造成关税保护骤减，劳动力成本提高而生产率下降，产品在国内外市场上的竞争力不强，从而使得制造业产值在GDP和就业人口中的比重都停滞不前。

面对国际和国内形势，塞政府制定了发展工业的基本目标，即支持现有的高科技工业，建立和发展新的高科技工业，支持和调整塞浦路斯的传统工业，提高生产率，吸引资本密集型的外国技术。为实现这些目标，制定了新工业政策，其主要内容包括：

---

① *About Cyprus*, The Press and Information Office of Republic of Cyprus, 2001, pp. 211－218.

（1）引入商业孵化器，建立一个应用研究与发展研究中心，这是发展塞浦路斯新的高科技产业的重要组成部分。

（2）建立一个外国投资服务中心（一步到位的服务），为外国投资者提供建议，在申请和办理许可证的过程中提供服务，保护外国投资者。这些服务也将逐步扩展到本国投资者。

（3）制定计划帮助制造业提升科技水平、建立实验室、节约能源以及增加出口。

## 二 电力工业

塞浦路斯的电力工业由塞浦路斯电力局管辖。塞浦路斯电力局是一个独立的、非营利性的半政府组织，是在1952年按照英国殖民当局的电力发展法建立的，负责塞浦路斯电力的生产、传输和分配。塞浦路斯独立后，电力局由政府管理，其成员由部长委员会任命。电力局的主要职责是：

- 以合理的价格提供安全可靠的电能，同时应注意环境、员工和公众的健康与安全，保持较高的生产效率；
- 提供符合国民要求和需要的高标准的服务；
- 向贸易、工程与旅游部通报有关电力的生产、传输和分配的所有事宜；
- 促进电力在家庭、农业、工业和商业中的合理高效使用。

塞浦路斯的进口能源主要用于发电。发电所消耗的能源量占塞浦路斯能源总消耗量的15%，占进口原始能源总需求量的38%。由于电力消耗在国家能源消耗中的巨大比重，电力局在制定国家能源政策中起着重要作用。

近年来，由于工业、农业和商业的快速发展和人民生活水平的不断提高，对电力供应的需求不断增大，使电力生产、传输和分配系统迅速扩大，电力销售也迅速增长。1995~1999年，平均每年电力销售增长率接近5.73%。

塞浦路斯电力局所辖发电系统的总容量是98.8万千瓦，分布于3个发电站。

德凯利亚发电厂，总装机容量为36万千瓦，由6个油/汽机组组成，每个机组6万千瓦。

莫尼（Moni）发电厂，总装机容量为33万千瓦，其中：6个油/汽机组，每个机组3万千瓦，在1976～1996年相继建成；2个燃气轮机站于1992年建成投入使用，每个机组3.75万千瓦；1995年2个同等容量的燃气轮机站建成。

瓦西里科斯（Vasilikos）发电厂。该发电厂距离塞浦路斯南部港口城市利马索尔25公里，是塞浦路斯历史上最庞大的基础设施建设工程，在选址、燃料使用及对环境的影响方面，均进行了充分的研究和评估，可以说瓦西里科斯发电厂是一个高科技工程。1999年7月23日，建成容量为3.8万千瓦的燃气轮机站。2000年7月2个容量均为13万千瓦的蒸汽轮机站建成投入运行。2004年和2008年，装机容量均为12万千瓦的第3号、第4号和第5号、第6号机组建成投入发电运行。

随着信息技术在电力系统的运用，特别是使用了监督控制和数据获取/能源管理系统（SCADA/EMS），电力局能够及时修复网络故障，还可以对电力生产、传输和主要分配系统进行有效控制，降低运营成本。

截至1999年年底，塞浦路斯电力用户共计368165户，是1952年19869个电力用户的18.5倍多。发电量也从1952年的1200万度增加到1999年的31.93亿度。塞浦路斯电力局生产约32亿度电总共消耗了87.6021万吨的燃料，但却创造了4.35亿塞镑的经济价值。此外，电力局长期以来非常重视降低电能生产对环境的影响。

截至1999年年底，就业于电力服务系统的人数达1193人。

塞浦路斯电力生产与消费情况如表4－5所示。

**表 4-5 电力生产与消费***

单位：亿度

| 年份 | 电力生产 | 电力消费 | 年份 | 电力生产 | 电力消费 |
|---|---|---|---|---|---|
| 1960 | 2.13033 | 1.78481 | 1980 | 10.34365 | 7.18804 |
| 1961 | 2.32624 | 1.94612 | 1981 | 15.09822 | 7.30906 |
| 1962 | 2.48225 | 2.07948 | 1982 | 11.40271 | 7.74697 |
| 1963 | 2.72081 | 2.28817 | 1983 | 12.06208 | 8.22579 |
| 1964 | 2.81872 | 2.23344 | 1984 | 12.49897 | 8.45836 |
| 1965 | 3.06208 | 2.37936 | 1985 | 13.18567 | 8.86733 |
| 1966 | 3.48896 | 2.62924 | 1986 | 14.22574 | 9.66039 |
| 1967 | 4.12507 | 3.25179 | 1987 | 15.01135 | 10.83022 |
| 1968 | 4.53649 | 3.62581 | 1988 | 16.46821 | 12.14457 |
| 1969 | 5.07618 | 4.09414 | 1989 | 18.31057 | 13.22573 |
| 1970 | 5.63603 | 4.60518 | 1990 | 19.74479 | 14.45452 |
| 1971 | 6.18196 | 5.03337 | 1991 | 20.77003 | 15.03151 |
| 1972 | 7.15899 | 5.91333 | 1992 | 24.04214 | 17.52911 |
| 1973 | 7.81651 | 6.51637 | 1993 | 25.81074 | 19.11241 |
| 1974 | 6.93251 | 5.63152 | 1994 | 26.80991 | 20.31809 |
| 1975 | 6.98473 | 4.75002 | 1995 | 24.73046 | 21.80930 |
| 1976 | 7.82687 | 5.37267 | 1996 | 25.91986 | 23.15298 |
| 1977 | 8.48602 | 5.82581 | 1997 | 27.10522 | 23.91005 |
| 1978 | 9.14546 | 6.32154 | 1998 | 29.54010 | 26.29024 |
| 1979 | 9.77284 | 6.81797 | 2000 | 33.70267 | 30.11231 |

* *Cyprus: On the Way to EU Membership*, The Press and Information Office of Republic of Cyprus, 2002, p.31.

## 第四节 交通与邮政通信

### 一 公路交通

塞浦路斯国土面积小，人口少，岛上没有铁路交通，国内运输为公路，去往其他国家可选择航空或海运。塞浦路斯已经建成了较为完善的公路系统，基本满足工业、农业、商贸、旅游和大众交通的需要。根据 1999 年的统计数据显示，在塞政府控制区，已铺沥青的公路达 6599 公里，尚未铺设的道路为 4450 公里。已铺设道路中有 35% 是由公共建设工程部负责修建的，这部分道路组成了塞浦路斯公路交通的主干线。其他道路由地方市政和行政区管理。未铺设的道路主要在林区，由森林局负责管理。近 10 年塞浦路斯公路建设有较大发展，现有公路 17000 公里，其中一半以上是已铺路面道路。截至 2007 年年底，高速公路里程为 257 公里。

塞浦路斯政府重视公路建设，投入公路建设的资金逐年增加，1987 年公路建设投资为 1487.5 万塞镑，到 1999 年增加至 4325.7 万塞镑。塞公路建设主要是在世界银行和科威特基金的资助下，通过实施“第三高速公路工程”、“第四高速公路计划”和“交通区域发展计划”，基本实现了国家公路网建设。第三高速公路工程建设于 1990 年完成，修建了连通伊普索拉斯（Ypsonas）与恩里米（Erimi）的利马索尔支线，全长 19 公里，为双车道机动车公路，此外还在所有主要城镇修建了 4 个现代化的机动车辆检查站。1994 年完成了第四高速公路工程建设，建成了拉纳卡至尼科西亚 23 公里的高速公路和拉纳卡至库福诺（Kophinou）17 公里的高速公路，此外还重修、改道、加固乡村公路，使其达到现代公路建设标准。另外，塞政府还于 1988 ~ 1995 年间实施了“交通部门发展工程”，建成了连接阿拉迪普（Aradhippou）与德凯利亚通往拉纳卡国际机场的 4 车道高速公路支线，全长 13 公里。后来相继实施了多项公路建设计划，逐步形成了尼科西亚、利马索尔、拉纳卡、法马古斯塔、帕福斯、阿依纳帕 6 大行政区之间，及其与利马索尔国际机场和拉纳卡国际机场之间，以及与一些重要旅游区之间的高速公路网。

较为完善的公路建设为公路运输创造了便利条件。到 2000

年年底，塞浦路斯共有各种机动车 51.3 万辆，其中私人小汽车 24.5 万辆，公共汽车、出租车和卡车近 1.6 万辆。2008 年注册车辆 67722 辆。

塞浦路斯对在其境内行使的所有机动车辆颁布有车辆通行规定。规定所有车辆都需要取得由车辆登记机构所颁发的车辆通行证。公共服务车辆也需要取得一个特殊的由通行证管理局颁发的道路服务许可证。通行证管理局是由部长会议决定设立的一个独立机构。公共服务车辆的许可证的有效期为 5 年。所有司机都必须持有经过相关考核而颁发的驾驶许可证，方可在公路上驾车行使。

前往塞浦路斯旅行的游客的车辆，在有相关证件和通行许可证的情况下，暂时无须注册即可在塞行驶。如果没有以上证件，游客就必须在入境 15 天内向车辆登记机构申请办理临时车辆登记证。如果外国车辆的通行许可证在塞有效期到期了，车主需要向公路交通局缴纳车辆运行费。

游客拥有本国或国际驾驶许可证，可以在塞境内驾驶他们的车辆。但如果游客的驾驶许可证在其在塞旅行期间失效，也可在塞办理临时驾驶证。

此外，如果进入塞浦路斯的国外车辆车主没有取得国际保险证明（绿卡），车主必须办理由塞浦路斯国家保险公司提供的第三方保险。而且所有型号的车辆在办理登记手续之前，必须进行详细的检查。车辆的机械检查都必须与当地的相关法律和规定相一致。

## 二 航空运输

塞浦路斯共和国是国际民航《芝加哥公约》的签字国之一，也是联合国国际民航组织（ICAO）的成员国。此外，塞还是欧洲航空飞行安全组织的成员。加入欧盟后，塞执行欧盟的飞行惯例和指令。2000 年，拉纳卡国际机场运送乘客 4846330 人次，货物 42802 吨，帕福斯国际机场运送乘客

1384663 人次，货物 11357 吨。这两大机场与欧盟、中欧、东欧、中东和南非等地开辟了直航。

为了适应乘客和货运不断增加的需要，2000 年，拉纳卡机场的跑道延长了 300 米，从而可以起降大型客机和运输机；改善了候机楼的设施，可以为旅客提供良好的出入境的相关手续服务。2001 年，拥有先进设备的飞行控制塔和航站楼落成投入使用。帕福斯机场的候机楼和停机坪也完成扩建，新的飞行控制塔已投入使用。

塞浦路斯航空公司成立于 1947 年，翌年 4 月，塞浦路斯航空公司依靠 3 架达科塔飞机，开通了飞往欧洲和中东的 6 条航线。其后，客机和航线不断增加。到 2000 年，航空公司拥有 4 架“空中客车” A310 客机和 10 架 A320 客机，职员 2000 人。塞浦路斯航空公司已建立了飞往欧洲大陆、中东和海湾地区的 30 条航线，对于塞旅游业和经济的发展发挥了重要作用，并成为塞浦路斯与国外交流的一个重要桥梁。

2008 年 11 月，帕福斯新机场建成并投入使用，运送旅客能力由年 190 万人次提高到年 270 万人次。拉纳卡新机场也于 2009 年底建成投入使用，届时运送旅客能力将由年 510 万人次提高到年 750 万人次。

## 三　港口海运

塞浦路斯拥有完善的现代港口海运体系。拥有多用途的利马索尔港口和拉纳卡港口，在瓦西里科有工业货运港口，在拉纳卡、德凯利亚、莫尼和瓦西里科设有 4 个停泊油轮的专用港口。

利马索尔港口是塞对外贸易和海上交通的最重要港口，是利马索尔地区的航运中心。其港口的码头长达 2040 米，水深 14 米，拥有能起吊第四代船舶集装箱的起重机，同时提供轮船维修、集装箱维修、燃料补充、船泊用品等相关服务。利马索尔港口吞吐能力居欧洲第二，是欧洲第二大港口，年运送乘客百余万，已经成为东部地中海地区海上交通的枢纽。

拉纳卡港口的码头长666米，水深12米，是商贸专用港口。现在也重视发展休闲服务。

较小的港口如帕福斯港口、腊基（Latchi）港口、西基（Zygi）港口和利马索尔老港口，主要是游艇停泊港和渔船停泊处。

法马古斯塔港口、凯里尼亚港口、卡拉乌斯塔西港口和塞罗斯港口，在1974年土耳其入侵并占领后，塞浦路斯政府已经声明停止其船舶航行业务，并且禁止其进行进出口贸易。

塞浦路斯拥有100艘轮船服务于五大洲，每年有5000余艘注册总吨位达2100万吨位的轮船在塞浦路斯港口停泊。客运持续保持7%的高速增长。每年至少9个月的时间里，有约1000艘轮船往返于塞浦路斯与埃及、利比亚、叙利亚、以色列和希腊之间，提供货运和客运服务。与此同时，有170余艘邮政船为这一地区提供国际邮政服务。

塞浦路斯港口年货运量达760万吨，其中包括110万吨货物和24万吨集装箱，特别是集装箱码头发展迅猛。塞港口已经成为东地中海地区航运的中心。

1978年塞浦路斯成立了海运贸易部门，总部设在利马索尔。其基本目标是：发展海上贸易，改善注册船只的状况，提高海员的素质，按照现行国际标准改善船员的安全和生活条件。同时还鼓励更多的国民参与航运贸易，为此提供船员培训服务。海运贸易部门的基本职责是船只的注册、管理、国际管理的执行，以及调查船队的损伤，解决海运活动中出现的纠纷。

2000年年底，在塞浦路斯注册船只为2728艘，总排水量达2837.3万吨（见表4－6）。近年来基本保持稳定，2008年，在塞浦路斯注册船舶 1869 艘，总吨位为 2162.6 万吨。在塞注册船只的相关规定是，注册船只必须被确认属塞船只，也就是说该船只股份的 50% 以上应属塞公民，或根据塞浦路斯共和国法律所建立和注册的公司，或由塞控股的外国公司，或获得共和国部长会议特别批准，才能在塞正式注册。此外，在塞合法使用 15 年以上船只，也可以在塞注册。

**表 4-6 注册船舶数量和吨位***

单位：艘，万吨

| 年份 | 数量 | 吨位 | 年份 | 数量 | 吨位 |
|---|---|---|---|---|---|
| 1965 | 42 | 18.0 | 1986 | 1803 | 1394.8 |
| 1967 | 119 | 63.8 | 1987 | 1981 | 1789.0 |
| 1968 | 154 | 81.4 | 1990 | 2075 | 1974.3 |
| 1969 | 219 | 114.9 | 1991 | 2190 | 2119.3 |
| 1970 | 314 | 157.6 | 1992 | 2316 | 2229.4 |
| 1973 | 876 | 363.8 | 1993 | 2509 | 2426.6 |
| 1975 | 930 | 323.9 | 1994 | 2641 | 2533.8 |
| 1977 | 1190 | 276.5 | 1995 | 2700 | 7600.0 |
| 1978 | 1244 | 268.9 | 1996 | 2733 | 2615.4 |
| 1981 | 1205 | 194.5 | 1997 | 2799 | 2642.0 |
| 1982 | 1337 | 258.7 | 1998 | 2673 | 2691.7 |
| 1983 | 1324 | 555.2 | 1999 | 2686 | 2679.1 |
| 1984 | 1376 | 722.7 | 2000 | 2728 | 2837.3 |
| 1985 | 1487 | 959.7 | | | |

* *Cyprus: On the Way to EU Membership*, The Press and Information Office of Republic of Cyprus, 2002, p. 38.

塞浦路斯船只登记注册的种类有临时、长期和平行注册。临时注册的船只使用期只有 6 个月，到期后还可以延长 3 个月。船主也可以把临时注册变更为长期注册，但必须在临时注册后的 9 个月内完成变更。塞浦路斯法律规定允许光船[①]（parallel）注册，而且按照国际惯例提供光船租入（parallel-in）和光船出租（parallel-out）两种形式。塞浦路斯光船注册与20多个国家的相关法律相一致。

塞浦路斯是连接亚欧非的交通枢纽，塞加入欧盟后又成为各国进入欧洲的东南门户，其重要性日益提高，这也对其港口建设提出了更高要求。目前塞浦路斯港口吞吐量不大，特别是中转货物量较少，土耳其禁止悬挂塞浦路斯共和国国旗的船只通过其海域是主要原因之一，但塞也存在港口基础设施薄弱、装卸效率低等原因。塞浦路斯已经计划在以下几方面采取措施：一是扩大集装箱堆场面积，将其建成区域货物运输集散中心；二是对利马索尔港口进行挖深至16米，可以停靠10万吨以上的大型船舶；三是在利马索尔修建一个现代化的客运码头，将旅客运送能力提高1.5倍。[②] 这些项目的实施和完成将大大提升港口装卸能力。

土耳其族区拥有13艘商船的船队，总吨位为1.9万吨。

## 四 邮政

随着塞浦路斯成为欧盟成员，其邮政通信业务迅速扩大。早在2003年1月1日，隶属于交通与工程部的邮政服务部就开始规划按照欧盟标准发展邮政通信业务。

邮政局下辖47个分局和4个包裹邮递局。邮政局负责为国内和国际提供可靠、快速、高效的邮政服务。邮政局通过51个邮政通道和750个邮局，收集和传送本国及海外的信件、集邮产

① 光船，是租船业务上的术语，是在光船租船合同下，符合合同约定的并且没有配备船员的适航船舶，包括船舶上的附属设备、航海仪器以及其他相关的证书和文件。需要注意的是，光船不同于“空船”，空船在租船业务上通常指配备了船员却没有载货或者载客的船舶。

② 塞浦路斯基础设施建设计划及主要工程项目，参阅：http://zcq.ec.com.cn/article/qyzcq/qyzcqmdg/200906/886694_1.html，2009-09-19。

品和财政服务。邮政局除提供国际邮政联盟所规定的基本邮政服务之外，还提供诸如邮政付费服务、商贸应答服务、地址不详邮件投递服务、政府邮资已付服务等各种专项服务。

为适应全球化发展的需要，塞浦路斯邮政局加强与世界各国的邮政联系，并且参加了各种国际邮政组织，包括国际邮政联盟、英联邦邮政管理会议、国际邮政公司、欧洲公共邮政操作员协会和欧洲财政邮政服务委员会。

## 五　电信业

塞浦路斯电信业是由塞浦路斯电信局管辖。电信局充分意识到在信息化和全球化时代，电信业对于提高企业的竞争力，以及在国民经济发展中的关键作用。电信局将电信网络系统完全数字化，将全国固定电话网增至每100人拥有65条直接的联络线路。这一数据与电信业发达的国家相比是很先进的。同时，综合业务数字网络（ISDN）也发展迅速。2001年，通过一系列智能网络设施建设，实现了现代电话服务。

移动电话的发展很迅速，2000年年底，移动电话普及率已达到29%。2000年，电信局的GSM产品增加了无线访问协议（WAP）和网络访问，而且预付移动电话服务也被重新设计和发行。此外，2001年年初，通用无线分组业务（GPRS）将使数据的获取高速而有效。电信局还在2003年推出了第三代移动电话服务。

2000年安装了异步传输系统（ATM），实现了宽带数字服务，如本地网络连接、网上询医、远程学习、快速互联网访问，等等。2001年电信局推出非对称数字用户线（ADSL），为家庭和小企业提供宽带服务。互联网的发展，使塞浦路斯电信服务很有竞争力，大大促进了塞浦路斯进入网络经济时代。

为了平衡关税，电信局大大降低了国际长话的收费标准。按照众议院新通过的平衡关税管理规定，2001年1月起实施新的固定和移动电话、名录调查和 ISDN 的通话、联系和订购的收费标准。同时，塞浦路斯的电信业继续扩大国际活动，通过扩大产品的销售来巩固塞浦路斯作为东地中海的最强大的电信中心的地位。目前，塞浦路斯每 1000 人有 390 部电话和 335 台电视机。[①]

## 第五节 财政与金融

### 一 银行

塞浦路斯有一套完善的银行系统，可以为企业和个人提供全方位的服务。其国内银行系统包括：塞浦路斯中央银行、12 个商业银行和 3 个专业金融机构。1974 年土耳其入侵并占领塞北部后，3 个位于北部的商业银行脱离了塞浦路斯中央银行的管辖。

塞浦路斯中央银行成立于 1963 年，是塞浦路斯货币发行单位，并负责制定和实施政府的金融和信贷政策，管理国家外汇储备，监督管理各商业银行和金融机构，以及为政府理财。

在塞浦路斯政府控制区内，9 个商业银行中有 7 个是国有银行。它们分别是：塞浦路斯有限银行、塞浦路斯公共有限银行、希腊有限银行、中央合作有限银行、国际储蓄银行、希腊（塞浦路斯）国家有限银行、阿尔法（Alpha）有限银行。另外 2 个是外资银行。国外商业银行在塞浦路斯设立的分行有：阿拉伯股份有限银行和希腊 S. A. 商业银行。

3 个专业金融机构是：塞浦路斯发展有限银行、房地产金融公司、塞浦路斯抵押有限银行。塞浦路斯发展有限银行成立于 1963 年，为企事业提供中、长期的发展资金，同时还向企事业机构提供技术和管理咨询服务。房地产金融公司负责长期的房地产贷款。

---

① 塞浦路斯岛在线，http：//www. sdsky. com/web/cyprus/，2009 - 09 - 19。

此外，塞浦路斯国内还有一个完善的海外银行系统。其中包括30个国际银行机构、4个管理银行机构和3个外国银行设在塞浦路斯的办事处。国际银行要进入塞浦路斯，必须符合塞浦路斯政府的相关要求，这些要求包括具有良好的国际声誉、按照塞浦路斯中央银行的规章对银行进行有效管理、遵守巴塞尔银行管理委员会颁布的“协议”（《关于银行的国外分行的管理原则》）。

塞浦路斯拥有发达的合作社。第一个合作社成立于1909年。目前合作社已形成一个有力而完善的体系。在塞政府控制区的城镇和乡村，活跃着471个合作社，其中有360个信贷合作社、48个储蓄合作社以及63个其他种类的合作社。

信贷合作社的储蓄占全国总储蓄的1/3左右，拥有自己的合作中央银行。储备合作社也拥有自己的合作供应机构。

另外还有贸易和工业部门的合作社，负责其成员的农产品的收集、运输和销售。服务业也有强大的合作社，为其成员提供重要的服务。

塞政府大力支持合作社的发展，专门在商务、工业和旅游部下设立了合作社发展局，为合作社的发展提供服务。随着塞加入欧盟，合作社迎来了新的发展机遇，尤其是信贷合作社，必将得到更大发展。①

## 二　货币体系

塞浦路斯的货币是塞浦路斯镑（Cyprus Pound，简写为C£），1塞镑为100分。1997年5月6日，塞浦路斯中央银行发行了1塞镑、5塞镑、10塞镑的现钞；1998年3月4日塞浦路斯中央银行又发行了20塞镑的现钞。所以塞流通的现

① *About Cyprus*, The Press and Information Office of Republic of Cyprus, 2001, pp. 180 - 182.

钞有 C£ 1、C£ 5、C£ 10 和 C£ 20。目前流通的硬币有 1 分、2 分、5 分、10 分、20 分、50 分。[①] 1960～2000 年塞浦路斯货币发行与流通量情况见表 4－7。

**表 4－7 1960～2000 年塞浦路斯货币发行与流通量***

单位：万塞镑

| 年份 | 货币持有量 | 货币总量 | 年份 | 货币持有量 | 货币总量 |
|---|---|---|---|---|---|
| 1960 | 789.3 | 3841.8 | 1986 | 13067.1 | 110065.1 |
| 1965 | 1172.5 | 6875.4 | 1987 | 14257.8 | 124811.3 |
| 1970 | 1842.2 | 12038.6 | 1988 | 15763.7 | 146386.3 |
| 1971 | 2176.1 | 14503.7 | 1989 | 16907.6 | 168762.7 |
| 1972 | 2626.7 | 17518.3 | 1990 | 18352.9 | 198026.3 |
| 1973 | 2973.5 | 19700.4 | 1991 | 19552.9 | 226203.6 |
| 1974 | 3574.7 | 22716.4 | 1992 | 21504.9 | 257619.3 |
| 1975 | 3522.6 | 22950.1 | 1993 | 22942.1 | 229927.1 |
| 1976 | 4082.4 | 27440.7 | 1994 | 24656.8 | 337281.7 |
| 1977 | 4467.4 | 31556.1 | 1995 | 25713.8 | 375940.7 |
| 1978 | 5273.4 | 36274.4 | 1996 | 26850.0 | 406840.0 |
| 1981 | 8951.0 | 60344.8 | 1997 | 27630.6 | 461384.0 |
| 1982 | 10164.1 | 71169.9 | 1998 | 29009.5 | 499764.5 |
| 1983 | 11585.9 | 74989.2 | 2000 | 33370.2 | 619994.7 |
| 1984 | 12221.8 | 90403.6 | | | |

* *Cyprus*: *On the Way to EU Membership*, The Press and Information Office of Republic of Cyprus, 2002, p. 39.

根据 2004 年 10 日 1 日的外汇牌价，1 塞镑相当于 1.92 欧元，约合 2.2 美元（详见表 4－8）。外汇不可自由兑换。

塞浦路斯对现金支付不设限制。大部分支付是由各商业银行根据中央银行赋予的权限处理的。由于采用了欧盟的现行标准，

① *The Republic of Cyprus*: *An Overview*, The Press and Information Office of Republic of Cyprus, 2003, p. 37.

表 4-8　塞镑对美元汇率变化*

单位：1 塞镑折合美元

| 年　月　日 | 塞镑/美元 | 年　月　日 | 塞镑/美元 |
|---|---|---|---|
| 1997 年 12 月 31 日 | 0.527 | 2001 年 12 月 31 日 | 0.653 |
| 1998 年 12 月 31 日 | 0.499 | 2002 年 12 月 31 日 | 0.549 |
| 1999 年 12 月 31 日 | 0.576 | 2003 年 12 月 31 日 | 0.469 |
| 2000 年 12 月 31 日 | 0.610 | 2004 年 12 月 31 日 | 0.431 |

* Cyprus Currency Exchange Rates (USMYM), http://www.worldwide-tax.com/cyprus/cyp_ exchange.asp, 2010-06-06.

大部分资金的流动也是自由的。而对部分资金流通的限制，主要是指居民向国外汇款、投资不动产和有价证券、短期贷款和在国外银行进行储蓄，随着塞浦路斯加入欧盟，这些限制将逐步取消。

2004 年 5 月 1 日塞浦路斯正式加入欧盟后，2005 年 4 月 29 日加入欧洲汇率机制，2008 年 1 月 1 日加入欧元区，货币由塞镑改为欧元，1 欧元=0.585274 塞镑，这个比率可以上下 15% 波动。

## 三　投资、证券

随着放宽经济限制和吸引外资政策的实施，塞浦路斯政府放松了对外来投资的限制。特别是在 2000 年 1 月，中央银行取消了对欧盟成员国自然人或法人直接投资的限制。而来自非欧盟成员国的投资仍需要由塞浦路斯中央银行颁发许可证。如果投资额适度，不会对国家安全构成损害，对国内经济环境不会造成不利影响，政府一般会发放许可证。外国直接投资产生的资金（包括资金增值）、利润、红利和利息可以汇回母国。塞浦路斯对每年由外国投资者转移回母国的利润没有规定最大比例，对非本国居民处理其投资也没有规定最短时限。

塞浦路斯政府鼓励境内外居民进行证券投资。如果用外币支付，非塞浦路斯居民就可以在塞浦路斯证券交易所购买证券

（股票、债券、栈单等），不需要办理交易许可证；对非本国居民购买上市公司的股票也没有限额，除了金融公司和来自非欧盟国家的投资。金融公司以非本国居民的名义最多可注册50%的股份。非金融公司以非欧盟国家居民的名义最多可注册49%的股份，而对欧盟国家居民购买的股份数额则没有上限。非塞浦路斯居民出售上市证券所得收益，可以通过设在塞浦路斯的外国银行汇往国外。

1993年和1995年塞浦路斯共和国众议院分别通过了《证券交易法》和《具体证券交易规则》，1996年3月29日，塞浦路斯证券交易市场正式运行，主要从事股票、债券和认股权证的交易。证券交易的参与者主要是证券经纪公司、股票发行者和投资者。①

## 第六节 对外经济关系

### 一 对外贸易

由于塞浦路斯国内市场狭小，经济具有开放性的特征，进入国际市场就极为重要。因此，塞政府长期实行对外开放政策，积极发展进出口贸易和转口贸易。对外贸易一直是塞主要经济部门之一，对经济发展起着重要作用。塞浦路斯独立之初至70年代，对外贸易中主要出口加工制成品、酒、水泥等工业品及水果等产品，进口机械设备、工业原料、石油及石油制品等。

2003年，对外贸易对塞GDP的贡献达7%。表4－9显示，2003年塞浦路斯对外贸易总额为27.91亿塞镑，比上一年减少

① Cyprus Stock Exchange － History：http：//www.cse.com.cy/en/Profile/about.asp 2009－10－12.

近7%。主要是由于国内出口减少所致，一定程度上也减缓了长期以来巨大的贸易逆差。

表 4－9　1998～2003 年塞浦路斯对外贸易增长和类别

单位：亿塞镑

| 类别＼年份 | 1998 | 1999 | 2000 | 2001 | 2002 | 2003 | 2002/2003（%） |
|---|---|---|---|---|---|---|---|
| 国内出口 | 2.21337 | 2.15212 | 2.40762 | 2.46990 | 2.31604 | 2.14820 | －7.2 |
| 转口贸易 | 3.29797 | 3.27707 | 3.51102 | 3.81039 | 2.79674 | 2.61979 | －6.3 |
| 出口总额 | 5.51134 | 5.42919 | 5.91864 | 6.28029 | 5.11277 | 4.76799 | 6.7 |
| 进口总额 | 19.0471 | 19.70905 | 24.01926 | 25.28720 | 24.86612 | 23.14248 | －6.9 |
| 贸易总额 | 24.55844 | 25.13824 | 29.93790 | 31.56749 | 29.97889 | 27.91047 | －6.9 |

从进口商品分类看，如表 4－10 所示，2003 年进口的主要商品是初级产品和消费品，其次是运输设备、资本货物、燃料/润滑油。2003 年进口的初级产品与 2002 年基本持平，但 2003 年进口的初级产品绝大多数是制造业所需的原材料。2003 年进口的消费品比 2002 年略有下降。进口资本货物却比 2002 年有所增加。进口运输和港口设备比 2002 年有较大减幅，其中客运车辆占运输和港口设备类进口额的近一半，其次是货运车辆和港口运输设备。

表 4－10　进口商品分类（1998～2003 年）

单位：亿塞镑

| 类别＼年份 | 1998 | 1999 | 2000 | 2001 | 2002 | 2003 | 占进口总额比率（%） |
|---|---|---|---|---|---|---|---|
| 初级产品 | 6.55689 | 6.11385 | 7.10257 | 7.36688 | 7.25019 | 7.26410 | 31.4 |
| 消费品 | 6.50679 | 6.89089 | 7.93111 | 7.93223 | 7.13567 | 6.66574 | 28.8 |
| 运输设备 | 2.45150 | 2.51713 | 3.02433 | 3.28688 | 3.97201 | 3.26800 | 14.1 |
| 燃料/润滑油 | 1.25826 | 1.73532 | 3.10252 | 3.02471 | 2.69697 | 2.26795 | 9.8 |
| 资本货物 | 2.13116 | 1.99684 | 2.54771 | 2.69550 | 2.46830 | 2.62928 | 11.4 |
| 其他 | 0.14254 | 0.45506 | 0.31106 | 0.97922 | 1.34298 | 1.04741 | 4.5 |
| 进口总额 | 19.04714 | 19.70909 | 24.01930 | 25.28542 | 24.86612 | 23.14248 | 100.0 |

从进口地区看，如表 4－11 所示，2003 年塞进口商品仍然主要来自欧盟，而欧盟中主要是希腊、意大利、英国、德国和法国。亚洲是塞商品进口的第二大地区，2003 年占进口总额的 20.3%，总值近 4.7 亿塞镑，其中主要进口地区是日本、中国、以色列、泰国，以及中国台湾和香港。苏联地区也是塞重要的贸易伙伴，2003 年塞从该地区进口比 2002 年有明显下降，塞在该地区的主要进口国是俄罗斯，其次是乌克兰。2003 年塞从北美和中美洲的进口与 2002 年相比也有较大降幅，其主要原因是塞从该地区的最大进口国美国的进口量有较大下降。2003 年塞从阿拉伯地区进口的商品也有所减少，其主要进口国依次是叙利亚、阿联酋、埃及、沙特阿拉伯。此外，2003 年塞从阿根廷、巴西、南非、澳大利亚、新西兰等国的进口额也有所下降。

**表 4－11 进口商品地区分布（1998～2003 年）**

单位：亿塞镑

| 地区＼年份 | 1998 | 1999 | 2000 | 2001 | 2002 | 2003 | 占进口总额比率(%) |
|---|---|---|---|---|---|---|---|
| 欧盟 | 10.42465 | 10.36700 | 12.39206 | 12.84576 | 13.18711 | 12.58391 | 55.5 |
| 亚洲 | 3.84787 | 4.04231 | 5.03918 | 5.10399 | 5.07714 | 4.69525 | 20.3 |
| 俄罗斯、东欧 | 1.37605 | 1.36527 | 1.92249 | 2.05558 | 2.13368 | 1.89398 | 8.2 |
| 北美、中美洲 | 2.50474 | 2.23639 | 2.59075 | 2.46488 | 1.31717 | 1.02482 | 4.4 |
| 阿拉伯国家 | 0.47377 | 0.91394 | 1.32276 | 1.34600 | 1.30686 | 1.14132 | 4.9 |
| 其他 | 0.42006 | 0.78418 | 0.75206 | 1.47199 | 1.84416 | 1.53320 | 6.7 |
| 进口总额 | 19.04714 | 19.70909 | 24.01930 | 25.28720 | 24.86612 | 23.14248 | 100.0 |

2003 年，塞国内出口总额为 2.15 亿塞镑，比 2002 年下降 7%。从出口商品分类看，如表 4－12 所示，出口主导产品仍然是加工制成品，尽管比 2002 年有较大降幅，但仍占出口总额的 58.2%。从表 4－13 可以看出，主要出口产品依次是药品、服装、水泥、卷烟、纸制品、塑料制品和家具等。其次是初级农产品，从表 4－14 可以看出，2003 年其出口额比 2002 年有较大增

**表 4－12　出口商品分类（1998～2003 年）**

单位：万塞镑

| 类别＼年份 | 1998 | 1999 | 2000 | 2001 | 2002 | 2003 | 占出口总额比率（%） |
|---|---|---|---|---|---|---|---|
| 加工制成品 | 13767.6 | 13300.0 | 14881.5 | 15045.2 | 14157.4 | 11985.0 | 58.2 |
| 初级农产品 | 4050.1 | 3649.0 | 3439.2 | 4379.9 | 3688.1 | 4358.2 | 21.2 |
| 加工农产品 | 2444.9 | 2534.7 | 2822.9 | 2803.0 | 3293.2 | 3269.4 | 15.9 |
| 矿产品 | 896.3 | 944.8 | 1079.5 | 969.7 | 739.7 | 668.9 | 3.2 |
| 矿　石 | 147.3 | 201.8 | 156.2 | 188.2 | 307.6 | 308.0 | 1.5 |
| 其　他 | 9.9 | 22.5 | 16.5 | 8.4 | 5.8 | 4.1 | 0.0 |
| 出口总额 | 21316.1 | 20652.8 | 22395.8 | 23394.4 | 22191.8 | 20593.6 | 100.0 |

**表 4－13　加工制成品出口（1998～2003 年）**

单位：万塞镑

| 类别＼年份 | 1998 | 1999 | 2000 | 2001 | 2002 | 2003 |
|---|---|---|---|---|---|---|
| 药　品 | 2028.1 | 2516.6 | 3085.9 | 3941.1 | 4310.7 | 3874.2 |
| 服　装 | 2903.1 | 2275.0 | 2245.6 | 1969.9 | 1599.4 | 981.0 |
| 水　泥 | 897.0 | 778.8 | 1081.1 | 839.6 | 879.6 | 911.0 |
| 塑料制品 | 415.7 | 377.5 | 390.0 | 404.0 | 624.6 | 454.5 |
| 家　具 | 738.8 | 669.3 | 786.2 | 682.8 | 592.2 | 421.4 |
| 纸制品 | 497.4 | 393.7 | 478.7 | 595.5 | 553.2 | 557.0 |
| 卷　烟 | 1217.9 | 1405.1 | 1619.2 | 1076.7 | 454.5 | 683.9 |
| 香水和化妆品 | 285.9 | 221.4 | 244.5 | 337.0 | 358.6 | 274.7 |
| 油脂和石油 | 322.7 | 237.0 | 278.3 | 205.6 | 318.0 | 259.5 |
| 鞋　类 | 835.7 | 708.9 | 612.6 | 384.9 | 317.4 | 137.4 |
| 铝制品 | 155.5 | 233.2 | 307.1 | 279.7 | 277.5 | 315.0 |
| 水　管 | 230.5 | 228.7 | 316.9 | 282.9 | 238.2 | 111.5 |
| 冰　箱 | 171.2 | 176.2 | 198.7 | 277.4 | 194.6 | 127.1 |
| 扫帚刷子拖把等 | 121.4 | 251.2 | 183.4 | 135.1 | 119.2 | 103.0 |
| 车辆过滤器 | 113.9 | 95.7 | 103.5 | 116.3 | 124.3 | 112.6 |
| 灯　具 | 214.1 | 251.2 | 163.4 | 135.1 | 119.2 | 103.0 |
| 蓄电池 | 114.7 | 107.2 | 87.1 | 114.3 | 117.1 | 45.9 |
| 其　他 | 2504.0 | 2514.0 | 2729.6 | 3268.7 | 2940.2 | 2492.2 |
| 总　计 | 13767.6 | 13300.7 | 14911.8 | 15045.6 | 14138.5 | 11964.9 |

幅，占出口总额的21.2%，其中主要有柑橘类和马铃薯。再次是农产品加工品，如表4－14显示，出口额与上一年度持平，主要包括奶酪、酒类、水果、果酱。

**表4－14 农产品出口情况（1998～2003年）**

单位：万塞镑

| 类别 \ 年份 | 1998 | 1999 | 2000 | 2001 | 2002 | 2003 |
|---|---|---|---|---|---|---|
| 未加工农产品 | 4031.0 | 3649.0 | 3439.2 | 4379.9 | 3688.1 | 4352.8 |
| 柑橘类 | 1273.1 | 1383.8 | 1278.5 | 1471.8 | 1830.4 | 1901.8 |
| 葡萄 | 245.8 | 173.2 | 156.5 | 150.6 | 56.1 | 113.3 |
| 甜瓜、西瓜 | 3.5 | 7.3 | 10.9 | 14.9 | 34.1 | 55.4 |
| 马铃薯 | 1899.8 | 1403.4 | 1232.8 | 1751.1 | 1110.4 | 1505.1 |
| 秋葵 | 10.1 | 14.2 | 13.5 | 26.4 | 39.7 | 54.7 |
| 甜菜 | 22.9 | 27.0 | 26.1 | 22.2 | 3.7 | 0.6 |
| 其他蔬菜 | 294.6 | 316.2 | 317.5 | 418.3 | 376.3 | 439.1 |
| 冻鱼 | 65.4 | 146.0 | 168.2 | 197.8 | 0.2 | 0.3 |
| 活鱼 | 215.8 | 177.9 | 235.2 | 326.8 | 237.2 | 282.5 |
| 加工农产品 | 2444.9 | 2535.7 | 2822.9 | 2803.0 | 3293.2 | 2294.8 |
| Halloumi奶酪 | 543.8 | 605.3 | 756.4 | 766.3 | 1094.6 | 108.4 |
| 奶酪 | 127.4 | 119.0 | 115.3 | 89.5 | 115.1 | 117.6 |
| 酒类 | 678.6 | 729.2 | 623.2 | 533.3 | 512.6 | 612.7 |
| 果汁 | 311.5 | 291.1 | 350.0 | 405.2 | 466.7 | 443.3 |
| 肉类(除鹌鹑外) | 267.5 | 251.3 | 324.0 | 288.0 | 452.3 | 366.5 |
| 兽皮 | 83.9 | 78.8 | 128.1 | 204.0 | 128.1 | 115.4 |
| 储藏水果 | 154.8 | 153.9 | 153.1 | 94.4 | 93.7 | 43.6 |
| 其他 | 277.4 | 307.1 | 372.8 | 422.3 | 430.1 | 487.3 |
| 总计 | 6475.9 | 6184.7 | 6262.1 | 7182.9 | 6981.3 | 6647.6 |

正如表4－15所示，2003年塞浦路斯商品的最大出口地仍然是欧盟国家，占塞出口总额的54.5%，与2002年基本持平，

而欧盟国家中主要依次是英国、希腊、德国、爱尔兰。阿拉伯国家是塞商品的第二大出口地，2003 年比 2002 年有所下降，其中主要出口国是约旦、黎巴嫩、阿联酋、沙特阿拉伯、埃及。俄罗斯和东欧是塞商品出口的第三大市场，2003 年占塞出口总额的 12.2%，主要出口国是俄罗斯、捷克、罗马尼亚、阿尔巴尼亚、斯洛伐克、保加利亚、挪威。2003 年塞向阿拉伯国家以外的亚洲国家和地区的出口仅占塞出口总额的 7%，主要是向以色列、中国香港和马来西亚出口。向世界其他地区特别是向美国的出口，也比 2002 年有所下降。

**表 4－15　出口商品地区分布（1998～2003 年）**

单位：万塞镑

| 类别＼年份 | 1998 | 1999 | 2000 | 2001 | 2002 | 2003 | 占出口总额比率(%) |
|---|---|---|---|---|---|---|---|
| 欧　盟 | 11162.9 | 10910.6 | 11477.6 | 12231.7 | 11756.1 | 11715.6 | 54.5 |
| 阿拉伯国家 | 5726.9 | 5293.0 | 5958.0 | 5577.8 | 4705.8 | 3637.6 | 16.9 |
| 俄罗斯东欧 | 1864.4 | 1526.1 | 1881.9 | 2567.4 | 2625.8 | 2618.1 | 12.2 |
| 亚　洲 | 1302.7 | 1425.0 | 1649.5 | 1669.9 | 1584.6 | 1425.0 | 6.6 |
| 其他国家 | 1259.3 | 1498.2 | 1428.9 | 1347.6 | 1519.5 | 1197.3 | 5.6 |
| 船舶用品 | 817.5 | 868.3 | 1680.3 | 1304.6 | 968.6 | 888.4 | 4.2 |
| 出口总额 | 22133.7 | 21521.2 | 24076.2 | 24699.0 | 23160.4 | 21482.0 | 100.0 |

上述各表资料来源：Statistical Servicc. Republic of Cyprus. Cited from *About Cyprus*, The Press and Information Office of Republic of Cyprus，2002，pp. 159－168。

转口贸易是塞出口创汇的重要渠道。2003 年塞转口贸易总额为 2.62 亿塞镑。塞转口贸易的主要对象是欧盟国家、阿拉伯国家、中欧和东欧、亚洲及美国。

2007 年，塞对外贸易总额为 101.9 亿美元，比上年增长 12.2%，占 GDP 的 48.01%；其中进口额为 87.08 亿美元，占贸易总额的 85.4%；出口额为 14.84 亿美元，占贸易总额的 14.6%。贸易逆差约 72 亿美元，同比增长 20.1%。2008 年 1～10 月，总进口 62.22 亿欧元，贸易逆差为 52.58 亿欧元。主要出口商品为医药用品、柑橘、服装、奶酪、酒类及部分轻工产品和农产品。主要进口矿产品、机械、运输设备、贱金属及其制品、化学工业及其相关工业的产品等。

土耳其族区因不为国际社会所承认，除与土耳其长期保持密切经济关系外，与其他国家经贸关系不多。1979 年土耳其族区对外贸易总额为 45.89 亿土耳其里拉，其中进口额为 33.41 亿里拉，出口为 12.48 亿里拉。主要贸易对象为土耳其、英国和联邦德国。1987 年土耳其族区进出口贸易总额近 2 亿美元，赤字达 1 亿多美元。2003 年，土耳其族区进出口贸易总额为 5.3 亿美元，贸易逆差达 4.27 亿美元，而贸易逆差主要通过土耳其提供的援助来补偿。

2008 年外国对塞投资达 18.56 亿欧元，同比增长 23.7%。塞对外投资为 8 亿欧元，其中 6 亿欧元投资到欧盟国家。

## 二　外国援助

塞浦路斯自独立以来，长期接受外国援助。1960～1962 年，美国向塞政府提供 1700 万美元援助。1974～1979 年，塞政府接受无偿援助 1.179 亿塞镑，其中希腊赠款 5430 万塞镑，主要由美国提供的难民救济款为 3320 万塞镑，联合国和西方国家提供的财政技术援助为 3040 万塞镑。1984 年财政年度，塞政府从国际复兴开发银行和国际开发协会获 4380 万美元的援助。

随着塞加入欧盟进程的推进，塞政府与欧盟签订了一系列的财政与技术援助协定。从 1997 年开始，塞政府与欧盟相继签订了 4 个财政与技术援助协议，欧盟向塞政府提供总计约

2.1亿欧元的援助[1]，帮助塞政府进行财政经济改革，以适应欧盟准则。第一和第二个财政协议提供7000万欧元，帮助塞政府发展引水工程、污水处理、电力供应以及有利于希、土两族的尼科西亚城墙的修复和保护工程。第三个财政援助协议提供约6200万欧元，帮助塞政府实施塞浦路斯与欧盟签订的关税同盟协议，建立与欧盟国家的贸易伙伴关系。第四个财政援助协议提供约7400万欧元，用于推动塞浦路斯的社会经济发展，促进塞经济向欧盟标准转变，支持塞浦路斯问题的解决。2000~2004年间，塞政府又获得欧盟提供的约5700万欧元的财政援助，支持塞政府加强与欧盟的联系，实施《准成员国框架协议战略》。[2]

欧盟、希腊、美国每年分别向塞政府提供3600万美元、2000万美元、1500万美元的援助。2004年，欧盟通过其2004~2006年《乡村发展计划》，向塞政府提供1.439亿欧元以帮助塞政府发展农业。2007年欧盟批准2007~2013年欧洲渔业基金（EFF）执行准则，向塞政府提供1750万欧元援助。

## 第七节　旅游业

### 一　旅游资源概况

塞浦路斯拥有丰富的旅游资源，塞政府长期重视旅游业的发展，旅游业在塞经济中占有非常重要的地位。1974年7月，土耳其入侵对塞旅游业造成严重打击，其损失包括1.3万个供游客住宿的床位，占塞当时所有供旅客住宿床位总

① 2001年10月的外汇比价是1塞镑=1.74欧元=1.58美元。

② *Cyprus: On the Way to EU Membership*, The Press and Information Office of Republic of Cyprus, 2002, p.21.

量的71.7%，还有0.5万个在建的旅客床位，以及国内旅游设施中40%的餐厅、咖啡馆、酒吧和夜总会。塞政府采取切实可行的措施，迅速在其控制区恢复了旅游业，并得到了快速发展。

塞浦路斯旅游业归贸易、工程与旅游部管辖。为了促使旅游业综合快速发展，塞政府成立了塞浦路斯旅游组织（Cyprus Tourism Organization，简称CTO），总部设在首都尼科西亚，在塞各地设有办事处。同时在伦敦、法兰克福、巴黎、斯德哥尔摩、雅典、苏黎世、莫斯科、米兰、阿姆斯特丹、布鲁塞尔、维也纳、纽约、东京、特拉维夫、布达佩斯、华沙和布拉格设立了17个办事处。这些办事处的职能是为塞开放旅游市场，促进旅游业发展，为贸易服务以及为塞提供潜在游客的信息。

由于塞政府通过各种政策措施支持旅游业的发展，塞浦路斯旅游组织的有效宣传和周到服务，塞旅游业得到了快速发展。表4-16显示了塞旅游业的巨大变化。2000年，到塞旅游的人数达到了2686205人次，旅客在塞的人均消费额也达到445.67塞镑，旅游收入达11.94亿塞镑，占国内生产总值的21.3%。塞每年的外汇收入的42%来自旅游业，直接或间接从事旅游业的人员约有4.05万人，占总就业人口的13.77%。截至2000年12月底，塞为旅客提供的床位达到了85303个。2008年，塞旅游收入为17.9亿欧元，同比减少3.5%。塞出境旅游人数达121万人次，同比增长12%，主要去希腊（44.7万人次）和英国（24.6万人次）。

塞浦路斯旅游除了传统的阳光和沙滩外，吸引游客的还有当地人的殷勤好客和悠久的历史及优美的自然风光。游客们可以“躲进”松木覆盖的山林之中，考察考古遗址、原始部落遗址、大量墓葬，以及精美的镶嵌工艺品、教堂。此外，还可以尽享当地人的殷勤、友好和热情。前往塞浦路斯旅游的游客多为“回头客”，这是塞浦路斯拥有完善的旅游设施和周到服务的体现，也是旅游者对塞浦路斯旅游胜地的最高奖赏。

表 4-16　1973~2001 年到塞浦路斯旅游人数统计*

| 年份 | 人数 | 年份 | 人数 |
|---|---|---|---|
| 1973 | 264066 | 1989 | 1377636 |
| 1975 | 47084 | 1990 | 1561479 |
| 1977 | 175144 | 1991 | 1385129 |
| 1979 | 294047 | 1992 | 1991000 |
| 1980 | 348530 | 1993 | 1841000 |
| 1981 | 423563 | 1994 | 2069000 |
| 1982 | 530600 | 1995 | 2100000 |
| 1983 | 599796 | 1996 | 1950000 |
| 1984 | 665882 | 1997 | 2088000 |
| 1985 | 769727 | 1998 | 2222706 |
| 1986 | 827937 | 1999 | 2434285 |
| 1987 | 948551 | 2000 | 2686205 |
| 1988 | 1111818 | 2001 | 2696732 |

* *About Cyprus*, The Press and Information Office of Republic of Cyprus, 2001, p. 172; *The Republic of Cyprus: An Overview*, The Press and Information Office of Republic of Cyprus, 2003, p. 54.

## 二　旅游发展战略

塞浦路斯旅游业在快速发展过程中，问题也逐渐显现。20 世纪 70 年代后期和 80 年代，塞旅游业的迅速发展损害了自然资源、自然环境、人文环境，甚至人民自身。而且，国际旅游市场也出现了一些新变化，比如在“阳光与沙滩”上的竞争日益激烈，塞浦路斯难以跟上这种新变化，消费者更加倾向于文化与自然景观。这也说明塞浦路斯必须改变原有的发展和开发“阳光与沙滩”产业的旅游业发展模式。显而易见，塞浦路斯的旅游产业需要提升、丰富和更加多样化。

为此，塞浦路斯旅游组织与各私营和国有旅游部门，共同制定并向政府提交了 2010 年旅游业发展战略。其总体目标是在 2010 年将旅游业收入提高到 18 亿塞镑（按 1998 年货币）。方法是坚持发展旅游业的政策，重新定位塞浦路斯在全球旅游市场上的角色——在有限的地理空间内提供丰富多样的景点和旅游活动。实施该战略的基础是，旅游质量和适度的年旅游人数增长率（每年 4% 左右）。2001 年 1 月，塞浦路斯部长会议通过了这项战略计划。该战略计划绝大部分已投入实施。例如，在发展多种旅游项目的方针指导下，许多新型旅游项目正在建设之中，如农业旅游、运动旅游、航海旅游和文化旅游。

为扩大旅游业，塞浦路斯政府还积极加入一些国际旅游组织，如世界旅游组织（WTO）、欧洲旅游委员会（ETC）、国际会议协会（ICCA）、欧洲城市会议联合会（EFCT）等。塞浦路斯还经常参加欧洲和北美洲国家或国际旅游贸易协会的年会，如英国旅行代理商协会（ABTA）、德国的 DRV、美国旅行社协会（ASTA）等。此外，塞浦路斯旅游组织还积极参与海外有关旅游业的展览会和研讨会。

为了继续吸引相对高收入的旅游者，塞政府未来的旅游政策主要是致力于降低床位的增长率，大力提升、加强和丰富旅游服务产品。

塞浦路斯为旅游者提供了各种各样的度假住宿，从现代化的宽大豪华的住房到小而简单的家用房间，一应俱全。度假住宿包括饭店、饭店公寓、度假村、度假别墅、露营地、传统房间、度假公寓、有家具的公寓、小旅馆和青年旅社，等等。

塞浦路斯的绝大多数饭店和饭店公寓都提供游泳池、网球场、运动设施、蒸汽浴室、中央空调等。这些设施的收费标准都是由塞浦路斯旅游组织制定的。多数饭店在旅游淡季：一般是除了 12 月 20 日至次年 1 月 6 日两个星期之外的 11 月 16 日至次年 3 月 15 日期间，提供特别的折扣。塞浦路斯所有饭店服务人员都会说英语，法语和德语也相当普遍。

由塞浦路斯旅游组织颁布的饭店标准，适用于所有饭店和由塞浦路斯旅游组织正式注册和分类的旅游机构。所有住宿机构都按名称的字母顺序分地区、类型和级别在这一标准中列了出来，还有各饭店提供的旅客容量、收费标准、折扣和设施等信息。在任何一个设在国内或国外的塞浦路斯旅游组织办事处都可以免费获取这些信息。

塞浦路斯在提升旅游质量方面，特别强调特殊旅游形式如会议旅游、冬季旅游、农业旅游和特殊兴趣旅游等的发展。这些旅游形式的发展既可以减轻旅游的季节性问题，还可以使旅游住宿等设施得到更合理的应用，以使旅游设施等的收支保持平衡。

在开发会议旅游方面，塞浦路斯得益于其地理位置、设施、训练有素的工作人员和联系世界各地的先进的通信系统，塞已成为著名的国际会议举办地。塞浦路斯与中东毗邻，中东局势的不稳定，使得许多有关中东问题的会议在塞浦路斯举行。越来越多的商业和国际组织选择在塞召开会议。

在发展冬季旅游方面，虽然塞浦路斯的旅游期较长，季节性并不特别明显，但塞浦路斯旅游组织还是在吸引游客冬季来塞旅游方面做了很多努力。吸引游客冬季来塞旅游的一个主要原因，就是塞冬季温和的气候和明媚的阳光。此外，会议旅游和特殊兴趣旅游的宣传，也使冬季旅游人数增加。近年来，塞浦路斯在这方面取得了显著成就，绝大多数欧洲人把塞浦路斯看成是冬季最受欢迎的旅游胜地。

**国内旅游**　国内旅游是旅游业的一个重要组成部分，近年来，塞浦路斯旅游组织和塞政府大力发展国内旅游。建设了很多基础设施，并改善现有的设施和项目，包括改善现有的海滩和公共场馆。饭店在夏季还打折扣来吸引顾客。

此外，劳工与社会保障部成功实施了发放工人夏季度假津贴的特殊计划。2000 年，共有 8458 名工人从这一计划中受益，其中 5482 人选择了到山林中度假，2976 人到海边度假。

塞浦路斯旅游组织提出了发展农业旅游的计划。农业旅游也称乡村旅游或绿色塞浦路斯。该计划是鼓励开发内地风景优美的乡村的旅游资源，包括住宿设施、酒馆、餐厅、文化中心、手工艺中心等。按照该计划，已有大量传统住房依据相关规定被改建成旅游住宿设施。

1996 年建立了“塞浦路斯农业旅游公司”，这是一个非营利组织，其成员来自传统房屋的主人，其主要职能是帮助协调旅游市场的开发和登记收入等。该公司还设立预订中心办公室、预订中心系统，并开通了一个服务网站，以便即时处理预订信息。

此外，塞浦路斯农业旅游公司还主办和发行两份出版物。一份是刊登基本信息，用英、德两种语言出版。另一份是传统住房指南，提供 40 所房屋的详细说明以及其所在的乡村的信息，用希腊语、英语、德语、法语和意大利语出版。在国内或海外的塞浦路斯旅游组织的办公室都可免费领取。

天然小径和马车道曾经构成了塞浦路斯主要的交通网，也是乡村与乡村、乡村与城镇连接的唯一通道。如今，马车已基本消失殆尽，只在旧桥附近留下少许马车道，而以往的天然小径早已被杂草覆盖，仅存一些小径主要用来锻炼、进行自然研究和休闲娱乐。由塞浦路斯旅游组织提供资金支持，林业部已建造了 48 条步行小径，总长 200 公里，覆盖了从东南端的卡乌格莱科（Cavo Greko）到西部的阿卡马斯半岛的全国各个地区。这些小径都是经过精心设计的，尽量覆盖到自然植被和文化资源丰富的地区，而且一般都是略带坡度的环形路，纵横交错，四面八方，成为塞人平日休闲娱乐的好去处。

## 三　旅游城市介绍

**尼科西亚**　尼科西亚城始建于青铜器时代，距今已有5000年的历史，但它作为塞浦路斯首府，最早于公元10世纪，距今也有千年历史。尼科西亚坐落于麦萨里亚平原的中心地带，北临美丽的凯里尼亚山脉奇观“五指山”。尼科西亚是塞浦路斯政治、经济、文化中心，400多年前威尼斯人修建的坚固城墙环抱老城，不断的扩建已经成为一个拥有17.1万人口的现代大都市。莱夫里亚广场连接着老城和新城市。老城外布满了酒店餐馆、办公大楼、公园等，之间还夹杂着古色古香的老式房屋及殖民地时期的建筑。

尼科西亚的主要旅游场所有：

位于博物馆大街的塞浦路斯博物馆，该馆收藏着从新石器时代至拜占庭帝国初期的文物和艺术珍品。

拜占庭博物馆和艺术画廊。

民俗艺术博物馆。

国家革命博物馆。

圣伊奥尼斯大教堂（Ayios Ioanis Cathedral），该教堂1662年由尼科弗罗斯大主教所建，现在教堂的墙壁上已经重现18世纪圣经人物壁画。

大主教府是塞浦路斯希腊东正教的中心，1960年按照新拜占庭风格修建，其中包括马卡里奥斯大主教私人居住区，只有特殊活动才对普通公众开放。

哈迪吉杰奥科斯·科恩尼斯西奥斯府（House of Hadjigeorgakis Kornessios），始建于威尼斯统治时期，是18世纪尼科西亚最重要的建筑，曾作为希腊人口译官哈迪吉杰奥科斯·科恩尼斯西奥斯的府邸，该建筑经过重修后作为塞浦路斯民族博物馆；1988年，哈迪吉杰奥科斯·科恩尼斯西奥斯府荣获欧罗巴—诺斯特拉奖。

法马古斯塔门，威尼斯城墙保存完好，全长4.5公里，分布着11个要塞，在北、南、东有3个入口，即城门，朱丽安娜门是其中之一，被称为法马古斯塔门，经过重修，是尼科西亚市政文化中心；该门的壮观之处是在其长长的通道的中央有一个圆顶塔，隔断了城墙，通向了护城壕沟，两侧是高高耸立的石头修筑的卫兵室；法马古斯塔门的通道和卫兵室已被重修一新，成为陈设展览、会议报告和各种演出的场所。

克里萨尼奥提萨教堂（Chrysaliniotissa Church），尼科西亚最古老的教堂，据说1450年由圣海伦资助修建。

欧麦尔清真寺（Omeriyeh Mosque），1571年奥斯曼帝国征服塞浦路斯后，将始建于14世纪的奥古斯丁修会的圣玛丽教堂改建成了该清真寺，因为穆斯塔法帕夏认为，教堂所在地是欧麦尔访问尼科西亚时曾经住过的地方。

帕尼罗莫尼教堂（Phaneromeni Church），建于1872年，曾经是尼科西亚最大的教堂，教堂东部是1821年被奥斯曼帝国屠杀的主教们的大理石陵墓。

特里皮奥提斯教堂（Tripiotis Church），由大主教吉尔莫奥斯二世（Germanos Ⅱ）建于1695年，该教堂颇具法兰克—拜占庭建筑风格。

国家当代艺术馆，主要收藏了1930~1980年间塞浦路斯艺术家的油画和雕刻作品。

圣保罗—安吉利克—卡特赫迪纳教堂，建于1893年，保留了英国农村教堂的特色。

此外，还有塞浦路斯手工艺品服务中心，该中心既有手工艺品展览厅，也有销售商店。位于尼科西亚的国际会议中心，能够接待千余代表参加的大型国际会议。在尼科西亚市外尼科西亚行政区内还有诸多古迹遗址。如在尼科西亚—特罗多斯公路距尼科西亚27公里处的波里斯特罗纳（Peristerona），有建于10世纪初期专奉圣巴纳巴斯和圣赫拉里昂两位著名圣徒的教堂，该教堂代表了拜占庭建筑艺术的最高成就。在教堂旁，还有一个土耳其族人的清真寺。

**利马索尔（又译“莱迈索斯”）** 位于南海岸，塞浦路斯第二大城市，也是塞浦路斯最大的海滨度假胜地，雄伟壮观的特罗多斯山脉沿着海岸延绵10余英里，山脚下肥沃土地上是一望无际的葡萄园。早在中世纪英王狮心理查率领的十字军占领塞浦路斯后，利马索尔就曾以经营葡萄酒和甘蔗糖而著称。现在，作为塞浦路斯第二大城市，拥有人口13.5万，是塞浦路斯制糖工业的中心，重要的商业和旅游中心。

利马索尔东部是主要的旅游休闲区，靠近海边，各类娱乐休闲设施，从豪华宾馆到普通招待所，村庄附近有希腊传统酒馆、迪斯科厅、夜总会等。有很多海滩可供选择，有些海滩很适于在盛夏休闲，旅店、咖啡厅、酒吧等场所宽敞舒适。市郊更加宜人，诸如新港口西部的著名的沙滩——“太太小姐”（Ladies Mlle），令人心旷神怡。利马索尔城堡，1191年，英王狮心理查与贝伦加里娅在这里举行婚礼，贝伦加里娅被加冕为英国王后，这是英国本土之外举行的首次加冕礼和皇家婚礼。利马索尔还有塞浦路斯中世纪博物馆、考古博物馆、民俗艺术博物馆，以及王国时期的库里昂王国、阿马修斯王国遗址等人文景观。①

**拉纳卡** 位于塞浦路斯南海岸的海滨城市，靠海的一边是棕榈树环绕的拉纳卡湾，② 风和日丽，景色宜人。拉纳卡城内有各

---

① Limassol Second City，http：//www.kypros.org/Cyprus/limassol.html，2010－03－12.

② Larnaka：Town of Kimon，http：//www.kypros.org/Cyprus/larnaca.html，2010－03－12.

种咖啡厅、酒馆、购物商场等。古代城堡昭示着其悠久的历史。这些城堡已被用作拉纳卡夏日文化中心。拉纳卡是塞浦路斯南部的重镇，拥有国际机场，豪华酒店宾馆林立，秀美海滩成为休闲度假首选。拉纳卡最早是历史名城克提昂，传说塞岛的首批移民定居点，是由诺亚孙子克提姆所建。而拉纳卡（Larnaca）之名可能源于希腊词“Larnax”，意即从该地下出土很多大理石棺。全盛时期的拉纳卡城是公元前13世纪由迈锡尼希腊人在城市王国时期所建立，当时既是繁忙的港口，也是铜贸易的重镇。今天我们仍然能够在克提昂遗址看到巨石墙和结构复杂的迈锡尼神殿。

拉纳卡是世界著名哲学家——斯多葛学派的创始人芝诺的出生地，也是圣徒拉撒路[①]的第二故乡，拉萨路复活后成为拉纳卡的首位主教。圣拉萨路教堂就在拉纳卡市中心。17世纪，拉纳卡再次走向繁荣，在此设有领事馆，成为塞浦路斯的商贸中心。1878年英国人从拉纳卡登陆，从此统治塞浦路斯。与尼科西亚和利马索尔相比，拉纳卡小得多，仅6.2万人口。主要的商业区是芝诺·克提奥斯大街，街道两旁的小商店鳞次栉比。拉纳卡每年一度的希腊东正教徒庆祝圣灵降临节活动，吸引了各方旅客。在庆祝活动中要举办水上运动、宴会以及演唱会和舞会。

拉纳卡有许多博物馆和人文景观。如拉纳卡地区考古博物馆，收藏了考古发现的从新石器时期至罗马帝国时期的文物。皮厄里得斯博物馆，是一家私人收藏品博物馆，最早是德梅特里奥斯·皮厄里得斯（1811～1895年）的收藏品，后来增加了其家族的收藏品。哈拉·苏丹·特克·哈拉姆之墓，据传说哈拉姆是

① 拉撒路（Lazarus），圣经人物，被耶稣从坟墓中唤醒复活，参见《圣经·约翰福音》第14章44节。

先知穆罕默德的亲属，公元649年阿拉伯人袭击塞浦路斯岛时死于此地，土耳其人1816年在此建了清真寺，该地也就成为麦加、麦地那、耶路撒冷之后穆斯林的朝觐之地。另外，还有距拉纳卡西11公里的克提村的天使教堂等。①

**帕福斯** 希腊爱神和美神阿佛洛狄特的故乡，塞浦路斯西海岸迷人的港口城市，人口2.8万，是一个天然良港。帕福斯西部就是塞浦路斯最大的山脉——风景如画的特罗多斯山。帕福斯国际机场使得帕福斯更加开放，迎接着来自世界各国的宾客。沿着海岸线建有豪华宾馆、酒店。帕福斯与希腊神话密不可分。传说中阿佛洛狄特诞生的海岸吸引着成千上万的信徒前来顶礼膜拜。阿佛洛狄特出生的那块高耸在岸边的巨大岩石，被美名为阿佛洛狄特岩石，守护阿佛洛狄特的库克利亚村（Kouklia）成为信徒崇拜的圣所，阿佛洛狄特洗浴的波利斯（Polis）——距阿卡马斯半岛（Akamas）几英里的海滩，被誉为生育和爱情之泉。虽然帕福斯与爱神有关，但帕福斯这个名称却与神话传说维纳斯与皮格马利翁的女儿有关。

在托勒密王朝统治时期，帕福斯是塞岛首府、繁忙的港口。7个多世纪中帕福斯一直是塞浦路斯的最重要城市，而且持续到罗马统治时期。公元45年，圣保罗与圣巴纳巴斯第二次来到塞浦路斯首府帕福斯，使塞浦路斯总督的塞尔吉乌斯·保罗斯皈依了基督教，成为塞浦路斯悠久而绚烂的历史上最突出的插曲之一。

实际上，帕福斯很多的文化遗址表明它拥有更悠久的历史。如帕福斯地区考古博物馆，收藏着由该地考古发现的从新石器时代至1700年的大量文物。拜占庭博物馆，收藏着从12世纪至

① Nicosia: The Capital, http://www.kypros.org/Cyprus/nicosia.html, 2010-03-11.

18 世纪拜占庭帝国时期发行的各种货币。公元前 4 世纪诸王的陵墓遗址。建于公元 2 世纪的帕福斯剧场。还有很多建于不同时期的修道院和教堂等。①

**法马古斯塔**　位于塞浦路斯东部海岸，其黄金沙滩延伸至塞岛的东部角。法马古斯塔最负盛名的休闲旅游中心是阿伊纳帕和帕纳里姆尼，被誉为喜欢大海和爱好水上运动者的天堂。法马古斯塔的迷人之处在于它的袖珍型的阿伊纳帕渔港，位于村庄中心的中世纪教堂，风力磨坊和围绕村庄的小教堂。法马古斯塔盛产土豆，以“库克诺奇里亚”（Kokkinochoria，意即“红土地村”）著称。实际上，这种红色土地是因为土壤中含有大量金属氧化物所致。而且这些村庄因为有塞浦路斯最著名的民间诗人而更显文化特色。②

**莱福克萨**③　即尼科西亚北部，土耳其族控制区最大的城市，也是土耳其族当局的政治、经济、文化中心。拥有人口 7.3 万。从 2003 年起，希、土两族对在塞浦路斯的欧盟成员国公民，只要带上身份证或护照，可以全天候随意穿行。现在有 5 个步行穿越通道，其中莱德纳宫和莱德纳街这两个关卡经常开放。莱福克萨作为尼科西亚的一部分，其古代建筑特征与尼科西亚一致，主要体现的是哥特式建筑与奥斯曼建筑特色，只是在莱福克萨有更多的清真寺，反映了穆斯林的文化特征。莱福克萨的主要人文景观有谢利姆清真寺（原圣索菲亚大教堂）、苏菲博物馆、鲁西格南宫（Lusignan House）、梅夫拉维·特克博物馆（Museum of

① Pafos: Town of Aphrodite, http://www.kypros.org/Cyprus/paphos.html, 2010-03-13.

② Famagusta Area Paralimni-ayia Napa, http://www.kypros.org/Cyprus/famagusta.html, 2010-3-13.

③ Lefkoşa (Nicosia), http://northcyprus.cc/index.php/front/regions/getregion/1, 2010-03-13.

Mevlevi Tekke）等。

**格兹马古萨** 土耳其族控制的法马古斯塔部分，拥有日和风丽的沙滩，被誉为地中海型的城市。东部海岸的格兹马古萨湾是一处天然浴场，拥有良好的设施。格兹马古萨靠近格兹马古萨古城，格兹马古萨古城可谓名副其实的古代建筑和遗址的“露天博物馆”。而且格兹马古萨古城距离萨拉米斯古城遗址不远，吸引了大量游客。格兹马古萨城最早由古埃及人修建，其古城墙被认为是世界上已发现的最坚固的城墙。古城的中心耸立着纳拉·穆斯塔法帕夏清真寺，还有奥赛罗塔等文化遗址。萨拉米斯古城始建于公元前11世纪，是塞浦路斯岛上古罗马遗址中影响最大的。罗马时期（公元前58年至公元395年），萨拉米斯曾被誉为“东方的大商场”。罗马人建筑的圆形竞技场可容纳15000名观众。拜占庭帝国统治初期，萨拉米斯一度是塞岛首府。后来，毁灭性的地震将该城掩埋在沙砾之中，君士坦丁大帝的儿子又重建萨拉米斯，但规模比原来的小得多。现在，人们只能从挖掘出来的遗迹凭吊这个古代一度繁荣兴盛的城邦国家。此外，还有恩科米古城遗址、圣巴纳巴斯修道院和圣像及考古博物馆、南希帕夏清真寺（原圣彼得和圣保罗教堂）、阿克清真寺（Akkule Mosque）等。[①]

**吉尔尼** 即凯里尼亚，位于塞浦路斯北部海岸，背依森林密布陡峭耸立的五指山。沿海有威尼斯人曾经使用过的港口城市吉尔尼古城遗址。该港口的奇特之处是它依五指山而建，且呈新月形。古城中有威尼斯人修建的城堡、门廊、鹅卵石铺的街道、石材建成的仓库。现在，这些古代建筑已经变成了迷宫般的引人入胜的工艺品商店。吉尔尼既是渔港，同时也有各种各样的风味小

---

① Gazimağusa （Famagusta），http：//northcyprus. cc/index. php/front/regions/getregion/2JHJ，2010－03－13.

吃店。此外，吉尔尼还有诸多人文景观，如安提芬尼提斯教堂（Antiphonitis Church）、班德凯墓和圣安德鲁斯教堂（Baldoken Graveyard & St Andrews Church）、班达布利亚（Bandabulya）、贝拉佩斯寺院（Bellapais & Bellapais Abbey）、布法文托要塞（Buffavento Castle）、吉尔尼要塞（Girne Castle）、吉尔尼港口和海事博物馆（Girne Harbour & Shipwreck Museum）、装饰艺术博物馆、民间艺术博物馆、圣赫拉里昂要塞（St. Hilarion Castle）等。①

**古塞里尔特** 古塞里尔特行政区首府，该名称的土耳其语为“美丽的村庄”，因盛产柑橘类水果和每年举办的柑橘节而闻名，是塞浦路斯最绿色的地区，也是北塞的主要农业区。每周六是古塞里尔特的赶集日，附近城镇和村庄的赶集者进行水果和其他物品的交易。古塞里尔特的主要人文景观有莱福卡古城、古代铜矿遗址、罗马人的索利古城遗址、弗尼古城的山顶波斯宫殿遗址，以及考古发现的从史前时期至拜占庭帝国不同时期的文物遗迹及教堂等。②

**伊斯凯尔** 位于塞岛最东端的卡尔帕斯半岛。卡尔帕斯半岛是塞岛最为壮观的地标，它犹如锅柄，从格兹马古萨延伸至塞岛最北端，指向叙利亚。卡尔帕斯半岛也是塞岛自然环境保护最好的地区，不仅有世界上最长的“黄金沙滩”，而且也是土耳其族的自然保护区，现在有400～500头野驴生活在此。在卡尔帕斯半岛的最北端，有一个叫迪普卡尔帕兹（Dipkarpaz）的村庄，土耳其族人与希腊族人相邻而居，和平快乐地生活着。在半岛顶端是圣徒安德烈角，耸立着阿普斯特鲁斯·安德烈修道院

① Girne（Kyrenia），http：//northcyprus. cc/index. php/front/regions/getregion/3，2010－03－13.

② Güzelyurt，http：//northcyprus. cc/index. php/front/regions/getregion/4，2010－03－14.

(Apostolos Andreas Monastery)。另外，伊斯凯尔的坎塔腊城堡也值得一看。[①]

## 第八节　国民生活

### 一　收入与物价

塞浦路斯国内生产总值长期稳定增长，如表 4-17 所示，1996～2007 年的 12 年间，增长率基本保持在 2% 以上，年平均增长率超过 3.5%。

**表 4-17　GDP 年增长率（1996～2007 年）***

单位：%

| 年份 | 1996 | 1997 | 1998 | 1999 | 2000 | 2001 |
| --- | --- | --- | --- | --- | --- | --- |
| 增长率 | 1.9 | 2.3 | 4.8 | 4.7 | 5.0 | 4.0 |
| 年份 | 2002 | 2003 | 2004 | 2005 | 2006 | 2007 |
| 增长率 | 2.0 | 2.0 | 3.7 | 3.8 | 4.0 | 4.4 |

资料来源：Cyprus GDP (real % change), http://www.worldwide-tax.com/cyprus/cyp_gnp.asp, 2010-06-06。

随着经济的增长，国民生活水平不断提高。"1970 年每人平均收入为 300 英镑（合 750 美元）。除以色列外，这在中东各国中是最高的。……普遍呈现一种繁荣的景象。"[②] 1974 年土耳其入侵对塞造成较大破坏，塞政府紧急制定和实施"紧急经济行动计划"，

① Iskele (Karpaz), http://northcyprus.cc/index.php/front/regions/getregion/5JHJ, 2010-03-14.

② 〔英〕迈克尔·李、汉卡·李著《塞浦路斯》，北京师范学院《塞浦路斯》翻译小组译，北京人民出版社，1977，第 11 页。

基本解决了失业和住房问题，经济也得到较快发展。1979 年，国民生产总值为 17.8 亿美元，人均 3563 美元，比 1973 年增加 79%；国民收入为 15.5 亿美元，人均收入为 3102 美元，比 1970 年增加了 3 倍多；通货膨胀率为 11%（1980 年 1 塞镑合 2.38 美元）。1985 年，人均收入为 2664 塞镑（约合 5190 美元）。1990 年，人均国民收入达到了 10000 美元，是 1970 年的 13.3 倍、1979 年的 3.2 倍、1980 年的 1.93 倍。1997 年，人均收入跃升至 14000 美元，世界银行将塞浦路斯列入发达国家之列。表 4－18 反映了 1990～1999 年塞人均国民生产总值（GNP）和国民消费的变化情况。

**表 4－18 人均国民生产总值（GNP）和国民消费变化（1990～1999 年）***

单位：塞镑

| 年 份 | 1990 | 1995 | 1998 | 1999 |
|---|---|---|---|---|
| 人均 GNP(塞镑) | 4483 | 6312 | 7151 | 7562 |
| 人均消费支出(塞镑) | 2645 | 3977 | 4797 | 4978 |
| 家庭消费分类比率(%) | | | | |
| 食品、饮料、烟草 | 25.3 | 33.0 | 30.9 | 30.8 |
| 服装、鞋类 | 9.9 | 10.9 | 10.6 | 10.6 |
| 交通、通信 | 15.8 | 20.6 | 19.6 | 20.5 |
| 教育、文化、娱乐 | 7.9 | 11.7 | 12.6 | 12.4 |
| 人均消费电能(度) | 2495 | 3400 | 3981 | 4190 |
| 人均消费香烟(支) | 2249 | 2281 | 2563 | 2780 |

* *About Cyprus*, The Press and Information Office of Republic of Cyprus, 2001, p. 448.

2001 年，人均国内生产总值为 7416 塞镑（1 美元＝0.67 塞镑），通货膨胀率为 2.0%，失业率为 3.9%，消费品价格指数平均增长率 2%。2007 年，人均国内生产总值为 24960 美元，通货膨胀率为 2.4%，失业率为 3.1%，消费价格指数平均增长率为 3.6%。2008 年 1～5 月，消费品价格指数比 2007 年同期增长

4.9%。塞浦路斯最低工资标准为743欧元（1欧元=1.361美元）。[①] 2008年人均国民总收入，按照阿特拉斯方法计算为26940美元，居世界第42位；按照购买力平价计算为24980美元，居世界第51位。[②]

随着国民收入的增长，居民生产消费水平显著提高。表4－19基本反映了1971～1997年间塞浦路斯居民消费能力的增强和消费水平的提高。此外，塞浦路斯个人所得税征收起点相对较高，如表4－20所示，也反映了居民较高的收入水平。随着生活水平和医疗卫生条件的提高，居民的人均寿命也不断提高。1987年，男女人均寿命分别为72岁和77岁。2005年，男女人均寿命分别增至77岁和81.4岁。

**表4－19　家庭耐用品拥有率变化***

单位：%

| 年　份 | 1971 | 1985 | 1991 | 1997 |
|---|---|---|---|---|
| 电冰箱 | 78 | 96 | 99 | 99 |
| 洗衣机 | 28 | 67 | 84 | 91 |
| 洗碗机 | — | — | 10 | 29 |
| 电视机 | 49 | 90 | 95 | 97 |
| 录像机 | — | 12 | 67 | 67 |
| 个人电脑 | — | — | 4 | 13 |
| 电　话 | — | 33 | 88 | 96 |
| 移动电话 | — | — | — | 20 |
| 小汽车 | 33 | 62 | 76 | 82 |
| 中央供暖 | — | — | 9 | 26 |

注：表中“—”指数据不详。

* *About Cyprus*, The Press and Information Office of Republic of Cyprus, 2001, p.448.

① 上述数据参阅1982～2008年《世界知识年鉴》，世界知识出版社1982～2008年各版。

② Gross national income per capita 2008, Atlas method and PPP, http://siteresources.worldbank.org/DATASTATISTICS/Resources/GNIPC.pdf, 2010－06－07.

**表 4－20 2009 年个人收入所得税***

| 税率(%) | 征税范围(欧元) | 税率(%) | 征税范围(欧元) |
|---|---|---|---|
| 0 | 不超过 19500 | 25 | 28001～36300 |
| 20 | 19501～28000 | 30 | 36301 及以上 |

＊ Cyprus Income Taxes and Tax Laws, http://www.worldwide－tax.com/cyprus/cyprus_ tax.asp, 2010－06－06.

尽管塞国民收入不断增长，但通货膨胀率长期保持较低水平，基本维持在 1.7%～4.1% 之间，如表 4－22 所示。此外，虽然塞经济活动人口增长缓慢，但没有就业人口压力（见表4－21），失业率低。1985～2007 年，失业率一直保持在 4.1% 之下（见表 4－23），为许多国家所羡慕。

**表 4－21 劳动力市场与价格状况（1973～1999 年）***

| 年 份 | 1973 | 1985 | 1998 | 1999 |
|---|---|---|---|---|
| 经济活动人口(万人) | 27.97 | 24.91 | 30.93 | 31.37 |
| 注册失业人口(人) | 3314 | 8300 | 10400 | 11400 |
| 人均收入(塞镑) | 534 | 2787 | 7113 | 9000 |
| 人均生产率(%) | — | 1.1 | 3.6 | 2.8 |
| 消费价格变化指数(%) | 7.8 | 5.0 | 3.8 | 3.3 |

注：1998 年 12 月 31 日，1 美元＝0.527 塞镑；1999 年 12 月 31 日，1 美元＝0.499 塞镑。

＊ *Cyprus: On the Way to EU Membership*, The Press and Information Office of Republic of Cyprus, 2002, p.27.

**表 4－22 通货膨胀率变化（1996～2007 年）***

单位：%

| 年 份 | 1996 | 1997 | 1998 | 1999 | 2000 | 2001 | 2002 | 2003 | 2005 | 2007 |
|---|---|---|---|---|---|---|---|---|---|---|
| 通膨率 | 3.0 | 3.6 | 2.2 | 1.7 | 4.1 | 2.0 | 2.8 | 4.1 | 2.6 | 2.4 |

＊ Cyprus Annual Inflation Rates, http://www.worldwide－tax.com/cyprus/cyp_inflation.asp, 2010－06－06.

表 4－23　失业率变化情况（1985～2007 年）*

单位：%

| 年　份 | 1985 | 1998 | 1999 | 2000 | 2001 | 2002 | 2003 | 2004 | 2005 | 2007 |
|---|---|---|---|---|---|---|---|---|---|---|
| 失业率 | 1.1 | 3.6 | 2.8 | 3.5 | 3.0 | 3.3 | 4.1 | 3.6 | 3.7 | 3.1 |

* Cyprus Unemployment Rates, http://www.worldwide－tax.com/cyprus/cyp_unemployment.asp, 2010－06－06.

土耳其族 1982 年国民收入人均为 1344 美元，1983 年人均为 1311 美元，1994 年人均收入增至 2829 美元。1995 年，国民生产总值为 7.45 亿美元，人均收入为 4087 美元，经济增长率为 2.5%，通货膨胀率为 72.2%。1996 年，国民生产总值为 7.53 亿美元，人均收入为 4106 美元，经济增长率为 3%，通货膨胀率为 87.5%。1997 年，经济增长率为 2.6%，人均国民收入为 4234 美元。1999 年，国民生产总值为 9.41 亿美元，人均收入为 4553 美元，经济增长率为 4.9%。2002 年，国民生产总值为 9.41 亿美元，人均收入为 4409 美元，经济增长率为 3.59%，通货膨胀率为 24.5%。2003 年，国民生产总值为 12.84 亿美元，人均收入为 5849 美元，通货膨胀率为 12.6%。2005 年人均收入已达 1 万美元。2006 年，人均购买力平价为 11800 美元，通货膨胀率为 11.4%。总体而言，随着土耳其族国民生产总值的不断增加，人均收入和国民生活水平也不断提高。

## 二　居住条件

1974 年土耳其人侵使住房问题成为塞浦路斯政府面临的最为严重的社会问题之一。一夜之间，希腊族人失去了 36.2% 的住房。塞政府采取紧急措施，临时搭建了 25 个临时居住帐篷营地，安置约 25 万个无家可归的难民。同时，塞政府制定了增加和改善住房的长期计划。其中期目标是为尽可能多的难民提供条件更好的住房。到20世纪80年代初，随着为难民安置问题得到一定缓解，塞政府住房政策的长期目标转向改善中低收入的非难民家庭和普通民众的住房条件上来。

**1. 解决住房问题的政策措施**

在安置难民政策的基础上，塞政府实施了解决住房问题的各种方案和计划。

**政府廉价房方案** 政府通过该方案向难民和低收入家庭提供免除物业费的低价住房。1974～2000年，约有16120个难民家庭从中受益，所有住宅小区都建有包括商店、社区中心、公共空间、学校、操场、医疗中心、老年人疗养院之类的基础设施。小区每年的管理、维护和修缮费用完全由政府承担。

**政府土地上自建房计划** 该计划也是面向低收入家庭。根据该计划，政府提供所有必要的基础设施及相关设备，难民家庭可获得建房所需的部分资金，由难民家庭在政府管理的土地上自己建房，政府还为建房者提供维护和修缮补贴。1974～2000年，通过该计划共有12818个难民家庭得到了安置。

**私有土地上自建房计划** 政府向符合条件的难民家庭提供部分建房补贴，让他们在自家的宅基地上建住房。1974～2000年间，为31431个背井离乡的家庭解决了住房问题。

**购房（公寓）计划** 1981年塞政府推出该计划，政府向符合条件的申请从私营房地产公司购买住房（公寓）者提供部分房款补贴。到2000年，已有14529个需要住房（公寓）的家庭从中受益。此外，如果申请者购房（公寓）要与年老的父母一起居住，还可获得为父母购买额外居室的额外补助。

1994年，塞部长会议决定取消对难民的低息长期房贷，改为发放补贴。塞政府总共提供的低息长期房贷总额为5440万塞镑。

1999年，部长会议决定将在私有土地上自建房的难民家庭的收入标准降低12%，这样可以有更多的家庭在私有土地上自建房。与此同时，对在政府或私有土地上自建房及从私营房地产公司购房（公寓）的难民家庭的补贴增加12%。

塞浦路斯政府还通过了一项为土耳其族村庄提供住房补贴的小计划。到2000年，有340户获得了住房。

塞浦路斯政府还通过另一项计划对土耳其族人放弃的房屋进行修缮并提供基础设施和相关设备。截至2000年，该计划为5000个家庭提供了住房。塞政府成立的土耳其族人财产管理服务处，每年花费200万塞镑修缮和维护这些房屋。

此外，塞浦路斯政府还实施了一项为购房者和建房者提供长期低息贷款的计划。

1990年以来，安置难民家庭的政府廉价房的维护基金，已经从50万塞镑增加到500万塞镑，不仅在于维护政府廉价房产，而且是为了普遍提高居民的生活条件。政府还制定了五年计划，总投资达4500万塞镑，进一步修缮和重建政府廉价房，改善难民的居住条件。①

**修建教堂** 政府实施了关心和抚慰难民的特别服务，每年拨款20万塞镑修缮安置难民的政府廉价房居住区、政府土地上自建房居住区，以及全岛有难民居住的生活区的教堂。

**2. 解决普通居民住房的政策措施**

除了解决难民的住房外，政府还通过增加新房供给，替换年久住房，减小住房拥挤，改善普通居民的住房条件。1982年，成立了塞浦路斯土地开发公司和房贷公司，实施解决中低收入家庭的住房问题的长期政策。这两个公司的目标分别是以合理的价格提供建房用地和向中低收入家庭提供长期低息住房贷款。

塞浦路斯土地开发公司将土地划分为服务性建筑用地和住房

---

① *About Cyprus*, The Press and Information Office of Republic of Cyprus, 2001, pp. 276 – 278.

用地。所有的服务性建筑用地和住房用地都是按计划分配的。到2000年，该公司共开发服务性建筑用地和住房用地3200块。土地开发公司出售的服务性建筑用地和住房用地的价格普遍低于私营公司的价格。申请购买土地开发公司土地的申请人，其家庭年总收入不得超过16000塞镑。许多符合条件的申请人还可同时申请房贷公司的住房贷款。

近年来，塞浦路斯土地开发公司已经将其业务扩展到了农村地区。同时还在两族停火线附近建住房，鼓励人们在这些敏感地带购房居住。

截至1990年，房贷公司为3256个家庭办理了住房贷款，资金总额达4.28亿塞镑。绝大多数受益者的年收入在5000～10000塞镑之间。房贷公司的这些资金帮助那些无经济能力购房的贫困家庭进入到了住房市场。

虽然塞浦路斯土地开发公司和房贷公司的工作取得了很大成就，但低收入家庭依然面临着诸多住房问题。塞政府调整了其住房政策，塞浦路斯土地开发公司和房贷公司在政府推行的新住房政策中发挥了重要作用。塞浦路斯土地开发公司被授权专门为年收入低于10000塞镑的家庭解决住房问题的计划，为那些无力购房的家庭提供了大量的住房补贴。该计划的主要内容包括：由塞浦路斯土地开发公司为家庭年收入低于10000塞镑的居民建造和提供面积适中的优良住房；符合条件的家庭有权享受购房补贴，从而使房屋价格降至可以承担的程度；房款的其余部分可在25年内付清，在这期间还可获得3%～4%的补助。

政府住房政策调整的另一举措就是，通过房贷公司向土耳其军队占领区附近的大量村庄中的新组建的家庭，提供低息长期房贷。政府通过塞浦路斯救济基金预算为房贷公司提供资金。

除了政府大力推进改善住房条件外，私营企业也为改善居民住房条件作出了贡献。塞政府通过货币和财政激励政策（尤其是土耳其入侵之后的税收优惠政策），鼓励私营企业参与住房开发。自1989年以来，商业银行通过塞浦路斯中央银行的专项基金，对家庭太阳能供暖等节能系统、中低收入家庭购房和建房提供资金支持。1975～1990年，私营企业共建住房75000套，其中部分建在了旅游区。此外，私营建筑公司还在各种难民住房计划中作出了一定贡献。也有一些家庭通过房贷公司提供的贷款建造了房屋。表4－24反映了希腊族人住房条件的改善情况。

**表4－24　家庭住房情况变化（1976～1997年）***

| 年　份 | 1976 | 1982 | 1992 | 1997 |
|---|---|---|---|---|
| 拥有住房的家庭比率(%) | 57.4 | 60 | 63.8 | 74.3 |
| 平均每间房居住人数变化(人) | 1.44 | 0.78 | 0.64 | 0.62 |

* *About Cyprus*, The Press and Information Office of Republic of Cyprus, 2001, p. 448.

土耳其族区的住房条件相对宽松。两族冲突和土耳其的入侵，造成20多万北部的希腊族人离开世代生活的家园，逃往南部希腊族控制区，成为难民。相比较从南部希腊族区逃往北部的土耳其族只有数万人，他们占有了希腊族人留下的房屋。因此，土耳其族区的住房条件相对要好得多，没有出现大量难民无法安置的情况。

## 三　福利制度

塞政府的社会福利政策的基本目标是：支持家庭，预防家庭功能障碍，在每个社会成员的基础上解决社会问题；保护儿童的安全、福利和信心；保障每个塞浦路斯合法公民，特别是老年人享有一定生活水准；保护伤残人；鼓励和支持各族成员有能力满足其成员当地水准的需要，并采取共同行动促进社会发展。目前，塞政府制定和实施了如下福利政策和措施。

**1. 家庭和儿童服务**

预防服务：目的在于支持家庭成员协调关系，转换角色。在家庭出现问题或危机之前，尽可能早地提供咨询和其他服务。截至 2000 年年底，共有 1920 个家庭援助案例，其中涉及 1782 个有孩子的家庭。

照顾孩子：如果某个家庭无法承担保护和照顾孩子的责任，社会福利服务部门就可以合法照顾孩子并享有父母所享有的权利。可以将这个孩子从亲生父母身边领走，送到寄养家庭或寄养中心，对患有严重的行为问题或其他问题的孩子来说，寄养是作为最后的解决办法。

仅 2000 年，就有 43 名孩子受到照顾。社会福利服务部总共照顾有 190 名孩子，其中 163 名在寄养家庭，27 名在寄养中心。

儿童领养：根据相关法律规定，社会福利服务部拥有咨询和管理职能，以确保被领养孩子的最大利益，但社会福利服务部本身并不是一个领养机构。

塞浦路斯国内已几乎没有合适领养的儿童，跨国领养日益普遍。为了从国外领养儿童，越来越多的夫妇向社会福利服务部申请进行领养儿童前的培训。社会福利服务部作为权力机构，根据《海牙保护儿童和国家间领养儿童合作条约》办理收养事宜。2000 年，根据法律程序办理了 61 名儿童的领养手续，对 105 对申请领养的新夫妇进行了领养前的培训。而且根据该条约还从罗马尼亚领养了 63 名孩子到塞浦路斯。

日托服务：社会福利服务部管理着 11 家面向学龄前儿童的国家日托中心，日托中心设在难民安置区。日托服务的主要目的是为职业父母在白天工作时照料他们的孩子，其费用根据各个家庭的收入情况而采取浮动制。同时，社会福利服务部还依法检查私营日托中心是否达标。截至 2000 年年底，有 293 家拥有许可证的私营日托中心，53 家非政府日托服务机构，57 名执证的儿童看护者。

**2. 对老年人和残疾人提供服务**

公共援助：每位居住在塞浦路斯的合法公民，当他（她）不能满足基本需要或法律赋予的特殊需要时，都有权享有公共援助。公共援助不因种族、性别、信仰和国籍等而区别对待。

公共援助可以根据个人需要，或提供资金支持，或提供某种服务。基本需求的水准也因生活水平的提高而增加。2000 年 1 月 1 日起，主要受益人的月水准是 123 塞镑，另外还有 54 塞镑根据情况而定。

特殊要求包括租房补贴、处方医药饮食补贴、家庭护理、日托、家具、房屋修缮、房贷抵押补贴等。对上门进行家庭护理也提供部分或全额补贴。

照料老年人和残疾人：这项服务的主要目标是，尽可能地促使家庭和社区能够独立自主地照料好老年人和残疾人，地方社会福利服务机构也可以提供家庭看护或日托。但当其他服务无法满足个人的 24 小时服务要求时，就必须提供全天候住宅区内的看护。

家庭护理在塞浦路斯开展得非常成功，近年来规模有所扩大。目前，塞浦路斯的家庭护理机构，有 136 家为政府创办、61 家是非政府机构运营、1076 家为私人经营，其费用均由公共援助基金提供。日托服务主要由非政府机构运营。有 7 家政府管理老年人和残疾人的疗养院，另有 26 家属非政府组织开办，98 家私人开办。

社区工作：社区工作的目标是，在确认和满足当地生活水平的社会需要方面组织社区工作；加强城乡联系，促进社会发展；为满足家庭和社会对本地区生活水平的需要，提供更加有效、更加灵活多样和更为广泛的服务。

政府鼓励通过社区工作和公众对社会需求的感受来发展社区的志愿服务组织。

2000年，塞浦路斯政府拨款325万塞镑，在塞政府控制区实施了287个补助金项目，使大约16745人从中受益。[①]

**3. 社会保险**

塞浦路斯的社会保险有如下几种类型：

**社会保险** 1980年10月，塞政府出台了新的《社会保险法》。该法规强制性地要求所有雇员和自主创业者必须参加。失业者可以在一定条件和自愿的基础上参加社会保险。

根据《社会保险法》规定，每个雇员每月要缴纳其月收入的16.6%作为社会保险捐助金，月缴纳的上限为1647塞镑。在月缴纳的16.6%中，6.3%由雇员自己缴纳，6.3%由雇主缴纳，另外4%由国家支付。对于自主创业者，则要缴纳其月收入的15.6%，其中11.6%自己缴纳，4%由国家支付。自愿参加社会保险者，需缴纳其月收入的13.5%作为社会保险捐助金，其中10%自己缴纳，另外3.5%由国家支付。

《社会保险法》对塞浦路斯国民和非塞浦路斯国民平等对待，后者与前者享有同样的权利和义务。

社会保险可以提供如下津贴：怀孕津贴、疾病津贴、失业津贴、养老金、伤残津贴、寡妇津贴、孤儿津贴、失踪人员津贴、结婚津贴、丧葬津贴、工伤和职业病津贴（包括伤病津贴、伤残津贴、死亡抚恤金等）。

雇员有权利享受上述所有津贴，但自主创业者则不能享受失业津贴和工伤事故津贴。

自愿参加社会保险者，不享受怀孕津贴、疾病津贴、失业津贴、伤残津贴、工伤事故津贴。

除结婚津贴、丧葬津贴和死亡抚恤金之外，所有的津贴都由

① *About Cyprus*, The Press and Information Office of Republic of Cyprus, 2001, pp. 272 – 276.

两部分组成：基本津贴和附加津贴。基本津贴是根据收入而定，其上限为每周津贴 63.27 塞镑；而附加津贴则是根据其收入，每周津贴从 63.27 塞镑至 380 塞镑不等。

除以上现金津贴之外，社会保险方案还为工伤事故受害者、职业病患者、伤残雇员提供免费医疗。

除结婚津贴、丧葬津贴、疾病津贴和伤残津贴外，其他津贴可以向塞浦路斯国外支付。

**儿童津贴** 塞政府颁布《儿童津贴法》的主要目的是为多子女家庭提供补助。儿童津贴是免税的，由国税局支付，其条件是只有在塞浦路斯长期定居，并有 4 个以上孩子的家庭才可以享受儿童津贴。从 2000 年 1 月 1 日开始，每年给每个孩子发放 13 次津贴，每次 26.64 塞镑，其额度根据每年的生活消费指数适时调整。

**社会养老金** 塞浦路斯《社会养老金法》规定，向符合以下条件的塞浦路斯定居者提供津贴：年满 65 岁、不享受任何津贴和类似津贴、符合法定的定居条件者。这些条件包括：从申请人年满 40 岁算起，已在塞浦路斯合法居住 20 年以上者，或从申请人年满 18 岁算起，已在塞浦路斯合法居住 35 年以上者。如果申请人从其他渠道获得的养老金低于社会养老金，该申请人可获得的社会养老金的额度是这两种养老金的差额部分。2000 年 7 月 1 日起，社会养老金每月为 125.73 塞镑，每年发放 13 次，每人得到的金额相同，由国税局支付。

**母亲津贴** 塞政府制定的《母亲津贴法》为符合以下条件的母亲提供津贴：无权享受儿童津贴、定期居住在塞浦路斯并拥有 4 个以上孩子的母亲。对于已经享受社会津贴或其他津贴，且其月津贴额度不低于（《社会保险法》规定的）基本退休金的母亲，不再享受母亲津贴。母亲津贴为每月 26.64 塞镑，每年发放 13 次，由国税局支付。

**带薪年假制度** 根据塞浦路斯《带薪年假法》，所有雇员都有权享受带薪年假。目前，每年的法定年假至少为 3 周或 15 个工作日（对每周工作 5 天的人来说）或 18 个工作日（对每周工作 6 天的人来说）。为了确保雇员在年假期间的最低收入，雇员需将每月工资的 6% 交给中央假期基金，最高限额为 1647 塞镑/月。只有上一年度工作 13 周以上的雇员才有资格从该基金获取年假薪金。

政府也鼓励雇主安排其雇员带薪休假，可免缴中央假期基金，由雇主直接安排其雇员带薪休年假。此外，如果雇员根据相关法律规定，与雇主签订的雇佣协议、习俗或其他原因，享有 3 周以上的年假，《带薪休假法》要确保这一权利。

**解雇规定** 解雇规定涵盖所有签订雇佣合同的雇员。该规定的目的是：（1）通过强迫雇主偿付赔偿金以防止雇主随意辞退员工的行为；通过待业基金发放的待业款项缓解由于技术和社会变革造成的待业影响。（2）如要解雇或裁员，需提供最低通知期。（3）建立国家解雇基金，由全国的雇主依据保险法分摊，根据其雇员薪金总额的 1.2% 缴纳，最高金额为 380 塞镑/周或 1647 塞镑/月。

**公积金** 塞浦路斯《公积金法》规定，每个公积金在投入运作之前，都须符合《公积金法》并进行登记，同时还要确保对公积金的良好管理。

公积金是一种储蓄，其资金来源于雇主和雇员（根据雇员收入而定），雇主和雇员缴纳的比例由双方协议而定。当解雇、永远丧失劳动能力、退休或死亡时，一次性发放公积金，其金额为雇主和雇员缴纳的数额总和及其利润。

# 第五章

# 军　　事

## 第一节　塞浦路斯军事力量

### 一　塞浦路斯政府军事力量

#### 1. 国民警卫队发展概况

国民警卫队是塞浦路斯共和国的综合武装力量，包括陆军和海空军分队，由现役部队、预备役部队和民兵组成。希腊派驻塞浦路斯的分遣队，并不是塞浦路斯军队的组成部分。①

1960 年塞浦路斯独立后，立即建立了塞浦路斯共和国军队，其总兵力为 2000 人，其中 60% 为希腊族人，40% 为土耳其族人。1963 年年底总统马卡里奥斯提出宪法修正案，导致希、土两族冲突后，土耳其族官兵全部撤出，与此同时，希腊族为了应对土耳其不断发出的军事威胁，塞政府建立了高级国防军事司令部，一支希腊部队进驻塞浦路斯，承担塞岛防卫，直到 1967 年年底，该部队才撤回希腊。此外，1963 年还成立了特别联合参谋部，建立国民警卫队后更名为国民警卫队司令部。1964 年 6 月，

① Cypriot National Guard, http://en.wikipedia.org/wiki/Cypriot_National_GuardJHJcite_note-gourley2003-2, 2009-10-12.

塞议会通过《国民警卫队法》，实行义务兵役制，服役期 18 个月。1964 ~ 1965 年，由于两族冲突加剧及土耳其威胁军事干涉，塞政府加速扩充军队，使国民警卫队兵力一度达到 1.7 万人。①

在马卡里奥斯总统建立国民警卫队的最初 10 年里，国民警卫队逐渐变成了亲希腊军政府和反对共产主义的中坚力量，最终发展到发动推翻马卡里奥斯总统的军事政变，后来希腊政府被迫召回了国民警卫队中绝大多数极右的希腊军官，用温和的希腊军官取而代之。70 年代后期，国民警卫队不再发挥政治作用，也不再对政治产生影响。80 年代后期，国民警卫队的力量得到了加强和实现了现代化，但它抵抗土耳其军队进攻的能力仍然很有限。按照塞浦路斯国防部长安德列亚斯 · 阿劳莱夫迪斯（Andreas Aloneftis）在 1990 年的说法，塞政府建立国民警卫队的目的严格限制在自卫。阿劳莱夫迪斯承认，尽管国民警卫队宣称要“解放”北部领土，但实际上这是根本不可能的，塞浦路斯寻求建立一支可靠的防止土耳其企图占领全岛的威慑力量。他认为，国民警卫队的目的只是对土耳其军队的进攻延迟 2 ~ 3 周，以便为联合国安理会进行干预争取时间。

根据伦敦国际战略研究所发表的《1989 ~ 1990 军事平衡》，1967 年，塞国民警卫队人数达到最大，其编制为 3.5 万人。1974 年土耳其入侵后，国民警卫队的规模基本上确定了下来。1989 年编制约 1.3 万人，其成员绝大部分为希腊族人，服役期为 26 个月。

国民警卫队的军官绝大多数是从希腊军队中选拔的。1990 年年初，估计有 1800 名来自希腊军队的军官和尚未任命的军官在国民警卫队中服役，相比之下，国民警卫队中大约有 800 名希

① *About Cyprus*, The Press and Information Office of Republic of Cyprus, 2004, pp. 112 - 113.

腊族军官和士官。在高级军官中，希腊籍军官处于主导地位。比如在1990年，国民警卫队的司令、副司令以及高级军官全是希腊籍军人，而希腊族军官的最高级别只是陆军准将或旅长。为增加希腊族军官在国民警卫队中的数量，1990年年初，塞议会通过法案任命65名希腊族军官和50名希腊族军士。

国民警卫队士兵在完成了现役期限后，可以转为预备役人员继续服役到50周岁，军官可以到60周岁。1990年，国民警卫队征召6.6万名一线预备役人员和3万名二线预备役人员。每年征召一定比例的预备役人员参加为期一周的国民警卫队的训练。

国民警卫队的标志是双头鹰。此外，国民警卫队的制服、军衔标志和徽章与希腊军队的相似。制服的颜色和尺寸与希腊军队的相同，只是在扣子、军帽、肩章上印有与塞浦路斯共和国国旗和武器包装上相一致的橄榄枝图案。

对于希腊族青年男子而言，服兵役具有一定强制性。如果没有完成规定的军队服役期，政府就不发给离开塞岛和接受高等教育的许可证。塞政府规定每年6月进行征兵，未参军入伍的青年8月就可以进入新学年学习。政府鼓励青年人从军，但在塞浦路斯经济长期繁荣发展的背景下，有技能的青年人或半熟练的职业人员，很容易找到一份待遇不低的工作，所以只要完成规定的服役期后，更多的人选择离开部队，特别是那些在军队中仅仅作为士官的青年人。

80年代后期建立起了严格的军事训练制度。塞国民警卫队队员士气旺盛，训练程序更加严格，引进了现代武器装备系统。80年代后期，被征召入伍者的工资待遇每月仅15美元，一般都需要家庭补贴才能满足平时的个人花费，他们通常都被安排在离家较近的地区服役。职业军人的报酬较高，特别是军衔高的军官。在1990年，国民警卫队征召了首批女志愿兵，从事非战斗性工作。

**2. 国防体制**

国防部为塞军事力量的最高行政领导机构。现任国防部长为科斯塔斯·帕帕科斯塔斯。国民警卫队司令为最高指挥官，现任司令为希腊籍军官康斯坦丁·比斯比卡斯中将。国民警卫队的一些高级军官也由希腊籍军官担任。

**3. 国防预算**

塞政府的国防费用分为预算开支和预算外开支。前者主要是国民警卫队吃住行和训练开支，而后者主要为武器采购开支。预算外开支从国防基金中支付。国防基金的数额没有上限，其来源于一项特殊的国防税收，其中包括利息税、股息税、租金税、公司利润税。1990 年 7 月，国防税从 2% 提高到 3%。此外，增加的汽油税和香烟税也被纳入国防基金。私营企业和教会，是塞浦路斯较为富有的机构，它们向国防基金直接捐助。2002 年，塞浦路斯的国防支出为 3.7 亿美元，占国内生产总值的 4.2%。2008 年政府国防预算为 3.65 亿欧元（约合 5.36 亿美元）。2009 年国防预算为 3.77 亿欧元（约合 5.62 亿美元）。

**4. 兵役制度**

自 1964 年以来，国民警卫队只由希腊族人组成。从 2008 年开始，塞浦路斯实行义务兵役制，每个男性公民必须服兵役，服役期为 26 个月。① 服预备役士兵的最高年龄为 50 周岁，军官为 60 周岁。

兵役法规定，只有塞浦路斯共和国的公民才能服兵役。所谓共和国公民，主要是塞浦路斯共和国政府所控制的希腊族社区的居民。希腊族社区不仅包括希腊族人，还包括生活在希腊族社区的马龙派信徒、亚美尼亚人及欧洲人。

---

① Barry Turner, ed. (2006), *Cyprus: The Statesman's Yearbook 2007* (*143rd ed.*), New York: Palgrave Macmillian, pp. 378 - 379.

**5. 国民警卫队的编成和装备**①

塞浦路斯国民警卫队的总兵力为10050人，其中常规军人950人，征召士兵9100人。设有一个本土防御司令部。

**陆军编成** 2个机械化步兵师，每个师下辖3个步兵营；1个机械化步兵旅，下辖2个步兵团；1个装甲旅，下辖3个装甲营；1个轻型步兵旅，下辖2个步兵团；1个突击团，下辖1个特种兵营；1个炮兵指挥部，下辖8个炮兵营；1个支援旅。

**陆军装备** 主战坦克147辆（其中T－80U型41辆，AMX－30G型54辆，AMX－30B2型52辆）。步兵战车43辆（BMP－3型）。装甲侦察车139辆（其中EE－3型15辆，EE－9型“响尾蛇”124辆）。装甲人员输送车294辆（其中列奥尼达斯式168辆，VAB式126辆）。各型火炮526门，其中：155毫米自行火炮24门（MKF3型12门，Zuzana式12门）；牵引火炮104门，其中M－1944型100毫米炮20门、M－56型105毫米炮72门、TR－F－1型155毫米炮12门；多管火箭炮22门，其中BM－21型122毫米炮4门、M－63型128毫米炮18门；迫击炮376门，其中M－1/M－29型81毫米炮70门（储存）、E－44型81毫米炮170门、M－2/M－30型107毫米炮20门、RT－61型120毫米炮116门。反坦克导弹115枚，其中“霍特”式70枚、“米兰”式45枚。无后坐力炮153门，其中M－40A1型106毫米炮144门，EM－67型90毫米炮9门。反坦克火箭筒RPG－7型73毫米火箭筒850具，“阿皮拉斯”（APILAS）112毫米火箭筒1000具。地对空导弹48枚，其中SA－15“西北风”式（自行）6枚，“蝮蛇”（Aspide）式12枚，“西北风”便携式30枚。

---

① The Military Balance 2010, *The International Institute for Strategic Studies*, pp. 180－182.

轻型武器装备主要有突击步枪，如 HK G3A3 作为一个标准的装备步枪，各种卡拉什尼科夫冲锋枪系列及其改造型，包括 AK－47、AK－74M、AKMS、AK－101，以及训练用的扎斯塔瓦 M70。特种部队使用的是 HK G3A4，包括其改进型 G3A4ZF 狙击步枪。支援武器包括 HK11A1 自动武器（SAW）、MG3 通用机枪（GPMG），最新购置的 FN Minimi 自动武器（SAW）为特种部队使用。特种部队也使用 HK G3－SG1 狙击步枪和希腊产的 Kefefs－M 狙击步枪，以及 FN P90 个人防卫武器（PDW），这种枪通常装配有消音器、激光制导和闪光信号灯。此外，特种部队和军官也经常装备格洛克 17 自动手枪、HK USP 手枪、FN5－7 毫米手枪和扎斯塔瓦 M57 式手枪。

**空军分队装备** BN－2 型“岛民”运输机 1 架，PC－9 型教练机 1 架。攻击直升机 15 架（米－35P 型“雌鹿”11 架、SA－342“小羚羊”4 架，装备有“霍特”反坦克导弹），编成第 449 和第 450 武装直升机中队。通用直升机 2 架（贝尔 206C 型/L－3 型“远程别动队员”）。无人机飞行中队 1 个，装备有“云雀”微型无人侦察机和“竞技神”450 型无人机。

**海军分队装备** 海岸巡逻艇 6 艘，其中“萨拉米斯”号 1 艘、“凯里尼亚”号（希腊“迪洛斯”号）1 艘、“罗德曼”（Rodman）55 型 2 艘、坎蒂里·维多利亚（Cantieri Vittoria）级 2 艘。此外有摩托艇 2 艘。反舰导弹连 1 个，装备有导弹发射架 3 部，MM－40 型“飞鱼”导弹 24 枚。

**6. 准军事部队**

编制 750 人，其中：

**武装警察** 机械化（快速反应）部队 500 人，装备有 VABVTT 型装甲输送车 2 辆，BN－2A 型“防御者”巡逻机 1 架，贝尔 412SP 型通用直升机 2 架。

**海事警察** 编制 250 人，装备有海岸巡逻艇 7 艘（其中 SAB－

12型2艘，坎蒂里·维多利亚级2艘）、近岸巡逻快艇3艘（其中埃凡哥拉斯级2艘，沙尔达格级1艘）。

**7. 国民警察部队**

国民警察部队隶属于司法与公共事务部，是塞浦路斯共和国的国民警察。与欧洲其他国家的犯罪率5%相比，塞浦路斯的犯罪率很低，仅为1.0%。塞浦路斯警察部队按其职能，分为教育、管理、操作、维护服务4个方面。国民警察的主要职责是：维护公共法律和秩序、保卫和平、防止和侦查犯罪、逮捕罪犯。国民警察的组织结构如下：

国民警察部队设有7个部门，分别是：管理部，负责全体警察的组织、管理和人事；交通运输部，负责与交通相关的问题，如预防和调查交通事故和报告违章驾驶等；犯罪侦查部，负责严重犯罪的调查和侦破；科学技术服务部，对警察提供电信和科学技术服务，以及对警察实施的交通管制提供服务；研究与发展部，负责促进规范程序和方法，提高警察办事效率，信息技术警察局就隶属于该部门；刑事侦查服务部，负责对犯罪现场进行科学分析侦查，为法庭提供科学证据；审计和检查服务部，负责对所有警察部门、单位、服务和地方警察机构进行检查。

国民警察部队的指挥部门有：欧盟与国际警察合作指挥部、物资供给管理指挥部、航空安全指挥部、财政金融指挥部。

国民警察部队的机构有：外籍人与移民局、中央情报局、塞浦路斯警察学校、缉毒局、应对紧急状态局、总统卫队、航空局。另外，在尼科西亚、利马索尔、拉纳卡、阿莫契斯塔斯、帕福斯、莫尔富设有警察分局。

2006年，国民警察部队有4771人（其中包括特殊岗位和特警），其中，女性警员占11.76%。

塞浦路斯警察学校是塞浦路斯国民警察的专业教育和训练机

构，该校建立于1990年，国民警察基本上都是该校的毕业生或接受过该校的培训。[①] 国民警察与国民警卫队的最大区别是，国民警察不论是官员还是普通警察，完全由希腊族人组成。

## 二 土耳其族军事力量

### 1. 土耳其族保安部队

土耳其族保安部队是塞岛北部土耳其族控制区的军事和安全部队，完全由征召的土耳其族男子组成，是一支联合武装部队。

塞浦路斯独立前，土耳其族建立了“土耳其族抵抗组织”（TMT）。1967年，该武装组织改建为“斗士”（Mücahit）。1975年，又将其改编成现在的土耳其族保安部队。其司令由土耳其籍军官担任，负责该部队的指挥、训练和管理，并兼管土耳其族警察部队。土耳其族保安部队司令通过“北塞”外交部长和国防部长向“北塞”总理负责。土耳其族实行义务兵役制，从18周岁至40周岁的土耳其族人中征召，服役期为24个月，退役后还可作为预备役军人服役至50周岁。[②]

目前，土耳其族保安部队约有5000人，编为7个步兵营和1个装甲连。装备有120毫米迫击炮73门，“米兰”式反坦克导弹6枚，106毫米无后坐力炮36门。另外还有预备役部队26000人，其中一线预备役1.1万人、二线预备役1万人、三线预备役5000人。[③] 武装警察部队1853人。海岸防御部队装备有海岸巡逻艇5艘、近岸巡逻艇1艘。

---

① Cyprus Police, http: //en. wikipedia. org/wiki/Cyprus_ Police, 2009 - 10 - 08.

② Military of Northern Cyprus, http: //en. wikipedia. org/wiki/Turkish_ Cypriot_ Security_ Force, 2009 - 10 - 10.

③ Northern Cyprus: Military, http: //en. wikipedia. org/wiki/Northern _ Cyprus, 2009 - 10 - 10.

由于有土耳其驻北塞军队在武器装备及训练方面的支持，土耳其族的防卫预算不详。1990 年，土耳其族当局声称其军费开支为 3.9 万美元，这一数字仅为塞政府国防费用预算的 1.5%。观察家认为，土耳其族保安部队军费的大部分是由土耳其军队来承担的。

**2. 土耳其族警察部队**

按照 1986 年出版的“北塞”警察管辖区域内的《警察组织法》（1984 年）第 51 款规定，警察机构主要分为中央机构和省级机构两个部分。警察部队的指挥官，特别是警察机构的高级指挥官，由土耳其族保安部队司令指挥，保安部队司令负责警察部队的训练、协调行动和服务监督。常务副总指挥直接管理 9 个中心警察局：行政管理局、司法警察局、政治警察局、海空和港口警察局、交通警察局、消防大队、警察学校、移民局、地方事务局。有 2 个特殊机构：快速反应行动队和缉毒队，直接受警察部队司令指挥。

司法警察局协助地方警察组织刑事侦查，对于与地方警察局长有特殊利益关系的案件，司法警察局可以直接进行司法侦查。司法警察局的分支机构有身份证摄影和指纹识别处、犯罪记录处、轻武器登记注册处、射击实验室和一个爆破小分队。政治警察局有国内情报处和国外情报处，政治警察局的职责是预先获取可能影响国家安全的行动或计划的信息，并采取措施及时处理。地方政治警察机构直接受中央政治警察局领导，收集威胁国家安全或针对国家安全的突发性事件的情报，以及中央政治警察局分配的其他任务。中央政治警察局和 5 个地方政治警察机构总的编制共有 107 人。

在尼科西亚、法马古斯塔、凯里尼亚、莫尔富和卡尔帕斯半岛分别设有地方警察局。每个地方警察局下辖 3 ~4 个区警察局和 6 ~12 个警察站。地方警察局下辖 6 个部门：行政管理处、司法警察处、交通管理处、移民事务处、消防队、地方事务管理处。

## 第二节 外国驻塞浦路斯军事力量

### 一 希腊驻塞浦路斯分遣队

按照《苏黎世—伦敦协定》和《联盟条约》规定，希腊派驻塞浦路斯分遣队的人数是950名。1960年8月，塞浦路斯独立，希腊按规定向塞浦路斯派驻分遣队。1963年年底希、土两族发生冲突后，1964年4月，总统马卡里奥斯与希腊首相帕潘德里欧会晤后双方决定，为防止土耳其入侵塞浦路斯，希腊向塞浦路斯派遣了大约2万名希腊官兵。1967年7月发生“圣锡奥多罗斯—科菲努村事件”后，土耳其迫使希腊政府召回了塞浦路斯希腊族武装“埃欧卡”前领导人格里瓦斯，撤回了驻扎在塞浦路斯的1万多名希腊军人。目前，希腊在塞驻军有1250人。[①]

### 二 土耳其驻塞浦路斯军队

按照《苏黎世—伦敦协定》和《联盟条约》规定，土耳其驻塞岛的分遣队人数是600名。1974年7月土耳其入侵并控制塞北部地区后，土耳其在塞北部一直驻扎着较大规模的武装力量。1990年，土耳其在“北塞”的驻军是从土耳其第9军团中抽调出来的2个军，即第28军和第39军。另外有1个独立装甲旅和炮兵部队。第28军司令部设在尼科西亚北部

---

① 高树茂主编《世界知识年鉴2008/2009》，世界知识出版社，2009，第712页。

的阿莎（Asha），第39军司令部设在莫尔富。土耳其在北塞部队的军需库设在尼科西亚最北端的吉特尔（Kythrea）。土耳其和土耳其族认为，驻北塞的土耳其分遣队是保障塞浦路斯土耳其族和平和安全的“和平军”，是从1974年土耳其入侵塞浦路斯时的4万军队中留下来的。1990年年初，土耳其国防部官员称，土耳其在塞的分遣队有1.75万人，而塞浦路斯政府坚持认为，土耳其在北部部署了3.5万名士兵。

土耳其驻北塞部队隶属于土耳其爱琴海军区，其司令部设在土耳其的伊兹密尔，驻北塞土耳其军队司令直接向土耳其总参谋部负责。土耳其驻北塞分遣队的主要任务是维护土耳其族区的安全，保护1974年建立起来的与希腊族的分界线，防止希腊族的进攻或其他跨越分界线的行动，帮助训练土耳其族武装部队。

目前土耳其驻塞浦路斯军队约有3.5万人①，编成1个军司令部，下辖2个步兵师、1个装甲旅、1个独立机械化步兵旅、1个炮兵旅、1个突击团和1个航空兵司令部。装备有：M－48A2型主战坦克8辆，M－48A5T1/M－48A5T2型坦克441辆；AAPC各型装甲输送车361辆，M－113各型装甲输送车266辆；M－44T型155毫米自行火炮90门，M－101A1型105毫米炮72门，M－114A2型155毫米炮18门，M－115型203毫米炮12门；T－122型122毫米多管火箭炮6门；迫击炮450门，其中81毫米炮175门、M－30型107毫米炮148门、HY－12型毫米炮127门。

此外，反坦克武器有：“米兰”式便携式反坦克导弹66枚、

① 土耳其族当局和土耳其政府认为，驻扎在北塞的土耳其军队只有15000人，但塞浦路斯政府坚持认为，目前驻扎在北塞的土耳其军队有35000人，参见塞浦路斯政府网站：Turkish Invasion and Cyprus Occupation，http：//www.cyprusnet.com/article turkish-invasion-and-cyprus-occupation，2011－06－10。

“陶式”便携式反坦克导弹 48 枚，M－40A1 型 106 毫米无后坐力炮 192 门、EM－67 型 90 毫米无后坐力炮若干门，M－72 型“劳”66 毫米火箭筒若干具。

防空武器有：Rh202 型 20 毫米高射炮若干门，GDF－003 型 35 毫米高射炮 16 门，M－1 型 40 毫米高射炮 48 门。

空军分遣队装备有：U－17 型多用途飞机 3 架，直升机 4 架（AS－532UL 型“美洲狮”通用直升机 1 架、UH－1H“易洛魁人”效用直升机 3 架）。此外，还有 1 艘不到 100 吨位的近岸巡逻艇。

### 三　英国主权军事基地驻军

1960 年塞浦路斯独立时，英国仍然保留了两个永久性的主权军事基地，即利马索尔以西的阿克罗蒂里空军基地和拉纳卡以东的德凯利亚陆军基地，英国在塞浦路斯的驻军，即指驻扎在其军事基地的军队。除了两个主权基地外，英国在塞另有 15 处保留区域，包括水源、基地之外的雷达站等区域，保留着英国的司法权。自 1960 年后英国军队和皇家空军 1 万人驻扎在阿克罗蒂里和德凯利亚主权基地。1970 年前，英国皇家空军 2 个轰炸机中队及其护卫战斗机驻扎在塞浦路斯基地，但自 70 年代后，英国皇家空军不再在塞岛驻扎轰炸机。1962 年前，这两个军事基地由英国驻中东部队管辖，其后，英国驻塞岛部队正式称为“塞浦路斯的英国军队”。英军在其基地设有海陆空三军司令部，其司令由英国驻塞浦路斯陆军少将和海军准将轮流担任。

随着英国军事力量在中东的收缩，英国在塞浦路斯的基地主要用作英国皇家空军和陆军的训练场所，以及英国与南亚和远东之间的运输中间基地。在经塞政府许可的情况下，英国军队到基地之外的特罗多斯山区进行训练。英国在塞的军事基地也为联合

国驻塞浦路斯维持和平部队提供支持和装备维护。该基地最主要的作用是通信和电子情报收集的中继站，安装在基地的电子设备可以获取从东地中海通过中东至伊朗的飞行器、船只卫星通信的信息，英国收集到的信息与美国共享。虽然英国在塞浦路斯的军事基地与北约没有正式的联系，但在冷战时期，由于苏联海军潜艇在地中海的活动，使北约非常重视英国在塞的基地。此外，该基地对美国军事力量在中东的活动提供后勤支持，包括 1982 年以美国为首的多国部队派往黎巴嫩，美国的黑鹰直升机也曾起降于该基地，支持美国驻贝鲁特大使完成使命。①

英国在塞岛基地的常驻部队有：塞浦路斯的英军司令部、皇家工程兵第 62（塞浦路斯）后勤中队、驻扎在圣尼科拉奥斯的联合通信部队、塞浦路斯通信部队、塞浦路斯后勤保障部队、第 84 皇家空军中队、常驻步兵营（两个营）、皇家海军塞浦路斯中队、塞浦路斯联合警察部队（由皇家海军警察部队、皇家武装警察部队和皇家空军警察部队组成）。另外，英国在塞岛基地还有内政部队，包括主权基地海关部队、主权基地警察和治安武装警察。②

目前，驻扎在其主权军事基地的英军有 2791 人，其中陆军 1678 人，编成 2 个步兵营和 1 个直升机小队；海军 42 人；空军 1071 人，编成 1 个直升机中队，装备贝尔－412 型直升机 4 架。

## 四　联合国驻塞浦路斯维持和平部队

1963 年 12 月 21 日希、土两族爆发冲突后，英国和塞浦路斯政府请求联合国安理会紧急采取行动。1964

① Military of Northern Cyprus, http://en.wikipedia.org/wiki/Turkish_Cypriot_Security_Force, 2009－10－20.

② British Forces Cyprus, http://en.wikipedia.org/wiki/British_Forces_Cyprus, 2009－12－22.

年3月4日，安理会一致通过第186（1964）号决议，其中建议成立联合国驻塞浦路斯维持和平部队（简称“联塞部队”，UNFICYP）。联塞部队从1964年3月27日开始执行维和任务。1974年7月，土耳其入侵并控制塞北部，导致塞南北分治后，安理会通过了若干影响到联塞部队运作的决议，要联塞部队履行一些特别有关维持停火的额外职责，联塞部队在两族控制地区之间设立了停火线和缓冲区。停火线全长约180公里，横贯该岛。停火线之间的缓冲区宽窄不一，有的地方不到20米，有的地方则宽达约7公里，缓冲区面积占该岛面积约3%，包括一些最宝贵的农地。联塞部队建立了诸多观察哨，通过这些观察哨以及空中巡逻、乘车和步行巡逻进行监督。同时，联塞部队还努力恢复缓冲区的正常民间活动，并为难民提供人道主义援助。安理会第1486号决议扩大联塞部队，增加警员不超过34名。2004年10月22日，安理会第1568（2004）号决议修订联塞部队行动概念和缩减兵力的建议。2005年2月7日，联塞部队军事部门已完成缩减兵力工作，开始执行第1568（2004）号决议批准修订行动概念。当时部队实力为大约875名军事人员。[①]

联塞部队总部设在尼科西亚。联合国秘书长特别代表兼特派团团长是埃塞俄比亚人塔耶·布鲁克·泽里胡恩。联塞部队指挥官是秘鲁人马里奥·桑切斯·德贝纳尔迪少将。2009年年底部署兵力为921名军警人员，其中包括855名官兵和66名联合国警察；另有40名国际文职人员和112名当地文职工作人员。军事人员派遣国有：阿根廷[②]、奥地利、巴西、加拿大、智利、克罗地亚、匈牙利、巴拉圭、秘鲁、斯洛伐克和联合王国。联合国

① 塞浦路斯——联塞部队的背景资料，http：//www. un. org/chinese/peace/peacekeeping/Cyprus/unficypB. htm，2009-11-01。

② 阿根廷派遣的人员包括来自巴西、智利和巴拉圭、秘鲁的士兵。

警察派遣国包括：澳大利亚、波斯尼亚和黑塞哥维那、克罗地亚、萨尔瓦多、印度、爱尔兰、意大利、黑山、荷兰和乌克兰。联合国派驻塞维和部队以来，维和人员死亡 180 人，其中军事人员 170 名、联合国警察 3 名、国际文职人员 5 名、当地文职人员 2 名。联塞部队的经费由特别账户摊款，同时，塞政府和希腊政府也主动资助联塞部队的行动。①

尽管联塞部队的经费存在困难，并存在维和人员伤亡，但因塞问题尚未彻底解决，为避免冲突，维持和平，联合国安理会一再延长联塞部队的维和期限，至今仍在继续执行维和使命。

## 第三节　对外军事关系

### 一　塞浦路斯与希腊军事关系

1974 年土耳其入侵并占领塞浦路斯北部后，塞政府不断加强与希腊的军事合作关系，特别是冷战结束后，双方的军事合作关系进一步加强。塞希军事关系主要体现在 4 个方面：一是塞希联合防务，包括协调防务政策，希腊向塞政府提供武器装备，甚至希腊的某些武器装备直接部署在塞浦路斯。二是希腊为塞训练军队，包括塞浦路斯军官到希腊接受学习和军事培训等。三是希腊向塞提供军事指挥乃至军官，塞国民警卫队司令及主要指挥官一直由希腊军官担任。四是塞希联合军事演习。联合军演既是塞希军队演练实战合作，通过演练训练塞国民警卫队，也是希腊坚决保卫塞国家安全的

---

① “塞浦路斯——联塞部队的情况和数据”，http：//www. un. org/chinese/peace/peacekeeping/Cyprus/unficypF. htm，2009－11－10。

体现。

1994 年，塞政府与希腊达成联合防务协议。1995 年 4 月，希腊国防部长阿尔塞尼斯正式访问塞浦路斯，同塞领导人讨论进一步落实共同防务问题。9 月，希腊空军首次实地参加塞军事演习。1996 年 1 月，希腊总理西米蒂斯在施政纲领中强调，希塞共同防务信条是支持塞问题公正、合理政治解决的选择，希腊国防政策的长期目标是抵抗外国对希、塞的军事威胁。2 月，塞总统克莱里季斯访问希腊，与希腊总理会晤讨论塞问题和实施共同防务信条问题。8 月，希腊国防部长阿尔塞尼斯访塞。10 月，塞国民警卫队与希腊军队举行了较大规模的联合军事演习，希腊空军派出战机飞临塞浦路斯领空进行投弹和轰炸等实战演习。1996 年，希腊 170 亿美元军备采购计划中，20 亿美元的装备要部署在塞浦路斯。希腊族在帕福斯修建的空军基地，可供希腊战机临时或长期驻扎。1998 年 4 月，希腊军队总参谋长卓加尼斯访塞，同塞总统、议长和国防部长等会晤，并视察了新建成的帕福斯空军基地。6 月，希腊总统斯特凡诺普洛斯访塞，与塞总统会晤，讨论如何进一步加强共同防务信条。8 月，塞总统率外长和国防部长等访问希腊，讨论两国共同防务问题及 S－300 型防空导弹等问题。10 月，希腊国防部长参加了塞独立 38 周年阅兵式，称只要土耳其坚持扩张政策，希、塞两国就会继续加强防务合作。12 月，塞、希双方两次讨论塞购俄制 S－300PMU 地对空导弹系统最终部署地问题，希腊建议部署在希腊的克里特岛。2000 年 3 月，希腊海军向塞国民警卫队移交“克诺索斯”号巡逻艇，希腊国防部长表示，希塞两国在反对威胁、确保国家安全及维护地区和平方面负有共同责任。5 月，希腊海军与塞国民警卫队在拉纳卡地区进行联合军事演习。10 月，两国海空军联合举行代号为“胜利者”的军事演习。由于塞问题长期得不到解决，塞希之间必将保持密切的军事合作关系。

## 二 塞浦路斯与俄罗斯军事关系

俄罗斯一贯主张塞岛非军事化，外国军事力量完全撤出塞浦路斯。1996 年 3 月，塞国防部长访问俄罗斯，与俄罗斯国防部长格拉乔夫签署了塞俄两国军事技术合作协议，从俄罗斯购进步兵战车和“T－80Y”型坦克等重型武器装备。10 月，俄罗斯杜马通过决议，支持塞实现非军事化。1997 年 1 月 4 日，塞政府与俄罗斯达成一项价值 6 亿美元的武器合同，购置 3 套俄制 S－300PMU 地对空导弹系统，从而在塞岛引发了一场“导弹风波”。美国和土耳其等国反对俄罗斯向塞浦路斯出售防空导弹系统，但俄罗斯国家杜马国防委员会副主席尼古拉·别兹博罗多夫说，与塞签订导弹合同“符合俄罗斯国家利益”，“各国有权选择自己的盟友和伙伴”。俄罗斯强调向塞出售武器主要是商业目的。俄罗斯看好中东武器市场，希望把塞浦路斯作为俄罗斯武器进入中东市场的桥梁。塞政府积极与俄罗斯发展军事合作关系引起塞岛局势紧张，并受到美国和土耳其的强烈反对。

## 三 土耳其族与土耳其军事关系

土耳其自 1974 年 7 月在“北塞”驻军保卫土耳其族安全外，土耳其族当局与土耳其长期保持密切的军事合作关系，签订了一系列包含军事合作在内的协议。1995 年 12 月 28 日，土耳其族领导人登克塔什与土耳其总统德米雷尔在安卡拉会谈，并发表联合宣言。宣言称土耳其对土耳其族的支持将包括安全防务。[①] 1996 年 11 月的塞“导弹风波”过程中，土耳其族与土耳其军队进行了名为“公牛”96－2 的联合军事演习。12 月，土耳其外交部发表声明，土耳其不会容忍塞部署远程导弹。

① 《新华每日电讯》，1995 年 12 月 31 日；《参考资料》，1995 年 12 月 31 日。

1997 年 1 月 13 ~14 日，土耳其总参谋长卡拉达伊访问“北塞”。20 日，土耳其族领导人登克塔什与土耳其总统德米雷尔在安卡拉签署名为“联合防务概念”的宣言。21 日土耳其大国民议会立即通过了批准该宣言的决议。该宣言称土耳其将始终不渝地支持“北塞”，确保土耳其族人的安全。1998 年 5 月和 7 月，土耳其副总参谋长比尔、总参谋长卡拉达伊先后访问“北塞”，同土耳其族领导人登克塔什会晤并视察了土耳其在塞驻军。11 月，土耳其军队和“北塞”保安部队在土耳其族区举行了名为“公牛”98 -2 军事演习。自 1974 年以来，土耳其族与土耳其之间的军事关系主要体现在两个方面：一是土耳其长期在“北塞”驻军，保护土耳其族人的安全。二是土耳其装备和训练土耳其族保安部队。双方的军事关系可以说是实现了一体化。

# 第六章

# 教育、文艺、卫生、体育

## 第一节　教育

### 一　教育简史

塞浦路斯的第一所小学，是英国占领和管理塞岛初期由英国当局资助建立的。1895 年英国当局出台了教育法，该法允许当地政府提高税收以支持教育，这样在全岛很快就建立起了许多小学。1897 年塞岛共有 76 所学校，这些学校是由自愿捐助者和教会资助的。1917 年，塞岛学校发展到 179 所。殖民当局也资助教师培训和开设有关农业知识的课程。

20 世纪中期，英国当局在塞浦路斯发起了一场扫盲运动，塞成年人文盲率逐年大幅下降。独立后，文盲率进一步下降。1976 年文盲率降至 9.5%，其中，妇女文盲率是 15%，而男性只有 3.2%。识字率的提高也反映在在校学生的注册人数上。1960 年高达 25% 的人口从未上过学，但到 1986/1987 学年，未入学人数下降到 6%。女性入学率也能反映教育的发展。1946 年，只有 5% 的成年女性进入中学学习，1986 年则上升到了 30%。

塞浦路斯共和国成立后，政府强调教育的实用性，把国民受到良好教育看成是国家经济繁荣、提高全民生活水平和繁荣文化生活的保障。重视教育投资，1960 年，塞政府投入的教育经费占国民生产总值的 3.4%；1987 年，教育经费占国民生产总值的 5.6% 和政府预算的 11.6%。

20 世纪 90 年代初，各层次和各类型的学校拥有充足的合格师资以及教育管理人员。教师必须拥有教育部下属的一个特别委员会颁发的教师资格证书方可任教。所有公立学校的课程设置是统一的，教科书编订是由教师和行政人员委员会负责，该委员会与希腊教育管理机构保持着密切合作。希腊政府为塞浦路斯的小学和中学提供某些教材和现代教学设备。

根据塞浦路斯社会经济发展的特点，塞政府重视实用型人才的培养，不断改变长期以来所形成的学生偏好学习知识性课程的局面，建立了诸多职业技术学院。1965/1966 学年，高达 46.2% 的学生选择学习传统的学术课程，到 1986/1987 学年，选择传统学术课程的学生只有 5.3%，大约一半的学生选择学习与经济和商业有关的课程，大约 1/5 的学生选择学习科学课程，选择职业技术课程的也占到 1/5。

希腊族的教育体制是幼儿园、小学、普通中学和中等职业学校，以及为盲聋及其他残障人开办的特殊学校。此外，还有教师培训、专业教学和非正式教育机构。20 世纪 80 年代之前，塞还没有一所大学，进一步的学习深造必须去国外。

塞浦路斯 1960 年宪法规定，希腊族和土耳其族的教育分别由两族的民族院负责。1963 年年底两族爆发冲突，土耳其族撤出共和国各级政府机构之后。1965 年，塞政府设立了教育部。90 年代之前，教育模式基本上是：3 ~ 6 岁半的孩子入幼儿园接受 1 ~ 3 年半的学前教育，6 岁半至 12 岁半的孩子进入小学接受

6 年的小学教育，其后是 6 年中学教育。中学毕业后，大部分去国外深造，如果不想出国学习，可以继续在塞浦路斯接受 2～3 年的中等职业教育。

塞浦路斯的学前教育是 20 世纪 70 年代初开始出现的。1973 年，仅有 11% 的 5 岁以下的孩子能够进入公立或私立的托儿所或幼儿园。1974 年土耳其入侵之后，国家急需建立托儿所和幼儿园，解决从北部地区来到政府控制区的难民的数千个子女接受学前教育的问题。表 6－1 反映了 70 年代中期至 80 年代末希腊族教育的发展状况。

**表 6－1　学校、教师、注册学生情况（1975/1976～1988/1989 学年）**

单位：个，人

| 学校类别 | | 1975/1976 | 1980/1981 | 1984/1985 | 1988/1989 |
|---|---|---|---|---|---|
| 幼儿园 | 学校数量 | 96 | 259 | 374 | 497 |
| | 教师人数 | 222 | 418 | 592 | 826 |
| | 注册学生 | 4229 | 10397 | 15607 | 20280 |
| 小学 | 学校数量 | 400 | 443 | 396 | 382 |
| | 教师人数 | 2093 | 2183 | 2193 | 2689 |
| | 注册学生 | 56554 | 48701 | 47381 | 58706 |
| 中学 | 学校数量 | 80 | 91 | 105 | 105 |
| | 教师人数 | 2364 | 2910 | 3126 | 3439 |
| | 注册学生 | 49373 | 47599 | 48752 | 42613 |
| 职业技术学校 | 学校数量 | 8 | 13 | 15 | 24 |
| | 教师人数 | 78 | 191 | 250 | 430 |
| | 注册学生 | 769 | 1940 | 2580 | 5065 |

Source: Based on Information from Republic of Cyprus, Ministry of Finance, Department of Statistics and Research, *Statistical Abstract*, *1987 and 1988*, No. 33－34, Nicosia, 1989, p. 87.

1962 年后小学教育为免费义务教育。所有的社区都建有小学，甚至偏僻的村庄也有小学。在 1986/1987 学年，共有 357 所公立小学，16 所私立小学（学生绝大多数为外国侨民的子女）。

中学教育也是免费义务教育，但不是强制性的。所有完成了小学阶段学习的孩子，无须入学考试就可以直接进入中学学习。中学教育分为两个阶段，每个阶段 3 年。在第一阶段，所有学生都学习相同的课程，特别强调人文学科课程的学习。第二阶段又分为两类，一类是专业课程的学习，主要有经典研究、科学、经济、商业、语言 5 个领域的专业课程；另一类是职业技能课程的学习。独立后，中学生人数迅速增长，从 1960/1961 学年的 26000 人，猛增至 1970/1971 学年的 42000 人。1960 年，大约有 75% 的小学毕业生能够升入中学。80 年代后期，98% 的孩子能够进入中学学习。

90 年代前，塞浦路斯虽然没有自己的大学，但许多孩子去国外大学学习，其大学生数量占人口比例的 29%，居世界第一。70 年代和 80 年代，平均每年超过 1 万名学生在国外学习。70 年代，在国外学习的学生超过一半是在希腊，20% 选择到英国学习。80 年代以来，美国逐渐成了一个重要的学生留学的目的地。70 年代和 80 年代，女性留学生人数所占比例迅速增加，从 1970 年的 24% 增加到 1987 年的 40%。表 6－2 反映了从 1990/1991 学年至 1999/2000 学年，塞学生留学国家的分布及其数量情况。

80 年代后期，塞政府强调职业培训。1987 年，有 7 所公立培训学院、10 所私立培训学院，大约 1/4 的中学毕业生参加了这种培训学习。公立培训学院有教育部下属的教学法学会，该学会专门承担幼儿园和小学教师的培训。劳工与社会保障部下属的高级技术协会，负责培训机械、电子和土木工程人员。农业和自然资源部下辖有林学院。卫生部下辖有护士学校、助产学校和精

**表 6－2　1990/1991～1999/2000 学年学生留学国家分布***

单位：人，%

| 学年 | | 1990/1991 | 1994/1995 | 1995/1996 | 1996/1997 | 1998/1999 | 1999/2000 |
|---|---|---|---|---|---|---|---|
| 希　腊 | 人数 | 3581 | 3613 | 3762 | 4201 | 6158 | 6416 |
| | 占比 | 39.7 | 39.8 | 42.8 | 42.8 | 53.6 | 57.2 |
| 美　国 | 人数 | 1736 | 1835 | 1817 | 1867 | 1885 | 1704 |
| | 占比 | 19.2 | 20.2 | 19.1 | 20.3 | 16.4 | 15.2 |
| 英　国 | 人数 | 2243 | 2481 | 2584 | 2739 | 3073 | 2816 |
| | 占比 | 24.8 | 27.4 | 27.9 | 29.9 | 26.7 | 25.1 |
| 德　国 | 人数 | 415 | 231 | 198 | 165 | 133 | 93 |
| | 占比 | 4.6 | 2.5 | 1.7 | 1.7 | 1.2 | 0.8 |
| 法　国 | 人数 | 130 | 109 | 95 | 82 | 109 | 98 |
| | 占比 | 1.4 | 1.2 | 0.8 | 0.8 | 0.9 | 0.8 |
| 意大利 | 人数 | 227 | 145 | 132 | 114 | 111 | 66 |
| | 占比 | 2.5 | 1.6 | 1.2 | 1.2 | 0.9 | 0.6 |

* *Cyprus: On the Way to EU Membership*, The Press and Information Office of Republic of Cyprus, 2002, p. 44.

神病护理学校。劳工与社会保障部还下辖有酒店和餐饮学会。私立培训学院主要进行商务管理、文秘、机械、土木工程、银行、会计、酒店、餐饮、通信等方面的培训。1992 年，塞浦路斯政府建立了其辖区内的第一所大学，即尼科西亚大学，从而结束了塞浦路斯没有大学的历史。

塞政府重视教育，教育经费不断增加。表 6－3 显示了 20 世纪 70 年代至 90 年代教育投资占政府财政预算和占 GNP 的比例，反映了教育经费的增加情况。

**土耳其族教育发展概况**　土耳其的凯末尔改革，特别是文化教育改革，对土耳其族的文化教育也产生了重要影响。土耳其族

**表 6-3 教育投入占政府财政预算和 GNP 比例（1970~1998 年）***

| 年度 | 财政预算（亿塞镑） | GNP（亿塞镑） | 占预算比例（%） | 占 GNP 比例（%） |
|---|---|---|---|---|
| 1970 | 0.406 | 2.340 | 17.0 | 2.9 |
| 1971 | 0.469 | 2.696 | 16.0 | 2.8 |
| 1972 | 0.555 | 3.060 | 15.6 | 2.8 |
| 1973 | 0.701 | 3.410 | 14.7 | 3.0 |
| 1974 | 0.715 | 3.165 | 16.5 | 3.7 |
| 1976 | 0.882 | 3.478 | 15.0 | 3.8 |
| 1977 | 1.010 | 4.419 | 14.8 | 3.4 |
| 1978 | 1.387 | 5.268 | 12.6 | 3.3 |
| 1979 | 1.755 | 6.519 | 12.8 | 3.4 |
| 1981 | 2.641 | 9.030 | 13.4 | 3.9 |
| 1982 | 3.101 | 10.554 | 13.4 | 3.9 |
| 1983 | 3.707 | 11.585 | 12.9 | 4.1 |
| 1984 | 4.060 | 13.616 | 13.0 | 3.9 |
| 1986 | 4.951 | 16.217 | 12.6 | 3.8 |
| 1987 | 5.739 | 18.049 | 11.8 | 3.7 |
| 1988 | 6.742 | 20.212 | 11.0 | 3.7 |
| 1989 | 7.064 | 22.911 | 11.6 | 3.6 |
| 1990 | 7.999 | 25.871 | 11.4 | 3.5 |
| 1991 | 9.215 | 27.070 | 11.5 | 3.9 |
| 1992 | 9.517 | 31.281 | 12.9 | 3.9 |
| 1993 | 10.872 | 32.840 | 12.9 | 4.3 |
| 1994 | 12.450 | 35.653 | 12.9 | 4.5 |
| 1995 | 13.205 | 40.216 | 13.4 | 4.4 |
| 1996 | 14.887 | 41.675 | 12.9 | 4.6 |
| 1998 | 17.249 | 46.796 | 14.6 | 5.4 |

* *Cyprus*: *On the Way to EU Membership*, The Press and Information Office of Republic of Cyprus, 2002, p. 46.

人的识字率相对比较高，而且拥有大量的大学生。早在 1960 年塞浦路斯独立前，少数土耳其族人已经接受了大学教育。20 世纪 40～50 年代，塞岛大学生相对缺乏，许多土耳其族的高中生获得了相当好的工作职位。塞浦路斯共和国建立后，尽管当时土耳其族人口仅占塞浦路斯总人口的 18%，但按照 1960 年宪法规定，共和国公务员希、土两族按 70∶30 的比例分配，当时土耳其族急需大量大学毕业生进入公务系统。故此，土耳其族派遣大批高中生到土耳其的大学学习，土耳其政府也为土耳其族提供特别名额，接受土耳其族学生。土耳其族学生要比土耳其本国的学生更容易进入大学，这种特殊做法一直持续到 70 年代末。其后，土耳其教育部规定，塞岛土耳其族学生也必须参加土耳其大学的入学考试后，才能进入土耳其的大学学习。

1974 年希、土两族事实上处于分治状态后，土耳其族建立了自己的教育体系。到 90 年代初，土耳其族拥有自己的小学、中学和大学，孩子从 4 岁开始接受教育。土耳其族当局没有建立公立的托儿所或幼儿园，但在许多地方有私立的幼儿园。公立学校直接由土耳其族当局的教育、体育和青年部管辖。小学针对所有 6～15 岁的孩子是免费义务教育。小学教育分为两个阶段，第一阶段为 6～12 岁孩子的教育，第二阶段为 13～15 岁孩子的教育。16～18 岁的孩子进入 3 年的中学，学习普通的学术课程。职业技术学校提供特殊的培训。

土耳其族的教育体系，无论是学校的数量还是学校的类型，发展都非常迅速。特别是增加了大量的学前学校和初级中学。在学前学校和初级中学，师生的比例也快速提高。学前教育学校师生比从 1976/1977 学年的 1∶30，提高到 1988/1989 学年的 1∶27；同一时期，初级中学的师生比从 1∶30 提高至 1∶23；高级中学的师生比从 1976/1977 学年的 1∶20 提高到 1988/1989 学年的1∶10。在 1986/1987 学年，艺术和综合性学院的师生比分别是 1∶20 和 1∶15.6。而 1988/1989 学年职业技术学校的师生比是 1∶9，充分显示了优越的教学条件（见表 6－4）。在识字率方面，土耳其族当局的统计数据显示有大幅提高。1987 年，7～12 岁儿童入学率为 98%，13～15 岁青少年入学率为 66%，15～18 岁青少年入学率为 50%。

**表 6－4　土耳其族学校、教师、注册学生情况**
**（1976/1977、1988/1989 学年）**

单位：所，人

| 学校类别 | | 1976/1977 | 1988/1989 |
|---|---|---|---|
| 学前学校 | 学校数量 | 24 | 82 |
| | 教师人数 | 37 | 100 |
| | 注册学生 | 1095 | 2658 |
| 初级小学 | 学校数量 | 120 | 158 |
| | 教师人数 | 608 | 770 |
| | 注册学生 | 18220 | 17963 |
| 初级中学 | 学校数量 | 22 | 24 |
| | 教师人数 | 344 | 545 |
| | 注册学生 | 6895 | 11898 |
| 高级中学 | 学校数量 | 10 | 13 |
| | 教师人数 | 183 | 303 |
| | 注册学生 | 3667 | 3965 |
| 职业技术学校 | 学校数量 | 9 | 10 |
| | 教师人数 | 246 | 235 |
| | 注册学生 | 1160 | 1788 |
| 高等教育 | 学校数量 | 1 | 4 |
| | 教师人数 | 7 | — |
| | 注册学生 | 120 | 3885 |

土耳其族教师通常到国外学习，但他们也能够在土耳其族社区的教师培训学院接受培训。高级技术学院和位于法马古斯塔的

东地中海大学能够提供大学水平的教育，另外还有私立大学——北塞浦路斯学院，以及位于莱夫卡的私立大学——宗教学院。东地中海大学成立于1979年，是土耳其族区最大的大学，该校设有工程、商业和经济学专业，采用英语教学，很有吸引力，其学生大多为外国留学生，主要是土耳其留学生。学校规模发展很快。1984/1985学年，注册学生458名，到1990/1991学年，注册学生已达3585名，其中2/3的学生是土耳其人，土耳其族学生只有715名，其余学生来自中东其他国家。1997年，土耳其族在其控制的首都尼科西亚北部建立了“塞浦路斯国际大学”，该校用英语教学。此外，2000年土耳其政府和土耳其族当局合作，在土耳其族控制的尼科西亚北部建立了中东科技大学北塞分校。

土耳其族当局强调发展高等教育也带来了一些问题。土耳其族社区窄小，大量的大学毕业生在土耳其族社区找不到合适的工作，因此许多土耳其族留学生，特别是高学历者，选择留在国外工作，这种情况也阻止了东地中海大学规模的继续扩大。

莱夫卡大学创建于1990年，是由塞浦路斯科学宗教基金会创办的，伊斯兰发展银行为该基金会提供了200万美元的资金。该大学的宗旨是把伊斯兰原则与现代教育相结合，为中东地区的学生提供资助。

## 二　教育体制

塞浦路斯教育发达，大学毕业人数占人口比例的23%，基本扫除了文盲，在全球国民受教育程度排行榜中名列第三，仅次于美国和加拿大。塞浦路斯政府一贯重视教育，教育经费约占政府预算的13%，占国民生产总值（GNP）的4%。中小学和高等专科学校的师生比例为1∶15.9。

塞浦路斯的教育分4级：学前教育、小学教育、中学教育和高等教育，其中小学和初中为义务教育。设有私立和公立的幼儿园，其教员必须具备高等师范学校学历才能执教。学龄前儿童从5岁零8个月起开始进入小学，学制6年，小学毕业后基本全部升入中学。中学按地区划分接收学生，学制6年，初中、高中各3年。除普通中学外还设有私立的职业中学和技术夜校。

塞浦路斯的教育事业主要由教育与文化部管辖，另外，部分职业教育和中等职业教育归劳工与社会保障部、农业部和卫生部负责。

教育机构的管理人员和教师的任命、调动、晋升和惩戒，完全由政府控制。各类学校的课程制定和教材使用，也完全由政府规定，而且政府经常派检查员到学校进行检查、听取建议和意见，起到监督作用，并对学校的管理和教学情况作出评估。

教育与文化部下设有教育委员会，其成员由部长会议任命。教育与文化部根据教育委员会的建议，制定相关的教育政策法规。此外，各行政区设有地方教育委员会，负责公立学校的校舍建设、设备购置和维护。在管理方面，私立学校也受教育与文化部的监督和检查。

**学前教育**　学前教育学校遍布全岛，全部归属教育与文化部管辖。

公立幼儿园：由教育与文化部、家长协会、社区管理机构共同合作建立。

市镇自治幼儿园：由家长协会和社区管理机构或社区管理机构建立和管理，但必须在教育与文化部登记，从而每年可以获得政府的丰厚补助。

私立幼儿园：是经教育与文化部批准，由个人建立和运营的幼儿园。

**小学教育** 根据初等教育的教育计划，小学教育由国家负责拨款，并由政府管理。为每一位年满5岁零8个月的儿童提供6年的义务教育。小学教育是免费的义务教育。所有的乡镇和村庄都设有小学，学校的学生一般都不会少于15名。教师与学生的比例为1∶17。教师分配的方式是：任何一位老师负责的学生人数绝对不能超过32人，对于一年级学生，一位教师最多只能负责30人。

在完成了六年制的小学初级教育后，学生获得毕业证书。学生能否正常毕业，其评估方式常有变化，但无论如何都不会采取书面考试的形式。

**特殊教育** 塞浦路斯的特殊教育发展较快。将有特殊需要的儿童纳入主流教育是教育与文化部的既定政策，也顺应了国际教育发展的大潮流。实施特殊教育有利于那些有特殊教育需要的儿童的智力开发和健康发展。

塞政府鼓励和支持将特殊儿童教育纳入主流教育之中。对于那些有着迫切需要的儿童，特殊教育的教师会被分配到主流学校，为他们提供额外的教育帮助，以支持他们享受教育和融入社会。听力损伤以及患有孤僻症的学龄前儿童，也被部分并入主流教育，其措施是：将他们安置到邻近的幼儿园和小学的特殊团体中，使他们也能够参加正常班级的部分活动。

当然，对于那些有着严重的精神、身体、感官和情绪问题的儿童，依然要进入特殊学校，但政府努力促进特殊学校与普通学校之间建立各种联系，使每个孩子获得机会均等的教育。

**中学教育** 中学教育在塞浦路斯的教育结构中占有很大比重。中学有公立中学和私立中学。受经济条件的制约，曾经只有几个大城市的儿童才能享受免费中学教育的机会，随着经济的发展和生活水平的提高，现在塞浦路斯全国所有15岁以下的儿童，不论是在城镇还是在农村，都享有免费接受教育的权利。

私立中学有非营利性的教会学校、部分营利性的职业技术类学校和外国语（或培训）学校。只有在教育与文化部登记的私立中学，才有资格进行合法的招生和开展教学。私立中学在运营和课程设置等方面享有很大的自主权，但在制定教学计划和对学生的能力培养方面必须符合法律规定。大多数私立中学实行六年制教育，前三年主要是基础知识教育。外国语学校，如教授英语、法语、意大利语或阿拉伯语的外语学校，其学制一般为 6 年或 7 年。

公立普通中学为 12 ~ 18 岁的儿童提供六年制教育。按照国家的教育政策，公立中学在学生达到 15 岁生日的前三年，实行免费义务教育。在其后的三年中，学校将会根据每个学生的爱好、才能和兴趣，制定灵活多样的教学计划，提供相应的教育。此外，要求每个顺利完成学业的学生必须参加毕业典礼。公立中学教育的基本宗旨是：普及基础知识，并逐步为学生将来进行学术研究性或职业技术性或商务经营性的专门学习打下基础；为社会提供有知识、信仰民主、遵纪守法、道德高尚的良好公民。

普通中学教育分为初级中学教育和高级中学教育，相当于中国现行的初中和高中。初级中学为 12 ~ 15 岁学生提供较为广泛的基础知识的学习，是为完成了小学学习后顺利进入高级中学学习的一个过渡学习阶段。所以从教学大纲看，从小学到初级中学再到高级中学，保持了一致性和连续性。在初级中学学习的最后一年，学校的职业指导教师会向学生们提供专业选择的咨询和指导。

高级中学向所有从初级中学顺利毕业的学生开放，实行多元化教学，完成如下 3 种课程中的任意一种均可获得毕业证书。

（1）LEM 学园，Lyceum 也就是选题学园（Lykeio Epilogis Mathimation）。LEM 学园向学生提供三年制教育，包含 3 个专业，每个专业又分为 5 个方向。这 5 个方向分别是：古典文学和历史；数学、物理、化学；经济和数学；文秘和会计；外语和社会研究。[①]

（2）技术学校。技术学校主要提供职业和技能教育，课程设置大致可分为两类：一类为技术组，侧重理论课程、数学和物理，实践课程相对较少；另一类则侧重工作实践，主要目的是培训技师。

（3）新高中（The Eniaio Lykeio，综合性高级中学）。面对现代社会的挑战和要求，塞浦路斯教育系统采取了一种新的学园教学方式——新高中。从 2000/2001 学年开始在所有普通教育学校中推行。新高中是一种综合性中学，旨在促进普通教育与内容深度合理，强调与特定领域需掌握的知识相结合，学习重点是对机械的研究和创新、外语知识、新信息技术的开发、终身和自主学习的准备、理论和实践知识的结合、灵活性和专业性技能的发展。新高中提供普通教育中的必修核心科目。此外，在学园的第二和第三种形式中，学生有机会选择一个主科目，来获取某专业足够的知识背景；学生还有机会选择一个充实或特殊兴趣小组，以满足其特殊兴趣、丰富自身经验。

只有拿到高中毕业证书后才有资格进入国家的高等学府。此外，由于大学招生名额有限，符合条件的学生必须参加教育与文化部组织的大学入学考试，目的是根据学生的兴趣和成绩，进行分级分类录取。很多高中毕业生选择就读海外的大学和高等教育机构。此外，也有很多毕业生选择从事文秘或手工业或到企业就业。

**中等职业技术教育**　塞浦路斯独立后即开展了中等职业技术教育。现在已有超过 3.5 万名年轻人完成职业技术教育并参加了

---

① *About Cyprus* The Press and Information Office of Republic of Cyprus，2001，p. 323.

工作，他们对塞浦路斯的经济和工业发展作出了重大贡献。

职业技术教育的首要目标是满足学生的专业爱好和职业需求。在学校学到的知识和技能是为了使学生获得合适的工作或进入高等学府继续深造。

塞浦路斯的中等职业技术教育分两个不同的方向：技术方向，主要学习技术方面的课程；职业方向，主要学习工艺方面的课程。两者课程设置的侧重点有所不同。在技术方向，用于普通教育和科学科目的时间占总课时的60%，而用于技术实践的时间只有40%。与此相反，在职业方向，用于技术实践科目的时间占总课时的57.5%，而普通教育只占42.5%。完成规定的课程学习后，学生可获得毕业证书。职业技术教育的毕业证书与普通教育学园的毕业证书一样，均得到认可。所以，职业技术学校的毕业生有资格与“学园”毕业生一起竞争，进入国内外的大学或高等教育机构深造，但技术方向的学生比职业方向的学生更希望继续深造。

随着塞浦路斯社会经济和全球化、信息化的迅猛发展，2001年塞教育与文化部开始对中等职业技术教育进行了一系列的改革，其主要内容包括：修正中等职业技术教育的目标；修订现有课程并开设新课程；实施终身教育和培训；修订培训计划；在中等职业技术教育课程中引进新科目；引进新学科和新专业；对技术学校教师进行系统培训。同时，改革也强调提升中等职业技术教育的地位和进一步普及中等职业技术教育。

**高等教育**　1984年，塞政府在教育与文化部下设立了负责高等教育发展的职能部门——高等教育司，专门负责塞浦路斯大学的预算、师资结构、国际合作，私立大学的注册、管理、评估，以及塞浦路斯和希腊公立大学的入学考试事宜。

塞浦路斯高等院校分为公立高等院校和私立高等院校。1992年9月，塞政府建立了第一所大学——塞浦路斯大学，下设4个学院13个系：人文社会科学学院（包括教育系、外语和外国文学系、社会和政治学系、土耳其研究系）、科学和实用技术学院（包括计算机科学系、数学和统计学系、自然科学系）、经济管理学院（包括经济系和公共管理系）、文学院（包括拜占庭和现代希腊研究系、古典著作和哲学系以及历史和考古系）。目前，塞浦路斯大学的本科生和研究生共约2860人。

1997/1998学年，62%的高中毕业生能够进入高等院校继续深造，其中，33%的学生进入塞浦路斯的高等院校，29%的学生到国外高校留学。1989/1999学年，到国外高校留学的塞浦路斯学生共计12488人，其中到希腊留学的占49%、英国占25%、美国占15%、其他国家占11%。如表6-5所示，1999/2000学年，塞浦路斯共有9所公立高校和21所私立高校，学生人数总计11744人，其中包括海外留学生2577人。36%的学生进入公立大学，64%的学生进入私立大学。塞浦路斯的外国留学生主要来自于英联邦国家和中东国家。

**表6-5　高等教育在校学生人数（1999/2000学年）***

单位：人

| 教育等级 | | 女生 | 男生 | 合计 |
|---|---|---|---|---|
| 塞浦路斯大学 | 本科生 | 460 | 2240 | 2700 |
| 塞浦路斯大学 | 研究生 | 50 | 110 | 160 |
| 公立院校 | 本科生 | 850 | 543 | 1393 |
| 公立院校 | 研究生 | 12 | 6 | 18 |
| 私立院校 | 在校生 | 3909 | 3564 | 7473 |
| 总　计 | | 5281 | 6463 | 11744 |

* *About Cyprus* The Press and Information Office of Republic of Cyprus, 2001, p. 335.

**公立高等院校**　塞浦路斯林学院：隶属农业、自然资源与环境保护部。开设两年制的林业专业课程、6个月的林业文凭后

（post-diploma）课程以及林业知识的短期培训课程。教学语言为英语。

高等技术学院：隶属劳工与社会保障部。开设三年制的技术工程师学位文凭课程。所设专业有：城市工程、电力工程、机械工程、海洋工程和计算机研究。

该学院还提供为期 10 个月的医疗设备课程。高等技术学院是地区培训中心（RTC），也是当地指定的医院管理、设施维修和医疗设备的研究培训合作中心。当申请人达到一定的数量后，该校便会开设为期一年的全日制基础课程。旨在为学员提供进入学位课程的准备。教学语言为英语。

高级酒店管理学院：隶属劳工与社会保障部。设有三年制的酒店和餐饮专业（专攻食品、饮料、房间管理），三年制的烹饪艺术专业，一年制的前台经理专业和一年制的家务管理专业。教学语言为英语。

护理学院：隶属卫生部。在普通护理和精神护理（注册护士）专业设有为期三年零三个月的基础课程。学校还设有为期 12 个月的文凭后课程，相关专业为：护士管理、助产学、特别护理和其他特殊领域。教学语言为希腊语。

地中海管理学院：隶属劳工与社会保障部，开设为期 11 个月的管理课程，颁发研究生文凭（Post-graduate Diploma，比本科高一级但比硕士低一级的学位）证书。开设时间为每年 9 月到次年 7 月。课程涉及以下管理专业：公共管理、生产管理和市场管理。教学语言为英语。

公共健康检查学校：隶属卫生部。目标是培养公共健康检查员。教学语言为英语。学校实行三年制教育，毕业后学生可获得“公共健康检查员执照”。

导游学校：隶属塞浦路斯旅游组织，目标是培训导游。教学语言为希腊语。学校实行一年制教学，课程完成后可获得“导游证”。

塞浦路斯警察学院：隶属司法与公共秩序部。教学语言为希腊语，实行三年制教学，毕业后可获得“见习警察证”。

**私立高等院校** 塞浦路斯的私立大学是遵照《1996～1999年高等教育和文化法案》创办的，并受教育与文化部的管理和监督。私立大学的教学计划必须接受教育评估—鉴定委员会（Symvoulio Ekpedeftikis Axiologisis-Pistopiisis，S. EK. A. P）的评估。该委员会设有专家委员，检查私立大学的教学大纲的质量，并就教学大纲的质量水平向教育与文化部提出建议。教学大纲的最终评定结果取决于教育与文化部。

塞浦路斯现有21所私立高等院校。学生在这些私立高校修完专业课程后，可获得毕业证书、结业证书、高级文凭或学士证书。这些学校开设的专业非常广泛，有公关文秘、商业管理、电子学、城市和机械工程学、酒店与餐饮、银行学、会计学、计算机，等等。

有些私立高校还开设研究生教育课程。但是，在教育与文化部注册的私立大学，并不意味着其授予的学位都能得到认可，只有获得教育与文化部评估合格的私立大学颁发的学位，才有可能得到认可。

教育与文化部注册的私立学校有：塞浦路斯美加诺学院、C. D. A. 学院、旅游与酒店管理学院、塞浦路斯学院、塞浦路斯会计与商业管理学院、塞浦路斯艺术学院、塞浦路斯国家管理学院、欧罗巴学院、弗雷德里克科技学院、塞浦路斯国际学院、凯斯学院、基蒙学院、P. A. 美容学院、西尼学院、C. T. L 学院、塞浦路斯营销学院、飞利浦学院、Tsaousis 秘书学院（原英语课程中心）、Vladimiros Kafkaridis 戏剧学院、凯萨学院等。

**主要研究机构** 塞浦路斯研究中心，该中心的任务是使塞浦路斯人和其他学者能够系统地学习塞浦路斯历史和文化。该中心

所进行的都是与塞浦路斯相关的研究，即塞浦路斯的历史、语言、文献、民俗学、民族志学、塞浦路斯社会以及根据国家需要开展的其他研究，所有研究都在塞岛范围之内。该中心实际进行的研究有历史、语言文献学、民俗—民族志学。已整理过的档案有民俗—民族志档案、塞浦路斯被占领地区的口述传统档案、历史档案、20 世纪战争回忆档案和文学档案。塞浦路斯研究中心出版有历史类的 36 种出版物、文学语言民俗类的 28 种出版物和该中心年刊《伊皮特斯》（*Epeteris*）及该中心学术会议公报。

塞浦路斯教育学会，其主要活动是进行教育、教育研究和评估、教育文献、教育技术的专业培训。这些培训是由教育研究评估部、教育文献部、教育技术部和在职教育部 4 个部门来组织实施的。

## 第二节　文学艺术

### 一　文学

塞浦路斯现代文学的形成经历了自拜占庭时期直至当代的漫长过程，它既包括了用塞浦路斯希腊族方言创作的作品，也包括用世界普遍流行的希腊语“koine”（以阿提喀方言为主的希腊共通语）创作的作品。但当提到“希腊族文学”时，即指诗歌而非散文。因为在 19 世纪末之前，以故事、叙事和小说等为形式的塞浦路斯散文还未形成。塞浦路斯的诗歌有两种，即通俗诗歌和学识诗歌。

通俗诗歌指以希腊族方言创作的民歌，可以在任何场合歌唱。这种民歌没有准确的作者，它是民间为了表达民族心理和感情创作出来，并经过口耳相传，不断取舍，逐步形成的。现代最为流行的民歌是《武士歌》。描述的是拜占庭时期，守卫边疆的

武士们的生活和他们英勇与入侵之敌战斗的情景。虽然塞浦路斯并没有这样的武士，显然这些歌谣来自本都[①]和小亚细亚，但在塞浦路斯经过取舍加工后变成了自己的民歌，他们也相信这些武士就生活在塞浦路斯，而且塞浦路斯的有些地名也源于这些武士的名字。如“狄伊尼斯岩”（the Rock of Diyenis）、“狄伊尼斯台”（the Step of Diynis）等。[②]

另一种广为流传的民歌是“爱情歌”，《阿罗达佛诺乌萨之歌》是最有影响者，讲述的是鲁西格南王朝最著名的国王彼得一世（1359～1369年在位）与乔安娜·阿莱曼（Joanna l'Aleman）的爱情故事。

塞浦路斯民歌中还有“婚礼歌”，流传甚久，至今在传统的婚礼上还可以听到。

“Tsiatismata”也是民歌之一，以希腊族方言咏唱，至今还在流传。每首歌都非常押韵地表达一个完整的意思。一般都是在一些特殊的场合，如集会或圣灵降临节，演唱者即兴创作并咏唱。另一种叫“Poeetarico”的歌，它不属于任何民歌形式，在塞浦路斯曾流传很广，用希腊族方言咏唱。这种歌大多记叙奇迹、事件、流行病、洪灾、飓风等，创作者一般被称之为打油诗人，他们在集会或村庄四处游荡咏唱。这种诗歌形式现在已经接近失传。

学识诗歌大多用现代希腊语写成，偶尔也有希腊族方言作品。第一位值得一提的学识诗歌诗人是圣尼奥弗图斯（St. Neophytus），生活于艾萨克·克穆宁时期和鲁西格南王朝初期，其作品既有有关历史的，也有宗教内容的赞美诗。鲁西格南

---

① Pontus，黑海南岸古王国。

② Katia Hadjidemetriou, *A History of Cyprus* (Translated by Costas Hadjigeorgiou), Hermes Media Press Ltd.,2002, pp. 407－409.

王朝时期最负盛名的学识诗歌是“中世纪赞美诗”（Medieval Love Songs），其作者不详，创作于16世纪，其手稿现藏于威尼斯的Markian图书馆，是目前发现的第一部中世纪时期用希腊族方言创作的赞美诗，其中夹杂着意大利语和法语词汇。

希腊族人认为，在奥斯曼帝国统治时期，希腊族的文化受到压制，无任何值得一提的文学作品可言，直到英国统治后，希腊族文化才开始复兴。英国统治时期，最有影响的诗人是瓦西利斯·米科里迪斯（Vassilis Michaelides，1851～1917年）。米科里迪斯用多种形式创作，其中用希腊族方言创作的主要作品有：《6月9日》、《契奥提萨》（*The Chiotissa*）和《涅瑞伊得斯》（希腊神话中海的女神，*The Anerada*）。今天米科里迪斯被视为希腊族的民族诗人。另一位著名诗人是迪梅特里斯·里普提斯（Demetris Lipertis，1866～1937年），他用希腊族方言创作的作品风靡塞岛大街小巷和乡村。米科里迪斯和里普提斯对当代希腊族的诗歌产生了重要影响，从当代诗人如帕乌劳斯·里安西迪斯（Pavlos Liassides）和基里安克斯·卡尔尼纳斯（Kyriacos Karneras）的作品中可以看出其影响的存在。

塞浦路斯的散文于19世纪末才出现，而且也没有诗歌那样有影响。20世纪最重要的两位散文作家是尼科斯·尼科拉迪斯（Nicos Nicolaides）和莱克斯·阿克里塔斯（Loukis Akritas），前者生活于埃及，后者居于雅典。而尼科斯·乌拉伊米斯（Nicos Vrahimis）被认为是第一位塞浦路斯散文作家。[①]

最近30年间，塞浦路斯的文学作品不论是在质量上还是数量上都有明显提高。现在每年都会出版250多种文学作品，发行诸多的文学杂志。

---

① Katia Hadjidemetriou, *A History of Cyprus* (Translated by Costas Hadjigeorgiou), Hermes Media Press Ltd., 2002, p. 417.

为了鼓励塞浦路斯作家的文艺创作，教育与文化部的文化服务处设立了诸多国家级奖项。

文学奖：1969 年设立，每两年评选一次，评选对象为诗歌、小说、短文、散文以及 30 岁以下的作家的文学作品。

儿童文学奖：1976 年设立，每两年评选一次。

塞浦路斯青年作家奖：由教育与文化部文化服务处从青年作家出版的图书著作中评选。

此外，从 1993 年开始，每年都会给那些为岛内文化生活作出杰出贡献的人颁发优秀奖。由教育与文化部指定的文学咨询委员会评选。

为了支持塞浦路斯作家的文学创作，文化服务处购买了 200 种塞浦路斯作家创作的有关塞浦路斯的文学著作，赠送给国外图书馆和大学。文化服务处在国内组织图书展览会，参加国际图书博览会（法兰克福、波伦亚、开罗等），展出塞浦路斯的出版物。此外，文化服务处还将塞浦路斯纳入了国际图书出版注册体系（ISBN、ISSN），并参加了图书馆合作中心，通过该中心，塞浦路斯可在世界范围内借出或借入图书。

由于国家人口少，书籍发行数量有限，文学作品主要以诗歌和短篇小说及剧本为主。因为这类作品可以在报纸杂志上发表，或在电台上播讲。长篇小说大多在希腊出版。①

## 二　音乐

在音乐方面，塞浦路斯有两个管弦乐团，即塞浦路斯国家管弦乐团和塞浦路斯国家青年管弦乐团。1999 年 10 月，塞部长会议通过决议将管弦乐团升级为国家级专业乐团。目前，塞浦路斯国家管弦乐团每年演出近 10 个系列的音乐会，

① 叶君健：《塞浦路斯和它的文学》，《外国文学》1983 年第 1 期。

在岛内主要城镇巡回演出。此外，国家管弦乐团还定期在学校举行音乐会，在各种场合举行临时音乐会。塞浦路斯国家青年管弦乐团有成员 70 名，年龄在 11～25 岁之间，每年演出 2～3 个曲目，也在主要城镇巡回演出。此外，每年还组织为期 10 天的“夏季学校”，对个人和团体进行音乐知识的教授和培训。

### 三　文化设施

塞浦路斯文化事业较为发达，由博物馆、图书馆、美术馆等构成了塞浦路斯比较完善的大众文化服务设施。

当代艺术国家美术馆，该馆建筑具有新古典主义风格，是塞浦路斯艺术品的主要藏展场所，主要展示当代塞浦路斯艺术家的艺术作品，收藏了 77 位塞浦路斯艺术家的近 160 件作品。除艺术品展览区外，还设有一个专门的艺术图书馆，内有艺术类出版物、展览目录以及大量国外艺术杂志。

国家革命纪念馆，建于 1962 年，是在旧大主教辖区旁边的 14 世纪天主教堂废墟上修建的。馆内收藏有 1955～1959 年期间，有关“埃欧卡”反对英国殖民统治斗争的文物、文献和图片。每年约有 3.5 万人次参观，其中约半数为学生。

塞浦路斯民族博物馆，其前身是国家民俗艺术馆，收藏有 19 世纪至 20 世纪初的塞浦路斯民俗艺术品，包括木刻、挂毯、刺绣、陶器、民族服饰和手工织品。

塞浦路斯博物馆，是塞浦路斯最重要的文物收藏、保护和展示机构。该馆馆藏丰富，藏品均为塞浦路斯文物中的精品，特别是新石器时代至拜占庭初期的藏品更是无价之宝。

拜占庭博物馆和艺术画廊，由大主教马卡里奥斯三世建立，是塞浦路斯最大的钱币收藏地，收藏有从 9 世纪至 18 世纪的各类钱币。其画廊陈列着油画、地图和石版画。

此外，在塞浦路斯的主要城市均设有地方级的各类博物馆。

塞浦路斯的图书馆有两类，一类是主要城市的市政图书馆，由市政府资助建设。另一类是私营机构的图书馆。所有图书馆均向公众开放。主要的图书馆有：教育与文化部所辖图书馆、大主教马卡里奥斯三世文化中心图书馆、尼科西亚市政艺术中心图书馆、圣基科斯教堂研究中心（Research Centre of the Holy Monastery of Kykkos）、拉纳卡市政图书馆、利马索尔市政图书馆、帕福斯市政图书馆等。此外还有外国文化中心和图书馆。

土耳其族控制区也有诸多文化设施，如素丹艾哈迈德二世图书馆（Sultan Ahmet Ⅱ Library），该图书馆始建于19世纪初，代表了伊斯兰建筑特色。宝石博物馆（Lapidary Museum），该馆位于谢里姆清真寺旁，完全用古建筑废墟的石材建成。①

## 第三节　医药卫生

### 一　医疗体制

塞浦路斯的医疗保障体系是通过三个相互补充的制度来实现的：政府卫生机构、私营卫生机构以及大量涵盖特定人群的健康计划。

**1. 政府医疗保障**

政府给符合条件的人提供免费的医疗服务。符合条件的群体包括：公务员、收入低于6000塞镑的个人、年均收入低于10000塞镑的家庭以及拥有3个以上孩子的家庭。收入介于6000~9000塞镑的个人和收入介于10000~14000塞镑的家庭可报销50%的医疗费用。

① Main Cities in North Cyprus, http://www.ncrealestates.com/cities.php, 2009-09-10.

政府的医保计划提供的服务范围非常广泛，包括普通医师的诊疗、专家会诊、住院、进口药品治疗和所有处方药。此外，不论经济状况和民族成分（包括游客），一旦发生事故和紧急情况，政府均提供免费的药品治疗。但如需住院治疗，接下来的治疗费用则需要自己承担。政府提供的医疗服务的费用来自政府财政。

近10年来，塞浦路斯的医疗体系发生了很大变化。拉纳卡、帕福斯、利马索尔、法马古斯塔都建立了新的现代化医院，首都尼科西亚新落成的中央医院拥有完备的现代医疗设施和服务。

**2. 私营医疗机构**

私营医疗机构向所有人开放，个人承担全部医疗费用。私营医疗机构的从业人员都是经过正规学习和培训的医师。市区也建立了大量的综合医院，提供一系列的医疗服务。

**3. 特殊医疗计划**

塞浦路斯有为特定人群提供诸多特殊医疗计划，包括：

工会给职员及其亲属提供的医药服务。这些服务主要是初级卫生保健。当职员需要第二和第三阶段的治疗时，工会能够报销部分医疗费用。该计划在政府机关和私营机构中同样适用。

由雇主资助的医疗项目，主要通过国有医疗卫生机构提供免费的卫生保健服务。

除政府和私营部门提供的医疗服务外，公共服务和市政部门，也提供疾病预防和卫生服务，其方式包括：健康教育、接种疫苗、流行病和传染病控制、污水处理、饮用水和食品质量监控等。

## 二　卫生保健

塞浦路斯的初级卫生保健服务是由全国的23个乡村健康中心、首都尼科西亚的3个市级健康中心、各城镇医院的门诊部提供的。所有健康中心都配备有医生、护士、药剂师、卫生巡视员和卫生检查员。健康中心的初级医疗组提供医疗和疾病预防服务，包括母婴健康、防疫接种、健康教育和学校卫生保健。私人诊所也提供初级的卫生保健，但私人诊所大多集中于城市。

所有塞浦路斯人都可以不受任何限制地得到普通伤病的治疗。

塞浦路斯的胎儿护理和教育以及计划生育方面的服务较为完善，妇幼保健医院拥有对胎儿先天性缺陷进行检测的技术，以便进行早期干预。

政府重视心理健康服务，建立了一个各地区相互联系的心理健康服务网，心理健康服务网遍及各个社区。提供的服务包括：初期和预防服务、家庭护理服务、精神病临床治疗、日间护理服务等。此外，还提供有关儿童精神病学、戒毒和家庭疗法等特殊服务。随着这些服务的发展，这类病人的数量大大减少了。

为实现全民健康目标，政府把健康倡导和健康教育作为一项重要的民生工程。其总体目标是：通过倡导健康的生活方式、健康的物质社会环境以及生活水平的不断提高，确保国民总体健康状况的不断提升。为此，政府制定了相关政策，学校和社会及媒体进行大力宣传。自 1993 年以来，政府每年为健康倡导和健康教育划拨专款，主要用于减少吸烟和营养补给、艾滋病和肝炎的预防、口腔卫生、中毒和麻醉、癌症检查、糖尿病、高血压和冠心病预防等。

塞浦路斯拥有较为完善的医疗保障体系，国民健康水平不断提高。表 6－6 和表 6－7 显示了独立以来至 20 世纪末国民医疗保障和健康水准的大幅提高。但国民对此有更高的期望，政府不断推进医疗体系的改革。2001 年 4 月 20 日，众议院颁布法令，

表 6-6 健康指数（1960~1999 年）*

| 指标 \ 年份 | | 1960 | 1973 | 1995 | 1997 | 1999 |
|---|---|---|---|---|---|---|
| 每位医生提供服务人数(人) | | 1440 | 1053 | 404 | 379 | 357 |
| 每位牙医提供服务人数(人) | | 3937 | 3154 | 1182 | 1102 | 1054 |
| 每位护士提供服务人数(人) | | 755 | 414 | 227 | 222 | 208 |
| 千人拥有医院床位数(张) | | 217 | 179 | 195 | 210 | 216 |
| 出生率(%) | | 25.8 | 18.3 | 15.4 | — | 12.8 |
| 死亡率(%) | | 10.7 | 10.3 | 7.7 | — | 7.6 |
| 婴儿死亡率(%) | | 40.0 | 18.0 | 8.5 | 8.0 | 6.0 |
| 人均寿命(岁) | 男性 | 63.6 | 70.0 | 75.3 | 75.3 | 75.3 |
| | 女性 | 68.8 | 72.9 | 79.8 | 80.0 | 80.4 |

* *Cyprus*: *On the Way to EU Membership*, The Press and Information Office of Republic of Cyprus, 2002, p. 47.

表 6-7 健康服务开支状况（1960~1999 年）*

（不包括资本形式）

| 年份 | 政府开支（塞镑） | 个人开支（塞镑） | 总计 | |
|---|---|---|---|---|
| | | | 开支(塞镑) | 占 GNP 比例(%) |
| 1960 | 1160 | 2030 | 3190 | 3.4 |
| 1965 | 1400 | 2380 | 2370 | 2.7 |
| 1970 | 2130 | 4020 | 6150 | 2.7 |
| 1975 | 5060 | 3870 | 8930 | 3.3 |
| 1980 | 11200 | 10190 | 21390 | 2.7 |
| 1985 | 24580 | 34380 | 58960 | 3.9 |
| 1990 | 40080 | 64160 | 1042450 | 4.0 |
| 1995 | 67500 | 125950 | 193450 | 4.8 |
| 1996 | 74000 | 153680 | 221680 | 5.5 |
| 1997 | 82320 | 174350 | 256370 | 5.8 |
| 1999 | 92830 | 182220 | 275050 | 5.6 |

*表中数据参见 *Cyprus*: *On the Way to EU Membership*, The Press and Information Office of Republic of Cyprus, 2002, p. 47。

建立国家卫生服务体系（NHS），该体系使所有公民受益，其资金来源于国家、雇主、雇员、个体经营者、退休人员以及所有拥有非职业收入的人。国家卫生服务体系由健康保险组织管理，健康保险组织向政府和私营医疗机构提供医疗卫生服务。

表 6－7 中“政府开支”和“个人开支”分别指政府和个人的现金开支之外的年总开支。

## 第四节 体育

### 一 体育制度

塞浦路斯体育的历史可以追溯到几个世纪以前。在塞浦路斯本岛和希腊的各种考古遗址中发现的碑文记载见证了塞浦路斯人对体育的热爱，也见证了他们在古代泛希腊和奥林匹克竞赛中获得的成功。这些竞赛曾在希腊、皮提亚（Pythia）、伊斯米亚以及其他地方举行。位于库里昂（Curium）、萨拉米纳、帕福斯、克提昂（Kitium）和拉皮托斯的塞浦路斯古运动场，是运动员和体育爱好者聚集的中心。这些运动场一直保留到拜占庭时期。到中世纪，体育运动依然是塞浦路斯人最热衷的休闲方式。

自 1897 年第一个体育俱乐部在利马索尔成立以来，体育俱乐部开始如雨后春笋般遍布全岛。

塞浦路斯共有 6 个体育俱乐部，分布于各主要城镇。2000 年，35 个体育联合会和 600 个体育俱乐部，拥有不同年龄的注册会员 4.5 万人。2004 年，42 个体育联合会，其注册会员达 6 万人。塞浦路斯运动员参加了 2004 年雅典奥运会的田径、游泳、射击和帆船项目的比赛。塞浦路斯运动员还参加了雅典残奥会，并取得了突出成绩，18 岁的女运动员卡罗莉娜·帕莱迪里乌（Karolina Pelendritou）获得了游泳项目的金牌。

## 二　体育机构

### 1. 塞浦路斯体育组织

1969年，塞浦路斯政府成立了塞浦路斯体育组织（简称CSO）。该组织的职责包括：对各类学校之外的体育活动进行监管，为体育场馆及设施的建设和维修提供资金，为体育俱乐部提供技术援助，为塞浦路斯参加国际运动会提供支持。塞浦路斯体育组织是一个半官方机构，所管理的资金主要用于促进体育联合会和体育俱乐部的体育项目的提升，为体育基础设施的建立、维护和运行提供资助。

塞浦路斯体育组织的行政委员会由9名成员组成，由部长会议任命，任期3年。该组织运营的体育中心、奥林匹克游泳馆和多功能室内体育馆遍布全岛。尤其需要提及的是伊利弗思里亚（Eleftheria）多功能室内体育馆，能够承担所有运动项目的比赛和训练。该体育馆还有两个备有空调和玻璃幕墙的壁球场，极大地推动了塞浦路斯壁球运动的发展。在塞浦路斯体育组织的倡导下，尼科西亚壁球俱乐部发起了一项针对学龄儿童的训练计划，其中一些受过训练的儿童已经成为塞浦路斯壁球运动的佼佼者，代表塞浦路斯参加国际比赛。

2000年，尼科西亚体育俱乐部新落成的帕基皮亚（Pagkypria）体育场投入使用，该体育场包括一个可容纳2.5万名观众的足球场，一个可容纳2000名观众的田径场。该体育场是欧洲最现代化的体育场之一，拥有为运动员、记者和观众服务的各种设施。塞浦路斯体育组织下辖有一个体育研究中心，帮助各个项目的运动员在国际比赛中取得优异成绩。该中心与欧洲国家的相关机构有着密切的交流与合作。为提高全民的身体素质，塞浦路斯体育

组织还发起了“全民运动”活动，由180个体育中心在全岛组织实施。该活动已使1.5万余名儿童在6个主要运动项目中受益。

**2. 塞浦路斯奥林匹克委员会**

塞浦路斯奥林匹克委员会成立于1978年，2003年举行了该委员会成立25周年庆典活动。该委员会的主要职责是组织塞浦路斯运动员参加国际大型比赛。2003年，该委员会组织了140名塞浦路斯运动员参加了在马耳他举行的欧洲小国运动会（GSSE），获得了81枚奖牌，奖牌总数居8个参赛国首位。2003年还组织运动员参加了在巴黎举行的欧洲青年奥林匹克节（EYOF），塞浦路斯运动员表现出色。2004年该委员会精心组织塞浦路斯运动员参加了雅典奥运会。塞浦路斯奥委会还通过国际奥委会奥林匹克团结基金的奖学金计划以及其自身的经营收入，为运动员提供经济资助。此外，国际奥林匹克团结基金也为塞浦路斯的具有国内和国际水平的教练提供培训支持。

塞浦路斯奥林匹克委员会近年来最重要的体育设施建设项目是奥林匹克庄园，该委员会就设在奥林匹克庄园内。奥林匹克庄园已经成为塞浦路斯体育运动的中心和塞浦路斯奥林匹克精神的象征。

塞浦路斯奥林匹克委员会还肩负奥林匹克教育的任务，尤其是对儿童和青少年的奥林匹克传统和精神的教育。该委员会每年组织“奥运欢乐跑”活动，培养学生的奥运意识。2003年10月举办的奥运火炬展，对塞浦路斯国民了解奥运历史起到了积极作用。此外，该委员会还组织奥运义工活动，而且义工人数逐年增加。[①]

---

① Sports in Cyprus, http://www.cyprusnet.com/article_sports-in-cyprus, 2009-10-20.

## 三　体育设施

由于塞浦路斯政府对体育运动的重视，在塞浦路斯建有各种体育运动设施，这些设施可供开展众多基本运动项目，如足球、拳击、乒乓球、羽毛球、体操、柔道、篮球、手球、壁球、排球、举重及田径运动和游泳及水上运动等。各类体育设施均按照国际通行标准建设。由于塞浦路斯夏季凉爽而冬季温暖的气候特征，不论是室内体育场馆还是露天场所，进行训练和赛事基本不受天气的影响。[①]

塞浦路斯的主要体育设施有：位于利马索尔的斯皮罗斯·基普里诺体育中心（Spyros Kyprianou Athletic Center），特西诺体育中心（Tsirio Sport Center）。

位于首都尼科西亚的马卡里奥斯体育中心（Makarios Sports Center），伊利弗思里亚（室内）体育馆（Eleftheria Indoor Hall），GSP 体育中心（GSP Sport Center）。

位于帕福斯的帕费克体育中心（Pafiako Athletic Center），基罗斯基普体育训练中心（Geroskipou Sports Training Center）。

位于拉纳卡的科提体育中心（Kitio Athletic Center），GSZ 体育馆（GSZ Stadium）。

另外，游泳场馆遍布全岛，主要有：尼科西亚奥林匹克游泳馆（Nicosia Olympic Swimming Pool，Nicosia）、利马索尔奥林匹克游泳馆（Olympic Swimming Pool，Limassol）、帕福斯游泳馆（Pafos Swimming Pool）等。[②]

除了上述体育运动场所外，还有各类私营的体育运动设施。

---

① Sports training facilities in Paphos，Cyprus Geroskipou Municipality Sports Centre，http：//www. trainingincyprus. com/，2009 - 10 - 10.

② Sports Facilities in Cyprus，http：//www. cyprussportstraining. com/Home/olympic - training - in - cyprus/sports - facilities - in - cyprus，2009 - 09 - 01.

## 第五节　新闻出版

### 一　新闻出版概况

塞浦路斯的新闻出版机构可自由和独立地运行，不受政府的任何干预和控制。新闻自由在共和国的宪法中有明文规定："每个公民都有以任何方式演讲和表达意见的自由。这项权利包括持有意见的自由，接受意见的自由和表达意见的自由，不受任何公共当局的干涉，不限国界。"

1989 年新闻出版法保障新闻自由，报纸可以不受限制地自由流通，记者有权获得官方新闻但不公开新闻来源。同时，也保障了个人、组织或公共机构，在其认为出版社和媒体出版发行的关于对他们的不正确或误导性的报道进行投诉的权利。

塞浦路斯记者联合会要求记者做到自律，并必须遵守该联合会制定的《行为准则》。记者联合会监督该准则的执行情况。①

### 二　主要报纸

塞浦路斯的第一份报纸发行于 1878 年 8 月 29 日，名为《塞浦路斯》（*Kypros*），用希腊文和英文印刷发行。土耳其族人的第一份报纸发行于 1889 年 7 月 11 日，名为《希望》（*Sadet*）。目前，塞浦路斯的印刷媒体十分发达，有日报、周报和各类期刊，涵盖各领域，涉及各学科。

塞浦路斯出版发行的主要日报有：

《真理报》（*Alithia*），1952 年创办时为周报，1982 年改为日报，希腊文出版，观点倾向右翼，发行量 1.1 万份；

---

① *About Cyprus*, The Press and Information Office of Republic of Cyprus, 2004, p. 332.

《晚报》（*Apogevmatini*），1972 年创办，希腊文出版，无党派，发行量 8000 份；

《塞浦路斯邮报》，1945 年创办，英文出版，无党派，发行量 4000 份；

《黎明报》（*Haravghi*），1956 年创办，希腊文出版，劳动人民进步党机关报，发行量 1.4 万份；

《战斗报》（*Machi*），1960 年创办，希腊文出版，观点倾向右翼，发行量 4000 份；

《市民报》（*Politis*），1999 年创办，希腊文出版，无党派；

《自由爱好者报》（*Phileleftheros*），1955 年创办，希腊文出版，无党派，发行量 2.6 万份；

《今日报》（*Simerini*），1976 年创办，观点倾向右翼，发行量 1.7 万份；

塞浦路斯出版发行的主要周刊有：

《勇气》（*Tharros*），1961 年创刊，希腊文出版，观点倾向右翼，发行量 3500 份；

《今日塞浦路斯》（*I Kypros Simera*），2000 年创刊，希腊文出版；

《塞浦路斯周刊》（*Cyprus Weekly*），1979 年创刊，英文出版，无党派，发行量 2200 份；

《周末评论》（*Weekly Review*），2000 年创刊，英文出版，无党派；

《塞浦路斯金融镜报》（*Cyprus Financial Mirror*），1993 年创刊，英文出版，发行量 3500 份，金融类期刊；

《经济公报》（*Economiki*），2000 年创刊，希腊文出版，金融类期刊；

《新信息》（*Neos Typos*），1999 年创刊，希腊文出版，金融类期刊；

《证券交易信息》（*Chrimatistiriaka Nea*），2000 年创刊，证券交易信息；

《工人之声》（*Ergatiki Phoni*），1974 年创刊，希腊文出版，塞浦路斯工人联合会机关刊物，发行量 1 万份；

《工人论坛》（*Ergatiko Vima*），1956 年创刊，希腊文出版，塞浦路斯劳动联盟机关刊物，发行量 1.4 万份；

《政府公报》（*Official Gazette*），1960 年创刊，希腊文出版，塞浦路斯共和国政府出版；

《体育论坛》（*Athlitiko Vima*），1981 年创刊，双周刊，希腊文出版，发行量 5000 份；

《三叶草》（*Trifilli*），1973 年创刊，双周刊，希腊文出版，发行量 1000 份；

《周日体育新闻》（*Athlitiki tis Kyriakis*），1996 年创刊，希腊文出版，体育类刊物，发行量 4000 份；

《美加体育》（*Mega Sport*），1996 年创刊，双周刊，希腊文出版，体育类刊物，发行量 3500 份。[①]

另外还有大量的专业报纸和期刊。

土耳其族创办的主要报刊有：

《灰狼报》，1951 年创刊，发行量 5000 份。另有《人民之声》、《统一报》和《新制度报》等。[②]

## 三　新闻机构

**塞浦路斯新闻社**　塞浦路斯新闻社（CNA）成立于 1976 年 4 月，是根据塞浦路斯新闻法独立自主运营

---

① *About Cyprus*, The Press and Information Office of Republic of Cyprus, 2001, pp. 294 – 297.

② Cyprus Mass Media, http://cyprusnet.com/article_ cyprus – mass – media, 2009 – 10 – 10.

的非官方新闻社。塞浦路斯新闻社由 7 人组成的董事会管理，董事会成员主要由记者联合会、出版协会、塞浦路斯广播公司、新闻出版办公室的代表构成。

根据 1989 年新闻出版法规定，塞浦路斯新闻社不得促进任何政党或经济集团的利益。早在 1984 年，塞浦路斯新闻社通过雇用更多的记者以及与其他新闻社（以各种语言翻译和转播 CAN 精选的新闻报道）签订条约，扩展了其新闻报道范围。在此框架下，塞浦路斯新闻社与雅典新闻社建立了密切合作，通过该合作，塞浦路斯新闻社可以获取雅典新闻社的图片服务，从而为其订阅者提供有关国内外事件的图片服务。

作为一个国家新闻社，塞浦路斯新闻社关注的焦点是：发生在塞浦路斯的事件、同塞浦路斯有关的言论和活动，以及有关塞浦路斯或该区域特殊利益的事件。塞浦路斯新闻社报道的主要内容包括：国内新闻、国内政治、外交政策、经济事务、文化和体育。塞浦路斯新闻社将新闻稿分发给报纸、电台、电视台、通讯社、外国驻塞大使馆、塞浦路斯驻外使馆和海外塞浦路斯人组织。

从 2002 年 5 月开始，塞浦路斯新闻社播发土耳其语的新闻，这些新闻提供给土耳其族新闻媒体和政治团体，以及土耳其的新闻媒体。

塞浦路斯新闻社向路透社、法新社和塔斯社等国际新闻社提供英文新闻稿。此外，塞浦路斯新闻社与雅典新闻社和国际图片服务社合作，提供发生在塞浦路斯、希腊乃至世界各地事件的新闻图片。它的服务包括：提供新闻稿，有用的信息和为海外塞浦路斯人提供的新闻公告。

塞浦路斯新闻社参加了欧洲新闻社联盟、地中海新闻社联盟和联邦新闻联盟等国际新闻组织。塞浦路斯新闻社的电子邮箱：cna@ cytanet. com. cy，网址：http：//www. cna. org. cy。

**外国新闻社**　常驻塞浦路斯的外国新闻社，如美联社、路透社、德新社、法新社、雅典新闻社、俄罗斯塔斯社、新华社、安莎通讯社、埃菲社（西班牙通讯社）等都将塞浦路斯作为它们在中东的基地。美国广播公司、英国 BBC 广播和电视新闻、星期日泰晤士报、泰晤士报、华盛顿时报等诸多国际新闻机构和外国报纸期刊也都在塞浦路斯驻有新闻记者。[①]

**新闻信息办公室**　塞浦路斯新闻信息办公室是隶属于内政部的一个政府部门，其职责是宣传和执行政府的政策，以及宣传和推行政府、众议院、司法机构、半官方组织和独立机构的工作。

新闻信息办公室是政府出版物的出版机构，维护着共和国的网页。此外，它还负责新闻媒体法规的实施、涉及重要内容的外文翻译的官方认定、教化咨询委员会（Advisory Committee on Enlightenment）关于音像制品和图书采购决定的执行，以及对外国出版物进行审查等。新闻信息办公室也代表塞浦路斯参加欧洲视听机构的董事会议。比如参加欧洲影像基金会，参加欧洲视听瞭望年鉴讨论会。筹备在塞浦路斯举办的摄影展以及帮助组织类似的展览到海外展出。此外，还负责监督国内外的媒体，努力帮助它们更全面地了解塞浦路斯政府的政策和塞浦路斯问题。

新闻信息办公室协助政府发言人的工作，包括每天通过媒体介绍政府政策，以及回答有关当前热点问题。新闻信息办公室也是塞浦路斯最大的报纸收藏机构之一，它有一个报纸收藏室，专门收藏塞浦路斯出版的报纸，其报纸收藏史可追溯至 1879 年，其中很多报纸是用微缩胶片保存的，包括 1878 年英国从奥斯曼手中接管塞浦路斯时出版的第一份希腊族塞浦路斯人报纸。这些对研究者都是开放的。此外，新闻信息办公室还拥有一个图书

---

① *About Cyprus*, The Press and Information Office of Republic of Cyprus, 2004, pp. 336 - 337.

馆，藏有各类同塞浦路斯有关的希腊语、英语和其他语言的书籍。①

新闻信息办公室的网址是：http：//www. moi. gov. cy/pio，可以链接到所有在线的政府部门、服务机构和独立组织。

## 四　广播电视

塞浦路斯的广播电视业发展相对缓慢。1952 年建立了广播电台，1957 年电视台建成开播。官方运营的塞浦路斯广播电视公司是唯一的提供广播电视服务的机构。政府对广播电视领域的管制取消后，1990 年诞生了独立的广播电台，1993 年第一个独立的电视频道开播。目前，塞浦路斯拥有 10 个覆盖全岛的电台和 38 个地方广播电台，7 个覆盖全岛的电视频道（包括 2 个收费电视）和 6 个地方电视频道。至 2003 年年底，许可运营的电台和电视台总数有 59 个。土耳其族的广播电台、电视台分别建立于 1963 年和 1976 年。

塞浦路斯的广播电视监管机构是广播电视局。根据广播电视法设立的广播电视局是一个独立的监管机构，由主席、副主席和 5 名成员组成，所有成员由部长会议任命，任期 6 年。广播电视局的监管职责包括：

（1）为电台、电视台发放和更新运营执照。

（2）监督电台、电视台的运营，避免形成垄断，确保多元化。

（3）监督电台、电视台的节目内容符合塞浦路斯共和国《电台电视台法规》。

（4）保障媒体从业人员编辑新闻的独立性，免受任何压力

① *About Cyprus*, The Press and Information Office of Republic of Cyprus, 2004, pp. 346 - 347.

和干扰。

（5）确保公平对待不同政治团体，尤其是在大选之前。

（6）监测国际传媒领域的发展趋势，并就新闻立法和修订向部长会议提出建议或意见，以符合欧洲法律体系。

（7）审查对广播电视节目以及广告内容的投诉。

（8）审查触犯法律、法规和规则的行为，并实施制裁，其中包括建议、警告、罚款、暂停或吊销运营许可证。

（9）发布广播电视机构遵守新闻媒体行为规则情况的通告和指示。

广播电视局下设咨询机构，即广播电视咨询委员会。该委员会的职责是：反映公众舆论、政府和各种利益集团的观点以及私营电台、电视台的态度。

塞浦路斯广播公司是国有广播电视公司，有义务在其整体节目安排中，包含一定程度的特定节目，如教育和文化节目。实际上，塞浦路斯广播公司承担着对国民进行文化教育的职能。

塞浦路斯广播公司是欧洲广播联盟的成员，通过该联盟，塞浦路斯广播公司可将塞浦路斯的节目和新闻转播到整个欧洲和世界各地。塞浦路斯广播公司已在互联网上建立了自己的网站：http：//www.cybc.com.cy。自 1997 年 4 月以来，海外塞浦路斯人或外国人都可以通过互联网收听塞浦路斯广播公司的三个电台的节目，收看两个电视频道的节目。此外，塞浦路斯广播公司强调语言和文化、本土制作、客观性和真实性以及多样性的特点，同时提供多种类型的节目供人们选择，其中包括少数民族语言和文化传统的节目。向外国人说明塞浦路斯问题以及加强同海外塞浦路斯人的交流也是该公司的重要目标。

塞浦路斯广播公司是一个非营利性的半政府机构广播组织，覆盖全岛，包括 4 个电台和 3 个电视频道。广播公司将其所有收入用于它的主要任务：向塞浦路斯人民提供信息、文化和娱乐的目标。

塞浦路斯广播公司拥有三个电视频道，全天 24 小时播放。

**第一电视频道**　塞浦路斯广播公司主要的信息频道，用希腊语播放，重在时事新闻报道，节目内容包括时事、政治、经济、社会、文化和体育新闻。该频道力求通过新闻和时事节目向观众提供可靠、迅速和客观的信息。同时，该频道也非常注重教育文化以及有关公共服务的节目，内容包括高清晰度的纪录片和故事片、真实事件和经典名著系列片、歌剧、音乐会、芭蕾舞、戏剧表演以及文化节目。午夜后播放当日的时事新闻。

**第二电视频道**　塞浦路斯广播公司主要的娱乐频道，节目内容包括：本公司制作的节目、土耳其节目、精选的希腊和国外系列节目、高品质的电影、希腊及其他国家的电视电影、音乐和儿童节目。该频道以希腊语、土耳其语和英语三种语言播放新闻。自 1993 年以来，该频道还每日转播部分的欧洲新闻节目（每周约 80 小时）。

**塞浦路斯卫星频道**　该频道不仅向塞浦路斯岛的公众，而且要通过它的卫星节目向有塞浦路斯人侨居的希腊、英国、欧洲其他国家和西亚北非等国家提供客观真实的信息。塞浦路斯卫星频道也播送塞浦路斯广播公司制作的电视和戏剧作品、时事节目、纪录片、文化、儿童和娱乐节目。但在星期日该频道要现场直播美佳电视频道的礼拜仪式。每天转播时事节目，为居住在英国或其他国家，因时差而不能收看首播的海外观众提供资讯。此外，塞浦路斯卫星频道还通过希腊电视台的 ERT Sat 卫星节目，每天下午 6 点向世界各地转播塞浦路斯卫星频道的时事新闻报道，以及每周一次的“塞浦路斯七日”（Cyprus，7 Days）和“塞浦路斯评论”（Cyprus Review）。

塞浦路斯广播公司拥有 4 个广播电台，以希腊语、英语、土耳其语、亚美尼亚语、德语、法语等多种语言，24 小时播放时事新闻和文化娱乐节目。同时也通过卫星和互联网进行播送。

**第一广播电台**　以时事新闻报道、教育和文化及音乐节目为主。针对塞浦路斯国民警卫队、驻塞浦路斯的希腊先遣队开设的节目。1999 年 6 月 27 日，该电台开设了“马龙派教徒之声”，专门为马龙派教徒提供资讯服务。1999 年 11 月 13 日开播了针对拉丁社区的特别节目。周末为海外的塞浦路斯听众提供短波节目“I kypros konta sas”。

**第二广播电台**　用土耳其语、亚美尼亚语、英语三种语言 24 小时播送。土耳其语节目时间：06：00 ~ 17：00；亚美尼亚语节目时间：17：00 ~ 18：00；英语节目时间：18：00 ~ 24：00。此外，第二电台频道每天还用德语和法语专门为游客播报两个小时的晚间节目，节目名为“欢迎来到塞浦路斯”。

**第三广播电台的节目**　主要是娱乐和信息，服务于塞浦路斯本岛的听众以及居住在德国、英国和欧洲其他国家的希腊侨民，也通过卫星和互联网进行播送。24 小时播送。

**第四广播电台**　是轻音乐台，全天 24 小时转播雅典酷爱广播电台的节目。

# 第七章
# 外　交

塞浦路斯自摆脱英国的殖民统治实现独立以来，一直奉行中立的和平外交政策，支持不结盟运动，是不结盟运动25个创始国之一。强调维护国家独立、主权、统一和领土完整，发展同世界各国的友好关系。塞浦路斯同希腊和英国有特殊关系，积极发展同美国和西方国家的政治和经济关系。同时与苏联（俄罗斯）保持密切关系。塞政府主张用和平手段解决地区及国际争端，国家不论大小一律平等，关注小国安全。2004年5月1日塞浦路斯加入欧盟，随后塞政府宣布退出不结盟运动。目前塞浦路斯已与世界上174个国家建立了外交关系。近年来重视发展同阿拉伯国家的友好关系。

## 第一节　同美国关系

### 一　冷战时期同美国关系

塞浦路斯虽系小国，但其重要的战略位置以及它与希腊和土耳其剪不断、理还乱的特殊关系，从而使得这个小小岛国与世界超级大国美国之间也存在着互动关系。塞浦路斯

与美国的关系主要表现在三个方面。

首先，塞政府十分重视美国在国际事务中的作用，认为美国对塞国家安全能够发挥重要作用，因而积极发展与美国的关系，希望美国能制定一项较为公正地解决塞问题的方案。因此，塞独立伊始即与美国建立了正式外交关系。1962 年马卡里奥斯总统访美，以期加强两国关系。

1974 年塞浦路斯危机中，美国政府态度暧昧，正如英国《金融时报》论社《塞浦路斯：基辛格博士的一次失败》一文所言："当这场危机最初爆发时，这位美国国务卿实际上并不关心。"① 在美国政府看来，不论塞浦路斯与希腊合并，还是希腊与土耳其分割塞浦路斯，均符合美国的战略利益，这样不仅将塞浦路斯纳入北约范围，而且可以杜绝苏联向塞浦路斯渗透，但前提是防止因此引起希、土两国的战争。美国对塞浦路斯危机的暧昧立场，最终未能制止土耳其单方面采取军事行动。土耳其入侵后，在塞引起大规模反美示威游行。塞政府和人民认为，美国能够制止土耳其入侵而未采取任何行动，甚至认为美国间接地支持了土耳其的侵略行径，因为土耳其利用美国援助的武器入侵塞浦路斯。1975 年 2 月 14 日，塞议长克莱里季斯在雅典说："如果没有其他国家的支持，土耳其去年夏天不会发动对塞浦路斯的入侵。"1983 年 7 月 4 日，美国《新闻周刊》记者阿什拉夫·哈迈·福阿德在采访塞总统基普里亚努时问道："美国在塞浦路斯冲突中能起什么作用?"基普里亚努总统直言不讳地说土耳其"入侵和占领塞浦路斯是用美国为了防御提供给土耳其的武器进行的。直截了当地说，是美国公民在资助土耳其对塞浦路斯的占领"，并认为美国对塞浦路斯和马卡里奥斯政府的支持是"理论上的，而未采取积极的步骤"。

① 《塞浦路斯：基辛格博士的一次失败》，1975 年 2 月 6 日《金融时报》。

尽管如此，塞政府不仅没有淡化与美国的关系，反而积极沟通，向美国政府表达塞政府和人民的要求。马卡里奥斯回岛复职后不久，在 1975 年 4 月参加英联邦牙买加会议时强调："我们认为，只有美国能够影响土耳其或者对它施加压力，要它比较讲道理一点。"马卡里奥斯在与美国国务卿基辛格会谈时要求美国向土耳其施加压力。美国国会决定对土耳其实行武器禁运，但美国政府反对。美国政府认为"美国对土耳其的援助并不是为了偏袒土耳其，而是为了西方的共同防御。当我们为了影响一个纯粹战术的问题而开始停止援助时，我们就会使联盟的团结和西方的安全完全遭到破坏"。美国政府反对把塞问题与美国对土耳其的军援联系起来，但承认土耳其在解决塞问题上的关键作用。1977 年 5 月卡特总统与土耳其总理会谈时曾指出："大家都希望塞浦路斯问题能够解决，虽然这是要由塞浦路斯希腊族和土耳其族决定的问题，但是，土耳其总理在这方面有很大的发言权，并有很大影响力。"在美国政府的极力要求下，1978 年美国国会取消了对土耳其的武器禁运，但条件是总统必须定期向国会提交关于塞问题的进展报告。塞政府反对取消禁运，马卡里奥斯认为，"只有土耳其在塞浦路斯问题上做出让步，才能取消禁运"。

实际上，美国非常关注塞浦路斯问题，并多次派特使进行斡旋。1982 年美国任命了塞浦路斯问题特别协调员，而且副国务卿、参议院外交委员会主席和许多国会议员先后访塞，寻求尽快解决塞浦路斯问题的方案。1982 年 6 月，美国众议院以 405 票对 6 票通过决议，要求土耳其从塞撤军。1983 年 11 月 15 日，当土耳其族宣布成立"北塞浦路斯土耳其共和国"时，美国参众两院立即通过决议，反对土耳其族宣布独立，要求土耳其族领导人收回这一决定，并支持联合国安理会号召所有成员国拒绝承认北塞的决议。1984 年 2 月，美国接连派出国务院特别顾问德文斯和塞浦路斯问题特别协调员哈斯访塞，帮助联合国秘书长进行

调解。11 月，里根总统致信土耳其总统埃夫伦将军，要求从速解决塞浦路斯问题。在美国的压力下，土耳其族的确做出了较大让步，但遗憾的是两族未能抓住机遇达成协议。尽管如此，塞政府仍然认为美国的努力不够，没有发挥它所能够发挥的作用。而且对美国总统定期向国会提交的关于塞问题进展报告中的某些提法，如“塞浦路斯问题的解决取得进展”、“土耳其采取了建设性态度”等极为不满。事实上，从 1974 年土耳其入侵到 80 年代末，美国根据自己的战略利益确实向土耳其施加了一定压力，只是因为土耳其在这一问题上拒绝让步，使得塞浦路斯问题的解决没有丝毫进展。尽管塞政府对此不满，但因为仍需美国的帮助，塞领导人频繁访美，塞浦路斯与美国关系进一步加强。

其次，美国尽力把塞问题的解决限制在北约范围内，极力避免苏联介入，这是由美国在东地中海地区的战略利益所决定的。美国在塞拥有 3 处监视站，并使用英国基地，美国 U－2 飞机曾利用英国在塞浦路斯的军事基地监视阿以停火实施情况。早在 20 世纪 50 年代末，美国极力反对在联合国讨论塞浦路斯问题，曾两度否决希腊提出的要求联合国主持在塞浦路斯实行民族自决原则的提案，要求英、希、土 3 个北约成员国协商解决塞浦路斯争端。塞独立后出现民族冲突时，美国仍要求这 3 个保证国协商解决，并要求北约秘书长进行斡旋。美国还曾试图派北约部队在塞维和，遭到塞政府拒绝。1974 年塞浦路斯危机爆发后，美国的首要任务是防止希、土两国爆发战争，避免为苏联的介入造成可乘之机。美国尽力安抚希腊，又对土耳其施加压力，但把握尺度，以免适得其反，将土耳其推入苏联的怀抱。其后，在塞浦路斯走向和平的进程中，美国坚决反对苏联提出的召开国际会议解决塞问题的建议，尽管塞总统马卡里奥斯赞成苏联建议，1975 年 4 月 5 日马卡里奥斯在接受苏联记者采访时，称赞苏联建议“非常具有建设性”。但美国仍认为该建议是苏联为介入塞浦路斯事务寻找契机。同时，在塞维和部队组成上，美国也主张在西方盟国范围内，反对苏联领导的华约集团成员国介入。美国支持联合国秘书长及其特别代表主持的塞两族会谈，致使苏联从未介入。

80 年代末随着苏联国内形势趋紧，苏联已无暇他顾，塞问题完全在美国的支持下由联合国进行调解。1988 年 7 月 28 日至 8 月 6 日，塞总统瓦西里乌访问美国，敦促美国继续推动塞问题的解决。美国认为，塞浦路斯共和国政府是塞浦路斯的唯一合法政府，不承认“北塞”的合法性。1991 年 4 月 15 日，美国国务卿贝克会见了正在美国访问的土耳其族领导人登克塔什，其后，美国国务院发言人塔特怀勒澄清说，贝克会见登克塔什并不表明美国对塞岛的政策有任何改变。1992 年 3 月 21 日，美国国务院塞浦路斯问题特别协调员莱兹基访塞，同塞总统瓦西里乌和土耳其族领导人登克塔什分别进行了会谈，协调双方立场，推动两族和谈。

最后，美国长期向塞浦路斯提供经济援助，1960～1962 年，美向塞政府提供了 1700 万美元的援助。1974 年以后，美国每年向塞政府提供 1500 万美元的援助，这些援助成为塞浦路斯经济快速恢复并加速发展的重要因素之一。

## 二 冷战后同美国关系

冷战后美国继续推动塞问题的解决。克林顿当选总统后，曾承诺要在任期内争取解决塞浦路斯问题。1995 年 11 月，克林顿总统派特使詹姆斯·贝蒂访塞，促使希腊族和土耳其族领导人发表了一项承诺政治解决塞问题的联合公报。1996 年 1 月 4～5 日，美国负责欧洲事务的助理国务卿霍尔布鲁克访塞，试图调解希腊族和土耳其族之间的矛盾，促使他们打破和谈僵局。霍尔布鲁克此行没有带来解决塞问题的新建议，霍尔

布鲁克保证美国将继续积极参与塞问题的解决，并将把此事作为美国政府最优先考虑的问题之一，尽一切努力推动恢复两族的和谈。1996 年 7 月，正当希、土两族分别与希腊、土耳其相继进行军事演习，塞岛趋势日趋紧张之时，美国国务卿奥尔布莱特要求希腊族和土耳其族边防军司令会晤，缓解军事对峙，避免可能发生的冲突事件。

美国支持联合国秘书长为解决塞问题所做的努力，曾多次提出塞问题解决方案，寻求解决塞问题的途径，并同塞的保证国希腊、土耳其、英国等保持着密切接触。2003 年 4 月，美国务院发表声明，呼吁塞浦路斯希、土两族以联合国秘书长安南方案为框架恢复谈判。6 月，美国塞浦路斯问题协调员维斯顿访塞，敦促希、土两族尽早恢复谈判。2004 年 9 月，美国助理国务卿访塞，就塞问题与塞总统举行了会谈。2005 年 7 月，塞外长亚科武应美国务卿赖斯邀请访美，双方签署了安全与大规模杀伤性武器不扩散协议，塞成为与美国签署该协议的第一个欧盟国家。10 月，塞浦路斯土耳其族领导人塔拉特访美，就如何在安南方案基础上重开塞浦路斯问题谈判以及解除土耳其族孤立等问题，与美国国务卿赖斯会晤。

2001 年 7 月 18 日，据塞浦路斯媒体报道，塞众议院议长赫里斯托菲亚斯明确表示，他反对英国在其驻塞的军事基地内安装一种新的巨型天线。据报道，英在塞的军事基地是为美国服务的，收集的情报直接传递到华盛顿，而安装巨型天线则属于美国导弹防御计划的一部分。[①] 2005 年 10 月 29 日，塞总统帕帕佐普洛斯严厉谴责美国政府邀请土耳其族领导人塔拉特访美，认为美国此举是鼓励塞岛分裂。

2008 年 4 月，塞外长基普里亚努访美。7 月，美国主管欧洲

① 《新华每日电讯》，2001 年 7 月 20 日。

事务的助理国务卿丹尼尔·弗雷德访塞，会见希、土两族领导人，就推动解决塞问题进一步交换意见。

## 第二节　同苏联（俄罗斯）关系

### 一　冷战时期同苏联关系

塞浦路斯与苏联之间的关系最早始于党际交往，即1926年成立的塞浦路斯共产党与苏联共产党之间的密切关系。1960年塞浦路斯宣布独立后即与苏联建立了正式外交关系。

自第二次世界大战以来，苏联为了与美国在全球争霸，积极利用塞浦路斯争端为其全球战略服务。20世纪60~70年代，苏联在塞浦路斯的目标主要有四：一是阻止希、土两国瓜分塞岛；二是扩大希、土裂痕，破坏北约东南翼的防线；三是拆除英国在塞的军事基地；四是发展和壮大塞浦路斯劳进党。当时苏联的较为长远目标就是通过劳进党控制塞岛，并将塞浦路斯变成苏联的军事基地。

塞浦路斯问题的因素复杂，矛盾交错，苏联在对塞政策上，不仅必须考虑到劳进党和其他派别及希腊族和土耳其族的因素，而且要考虑到希腊和土耳其两国的因素，以及英国和美国的影响。在20世纪80年代之前，苏联对塞政策不断变化，且有时相互矛盾，但从变幻不定的政策中也反映出一些阶段性特征。

**1. 在1950~1960年间，苏联支持劳进党**

“意诺西斯”运动在20世纪50年代初形成了强大压力，劳进党在苏联的鼓励下最初是支持“意诺西斯”的。1955年劳进党被禁止活动后，苏联减少了对该党的公开支持，也不再提及“意诺西斯”，正式口号转变为“支持民族解放运动”，劳进党也相应地转向以“民族自决”为中心的地下斗争，不支持马卡里奥斯领导的“埃欧卡”组织。从根本上看，“意诺西斯”与苏联在这一地区的战略和外交利益是相矛盾的。

1959 年，劳进党恢复公开活动后，苏联积极帮助劳进党重建组织，扩大队伍，并把劳进党作为对塞浦路斯施加影响的唯一政治因素。此时塞浦路斯的独立在望，苏联要求劳进党把斗争矛头指向英国在塞浦路斯的军事存在。

**2. 在 1960 ~ 1964 年间，苏联支持马卡里奥斯**

塞浦路斯独立后，塞政府承认英国在塞岛保留两个主权军事基地，承认希腊和土耳其在塞的特权。其实质是用条约再次确立了西方在塞的利益。面对这一形势，苏联的目标是打破既成事实，防止塞浦路斯完全滑入北约体系。

针对变化了的形势，苏联改变策略，在大力支持劳进党的同时，极力拉拢马卡里奥斯政府，利用希、土两族矛盾削弱西方势力，扩大苏联的影响。同时增加与塞浦路斯的经贸关系。1960 年，苏联购买了塞浦路斯当年生产的全部葡萄干和大部分柑橘，同时向塞提供木材和水泥。塞政府十分感激。1961 年年底，塞、苏两国签订了一系列贸易协定。为争取马卡里奥斯，苏联不惜再度放弃自己所宣称的“民族自决”原则，表示支持“意诺西斯”。[①] 1964 年年初，苏联在希、土两族大规模冲突之际，向塞政府提供了某些武器装备。8 月，土耳其战机轰炸和扫射希腊族阵地，马卡里奥斯紧急呼吁苏联提供更多军援，苏联因担心激怒美国，当时不置可否，但又想进一步拉拢塞政府，故而提出希、土两族举行高级会谈。9 月，塞政府高级代表团访问莫斯科，除加强两国经济合作和贸易往来外，双方就苏联更广泛地向塞提供

① 苏联政策的变化，使劳进党在国内十分被动，并一度引起劳进党与苏共两党关系紧张。

军事援助达成了协议，苏联答应向塞提供战斗机、鱼雷艇、高射炮、雷达设备、火箭和其他常规武器。但这一协议因赫鲁晓夫下台而未能认真执行。

另一方面，苏联并未减少对劳进党的支持。劳进党在塞工会和其他重要群众组织内的实力不断增强。塞、苏两党一度在“意诺西斯”政策上产生分歧，但很快得到弥合，劳进党在中、苏两党论战中支持苏共，进一步获得了莫斯科的信任，由于苏联对塞贸易采取实物交换的方式，满足了塞的急需，提高了劳进党在塞民众中的影响力。1961 年后，劳进党再次按照苏联意图改变政策，转而支持马卡里奥斯，进一步壮大自身力量。到 1964 年，美国等西方开始担心塞岛上的“共产主义威胁”。1963 年年底，塞浦路斯问题再次爆发，这给苏联提供了一个向该地区渗透的大好时机。1964 年年初，塞浦路斯问题被提到联合国，美、苏两个超级大国首次直接卷入了这一冲突。美国企图调解希腊和土耳其这两个盟国的矛盾，避免爆发希、土战争，苏联则要利用这一形势，火上浇油。苏联提出拆除英国在塞的军事基地，反对干涉塞内政，不能容忍塞浦路斯被置于美国的势力范围之内。在 1964 年塞浦路斯希腊族和土耳其族武装冲突中，苏联曾通过埃及等第三国向希腊族提供了价值超过 1000 万英镑的武器，其中包括坦克等重型武器。塞浦路斯政府希望得到苏联对塞浦路斯独立、主权、统一和领土完整的支持。苏联根据其战略利益，反对把塞浦路斯与北约成员国希腊合并，或希、土两国分割塞浦路斯。但是，苏联的目标首先在于扩大政治影响，不准备为塞承担太多风险。当时，美国正通过联合国维护和平部队寻求希、土两族停火，希腊正加强对马卡里奥斯的支持，苏联认识到如果走得太远，不但可能招致美苏直接对抗，有利于西方团结，还可能会失掉苏联在塞浦路斯已获得的重大影响。

总之，从 1960 年到 1964 年，苏联对塞浦路斯危机实行的是两面策略：一面支持劳进党，一面支持马卡里奥斯，并在塞浦路斯危机中渔翁得利。

**3. 在1964～1974年间，苏联政策侧重点转向土耳其**

勃列日涅夫上台后，苏联逐渐放弃了对“意诺西斯”的支持，转而谋求与土耳其和解。苏联这一政策转变的根本原因是，苏联决策者重新评估了该地区的形势，强调土耳其在苏联全球战略中的重要性远比塞浦路斯和希腊大得多，苏、土睦邻不但可巩固苏联的南部防线，还可加深北约东南翼的裂痕。客观上，美国总统约翰逊书谏后，土耳其也希望与西方拉开一定距离，以体现其独立自主的对外政策。

1965年1月，苏联最高苏维埃主席团主席波德戈尔内访问土耳其时，声称塞浦路斯存在“两个族社”。苏联外长葛罗米柯也明确表示塞可以选择联邦制。1965年5月葛罗米柯访问土耳其时，同意土耳其提出的苏联停止向塞运送武器的要求。[①] 希腊为表示对苏联停止向塞提供军援的抗议，希腊首相宣布取消对莫斯科的正式访问。8月，土耳其总理访问苏联。1965年12月，苏联部长会议主席柯西金访问土耳其，这是第一位苏联政府首脑访土。苏、土两国商定将“两个族社”概念作为一致的立场。这意味着苏联正式接受了土耳其政府的观点，即塞浦路斯希、土两族应建立平等的伙伴关系。

苏联政策的又一次变化使劳进党颇为恼火，劳进党与苏共的关系再度紧张。1966年1月，劳进党总书记巴巴约安努率团访问莫斯科，同苏共中央书记苏斯洛夫等进行了会谈，企图劝说苏联改变立场，但未能实现。劳进党为了获得苏联的支持，不可能与苏共决裂，最后不得不曲意逢迎。

---

① 但在1965年10月，塞浦路斯政府宣布塞获得了价值7000万美元苏联军火，其中约一半属馈赠。

此后的事态发展证明苏联政策转变得相当及时，也很奏效。

1967 年 4 月，希腊军人政变，组成军政府，镇压希共，不信任塞领导人马卡里奥斯，敌视塞劳进党。客观形势使苏联进一步采取支持土耳其牵制希腊的政策。7 月，塔斯社奉命发表官方声明，谴责希腊军政府的“倒行逆施”，揭露美国勾结希腊军方企图搞掉马卡里奥斯，吞并塞浦路斯共和国，把塞变成北约的一个军事基地。与此同时，苏联进一步强调苏、土友谊，以土耳其为主要对象，加强幕后外交活动，劝土耳其不接受任何有利于希腊的塞岛问题解决方案。9 月，希腊向土耳其提出，塞浦路斯与希腊合并，遭土耳其拒绝。塞浦路斯希、土两族冲突加剧，塞岛局势再度紧张。11 月 17 日，土耳其议会授权政府在必要时“向国外派遣军队”。18 日，希腊政府命令武装部队全面进入戒备状态。在希、土两国争夺塞浦路斯的战争危机中，苏联表面上持不偏袒态度，但实际上暗中鼓励土耳其采取必要措施保护自己的权益、制止希腊吞并塞岛的行动。

从 1968 年到 1973 年，塞希、土两族会谈时断时续，虽无任何进展，但局势相对平静。与此同时，美国、希腊和土耳其并没有停止在解决塞浦路斯问题上相互磋商与协调，苏联也没有放松拉拢土耳其的活动。苏联决心支持土耳其继续牵制希腊。每当土耳其遇到西方压力时，苏便向土提供大笔援助，鼓励土耳其对西方持独立立场，有时甚至是强硬立场。1973 年 10 月爆发的第四次中东战争中，土耳其不允许美国使用其基地支援以色列，但却允许苏联战机过境，侦察中东形势。不仅如此，土耳其政府还拒绝承认美国及西方盟国所大力宣称的存在苏联威胁的说法。作为一个北约成员国的这类表现说明，苏联利用塞问题向北约东南翼打进一个楔子的企图，收到了相当好的效果。与此同时，苏联为了加强苏、塞两国关系，邀请马卡里奥斯总统在 1971 年访问了苏联。

**4. 1974年，苏联支持土耳其入侵塞浦路斯**

1974年7月15日希腊军政府策划了塞浦路斯政变后，苏联担心塞浦路斯与希腊合并，要求联合国立即采取措施，但遭到美、英等国的反对，故而支持土耳其入侵塞浦路斯，并在联合国采取拖延手段，为土耳其辩护和争取时间。塞浦路斯危机爆发后，苏联多次发表关于塞浦路斯局势的声明，要求召开塞、希腊族和土耳其族、安理会成员国及相关国家参加的国际会议解决塞浦路斯问题。

如果说，在1967年的塞浦路斯危机中，苏联对土耳其只是给予暗助，那么，到1974年的塞浦路斯事件中，苏联则给予了土耳其公开且有力的支持。苏联支持土耳其的目的，在于阻止希腊和美国合谋在塞建立一个亲西方的右翼政权，反对希腊瓜分塞岛。同时，苏联也明确表示反对土耳其吞并塞岛。

土耳其入侵塞浦路斯的结果是，希、土两国任何一方都不能完全控制塞局势，使塞浦路斯希、土两族从原来政治上的对抗，发展成为地域上的彻底分离和对立。这正是苏联所希望看到的局面。它使希腊退出北约军事组织，使土耳其在后来的武器禁运问题上同美国对抗，从而使苏联有机会进一步发展同土耳其的睦邻关系。苏联认为只要这种局面继续下去，希、土两国关系将继续存在爆炸性因素。北约东南翼存在一个难以填补的裂沟，对苏联最有利。

**5. 1974～1981年间，苏联对塞浦路斯的多重策略**

1974年塞浦路斯危机后，苏联在塞问题上要考虑的因素，远比以往几个时期复杂得多。苏联的政策主要表现在4个方面：表面支持塞浦路斯希、土两族谈判，但不希望真正解决问题；主张塞问题的国际化和塞岛的非军事化，但不急于实施；牵制土耳其在塞的进一步行动，但不得罪土耳其；利诱塞浦路斯当权派，但保持一定距离。

关于谈判。1974 年后，塞浦路斯面临维持现状、建立联邦和实施双合并三种前途。苏联坚决反对并竭力阻止双合并，因为它将意味着塞浦路斯以另一种形式完全落入北约势力范围。维持现状和建立联邦这两种趋向，对苏联来说，又是利弊相兼、不可两全的事。维持现状固然最有利于苏联继续利用北约内部的矛盾，但潜伏着双合并的危险；建立联邦可以摆脱双合并的危险，但不利于继续利用北约内部的矛盾。因此，苏联既不愿简单地利用既成事实，也不肯无保留地推动联邦设想。苏联要在两者之间游移，要推行一种左右逢源、两面牵制、两面取利的机会主义策略。一方面阻止双合并的趋向，另一方面利用现成局面。因而苏联表面上主张支持两族旨在建立双区联邦的谈判，同时又制造种种障碍，不使谈判顺利进行。当谈判遇到危机时，苏联又竭力推动。如 1978 年，美国、英国、加拿大三国联合提出了一个希、土两族倾向于接受的解决方案，但苏联坚决反对，并指使劳进党迫使希腊族政府宣布该方案不可接受。又如 1980 年，苏联曾指使劳进党猛烈攻击基普里亚努总统在两族谈判问题上的消极态度，达到该党不惜与政府决裂的程度。但当谈判可能取得重大突破而对西方有利时，苏联又竭力阻挠，肆意破坏。所以，面临维持现状还是建立联邦这两种抉择，苏联采取了典型的两面策略。

关于国际化和非军事化。苏联不反对适当条件下建立双区联邦。这个“适当条件”，就是取消英国在塞的军事基地，最大限度地削弱西方在塞的势力，使将要建立的联邦有可能不再受西方的控制。这就是苏联主张的国际化和非军事化的主要目标。“国际化”，就是“召开国际会议讨论塞问题的解决方案”。非军事化，就是“消除外国在塞岛的所有军事存在”。但是，推行这一政策，苏联当时只能停留在口头上，而不能付诸实施。因为这一政策打击的主要对象虽是英、美，但也不可避免地会冲击到土耳其。苏、土关系如果因此受到损害，也不符合苏联的利益。国际化和非军事化还有一个目标，就是阻止希、土两族谈判进程。希、土两族包括各自的母国，在谈判问题上，目标和利益虽背道而驰，但在两个问题上却是一致的：双方都接受联合国秘书长瓦尔德海姆支持下的两族会谈，承认英国军事基地问题与当时的塞浦路斯问题没有直接联系。对此，苏联表面上虽不敢持异议，实际上是心怀不满的。苏联担心当时进行的两族会谈最终可能导致按美国路线解决塞浦路斯问题，从而维护西方在塞的既得利益。因此苏联要另辟途径。苏联宣称的国际化和非军事化对谈判进程起着干扰、冲击的消极作用。所谓“反对北约式的解决”，即意在其中。

关于苏联对土耳其的政策，1974 年以后，苏土关系的位置仍在苏希关系和苏塞关系之上，因为土耳其在苏联的南下战略中处于关键地位。但是，苏联又必须考虑这个地区的全局利益，不能允许土耳其沿着瓜分塞岛的方向前进。

关于苏联对塞政府的政策。在塞浦路斯希腊族的政治舞台上，有两个对苏联有利的因素：一是希腊族反美情绪高涨，寻求苏联支持；二是马卡里奥斯复职后，希腊族政府在一些重大国际问题上更多地表现了迎合苏联的姿态。劳进党与基普里亚努政府在 1980 年前的有形联盟和 1980 年后的无形联盟，最适合于苏联在塞浦路斯推进自己的战略目标。但是苏联认为基普里亚努总统群众基础相对较弱，而且苏联对其并不信任，因而一直对其采取诱而不纳的策略。苏联的真正意图在于，利用基普里亚努的国内和国际需要，进一步发展劳进党的实力。当时劳进党已经成为一支可以左右塞浦路斯国内形势的力量，甚至当时有人预言，如不发生意外事变，劳进党在不远的将来可能和平接管塞政权。

在 60 年代至 70 年代中期塞浦路斯与苏联关系曲折发展的背景下，70 年代中后期，塞苏经济文化关系有较大发展。1975 年 5 月，苏联向塞浦路斯提供设备建造硫酸厂和磷酸厂，此前，苏联为塞浦路斯利马索尔港提供了6台自走式起重机，并完成了对瓦利科水泥厂的设备安装工程。1976年5月18日，两国又签订了文化交流协定。规定双方在历史、教育、考古、科学、美术、音乐和体育等方面进行更广泛的文化交流，还规定苏联向塞浦路斯学生提供在苏联大学学习的奖学金。11月，塞浦路斯与苏联签订长期贸易协定。1978年1月两国签订航空议定书，同年苏联在塞首都尼科西亚建成塞岛最大的“文化中心”。1984年两国又签订海运协议。塞浦路斯与苏联关系向纵深发展。

尽管塞浦路斯与苏联关系在政治、经贸和文化方面取得了较大发展，但两国关系仍然受各自对外政策基本原则的制约。塞浦路斯政府积极发展与苏联的关系，一方面是希望得到作为超级大国的苏联对塞浦路斯国家独立、主权、统一和领土完整的支持，尤其在外交上的支持，另一方面也是通过向苏联及其阵营靠近给美国等西方国家施加压力，迫使美国重视塞浦路斯问题，但塞浦路斯政府与苏联的关系从未超越塞浦路斯立足西方的对外政策基线。同时塞浦路斯政府也深知苏联对塞浦路斯的支持是很有限的。1974年8月苏联支持土耳其入侵塞浦路斯，塞政府要求苏提供武器时，遭到苏联拒绝。1983年11月15日，土耳其族领导人登克塔什宣布成立“北塞浦路斯土耳其共和国”后，苏联开始只是转载了此新闻和其他国家的立场，直到17日塔斯社才发表声明，明确反对塞北部成立“独立国家”，足见苏联对塞浦路斯的政策，是以不严重影响苏联与土耳其关系为前提，表明苏联与塞浦路斯关系在苏土关系中的配角地位。

1986年初，苏联再次提出解决塞问题的新建议，并就塞问题发起一系列外交攻势。苏联三次派特使访塞，与塞浦路斯总统、议长、外交部官员及各政党领导人进行广泛的长时间的磋商。由于美、英等国及土耳其和塞浦路斯土耳其族在安理会反对苏联建议，苏联企图绕过安理会，把塞问题直接提交1987年的第42届联大辩论，希望得到广大不结盟国家的支持，使联大做出决议，授权联合国秘书长召开塞问题国际会议，以期打破西方国家特别是美、英在塞问题上享有的垄断权，削弱西方势力，扩大苏联的影响，在塞问题取得发言权。苏联的建议要求土耳其从塞撤走全部军队和移民，把塞的安全保证国从原来规定的英、希、土三国扩大为安理会5个常任理事国，加上希腊、土耳其和不结盟运动的几个主要成员国，组成广泛国际保障，废除任何保证国单独干涉塞事务的权力，同时要求所有外国军队和军事设施撤离塞，使塞实现非军事化，其矛头直指英国在塞的军事基地和美国的军事设施。

苏联的外交攻势收到了一定的效果。塞议会的4个政党中，民主党、劳动人民进步党和社会党，一致表示支持苏联的建议，就连一贯亲西方的民主大会党也不便公开反对，只是借口由于美、英等国的反对，召开国际会议不现实。塞浦路斯普通民众虽然有不少人对苏联的意图存有戒心，但大部分人认为能使塞问题动起来总比僵着不动好。苏联的建议仍因多方反对未能如愿。实际上，苏联的建议仍然只停留在口头上，而不可能付诸实施。其后在美、苏对话中，苏联认为塞浦路斯问题也是严重的地区冲突，应列入苏、美会谈日程，并多次向美国提出要求，而美国未曾理会。80年代末至90年代初，随着东欧剧变和苏联解体，苏联在全球的影响力下降，对塞问题的关注也减少，但塞政府仍然重视苏联（及其之后的俄罗斯）在联合国及国际事务中的影响力，塞浦路斯与苏联之间继续保持着友好合作关系。

## 二　冷战后同俄罗斯关系

冷战结束后，俄罗斯已经无力与唯一超级大国美国继续在全球范围内对抗，随着世界格局的变化，俄罗斯在塞问题上的政策立场也相应发生了较大变化。俄罗斯表示支持塞境内希、土两族会谈，支持联合国秘书长的斡旋，积极发展同塞的政治、经济、文化等领域的关系。1994 年 1 月 19 日，塞航空公司与俄罗斯民用航空公司达成原则协议，双方将在拉纳卡和莫斯科之间实现通航。1996 年 3 月，塞国防部长伊利亚迪斯访俄，与俄签订了两国军事技术合作协议。1997 年 1 月 4 日，塞政府又与俄罗斯达成了一项价值 6 亿美元的武器合同，计划购置俄制 S-300 地对空导弹，从而又引发了一场“导弹风波”。1 月 28 日，俄罗斯提出解决塞问题的新方案，要求联合国安理会常任理事国和欧盟合作，直接参与塞问题的解决，并建议按照波黑冲突期间成立联络小组的模式成立一个协调解决塞问题的“联络小组”。2 月和 5 月，俄国家杜马主席谢列兹尼奥夫和俄共主席久加诺夫先后访塞；6 月和 7 月，塞外长卡苏利季斯和议长基普里亚努先后访俄，塞、俄高层互访频繁，磋商和沟通塞问题及塞购买俄制导弹问题。在土耳其及美国坚决反对在塞部署俄制导弹的情况下，俄罗斯给予塞政府坚决支持。1998 年 7 月，塞总统克莱里季斯赴俄参加第一届世界青年运动会开幕式并访问俄罗斯时表示，塞政府将“坚持塞俄双方确定的交货时间表”，在塞岛南部部署俄制 S-300 导弹。

近年来，塞俄两国在军事、旅游等方面关系明显加强。俄支持联合国有关解决塞问题的努力，主张塞岛非军事化及以联合国有关决议为基础通过政治对话解决塞问题。2003 年 4 月，赫里斯托菲亚斯议长访俄。2004 年 4 月 21 日，俄罗斯否决安理会关于塞问题决议草案，表示支持联合国秘书长调解塞问题的努力，认为应由塞人民通过公民投票自主作出决定，反对外界干涉或施压。2005 年 6 月，俄外长拉夫罗夫访塞。2006 年 1 月，塞总统帕帕佐普洛斯访俄，俄总统普京表示，俄在塞问题上的原则立场不会改变。俄将继续积极关注塞问题并在联合国框架下发挥重要作用。2008 年 6 月，塞外长基普里亚努访俄，与俄外长拉夫罗

夫会谈，俄表示将继续关注塞问题并在联合国框架内发挥积极作用。

## 第三节　同英国关系

1878年6月4日，英国威逼奥斯曼帝国签订《塞浦路斯条约》，由英国占领和管理塞浦路斯，其宗主权仍然属于奥斯曼帝国。1914年11月5日，英国以奥斯曼帝国公开加入德奥同盟对英、法、俄协约国宣战为由，宣布废除《塞浦路斯条约》，吞并塞浦路斯。1923年7月24日，土耳其与协约国签订《洛桑条约》，其中第20条规定："土耳其兹承认1914年11月5日英国政府宣布兼并塞浦路斯。"1925年3月10日，英国宣布塞浦路斯为英国的直辖殖民地，以前的高级专员现在改称总督。至此，英国完成了对塞浦路斯从占领和管理到单方面宣布吞并，最后到塞浦路斯合法地成为英国的直辖殖民地的全过程。

英国统治塞浦路斯后，塞境内希腊族即提出"意诺西斯"，起初英国以塞岛的宗主权仍归奥斯曼帝国为借口推诿。随着塞成为英国的直辖殖民地，特别是随着第二次世界大战期间和战后民族解放运动的蓬勃发展，塞希腊族也展开了反对英国统治，要求实现"意诺西斯"的斗争，进而也导致了塞希腊族与土耳其族的矛盾激化。英国又采取了惯用的"分而治之"政策，进一步恶化两族矛盾，同时把土耳其再次拉入塞问题的矛盾之中。在希、土两族冲突，希、土两国争夺，美、苏两霸冷战的背景下，1959年2月，在英国的"协调"下，希、土两族和希、土两国四方达成并签署了塞独立的《苏黎世—伦敦协定》。该协定规定，英国是塞独立的"保证国"之一，英国与塞政府签订《设立军事基地条约》，据此英国在塞拥有两个主权军事基地——阿克罗蒂里陆军基地和德凯利亚空军基地，这两个军事基地至今仍然存在。

1960 年 8 月 16 日，塞浦路斯共和国宣布成立，塞浦路斯终于摆脱了英帝国 78 年的殖民统治，成为世界民族国家体系中的一员。1961 年 2 月 16 日，塞加入英联邦。

塞浦路斯独立后，希、土两族因在五大城市设立单独市政机构和公务人员的比例等问题上出现矛盾，英驻塞高级专员鼓励希腊族领导人、塞总统马卡里奥斯修改宪法，从而导致两族大规模的冲突。1963 年年底，组成了由英国负责的英国、希腊、土耳其三国维和部队，阻止两族冲突。1964 年 1 月，英国提议召开了三个“保证国”代表参加的讨论塞局势的伦敦会议。3 月 4 日联合国安理会通过了关于塞浦路斯问题的第 186 号决议，该决议还要求建立由英国等联合国成员国组成的联合国驻塞浦路斯维持和平部队。该维和部队至今仍在塞岛执行维和任务。

1974 年 7 月，希腊军政府策划军事政变推翻马卡里奥斯总统，土耳其担心希腊军政府加速推进塞岛与希腊合并。政变发生后，土耳其立即要求英国与土耳其作为塞保证国，共同干涉恢复塞宪法秩序，英国拒绝了土耳其的要求。就国家利益而言，英国在塞浦路斯是既得利益者，其首要目标就是确保其在塞浦路斯的两个主权军事基地的安全。为了实现这一目标，英国对塞浦路斯政策的出发点，是保持与塞浦路斯人口占绝对多数的希腊族人的良好关系，维护塞浦路斯的独立，反对“意诺西斯”或“双重意诺西斯”。因为这样都可能使英国丧失在塞浦路斯的军事基地，在这一点上，美、英存在利益上的分歧。当政变发生时，英国在塞浦路斯的驻军完全有能力阻止政变继续，但英国的策略是既保护马卡里奥斯的安全，又任凭政变者自由行动。英国在马卡里奥斯、政变当局和希腊政府三者之间都给自己留有活动余地，在口头上承认马卡里奥斯合法地位的同时，支持美国的“冻结”

政策，拒绝土耳其联合干涉的请求，静观塞浦路斯局势的发展。同时，英国向在塞浦路斯的基地增兵，增加威慑力。

在土耳其出兵入侵塞浦路斯后，英国仍然是坐山观虎斗，既不帮助任何一方，也不得罪任何一方。尽管希腊暗中指责英国"应当而且也能够制止"土耳其入侵而采取了容忍态度，但停战后英国仍然是希、土两国和希腊族和土耳其族和谈的当然召集者和调解者。苏联在联合国多次指责《苏黎世—伦敦协定》和英国在塞的基地问题，却一直没有得到希、土两国和塞浦路斯希腊族和土耳其族的支持。英国在此次塞浦路斯危机中实现了保护基地安全的既定目标。

从70年代中期至90年代的塞和平进程中，英国支持联合国秘书长为解决塞问题所做的斡旋努力，支持希、土两族通过谈判政治解决塞问题。这些年来，英国的投资、贸易和旅游人数在塞均居首位。

冷战结束后，塞英两国高层互访频繁，双边关系进一步加强，英国支持希、土两族直接谈判，通过两族、双区、联邦制解决塞问题，支持塞加入欧盟。1993年10月21～25日，第12届英联邦首脑会议在塞浦路斯举行。英国女王伊丽莎白二世以英联邦元首的身份首次非正式访问塞浦路斯。首都尼科西亚市政委员会向英国女王赠送尼科西亚市的金钥匙。1995年4月，英国外交大臣赫德称，英国希望看到一个两族双区联邦国家加入欧盟。1996年12月15～16日，英国外交大臣里夫金德访问塞浦路斯，以寻求全面解决塞浦路斯问题。访问期间，里夫金德分别与塞总统克莱里季斯和土耳其族领导人登克塔什举行了会谈，呼吁和平解决塞岛问题。1997年1月23日，英国外交大臣库克向塞总统保证，1998年上半年英国任欧盟轮值国主席期间，工党政府将尽其所能帮助塞参加入盟谈判。6月8～11日，英国塞浦路斯问题特别代表哈内访塞，同两族领导人会晤。7月，英国首相布莱尔在伦敦会见塞浦路斯总统克莱里季斯，重申对两族直接会谈的支持，指出塞问题的解决有利于塞的入盟进程，同时鼓励希腊族同土耳其族缓和紧张关系。10 月 26 日，参加英联邦首脑会议的塞外长卡苏利迪斯同英外交大臣库克进行了会晤，双方主要就塞入盟谈判、英国作为轮值主席国的特殊作用、英联邦首脑会议《最后宣言》有关塞问题的部分进行了讨论。11 月，塞外长卡苏利迪斯访英，同英国塞问题特使哈内进行会晤。

1998 年 1 月，英国首相布莱尔在接任欧盟轮值主席后称，英国希望塞土耳其族加入到塞入盟谈判代表团中来，同时称，塞入盟谈判没有先决条件，但如塞问题得到解决，塞的入盟前景会更好。2 月，英国塞浦路斯问题特使哈内访塞，与塞总统克莱里季斯、外长卡苏利迪斯及希腊族部分政党领袖会晤，哈内对塞土耳其族领袖登克塔什拒绝与其会晤表示遗憾。哈内的此次访问，旨在为恢复两族谈判做准备，同时寻求两族共同参加入盟谈判的途径。3 月，塞总统克莱里季斯赴伦敦参加由欧盟 15 国首脑和 11 位入盟候选国首脑共同参加的第一届欧洲会议，并同英国首相布莱尔和外交大臣库克分别进行了会晤。7 月，欧盟塞浦路斯问题特使哈内访塞，与克莱里季斯、卡苏利迪斯及塞入盟谈判代表瓦西里乌会晤，探讨恢复两族谈判、土耳其族如何参与塞入盟谈判及缓和塞岛紧张局势问题。1999 年，英国积极参与塞问题的政治解决，在安理会、欧盟及八国集团内部发挥了重要作用。2000 年 3 月和 10 月，英国塞浦路斯问题特使哈内和外交大臣库克先后访塞，表示英国完全支持以“两族、双区、联邦制”解决塞问题。

进入 21 世纪，英国更加积极地促进塞问题的政治解决，推动塞加入欧盟的进程。2001 年 1 月，英国塞问题特使哈内访塞，分别与塞总统克莱里季斯和土耳其族领导人登克塔什会谈。3 月，英国负责欧盟事务的国务大臣基思·瓦兹访塞，重申英国支持塞加入欧盟的立场，呼吁登克塔什回到谈判桌前。7月，英国欧洲事务部长彼德·海恩会见塞外长时表示，塞入盟对整个塞岛都有利。12月，英国塞问题特使哈内表示，塞两族直接谈判应遵循联合国有关决议。2003年6月，塞外长亚科武与英国政府高级专员帕克签署关于英国在塞主权军事基地的谅解备忘录，明确塞在2004年5月加入欧盟后，双方对英在塞的主权军事基地实施欧盟原则的权限和义务。7月，英国任命外交部欧盟政策司地中海欧洲处处长奇尔考特为新的英国塞问题特使。2005年7月，塞总统帕帕佐普洛斯访问英国，同英国首相布莱尔就塞问题、欧盟问题等交换意见，并制定未来合作与对话机制。10月，英国副首相佩雷斯科特访塞，并与塞总统帕帕佐普洛斯签署谅解备忘录。2008年6月，塞外长基普里亚努和总统赫里斯托菲亚斯先后访英。赫里斯托菲亚斯同英国首相布朗等进行双边会晤并签署两国《谅解备忘录》。随着塞成为欧盟正式成员国，塞英关系将在政治、经贸、文化等更广泛领域全面发展。

## 第四节　同欧盟关系

### 一　塞浦路斯加入欧盟进程

塞浦路斯的历史、文化和经济根系欧洲，加入欧盟是塞的基本国策。1961年2月16日，塞加入英联邦，同年5月24日成为欧洲委员会的第16个成员国。1961年，当英国首次提出加入欧共体时，塞浦路斯政府担心一旦英国加入欧共体将会使塞浦路斯丧失与英联邦的优惠贸易，所以当时的希腊族和土耳其族联合政府，紧随英国向欧共体表达了希望成为欧共体联系成员国的愿望。1971年塞浦路斯开始与欧共体谈判。1972年英国成为欧共体正式成员国，同年12月19日，完全由希腊族控制的塞政府，与欧共体在布鲁塞尔签署“联系国协定”。欧洲共同体市场一直是塞最大的贸易伙伴，塞进口的一半来自该市场，约三分之一的产品向该市场出口。1973 年 6 月 1 日，塞正式成为欧共体的联系成员国。该联系协定要求塞浦路斯经过 10 年的过渡期，分两个阶段逐渐消除双方之间的工业和农产品贸易障碍及其他贸易限制，最终缔结关税同盟，并规定两个阶段的过渡期应分别于 1977 年和 1982 年完成。

1974 年土耳其入侵给塞浦路斯造成巨大破坏，联系协定的实施被迫推迟，第一阶段的过渡期延长。1977 年和 1980 年，塞政府与欧共体两次签订《经济技术合作备忘录》，塞浦路斯在财政、科技、文化等方面得到欧共体的援助。1980 年 11 月，在欧共体外长会议上塞浦路斯与欧共体达成第二阶段的联系协议。1982 年 6 月，欧共体部长会议未能就塞与欧共体体制作出决定。1984 年双方进出口总额达 5.06 亿塞镑（约合 8.82 亿美元），创历史最高。1987 年 10 月 19 日，塞政府与欧共体正式签订《关税同盟协定》，塞浦路斯成为第一个与欧共体签订关税同盟的非欧共体成员国。协定规定继续实施第二阶段的过渡，并要求到 2001 年，最晚至 2002 年将执行共同关税政策，双方取消所有关税和所有工业品及大部分农产品（主要包括西红柿、柑橘类水果、蔬菜和葡萄酒）的配额限制，塞浦路斯应于 1997 年年底前完成转换，适应欧共体的共同关税政策。为了实现此目的，1984～1988 年欧共体向塞浦路斯提供了 3600 万美元的第二次财政援助。1989 年 11 月，塞政府与欧共体又签署了欧共体向塞提供 3200 万塞镑（约合 6400 万美元）的第三个议定书。随着关税同盟协定的签署和塞浦路斯与欧洲委员会及其他欧洲组织关系的发展，备受鼓舞的塞政府于 1990 年 7 月正式申请加入欧盟。

1993 年 6 月 30 日，欧洲委员会公布了对塞浦路斯申请加入欧盟的意见，确认了塞浦路斯的欧洲特征，认为“塞浦路斯符合入选欧盟成员国的条件，只要塞浦路斯问题朝着解决的方向发展，欧盟将准备启动塞浦路斯最终加入欧盟的程序”。同时该意见也提出了解决塞浦路斯分治现状的要求。因为按照欧盟条约，在欧盟各成员国内部必须实行基本自由，尤其是货物、人员、服务和资金的自由流动，以及设立机构和在政治、经济、社会、文化上广泛认同的权利，这些自由和权利只有在恢复塞浦路斯共和国宪法的前提下才能得到保证。意见进而认为塞浦路斯加入欧盟，意味着希腊族和土耳其族达成永久性解决塞浦路斯问题的协议，建立互信，建立共同管理整个塞浦路斯的两族联合政府。

1993 年 10 月 4 日，欧盟委员会通过了欧洲委员会的意见，并表明了其积极立场，认为塞浦路斯能够成为欧盟成员国。欧盟委员会还支持欧洲委员会提出的与塞政府密切合作，促进塞浦路斯政治、经济和社会的转变，最终使塞浦路斯作为一个统一的整体加入欧盟的设想。欧盟委员会请求欧洲委员会与塞政府开始实质性磋商，帮助塞政府做好在条件成熟的情况下进行入盟谈判的准备工作。

1993 年 11 月至 1995 年，欧洲委员会与塞政府开始实质性磋商，帮助塞政府提高管理水平，以熟悉欧盟现行的各项条约、政策、法律和法规。塞浦路斯总统克莱里季斯欢迎欧盟原则上决定为塞浦路斯加入欧盟确定谈判日期，称这一决定为解决塞浦路斯问题打开了大门。

1995 年 3 月 6 日，欧盟理事会议决定建立欧盟与塞浦路斯在内政、司法、外交和安全政策等领域的对话机制，而且得到同年 7 月 17 日欧盟理事会的再次确认。5 月，欧盟“三驾马车”代表团访塞，双方进一步沟通与磋商。6 月 12 日，塞浦路斯—欧盟联系委员会第 9 次会议文件称，欧盟与塞浦路斯建立对话机制的“目的是帮助塞浦路斯实现加入欧盟的目标，对希腊族和土耳其族谈判与实现塞浦路斯和平有积极的促进作用，联系委员会将保持与塞政府的协商和与土耳其族必要的接触，在对话机制中欧盟只起中间协调人的角色”。

1997 年 2 月，塞浦路斯政府对欧盟部分成员国试图在共同声明中加入全体塞浦路斯人均参加入盟谈判的措辞表示不满，致使欧盟与塞浦路斯外长级政治会谈被迫推迟，2 月 26 ~ 28 日，欧盟外事委员会专员范登布鲁克访问塞浦路斯，与两族领导人会谈，重申塞浦路斯的入盟谈判将无条件地于 1998 年年初开始，并指出 1997 年对塞浦路斯来说是关键性的一年，希望两族实现和解。7 月，欧盟委员会通过《2000 年日程》文件，决定欧盟首批东扩 6 国名单，其中包括塞浦路斯。10 月 6 ~ 7 日，欧盟—塞浦路斯混合委员会第 12 次会议在布鲁塞尔举行，会议一致通过了塞浦路斯政治形势和入盟进程的报告。12 月，欧盟卢森堡首脑会议决定将塞浦路斯及其他 5 国列为首批入盟候选国。1998 年 3 月，欧盟 15 国与塞浦路斯等 11 国外长在布鲁塞尔举行了“欧盟东扩开幕式”，塞浦路斯等 6 个首批候选国与欧盟举行政府间会议，塞浦路斯等国入盟谈判正式开始。

1999 年，欧盟决定不再把塞浦路斯问题的解决作为塞入盟的先决条件。2000 年 9 月，欧盟负责塞浦路斯入盟事务的官员利奥波得·莫勒访问塞浦路斯。10 月，塞浦路斯与欧盟签署开放空运业的协议。同月，塞浦路斯政府宣布，将于 2001 年 6 月前，结束有关入盟一体化的 29 个领域的谈判，塞浦路斯入盟的日期大约在 2003 年 1 月 1 日到 2004 年 1 月 1 日之间。

## 二 土耳其族反对塞浦路斯加入欧盟

塞浦路斯政府经过 30 年的不懈努力，加入欧盟的条件基本成熟，1990 年向欧盟提出正式申请，但塞浦路斯政府的举动遭到塞浦路斯土耳其族的强烈反对。首先，土耳其族认为完全由希腊族控制的塞浦路斯政府不能代表整个塞浦路斯，更不能代表整个塞浦路斯申请加入欧共体。

1993 年 6 月 30 日，根据塞浦路斯政府的申请，欧共体委员会向欧洲委员会提交了一份对塞浦路斯状况的评估报告。由于北塞反对加入和不予合作，该评估报告中有关土耳其族区的所有统计数据，完全是由塞浦路斯政府根据所能得到的土耳其族人的有关资料提供的，其中也不乏对土耳其族人的偏见。但是欧洲委员会据此报告得出结论：塞浦路斯可作为欧共体的候选国，塞浦路斯和解问题很快会达成协议，欧共体准备开始塞浦路斯入盟谈判。但是欧共体委员会评估报告中关于塞浦路斯希腊族和土耳其族很快会实现和解的局面并没有出现，两族在联合国制定的“整套设想”基础上的谈判失败了。欧洲委员会认为，塞浦路斯局势必须根据两族在谈判中所持立场重新做出评估，塞浦路斯加入欧共体的事宜应在 1995 年 1 月重新考虑。但实际上欧共体并未对塞浦路斯加入欧盟问题进行重新评估，而且在 1993 ~ 1994 年美国号召实施“建立互信措施”的谈判也未取得任何进展的情况下，在 1994 年 6 月 24 ~ 25 日的欧共体卢佛会议上决定，“欢迎塞浦路斯申请加入欧盟的问题上取得了重大突破，并督促加快在下轮欧盟扩大中接纳塞浦路斯和马耳他的谈判进程”①。在 1994 年 12 月的埃森欧盟峰会上决定，下轮欧盟扩大将包括塞浦路斯和马耳他，这一决定在随后的多次欧盟会议上进一步得到确认。

其次，土耳其族根据塞浦路斯共和国 1960 年宪法，认为土耳其族有权对涉及塞浦路斯共和国对外政策等重大问题使用否决权。同时土耳其族依据《苏黎世—伦敦协定》，认为塞浦路斯不能加入希腊和土耳其均未是其成员的国际组织。虽然希腊已于

① Ioannis D. Stefanidis, Isle of Discord; Nationalism, Imperialism and the Making of the Cyprus Problem, New York University Press, 1999, pp. 61 - 63.

1981 年成为欧盟正式成员国，但土耳其长期努力加入欧盟的目标尚未实现。[①] 1995 年 3 月，土耳其外长也表达了土耳其政府在塞浦路斯加入欧盟问题上的基本立场。土耳其认为《苏黎世—伦敦协定》继续有效，其中第八款规定：塞浦路斯共和国只能加入希腊和土耳其都是其成员的国际组织或联盟，否则塞浦路斯希腊族和土耳其族任何一方均可合理使用其否决权。所以土耳其认为在土耳其成为欧盟正式成员国之前，塞浦路斯无论其整体或部分均不能成为欧盟成员。土耳其威胁称："欧盟把塞浦路斯接纳为其成员的决定，将会导致塞浦路斯永久地分治"，"土耳其从法律、政治和道义上支持土耳其族反对希腊族单方面申请加入欧盟"，而且土耳其扬言如果塞浦路斯加入欧盟，土耳其将加速推动"北塞"与土耳其的一体化进程。1995 年 12 月 28 日，在欧盟与土耳其建立关税同盟协定生效前夕，土耳其总统与"北塞""总统"发表联合声明，进一步明确表达了上述立场。土耳其总统德米雷尔在议会阐述土耳其对外政策时也再次强调，土耳其族人的安危是土耳其的民族事业，土耳其不会屈从于来自任何方面的压力。

根据《苏黎世—伦敦协定》，土耳其有权反对塞浦路斯加入土耳其尚未是其成员的欧洲联盟。根据塞浦路斯共和国 1960 年宪法，土耳其族也有权使用否决权，反对塞浦路斯加入欧盟。但是，1974 年土耳其入侵塞浦路斯，3.5 万土耳其军队长期驻扎在塞浦路斯北部拒不撤出，土耳其的行动已严重破坏了《苏黎世—伦敦协定》，而 1983 年土耳其族单方面宣布成立"北塞浦路斯土耳其共和国"，也违反塞浦路斯共和国 1960 年宪法。如果遵守《苏黎世—伦敦协定》和塞浦路斯共和国 1960 年宪法，首先应该尊重塞浦路斯共和国的独立、主权、统一和领土完整。土耳

① Costas Yennaris, From the East: Conflict and Partition in Cyprus, Elliott & Thompson, 2003, pp. 228 – 229.

其族的举动遭到国际社会的普遍指责，从而强化了希腊族领导的塞浦路斯政府的合法性。

## 三　欧盟对塞浦路斯问题的立场

独立后的塞浦路斯面向西方，重视与欧洲的交往。1961年5月24日加入欧洲委员会，成为该委员会的第16个成员国。与欧洲经济共同体关系密切，欧共体自然也关注塞浦路斯问题。欧共体对塞浦路斯问题的立场主要体现在三个方面。

第一，欧共体支持塞浦路斯的独立、主权、统一和领土完整。1959年欧共体支持保证塞浦路斯独立的《苏黎世—伦敦协定》。1974年7月15日，希腊军政府策划政变推翻塞浦路斯的马卡里奥斯合法政府，次日，欧共体九国立即磋商塞浦路斯局势并发表联合公报，“反对旨在损害塞浦路斯独立和领土完整的一切干涉或干预”，并因此终止了希腊作为欧共体联系国的地位。欧洲委员会秘书长也在其声明中强调，“应尊重塞浦路斯的独立与完整”。当土耳其入侵塞浦路斯后，欧盟部长委员会立即举行特别会议讨论塞浦路斯问题，对土耳其的草率行动深表遗憾。1975年2月13日，当土耳其族领导人登克塔什宣布成立土耳其族邦后，虽然欧共体的声明中没有明确谴责土耳其族的行动，但是通过引用联合国关于塞浦路斯问题的决议，表明欧共体完全反对土耳其族的单方面决定。土耳其族人在分裂塞浦路斯的道路上愈走愈远，欧共体的立场也就更加明确和强硬。当1983年土耳其族领导人登克塔什宣布成立“北塞浦路斯土耳其共和国”时，欧共体十国一致通过联合声明，严厉谴责土耳其族的分裂行动，要求其他国家不要承认土耳其族人单方面宣布成立的国家，坚持基普里亚努政府是塞浦路斯共和国的唯一合法政府。欧盟委员会和欧洲议会多次重申这一立场，并支持联合国对塞浦路斯问题的斡旋和调解。

1990 年 6 月 26 日，欧盟委员会在爱尔兰的都柏林发表关于塞浦路斯问题的声明：“欧盟委员会密切关注塞浦路斯局势的发展，坚持原有立场，根据联合国有关塞浦路斯问题的决议，支持塞浦路斯的独立、主权、统一和领土完整”。1993 年的欧盟宣言认为“塞浦路斯现状的继续存在是不能接受的，它造成了该地区局势的不稳定”，要求“土耳其政府遵守联合国决议，从塞浦路斯共和国撤出占领军，号召用联合国维和部队取代土耳其军队”，以维护塞浦路斯和平。1995 年 12 月 15～16 日，欧盟马德里会议再次强调，“把欧盟与土耳其的关系，与根据联合国安理会的有关决议，在两族双区联邦制基础上努力实现公正、合理地解决塞浦路斯问题联系起来，这一点是非常重要的。”欧洲议会也采取类似立场，号召和平解决塞浦路斯问题。

第二，欧盟对塞浦路斯问题的调解。从 1994 年开始，欧盟决定向塞浦路斯派观察员，其职责是：一方面定期向欧盟报告塞浦路斯执行欧盟准则的进展，另一方面及时反映塞浦路斯问题的发展状况。其中首位观察员在其提交欧盟的三份报告中均承认，“塞浦路斯问题的解决没有取得任何进展”，认为塞浦路斯加入欧盟问题，成为两族会谈和关注的焦点之一，建议欧盟委员会“在塞浦路斯入盟问题上放弃欧盟卢佛会议的立场，采取积极态度，努力寻求解决塞浦路斯问题的方案”。

1995 年 7 月 12 日，欧盟在关于塞浦路斯申请成为欧盟成员国的决议中称，欧盟“认为塞浦路斯是一个单一实体，拥有国际社会所承认的合法政府，塞浦路斯现状是不能接受的”。欧盟坚定地支持联合国秘书长以联合国有关决议和两族高层会谈所达成的协议为基础，为寻求公正、持久地解决塞浦路斯问题而做出的努力，支持 1977 年马卡里奥斯—登克塔什四点协议和 1979 年基普里亚努—登克塔什十点协议所确定的，建立一个统一的两族双区联邦共和国设想，认为该设想“既保证了塞浦路斯的独立、主权和领土完整，同时也保证了所有塞浦路斯人在政治、文化和公民权上不受任何歧视或限制”。

第三，欧盟在塞浦路斯加入欧盟问题上的立场。欧盟坚定支持塞浦路斯加入欧盟，而且给予塞浦路斯政府财政援助，帮助塞浦路斯政府尽快适应欧盟的各项政策及经济法规。但由于塞浦路斯问题长期拖而未决，欧盟担心一旦塞浦路斯加入欧盟，将会把冲突带入欧盟，影响欧盟的稳定。因此在 1993 年欧洲委员会对塞浦路斯政府申请加入欧盟的评估意见中，尽管确认“塞浦路斯符合入选欧盟成员国的条件”，但前提是“塞浦路斯问题朝着解决的方向发展”。显而易见，欧盟对塞浦路斯加入欧盟的态度是在塞浦路斯问题合理持久解决之后，“才能启动塞浦路斯最终加入欧盟的程序”。而且欧盟内部对塞浦路斯加入欧盟也有不同观点，特别是英国，由于它在塞浦路斯仍然保留有两个主权军事基地，对塞浦路斯有着重要影响。在 70 年代英国曾积极推动塞浦路斯加入欧共体，但当发现塞浦路斯土耳其族人极力反对时，英国对塞浦路斯政府申请加入欧共体开始持谨慎态度，担心一旦引起希腊族和土耳其族新的冲突，会殃及英国在塞浦路斯的利益。英国首相梅杰在对下院的讲话中称，由于希腊族和土耳其族意见不一，塞浦路斯加入欧盟还很遥远。1995 年 1 月，梅杰与塞浦路斯总统克莱里季斯会晤时认为，在欧盟与塞浦路斯政府开始进行塞浦路斯加入欧盟的最后谈判之前，必须搞清楚塞浦路斯希腊族和土耳其族离达成和解协议还有多远。欧洲委员会也曾表示过类似的谨慎态度，但没有进一步明确要求以塞浦路斯问题的解决为塞浦路斯加入欧盟的先决条件。法国也曾强烈反对将军事冲突引入欧盟。但是欧洲委员会认为塞浦路斯加入欧盟将会对塞浦路斯问题的早日解决起积极的“催化”作用，所以在积极促进塞浦路斯入盟的同时，加大了对“北塞”施压的力度。1994 年 7 月 5 日，欧洲法院以“北塞”产品没有塞浦路斯政府颁发的“合格证”为由，做出了禁止“北塞”向欧盟各国出口产品的禁令，此前英国已经禁止进口“北塞”的柑橘类水果和马铃薯。

“北塞”主要出口柑橘类水果和农产品，欧洲法院的裁决结果对“北塞”本来就很脆弱的经济打击沉重，“北塞”立即终止了与希腊族的进一步谈判。1994 年 8 月 28 日，“北塞”议会通过决议：“如果欧洲法院不撤销其禁令，如果希腊族继续单方面寻求加入欧盟，‘建立互信措施’的谈判就不可能有任何积极结果；‘北塞’的独立、主权必须得到承认；任何谈判必须考虑到政治上的平等和土耳其族的权利”。而且强调“北塞”与土耳其经济一体化的必要性。针对土耳其族的立场，塞浦路斯总统克莱里季斯致信联合国秘书长，要求联合国“不能再对这种新的发展趋势忽视或视而不见”，应采取措施督促土耳其族接受安理会 1994 年 7 月 29 日通过的第 939 号决议，“解决塞浦路斯问题的任何方案必须保证塞浦路斯国家的单一主权、单一国际地位和单一国民”。

1995 年 1 月 20 日，登克塔什提出了进一步表明其立场的“14 点和平计划”。该计划并没有突破历次谈判中土耳其族所持的立场，如建议两族双区的联邦制国家实际上就是要建立中央政府的权力和功能有限，而两个邦国具有相对独立性的联邦，这当然不为希腊族所接受；又如提出建立由两族领导人组成过渡性机构促进塞浦路斯的政治进程，希腊族认为必须在达成建立联邦的协议后才能组成过渡性政府，否则就意味着否定了塞浦路斯政府的存在，变相承认了土耳其族的不合法政府。尽管联合国和美国认为该计划有积极因素，但希腊族拒绝接受。希腊族认为只有土耳其族支持塞浦路斯加入欧盟，才能对塞浦路斯问题的解决有积极的促进作用。

欧盟于 1995 年 3 月决定在欧盟政府间会议结束 6 个月之后开始同塞浦路斯政府举行入盟谈判。欧盟的这一决定旨在促使加快塞浦路斯和平进程，希望看到两族能共同组成代表团参加谈判。尽管土耳其和土耳其族坚决反对欧盟同塞浦路斯政府举行入盟谈判，并以将“北塞”与土耳其合并相要挟。1997 年 7 月，欧盟再次确定把塞浦路斯作为首批入盟对象，入盟谈判也将于次年 4 月正式开始。欧盟的这一决定引起了土耳其和土耳其族的强烈反应。土耳其副总理埃杰维特因此出访“北塞”，同“北塞”当局签署联合宣言，正式提出土耳其与“北塞”合并的步骤。8 月 6 日，土耳其外长杰姆再访“北塞”，同“北塞”当局签署了一项具体协议，声称如果欧盟不放弃同希腊族方面的入盟谈判，土耳其将同“北塞”在经济和财政方面实行全面合并，在安全、防务和外交领域实行部分合并。土耳其此举旨在向欧盟施加压力，增加土耳其族在谈判方面的筹码。

此后，塞浦路斯政府展开积极外交活动，特别是希腊做了大量工作，终于在 1999 年 12 月欧盟赫尔辛基首脑会议上做出了两项关键性决议，第一项决议确定土耳其为欧盟正式候选国，前提条件是在一些政治问题——首先是塞浦路斯问题——得到解决之后谈判才可以开始。第二项决议是向希腊做出承诺，在满足必要的政治、经济条件后，塞浦路斯就可以加入欧盟，不再考虑其分裂问题是否得到解决。这样，欧盟 15 国放弃了塞浦路斯统一这一原来对塞浦路斯加入欧盟附加的先决条件。接纳一个分裂的国家成为欧盟成员国，这在欧盟历史上尚属首例。

欧盟希望通过确定塞浦路斯加入欧盟的谈判向土方施加压力，促进塞浦路斯问题的尽快解决。但欧盟过分地受到了希方的影响。例如 1995 年初的欧盟考察报告和 1995 年的欧洲议会对塞浦路斯加入欧盟的决议，其观点基本依从了塞政府对塞浦路斯问题的立场。就塞浦路斯政府而言，虽然联合国和国际社会一贯承认它是代表塞浦路斯的唯一合法政府，但在具体斡旋解决塞浦路斯问题时，仍然要与土耳其族领导人接触磋商，而欧盟对塞浦路斯政府是塞浦路斯的唯一合法政府毫不置疑，而且认为它在事实上也代表整个塞浦路斯，对土耳其族权力机构视而不见。欧盟在塞浦路斯加入欧盟问题上只与希腊族人谈判，对于“北塞”只是鼓励其工商界人士赴欧盟考察，加强与欧盟的联系，忽视了登克塔什政府的控制权，其结果不仅没有对塞浦路斯问题的解决起到“催化”作用，反而使问题更加复杂，甚至加速了塞浦路斯的分裂。

另外，欧盟促进塞浦路斯加入欧盟，的确对土耳其族产生了一定压力，但是，欧盟只是向土耳其族施压，而没有劝导希腊族在谈判中持积极态度，欧盟似乎成了希腊族向土耳其族加压的筹码，欧盟的这一立场并不利于塞浦路斯问题的解决。

2004 年 5 月 1 日，塞浦路斯终于实现了多年的愿望，正式加入欧盟，成为欧盟的正式成员国。同月，欧盟制定对塞浦路斯绿线的相关规定：土耳其族商会为土耳其族区货物出具原产地证明，由欧盟委员会协商塞政府同意后批准出口；塞政府负责检查通过绿线的第三国公民的护照、旅行证件及签证等。7 月，欧盟委员会公布有关解除对“北塞”贸易禁运的一揽子方案，同时宣布 2004 ~2006 年间向“北塞”提供 2. 59 亿欧元的发展援助。2004 年 9 月，塞总统帕帕佐普洛斯访问在比利时的欧盟总部。自塞加入欧盟后，塞政府表示，希望欧盟在塞问题上发挥积极作用。2005 年 5 月，塞总统帕帕佐普洛斯赴波兰参加第三届欧盟首脑峰会，签署了防止恐怖主义等协定。6 月，塞浦路斯议会通过《欧盟宪法条约》。8 月，欧盟任命塞浦路斯新闻社主任塞米斯特克乐斯为欧盟委员会驻塞代表处主任，这是塞浦路斯入盟后首次由塞人担任此职。2006 年 4 月，塞议长赫里斯托菲亚斯访问欧盟总部。6 月，塞议长赫里斯托菲亚斯出席欧盟议长会议。11 月 2 日，塞政府批准了关于塞浦路斯将于 2008 年 1 月 1 日正式加入欧元区的决定。2008 年 7 月，塞议会批准了《里斯本条约》。①

## 第五节　同希腊关系

### 一　冷战时期同希腊关系

塞浦路斯与希腊关系密切。塞浦路斯希腊族一直保持着希腊的语言和文化传统，称希腊为民族中心。塞政府一直把与希腊的关系放在对外关系的重中之重。塞浦路斯独立前，希腊支持希腊族反对英国在塞的殖民统治，希望通过“民族自决”实现塞浦路斯与希腊合并。塞浦路斯独立后，希腊是塞的保证国之一，在塞驻有军队，并派任司令和各级军官指挥塞浦路斯国民警卫队。希腊每年向塞提供 2000 万美元的财政援助，支持其经济发展。

1974 年 7 月希腊军政府策划对马卡里奥斯总统的军事政变，使塞浦路斯与希腊关系降至冰点。而政变导致土耳其的入侵，也宣告了希腊军人独裁统治的结束，流亡国外的前首相卡拉曼利斯受命回国组成民主政府，塞、希关系迅速恢复。

卡拉曼利斯政府严厉谴责土耳其对塞浦路斯的入侵，要求国际社会采取有效措施迫使土耳其立即撤出其占领军，希腊绝不承认土耳其在塞浦路斯制造的既成事实，坚定维护塞浦路斯共和国的独立、主权、统一和领土完整。但卡拉曼利斯公开声明，希腊对塞浦路斯的支持只能是外交上和道义上的，希腊不会选择以战

① 2007 年 12 月，欧盟首脑会议签署了《里斯本条约》。主要内容有：设立相当于欧盟元首的全职欧洲理事会主席；精减欧盟委员会机构；改革欧洲议会；并加强成员国议会在欧盟立法过程中的作用等。

争方式解决塞浦路斯问题。希腊的克制立场得到了国际社会，特别是西方盟国的普遍同情和支持。但是塞浦路斯的希腊族人对此也有不同看法，在随后爆发的大规模反美示威游行中，就有人高喊希腊对我们负有责任，其意不仅指责希腊军人策划的政变导致土耳其入侵，同时也表明两国之间生死存亡的民族情结。

塞政府高度重视与希腊的关系，对于一切重大问题均保持与希腊政府沟通、磋商，采取共同立场。塞总统基普里亚努曾强调，“塞浦路斯与希腊两国的团结是塞浦路斯希腊族谋求生存的基础”，“确保两国之间的合作是塞浦路斯民族事业的最基本前提之一”。但同时强调塞浦路斯不会与希腊合并，塞浦路斯问题也不属于希、土两国之间的分歧，它们无权谈判塞浦路斯问题。塞政府领导人的类似言论，不仅表明塞浦路斯与希腊关系对塞浦路斯的重要性，同时也表明二者关系是正常的国家间关系。

塞政府之所以重视与希腊的关系。首先，塞政府确信同宗同源同文化的希腊人真诚地帮助塞浦路斯，尽管“意诺西斯”已无实现的任何基础，但希腊族人仍把希腊看成是他们的民族中心。其次，塞政府认识到只有美国向土耳其施加压力，使之做出让步，才能公正地解决塞浦路斯问题。马卡里奥斯总统病逝前几小时在对记者的谈话中还在强调，“只有美国能够为塞浦路斯问题谋求一项公正的和平解决办法”。而要使美国向土耳其施压，希腊的作用极为重要。希腊既是北约成员，又与土耳其共同构筑北约防务体系的东南翼，而且美国在希腊拥有多处军事基地。希腊成为北约防务体系中的重要一环，希腊能够向美国施加影响。再次，1981 年已成为欧共体正式成员国的希腊，可通过欧共体直接向希望加入欧共体的土耳其施加压力。最后，塞浦路斯加入欧共体也需要希腊的大力支持和帮助。另外，从 1974 年开始，希腊每年向塞浦路斯提供 2000 万美元的援助，对遭入侵破坏的塞浦路斯希腊族人帮助颇大。

希腊政府同样重视与塞政府的关系。希腊民众一贯把塞浦路斯希腊族人看成是希腊民族不可分割的一部分，这一民族情结对希腊政府构成巨大压力，策划塞浦路斯政变导致土耳其入侵的希腊军政府正是在民众的反对声中倒台的。所以，对塞政府的支持成为希腊的民族事业和希腊政府义不容辞的责任。正如希腊总理卡拉曼利斯在 1976 年 7 月 20 日，土耳其入侵塞浦路斯两周年之际，所发表的告塞浦路斯人民书所言："希腊和塞浦路斯人民共患难，同斗争，为恢复你们的自由权利，希腊将坚决热情地支持你们，直到雪耻。"而且希腊不惜退出北约的军事组织以要挟西方盟国。同时，塞浦路斯对希腊的国家安全也有重大影响，保持并在塞浦路斯拥有影响力，不仅对比希腊更强大的宿敌土耳其构成牵制和夹击，而且可以利用塞浦路斯作为调节与土耳其关系的标杆。尽管希腊领导人多次强调希腊与土耳其在爱琴海之争不会影响塞问题，但是国家间的关系和利益错综复杂，各种因素相互影响在所难免。

塞浦路斯与希腊政府保持着特殊的合作关系。土耳其入侵塞浦路斯的战争刚一结束，塞浦路斯代总统克莱里季斯立即前往雅典，与希腊磋商处理塞危机的共同政策及苏联所提出的解决塞问题的建议。1975 年 2 月 13 日登克塔什宣布成立"土耳其族邦"，1983 年 11 月 15 日土耳其族人单方面成立"北塞浦路斯土耳其共和国"，以及在两族举行谈判或塞政府领导人出访前，均要与希腊政府协调立场。而在这种两国密切合作的对外关系中，集中体现为有关塞浦路斯的所有问题均由塞政府决定，希腊政府支持。塞政府的决定是在与希腊政府勾通和磋商的基础上做出的，而希腊政府的支持则是明确和坚定的。希腊政府铭记前军政府的狂妄行动给希腊民族造成灾难性后果的教训。

1981 年 2 月，希腊总理帕潘德里欧访问塞浦路斯，这是希腊历届政府总理首次访问塞浦路斯。帕潘德里欧对数千欢迎他的希腊族人说，要发动一场圣战使全世界都知道塞浦路斯的情况，使塞浦路斯问题“国际化”。他慷慨激昂地高喊：“塞浦路斯的战斗就是我的战斗”，“我向你们保证，希腊政府及其人民将继续毫无保留地支持塞浦路斯人民争取自由和独立的斗争”，“对于这个问题的解决，违反塞浦路斯人民的根本权利的任何妥协，将不仅给塞浦路斯，而且也会给希腊带来灾难性的后果”。1983年4月，基普里亚努蝉联总统后首次正式访问希腊，受到隆重接待，此行旨在在处理塞问题上与希腊政府进一步统一立场。基普里亚努总统强调，“塞、希两国的团结是塞希腊族谋求生存的基础”。“确保两国之间合作是塞民族事业的最基本前提之一。”但基普里亚努总统同时强调，塞浦路斯不与希腊合并，并声明，塞问题不属希、土两国间的分歧，它们无权谈判塞问题。

1983年11月15日，土耳其族人单方面成立“北塞”，希腊全国为之愕然，希腊内阁外交和国防委员会在总理帕潘德里欧的主持下召开紧急会议，商讨应对措施。会后帕潘德里欧向卡拉曼利斯总统作了汇报。希腊政府保持克制，不主张采取军事行动。一方面强烈指责土耳其违背国际法，破坏国际协定，是对联合国决议的挑战。同时要求希腊和塞浦路斯两国民众保持冷静和以坚决的态度应对。另一方面希腊政府利用外交上的有利地位，展开大规模的外交活动，以获得大多数国家的同情和支持。希腊的这次外交攻势方式多，范围广，不仅向各国驻雅典使节通报塞浦路斯情况，同时通过希腊驻各国的外交官与各国政府进行联系，而且还派出众多政府部长前往许多国家及一些重要国际机构进行活动，要求谴责土耳其，不承认北塞非法政权，并要求向土耳其族施加压力收回独立决定。希腊政府甚至在尚未证实孟加拉国政府承认北塞的情况下，便宣布与孟加拉国断交，以示强硬立场。

1987年10月，巴基斯坦总统齐亚·哈克将军在出访土耳其之前接受土耳其记者采访时称，“如果有人要求，巴基斯坦愿成为除土耳其外世界上第一个正式承认北塞的国家”。哈克在安卡拉访问时又公开发表讲话说，巴基斯坦“并不认为自己是希腊的敌人，但我们确实感到我们更接近土耳其和塞浦路斯土耳其族邦”。巴基斯坦领导人的言论引起希腊政府的强烈反应。这一切充分体现了希腊政府在维护塞浦路斯独立、主权、统一和领土完整方面的坚定立场和决心。当然，塞浦路斯与希腊关系也有其另一面，即塞浦路斯土耳其族与希腊政府及人民之间的敌对情绪。土耳其族认为希腊长期致力于把塞浦路斯与希腊合并，损害土耳其族人的利益，而且至今仍然不承认土耳其族作为塞浦路斯主体民族之一的客观事实。由于希腊政府一贯不承认北塞政权的合法性，因此两者之间没有任何交往，唯有相互指责。如果塞浦路斯问题不能得到公正合理解决，土耳其族与希腊之间的关系也就不可能得到改善。

## 二 冷战后同希腊关系

第一，塞、希两国首脑互访频繁，在重大问题上保持密切磋商和协调。冷战结束后，塞岛在美国全球战略中的重要性有所下降，为了早日成为欧盟正式成员国，为了实现塞浦路斯的统一，也为了国家安全，塞政府更加重视与希腊的关系。希腊仍然把塞希腊族人看成是希腊民族的一部分，把塞浦路斯的安全和稳定看成希腊国家安全战略的重要内容。1995～1998年的4年间，塞总统克莱里季斯访问希腊9次，其中1997年和1998年均三度访希。在2003～2005年，塞总统帕帕佐普洛斯五度访问希腊。而在同一时期，希腊总理访塞二次，希腊总统访塞一次。2008年3月，赫里斯托菲亚斯当选塞总统后不久即访问希腊，分别与希腊总统和总理进行了会谈。塞、希两国首脑频繁互访，主要讨论的问题就是塞浦路斯希、土两族会谈问题、塞加入欧盟和塞浦路斯与希腊共同防务等问题。

塞、希两国通过频繁互访，在重大问题上保持密切磋商和协调，不断加强两国关系。而塞、希两国首脑互访频繁之程度，在现代国际关系中并不多见，这也充分说明了塞、希两国之间不同寻常的特殊关系。

第二，塞、希加强共同防务。冷战结束后，尽管和平与发展已成为时代主题，但塞政府仍然认为，土耳其在北塞的大量驻军对其国家安全构成严重威胁。同时也因希腊与土耳其存在爱琴海大陆架之争，因而冷战后塞、希军事关系不断加强，双方签订了共同防务信条，共同应对土耳其的威胁。该信条规定，希腊向塞政府提供军事装备等援助，希腊的军事采购计划中，其中部分武器装备就是要部署在塞浦路斯。1996 年 1 月，希腊总理西米蒂斯在施政纲领中强调，塞、希共同防务信条是支持塞问题公正、合理政治解决的选择，希腊国防政策的长期目标是抵抗外国对希腊和塞浦路斯的军事威胁。为具体实施共同防务信条，两国军政领导频繁互访磋商。希腊国防部长阿尔塞尼斯多次访问塞浦路斯，同塞领导人讨论进一步落实共同防务问题，考察塞军队训练及设施，为具体落实两国共同防务信条制定规划。此外，希腊还帮助塞浦路斯建成了新的帕福斯空军基地，为实现共同防务打下坚实基础。1998 年 10 月，希腊国防部长卓哈卓普洛斯在参加塞浦路斯独立 38 周年阅兵式时称，只要土耳其坚持扩张政策，希、塞两国就会继续加强共同防务信条。

塞、希加强共同防务所引起的直接影响就是塞浦路斯“导弹风波”。在美国的斡旋下，希腊建议塞浦路斯将其购置的俄导弹部署在希腊的克里特岛，从而暂时化解了塞浦路斯与土耳其之间的紧张关系。尽管如此，塞、希仍然展开了一系列的军事合作。1995 年 9 月，希腊空军首次实地参加塞浦路斯的军事演习。2000 年，希腊海军向塞国民警卫队移交“克诺索斯”号巡逻艇，

希腊国防部长表示，希、塞两国在反对威胁确保国家安全及维护地区和平方面负有共同的责任。仅在 2000～2001 年间，希腊海空军就与塞国民警卫队举行了三次联合军事演习。[①] 塞政府希望通过与希腊的联合军演显示捍卫国家安全的决心，而希腊也通过积极参与宣示对塞政府的坚定支持。正如希腊总参谋长齐诺弗蒂斯在访问塞浦路斯时所言，希腊积极参与塞安全事务是希腊国家防卫政策的目标。

第三，希腊坚定支持塞浦路斯加入欧盟。尽管由于历史文化因素，加入欧盟是塞浦路斯政府的既定国策，1971 年塞政府开始与欧共体谈判，次年 12 月塞浦路斯成为欧共体的“联系国”，1987 年 10 月与欧共体正式签订关税同盟协定，塞成为第一个签订关税同盟的非共同体成员国，但直到 90 年代中期之前，塞加入欧盟问题一直为塞浦路斯统一问题所困扰。欧盟认为一个统一的塞浦路斯才能成为欧盟的正式成员国。为化解欧盟对塞入盟所设的限制条件，希腊做了大量的卓有成效的工作，不断说服某些成员国放弃该条件。1996 年 1 月，希腊总理西米蒂斯在施政纲领中强调，塞加入欧盟是希腊外交的首要问题。希腊认为，塞加入欧盟对于公正、合理地解决塞问题将能起到“催化剂”作用，尽快接纳塞入盟是朝着解决塞问题迈出的第一步。希腊甚至扬言，如果欧盟下一波扩大中不包括塞浦路斯，希腊将拒绝欧盟的扩大。在希腊的不懈游说和坚持下，欧盟终于放弃了只有统一的塞浦路斯才能加入欧盟的前提条件。

希腊为塞顺利入盟扫平了道路。2004 年 5 月 1 日，塞浦路斯成为欧盟正式成员国，塞、希又成为欧盟内部更为密切的合作

---

① 2000 年 5 月希腊海空军与塞浦路斯国民警卫队在塞浦路斯的拉纳卡地区进行联合军事演习。10 月希、塞两国海空军在塞浦路斯联合举行代号为“胜利者”军事演习。2001 年 4 月希、塞两国再次在塞浦路斯举行代号为“弓箭手—韦尔伊纳”联合军事演习。

伙伴。

总之，随着塞浦路斯成为欧盟正式成员国，塞浦路斯与希腊的关系进一步加强，两国之间的合作领域进一步扩大，两国不论在塞问题，还是土耳其加入欧盟等问题上，都将保持更加密切的磋商与合作。但是，塞、希这种密切关系，既为塞问题的解决创造了有利条件，同时也使影响该问题因素更多，解决起来更加复杂。

## 第六节 同土耳其关系

### 一 土耳其不惜使用武力确保土耳其族人的利益

1571年奥斯曼帝国征服塞浦路斯，从此塞浦路斯成为奥斯曼帝国的属地。1878年，英国与奥斯曼帝国签订《塞浦路斯条约》，该条约规定塞浦路斯由英国占领和管理，从而结束了奥斯曼帝国对塞浦路斯长达近三个世纪的统治。1923年土耳其与协约国签订的《洛桑条约》第20条规定，“土耳其兹承认1914年11月5日英国政府宣布兼并塞浦路斯”。从此，从国际法上真正结束了土耳其与塞浦路斯的宗主权关系。第二次世界大战后随着塞浦路斯希腊族的“意诺西斯”运动的发展，希腊族与英国及土耳其族的矛盾不断激化，1955年英国邀请希腊和土耳其在伦敦召开英、希、土三国会议，讨论“东部地中海地区的政治和防御，其中也包括塞浦路斯”。这是自1923年签订《洛桑条约》，土耳其放弃对塞浦路斯的一切权利之后，英国政府首次邀请土耳其政府参与讨论塞浦路斯问题。1959年确定塞独立的《苏黎世—伦敦协定》，土耳其是签字国之一，也是该协定所规定的保证塞浦路斯独立的三个“保证国”之一。根据该协定，土耳其在塞有特殊利益和权力，在塞有驻军。多年来，土耳其一直担心塞浦路斯与希腊合并，会危及土耳其南部防务和塞土耳其族的安全。1964 年 8 月希、土两族激烈冲突之际，土耳其战机轰炸和扫射希腊族阵地，并向土耳其族提供援助，强烈谴责希腊族对土耳其族的进攻，确保土耳其族人的安全。

1974 年 7 月，希腊军政府在塞策划政变，推翻马卡里奥斯合法政府，土耳其以恢复塞宪法秩序为借口，入侵塞浦路斯。土耳其军队经过两个阶段的军事行动，达到占领塞浦路斯三分之一领土的目的后，接受联合国安理会的停火决议，双方实现停火。土耳其的军事行动受到国际社会的普遍谴责，陷入外交困境；特别是土耳其的最重要的战略盟友美国对土耳其实施了武器禁运等制裁。但长期以来土耳其坚持认为，塞浦路斯土耳其族人是土耳其民族的一部分，确保土耳其族人的安全是土耳其的民族事业。实际上，土耳其为了保护塞浦路斯土耳其族人的利益，不惜使用武力的做法，给土耳其的内政外交均产生了深远影响。

## 二　土耳其长期驻军北塞拒绝承认塞浦路斯政府

自1974 年土耳其入侵塞浦路斯，土耳其军队一直驻扎塞浦路斯北部拒不撤出，代表整个塞浦路斯的塞浦路斯共和国政府，至今尚未与土耳其签订和平条约，实际上两国仍然处于战争状态。塞浦路斯政府长期致力于通过国际社会，特别是美国等西方盟国向土耳其施加压力，迫使土耳其撤军，以求和平解决塞浦路斯问题，实现国家的统一。塞浦路斯政府采取各种方式，利用各种途径谴责土耳其的侵略行径和对塞浦路斯的长期占领，甚至要求欧洲人权委员会对土耳其在塞浦路斯侵犯人权进行谴责。土耳其和北塞政府对塞浦路斯政府不断将塞浦路斯问题国际化的努力颇为反感，认为此举损害了土耳其的形象，因而拒绝向塞浦路斯政府做出任何让步。同时，土耳其认为它所采取的军事行动是根据《苏黎世—伦敦协定》，是为了维护塞浦路斯现状，防止希腊军政府将塞浦路斯与希腊合并，保护土耳其族人的利益。同时，土耳其认为自 1963 年年底塞浦路斯希、土两族发生冲突以后，完全由希腊族人把持的塞浦路斯政府不能代表整个塞浦路斯，认为在塞浦路斯存在着两个地位平等的政府。1983 年 11 月土耳其族宣布成立“北塞浦路斯土耳其共和国”后，土耳其政府立即给予承认，并要求其他国家也承认这个新诞生的国家，次年 4 月双方还互派了大使。从此土耳其坚定地支持北塞的独立地位，公开宣称塞浦路斯存在两个国家。1984 年 2 月，土耳其副总理埃杰维特访问北塞，这位在 1974 年土耳其入侵塞浦路斯时的土耳其总理对土耳其族民众说：“北塞浦路斯土耳其共和国诞生了，但世界上还在争论是否承认这一新国家的问题，这是没有必要的。因为如果一个孩子出生了，不能再讨论他是否能出生。独立对塞浦路斯土耳其人来说已经成为事实。”而且土耳其顶住了包括美国的武器禁运和欧盟在土耳其入盟等方面的巨大压力，态度坚定，毫不妥协，足见其支持北塞独立地位的决心。

实际上，塞浦路斯与土耳其的关系，不仅体现为塞浦路斯政府与土耳其的敌对状态，双方相互指责，断绝交往。同时也体现为“北塞浦路斯土耳其共和国”与土耳其的特殊关系。北塞的建立依赖土耳其，北塞的生存仍然依赖土耳其。北塞获得土耳其的大量经济援助，对外贸易主要与土耳其之间进行，而且北塞没有发行自己的货币，一直使用土耳其的货币里拉。在塞浦路斯问题上北塞领导人与土耳其保持密切磋商，每次塞浦路斯两族举行会谈，土耳其族领导人必然首先与土耳其政府进行磋商，协调一致，采取共同立场。只要土耳其拒绝从塞浦路斯撤军，塞浦路斯的分治状态就会继续维持，目前国际上所公认的代表整个塞浦路斯的塞浦路斯政府就不可能与土耳其实现关系正常化。

随着冷战的结束和塞浦路斯正式加入欧盟，给塞浦路斯土耳其族与土耳其关系带来新变化。2003 年 4 月，土耳其副总理兼外长居尔访问北塞，支持土耳其族领导人登克塔什提出的关于在塞岛两族间建立信任措施的建议。随后土耳其总理埃尔多安在访问北塞时重申，解决塞问题必须以塞岛存在“两个国家、两种语言、两种宗教”的现实为基础，呼吁国际社会，特别是欧盟解除对土耳其族的贸易限制。同时土耳其副总理谢内尔访问北塞，与塞浦路斯土耳其族签署关税同盟框架协议。2005 年 7 月，土耳其与欧盟正式签署关税同盟扩大协定，同时附带声明，表示在塞问题没有解决前，土耳其不会承认塞浦路斯共和国政府。2006 年 1 月，土耳其外长居尔提出解决塞问题的行动计划，包括根据关税同盟协定，土耳其向塞浦路斯希腊族开放机场和海港，但必须解除对塞土耳其族的经济封锁，向国际社会开放土耳其族区内的港口和机场，将北塞作为经济实体纳入欧盟关税同盟等。2008 年 7 月，土耳其总理埃尔多安访问塞浦路斯土耳其族区仍然坚持，塞问题的解决必须基于塞浦路斯存在两个民族、两个国家的现实，建立新的伙伴关系。

## 第七节　同中国关系

### 一　建交前的中塞民间交往

中国和塞浦路斯虽然相距遥远，国家大小悬殊，但是共同饱受帝国主义殖民、半殖民的统治，都进行了反对外国入侵的斗争，这为两国人民之间的交往提供了坚实的基础。早在中华人民共和国成立后不久，两国之间即开始了民间和党际往来。1952 年 9 月，参加亚非及太平洋区域和平会议的塞浦路斯代表团抵达北京后，受到中国政府和人民的热情接待。1954 年 9 月，应中华全国总工会邀请，塞工会代表团到北京参加国庆观礼，并进行参观访问，塞劳动人民进步党总书记埃柴吉耶斯·巴巴耶诘给毛泽东主席发来贺电，祝贺中华人民共和国成立5周年，盛赞“中国的解放鼓舞着所有殖民地和附属国的人民”[①]，这成为中塞两国人民增进了解和友好往来的开端。

50年代中后期，塞浦路斯掀起了反对英国殖民统治，争取民族解放的斗争高潮，中国人民对塞浦路斯人民的民族解放斗争给予极大的同情和支持，1957年2月21日，中华全国民主妇女联合会致电塞妇女团体，声援塞人民争取民族自决权的斗争。同时，塞人民对新中国的国家独立、主权和领土完整也给予应有的支持，1958年10月10日，塞劳进党的机关报《黎明报》发表评论，痛斥美国向中国挑衅。[②] 实际上，中塞两国人民同样肩负着反对帝国主义殖民统治和武装干涉的历史使命。

1959年和1960年，塞浦路斯文化代表团、统一民主青年组织代表团、工会代表团和农民协会代表团相继来华访问，两国民间和党际交往逐步加强。1960年8月16日，塞浦路斯共和国成立，中国政府以国务院总理周恩来的名义发电祝贺，副总理兼外交部长陈毅致电宣布承认塞浦路斯共和国，并希望发展两国友好关系。塞浦路斯共和国首任总统马卡里奥斯大主教致电周恩来总理，对中国人民的祝贺和支持表示感谢。这是中塞两国政府间的首次交往。

独立后的塞浦路斯主张奉行独立、不结盟的对外政策，但是，英国、希腊和土耳其三个北约成员国保证其独立的塞浦路斯，其对外政策自然受到西方阵营的影响。1960年9月，塞与中国台湾当局“建交”，对中塞关系的发展产生了不利影响。

---

① 参见1954年10月3日《人民日报》《塞浦路斯劳动人民进步党总书记给毛主席的贺电》。

② 《塞浦路斯〈黎明报〉斥美国向我国挑衅》，1958年10月22日第4版《人民日报》。

1961年，某些敌视中国的国家把“西藏问题”提交联合国讨论时，塞代表团支持了诬蔑中国的决议。[①] 但中国政府和人民仍然一如既往地支持塞浦路斯人民的正义事业，当1963年年底因马卡里奥斯总统修宪导致塞浦路斯希、土两族冲突后，中国舆论旗帜鲜明地反对英美干涉塞浦路斯。1964年2月中国青联和学联致电塞统一民主青年组织、塞全国学生会联合会及塞留英学生联合会，强烈谴责英国和美国企图出兵对塞进行军事干涉。同时，对安理会通过向塞浦路斯派联合国维和部队的决议持否定态度[②]，希望塞问题由希、土两族协商解决，维护塞浦路斯的独立、主权和领土完整。在此期间，受中苏关系的影响，塞劳进党终止了与中国共产党的联系，但中塞两国之间的民间交往从未因此而间断。1966年5月，中国工会代表团赴塞访问。1967年中国记者在塞首都尼科西亚采访时，凡采访到的塞浦路斯普通民众无不对中国人民和毛泽东主席表示无限崇敬。[③] 中塞两国人民之间的相互尊重、理解和支持，成为推动中塞关系走出低谷，步入正常发展轨道的主要力量。

## 二　建交后的中塞关系

1971年10月25日，联大通过了恢复中国在联合国合法席位的决议，中国在国际事务中的影响力明显增强，中国与西方国家关系也有很大改善，尤其是1971年8月4日和1972年4月29日，塞问题的直接介入者土耳其和希腊先

---

① 王泰平：《中华人民共和国外交史》（第三卷1970～1978年），世界知识出版社，1999，第146页。

② “安理会决定派兵去塞浦路斯”维护和平，1964年3月6日第4版《人民日报》；《安理会竞决定继续干涉塞内部事务，第四次延长联合国军留驻塞浦路斯的期限》，1965年3月22日第5版《人民日报》。

③ 参见1967年2月28日第5版《人民日报》。

后与中国建交，对一向坚持不结盟，重点发展同西方国家关系的塞浦路斯产生了重要影响。塞政府重视中国在安理会常任理事国的重要地位，希望在塞问题上得到中国的支持。1970 年 11 月，马卡里奥斯总统在出席联大会议和对日本访问回国途经香港时，在香港机场对记者说，在联合国大会期间，塞浦路斯对接纳中国问题弃权，不采取任何决定，塞浦路斯只是一个小国。1971 年 11 月，塞外长基普里亚努在联合国总部，向出席第 26 届联大的中国代表团团长乔冠华副外长表达了希望与中国建交的愿望，经过双方协商，1971 年 12 月 14 日，中塞两国建交，1972 年 1 月 12 日发表了中塞建立正式外交关系的公报。6 月，中国在塞设立大使馆，并派驻临时代办。1981 年 6 月，塞政府任命塞驻澳大利亚高级专员兼任驻华大使，未设使馆。中塞建交后，两国关系发展较快。1974 年 5 月，塞总统马卡里奥斯访华，对毛泽东主席的会见表示高兴。他向毛泽东主席介绍了塞浦路斯希、土两族的分歧，称赞中国是“芙蓉国里尽朝晖”。马卡里奥斯总统还与周恩来总理和邓小平副总理进行了会谈，周恩来总理阐明了中国政府希望塞浦路斯两族团结和和平解决争端的立场①。

实际上，马卡里奥斯总统访华是在塞国内局势相当紧张，塞浦路斯希腊族人内部强烈要求与希腊合并的极端势力不断指责马卡里奥斯政府，甚至多次企图暗杀马卡里奥斯总统的形势下进行的，足见马卡里奥斯总统对中塞关系的重视。马卡里奥斯访华回国后不久，即 7 月 15 日，由希腊军官控制的塞希腊族人国民警卫队发动政变，推翻了马卡里奥斯合法政府，马卡里奥斯幸免于难，逃往英国主权军事基地，经马耳他前往英国。20 日，土耳

① 王泰平：《中华人民共和国外交史》（第三卷，1970～1978 年），世界知识出版社，1999，第 162 页。

其以保护塞土耳其族的安全为由入侵塞岛。① 在安理会召开紧急会议讨论塞问题时，中国代表庄焰郑重表明了中国政府的立场："中国政府一向主张塞浦路斯的独立、主权和领土完整，应得到世界各国的尊重。我们坚决反对任何外来势力对一个主权国家的侵略和颠覆。塞浦路斯问题应当由塞浦路斯人民自己来解决。目前特别要警惕超级大国利用塞浦路斯局势乘机插手，浑水摸鱼。""中国政府和人民坚决支持由塞浦路斯合法的国家元首——大主教马卡里奥斯总统领导的塞浦路斯人民所进行的正义斗争。坚决反对对塞浦路斯主权、独立和领土完整的破坏。"7月20日，中国副外长乔冠华在比利时大使馆举办的记者招待会上也明确表示，"马卡里奥斯总统是合法的塞浦路斯国家元首和塞浦路斯人民的代表"。

中国人民及时给予塞浦路斯经济援助。由于土耳其的入侵给塞造成20多万难民，1974年9月，中国红十字会两度向塞浦路斯难民捐赠物资，并及时运往塞浦路斯的利马索尔港，帮助塞浦路斯人民恢复正常生活。

1981年6月，塞外长洛兰季斯访华，分别与中国国务院总理赵紫阳和外交部长黄华进行了会谈，中方重申了中国政府对塞浦路斯问题的一贯立场，希望通过"和平协商解决发展中国家之间的争端"②。1984年6月，塞第二任总统基普里亚努访华，李先念主席在会见基普里亚努总统时再次重申，中国政府一贯主张通过谈判解决塞问题，并表示中国不赞成塞浦路斯土耳其族独立，也就是拒绝承认"北塞浦路斯土耳其共和国"。中国政府坚决支持塞浦路斯的独立、主权和领土完整，反对任何分裂行为，

① Stavros Panteli, *A New History of Cyprus: From the Earliest Time to the Present Day*, East-West Publications Ltd., 1984, pp. 371 - 383.

② 王泰平：《中华人民共和国外交史》（第三卷，1970～1978年），世界知识出版社，1999，第162页。

是对塞政府的莫大支持。

但是，中国政府与塞政府在解决塞浦路斯问题的方式上看法略有不同。中国政府一贯主张塞问题应由有关各方协商解决，反对超级大国的干涉，尤其是反对苏联乘机介入塞问题。苏联一直主张召开包括苏联参加的国际会议解决塞问题，塞政府对苏联的主张也表示支持，而且积极寻求将塞问题国际化，向土耳其施加压力。但中国认为，苏联所谓的将塞问题国际化，是企图将超级大国的干涉合法化。

中塞两国党际交往得到恢复和发展。受六七十年代中苏关系恶化的影响，塞劳进党一度中断了与中国共产党的联系，而且紧跟苏共多次指责中国共产党和中国政府。中塞建交后，两党关系也未能及时恢复。80 年代后期，随着中苏关系的改善，中共与塞劳进党的关系开始恢复。1985 年 5 月，塞社会党率先与中国共产党建立了关系。次年 5 月，应塞社会党邀请，中联部顾问张香山率中共代表团访塞，努力恢复和发展与塞各党派之间联系。1987 年 3 月，塞劳进党政治局常委、中央书记范蒂斯率劳进党代表团访华，双方友好地相互通报了各自的情况，但在对苏联等重大国际问题的看法上仍存在严重分歧，双方在求同存异的基础上继续推进交往。1988 年 11 月，中联部副部长李淑铮率中共代表团访塞。1990 年 1 月，中联部副部长李成仁访塞。7 月和 10 月，中国共产党和塞劳进党代表团再次实现互访，两党关系有所发展。1993 年 5 月，塞劳进党政治局常委、中央国际部书记赫里斯托菲尼斯访华。1995 年 5 月，塞民主大会党代表团访华。

## 三 中塞文化交流

中塞建交后，两国文化往来逐渐增多。1973 年 3 月，北京杂技团首次赴塞演出，受到塞浦路斯人民的欢迎。1976 年 10 月，中国在塞浦路斯举办剪纸艺术展。1978 年 8

月，北京杂技团再次出访塞岛，受到了塞众议院议长的接见，塞代总统基普里亚努还亲自观看了北京杂技团的演出。1976 年 12 月，塞新闻代表团访华，受到中国文化部副部长何英的接见。

中国实行改革开放政策后，随着中塞友好关系的加强，两国签订了文化合作协定和年度执行计划，文化交流得到进一步发展。1980 年 7 月，中国文化部副部长姚仲明与塞浦路斯外交部秘书长乔治·贝拉德亚斯在北京签署了《中华人民共和国政府和塞浦路斯共和国政府文化合作协定》。另外，两国还签有旅游合作协定、新闻合作协定、中国广播电视部与塞浦路斯广播公司合作议定书。这些协议的签署为中塞文化关系的发展奠定了坚实的基础，为两国在文化、艺术、新闻、电视、旅游和友好组织等方面的交流与合作提供了保证。

80 年代以来，中塞两国文化交流频繁。先后有中国笔会中心理事叶君健（1981 年）、中国政府文化代表团（1982 年 2 月、1990 年）、新闻代表团（1985 年）、中国广播电影电视部代表团（1986 年 12 月）、旅游代表团（1986 年 5 月）、新华社代表团、中国青年代表团（1988 年）、中华全国青年联合会代表团（1989 年）、中央人民广播电台代表团（1991 年）和中国文联代表团（1998 年 12 月）访塞。塞浦路斯文化代表团（1980 年、1986 年、2000 年 3 月）、记者协会代表团、广播公司代表团（1984 年）、教师代表团（1985 年）、新闻代表团（1986 年）、卫生代表团、记者团（1987 年）、塞中友好协会代表团（1988 年）、摄影协会代表团（1990 年）来华访问。两国相互了解不断加深，合作领域不断扩大。在此基础上，中国天津歌舞团、广西右江民族歌舞团、陕西杂技团、内蒙古呼和浩特市民族艺术团、河南濮阳舞蹈团、中国少数民族青年舞蹈团、中国煤矿文工团等文艺团体先后在塞浦路斯访问演出，而塞浦路斯民间艺术团、小提琴家乔治·瓦斯也曾来华进行交流演出。

此外，中塞两国还互相举办艺术展览。中国在塞举办了中国国画展、中国工艺挂屏展、湖北民间艺术展和中国民间玩具展。塞方也来华举办了版画展、民间工艺和摄影作品展和现代绘画展。[①] 中塞两国关系正在向更深层次的交往发展。

## 四 中塞经贸往来

中塞建交后，两国密切的政治、文化交往，促进了两国经贸关系的发展。1973 年 8 月，塞工商部长米切尔·科洛卡西德访华，并签订了中塞两国贸易和支付协定，为中塞两国经贸关系的发展铺平了道路。同年 9 月，中国首次派展览团参加塞浦路斯国际博览会，展出了 2000 多种中国产品，其中包括纺织品、食品、轻工业品和手工艺品。在展览会期间，塞总统马卡里奥斯、议长格拉弗科斯·克莱里季斯和内阁部长们饶有兴趣地参观了中国馆。

1981 年 2 月，中国贸易代表团访塞，签订了两国新的贸易协定，将记账贸易改为现汇贸易。中国向塞主要出口纺织品、瓷器和小五金，从塞进口羊皮等。1982 年 11 月，塞工商部长安德列乌率贸易代表团访华，进一步促进中塞经贸关系的发展。到 1989 年，双方贸易额为 1917 万美元，其中中方出口额为 1431 万美元。

1990 年 8 月，塞浦路斯第三任总统瓦西里乌访华，并应邀对中塞政府和工商界人士作了题为“塞中贸易前景广阔”的演讲。瓦西里乌总统认为，从 1985 年至 1989 年，尽管塞浦路斯对中国出口从 2 万美元增至 130 万美元，进口从 200 万美元增至 1400 万美元，但这些数字若以塞国的进出口总额来衡量，几乎

① 《新中国对外文化交流史略》编委会编《新中国对外文化交流史略》，中国友谊出版公司，1999，第 280 页。

微乎其微，因此，塞中两国有“进一步扩大贸易往来的巨大潜力”。在与中国国家主席杨尚昆和国务院总理李鹏的会谈中，瓦西里乌总统表示，他此行的主要目的之一，就是要进一步推动中塞两国经贸关系的发展，“使之达到像两国很好的政治关系那样的水平”。两国领导人还讨论了建立合资企业的可能性和进行运输合作等事宜。同时，以塞浦路斯商工会主席埃皮法里欧为团长的塞工商代表团与中国十多家对外贸易企业和有关政府部门人士进行了洽谈。据中国海关统计，1989 年中塞两国进出口贸易总额为 1900 万美元。中国进口商品主要有铬矿砂、羊皮、废船、葡萄干等，出口以纺织品、工艺品、轻工产品和粮油等为主。

在中塞两国政府的大力支持下，1990 年 10 月，中国和塞浦路斯第二次经济贸易和科技混合委员会会议在北京召开，双方签订了旨在促进双边经济、贸易和科技合作关系的议定书，并签署了关于对所得税和财产避免双重征税和防止偷漏税的协定。双方经济合作范围迅速扩大，到 1991 年，中塞贸易总额已达 6344 万美元，是 1989 年双方贸易总额的 3 倍多。

据中国海关总署统计，2007 年，中塞双边贸易总额已达 7.0583 亿美元，同比增长 99.6%，其中中方出口额为 6.9785 亿美元，进口额为 798 万美元，同比分别增长 99% 和 166.9%。

近年来快速发展的塞浦路斯经济也为中塞经贸合作提供了广阔前景。中国充分利用塞海运业发达，拥有商船数量居世界第六的优势，大力发展中国的海运事业，现已有中国商船在塞注册。同时，中国的通信公司已在塞广泛开展业务。但是，中国最应重视的还是，如何更好地利用塞作为欧盟成员国的特殊地位，以塞为桥梁，把中国商品更广泛地推向欧盟各国市场，这一课题值得进一步探讨。[①]

---

① 何志龙：《塞浦路斯振兴经济之路》，《西亚非洲》2006 年第 7 期。

## 五 中塞关系全面发展

进入90年代，随着冷战的结束，国际形势的逐渐缓和以及世界多元化趋势的发展，中国在国际事务中的作用日益增强，塞浦路斯更加重视发展与中国的友好合作关系。中塞关系步入全面发展的新阶段。

中塞两国虽然大小悬殊，情况各异，但都面临着实现国家统一的历史使命。两国在国际事务中保持磋商，密切合作。在中塞建交伊始，塞政府终止了与台湾的“外交关系”，关闭了台湾当局驻塞“使馆”，但仍保留着台湾在塞浦路斯的商务办事处。随着中塞关系的快速发展，塞政府一贯坚持一个中国的原则，只承认中华人民共和国，不与台湾进行官方交往，不给台湾驻塞机构人员外交待遇，同时塞外交部要求政府官员不得参加台商务办事处举办的任何活动。1991年5月，塞政府最终关闭了台湾驻塞商务办事处，为中塞关系的全面发展扫清了障碍。1992年9月，塞南部港口城市利马索尔市市长哈季帕夫鲁宣布，该市与中国的南京市结为姐妹城市。1997年9月16日，塞常驻联合国代表在第52届联大总务会议上发言，坚决支持一个中国的立场，拒绝把台湾问题列入联大议程中的提案。① 1999年8月，在李登辉发表分裂中国的言论后，塞外交部常务秘书皮里希斯在会见中国驻塞大使时表示，塞政府将继续坚持一个中国的立场。2000年6月，塞第四任总统克莱里季斯访华时表示，塞政府不支持台湾在任何国际组织中谋取席位②。在北约轰炸中国驻南联盟使馆后，塞议会、塞政府和劳进党总书记季米特里斯·赫里斯托菲亚斯分

① 中华人民共和国外交部政策研究室：《中国外交》（1998），世界知识出版社，1998，第144页。

② 中华人民共和国外交部政策研究室：《中国外交》（2000），世界知识出版社，2000，第136页。

别发表声明或致函江泽民主席，谴责这一违犯国际法准则的暴行，并在人权问题上对中国给予支持。

1999 年 6 月 6 ~ 11 日，应中国国家主席江泽民的邀请，塞总统克莱里季斯对中国进行国事访问。7 日，江泽民主席与克莱里季斯总统就双边关系和共同关心的国际问题深入交换了意见，并达成了广泛共识。8 日，全国人大常委会委员长李鹏、国务院总理朱镕基分别会见克莱里季斯总统。

中国对塞浦路斯问题一向十分关切，认为塞的独立、主权、领土完整和不结盟地位应得到尊重，联合国和安理会有关塞问题的决议应得到切实执行，希望塞希、土两族在联合国秘书长的斡旋下，通过谈判缩小分歧，互让互谅，建立互信，在联合国有关决议的基础上，找到公正、合理的解决方案。中国国家主席江泽民在同来访的克莱里季斯总统会谈时表示，中国作为安理会常任理事国之一，愿同国际社会一道，为塞问题的公正、合理解决做出自己的努力。

中塞关系的顺利发展，得益于双方在相互尊重、互利合作基础上的密切交往。相互尊重是交往的前提，交往是相互了解、增进友谊的基础。中国共产党与塞劳进党、民主大会党、民主党、社会党保持着良好关系，双方互访频繁，尤其是与劳进党关系密切。劳进党是塞最大的政党，虽然该党在 2008 年之前从未推举候选人竞选总统，但它对塞政治和对外政策影响巨大。20 世纪 90 年代，两党在密切交往中增进了了解，消除了分歧，对重大理论和国际或地区性问题的看法趋于一致。实际上，冷战后不断加强的中塞党际交往促进了中塞关系向纵深发展。

中国全国人大与塞议会之间保持着友好交往。1993 年和 1999 年，中国全国人大常委会副委员长王丙乾和田纪云先后访塞，增强两国在立法部门的合作。同时，两国在司法领域的合作不断加强。1995 年 4 月，中国司法部部长肖扬访塞，双方在塞首都尼科西亚签署了《中华人民共和国和塞浦路斯共和国关于民事、商事和刑事司法协助的条约》；2001 年 9 月，双方又共同签署了《中华人民共和国民政部与塞浦路斯共和国内政部在民防和基层选举管理领域的合作协议》。另外，两国在文化领域合作进一步深化，双方再次签订了中塞两国 1998 ~ 2000 年文化交流执行计划；2000 年 11 月，塞在中国成功举办“塞浦路斯文化周”，增进了两国人民之间的互相了解。中塞两国已互派有留学生。据中国海关总署统计，2001 年中塞贸易总额达 1.17 亿美元，其中中国出口额为 1.16 亿美元，进口额为 133 万美元。2008 年，中塞贸易总额已达 11.34 亿美元，比 2007 年增长 60.7%，其中中方出口 11.24 亿美元，进口 0.11 亿美元。

进入 21 世纪，中塞两国领导人更加重视双边关系，两国领导人互访频繁。近年来塞方访华的主要有：2001 年，塞外长卡苏利季斯、财政部长塔基斯、司法部长科西斯相继访华。2002 年，塞议长赫里斯托菲亚斯、卫生部长萨维迪斯访华。2004 年 4 月，塞总统帕帕佐普洛斯派总统特使扎基奥斯访华；9 月塞劳进党政治局委员、国际书记安德罗斯·基普里亚努、塞民主党代主席尼科斯·克利安瑟斯率领的民主党代表团访华。2005 年 5 月，塞外交部长亚科武访华。2006 年 12 月 4 ~ 8 日，塞总统塔索斯·帕帕佐普洛斯应邀访问中国，访华期间，中国领导人胡锦涛、吴邦国、温家宝会见了帕帕佐普洛斯；中国和塞浦路斯两国签署了文化、卫生等领域双边合作文件。2007 年 2 月，塞议长赫里斯托菲亚斯访华。2008 年 8 月和 10 月，塞总统赫里斯托菲亚斯两次来华，出席北京奥运会开幕式和第七届亚欧首脑会议。

近年来中方访塞的主要有：2001 年初，中国国家副主席胡锦涛对塞浦路斯进行正式访问，在访问期间，双方签订了多项经济、文化合作协定。2003 年 10 月，中共中央政治局常委吴官正访塞；12 月，中国人民解放军总参谋长助理李玉中将访问塞浦路斯。2004 年 11 月，全国人大常委会副委员长乌云其木格访塞。2005 年 8 月，外交部长李肇星、卫生部副部长陈啸宏相继访问塞浦路斯。2006 年 6 月，全国人大常委会副委员长王兆国访塞。2007 年 11 月，国务院副总理回良玉访塞，会见了塞总统帕帕佐普洛斯等领导人，并签署了两国农、渔业和环保等领域合作谅解备忘录。2009 年 9 月，全国人大常委会副委员长华建敏访塞，塞总统赫里斯托菲亚斯在会见时说，塞中两国关系发展势头很好，双方在平等、互利基础上开展了卓有成效的合作；同年 12 月，全国政协副主席厉无畏访塞，会见了塞代总统、议长卡洛扬。2010 年 2 月，外交部长杨洁篪访塞，会见了塞总统赫里斯托菲亚斯；6 月，中共中央政治局委员、全国政协副主席王刚访塞，会见了塞总统赫里斯托菲亚斯和议长卡洛扬，并与塞劳进党总书记基普里亚努举行了会谈。

中塞两国领导人的频繁友好互访，标志着中塞关系进入了一个新的发展阶段。随着中国经济实力的不断增强和塞浦路斯成为欧盟正式成员，中塞两国在政治、经济、文化等领域的合作将进一步扩大，中塞关系将进一步巩固和发展。

# 附　录

## 一　塞浦路斯历史大事年表

**公元前 8800 年**　出现人类活动。

**公元前 7000 ~ 前 6500 年**　出现首批定居者。

**公元前 5700 ~ 前 5500 年**　严重自然灾难（如地震）致使基罗基提亚文化突然消失。

**公元前 5800 ~ 前 4000 年**　新石器时代。

**公元前 4000 ~ 前 2500 年**　铜石并用时代。

**公元前 2500 ~ 前 2000 年**　青铜时代初期。

**公元前 2000 ~ 前 1600 年**　青铜时代中期。

**公元前 1600 ~ 前 1050 年**　青铜时代末期。

**公元前 4600 ~ 前 4500 年**　古塞浦路斯人定居塞岛。

**公元前 4000 ~ 前 3900 年**　大地震将大部分定居地夷为平地。

**公元前 2500 年**　安纳托利亚难民来到塞浦路斯定居。

**公元前 1500 年**　首批 1200 名迈锡尼—阿卡亚人移民到塞浦路斯定居。

**公元前 1225 ~ 前 1190 年**　“海上民族”相继摧毁了塞浦路

斯的诸多主要定居点并移民定居。

**公元前12～前11世纪之交** 特洛伊战争造成古希腊人向塞浦路斯更大规模的移民。

**公元前9世纪初～前8世纪** 原居于叙利亚北部推罗城邦的腓尼基人来到塞浦路斯南海岸的克提昂定居。

**公元前709年** 亚述征服了塞浦路斯，塞浦路斯诸王向亚述帝国称臣纳贡。

**公元前560年** 埃及国王阿马西斯攻占塞浦路斯，塞浦路斯诸王向埃及称臣纳贡。

**公元前525年** 塞浦路斯诸王国主动向波斯帝国臣服。

**公元前500年** 萨拉米斯的奥勒西洛斯发动反抗波斯统治的民族起义。

**公元前450年** 雅典人远征塞浦路斯。

**公元前411年** 埃瓦哥拉斯一世被拥立为萨拉米斯国王（公元前435～前374年在位）。

**公元前410年** 雅典授予埃瓦哥拉斯一世雅典荣誉公民称号。

**公元前390～前380年** 埃瓦哥拉斯一世发动了实现塞浦路斯独立和统一的“塞浦路斯战争”。

**公元前332年** 亚历山大大帝统治塞浦路斯。

**公元前323年** 托勒密之弟美尼拉斯占领塞浦路斯，塞浦路斯诸城市王国解体，塞浦路斯首次实现统一。

**公元前306～前294年** 安提俄克之子德米特里·波利奥克雷茨夺取并统治塞浦路斯。

**公元前294～前58年** 托勒密重新夺回并统治塞浦路斯。

**公元前124年** 塞浦路斯出现“库普里昂科伊农”（即“塞浦路斯人联盟”）。

**公元前58年** 罗马共和国占领塞浦路斯。

**公元前 51～前 50 年** 罗马著名演说家西塞罗任塞浦路斯总督。

**公元前 48 年** 恺撒将塞浦路斯赠予"埃及艳后"克里奥巴特拉。

**公元前 31 年** 屋大维征服埃及，将塞浦路斯并入了罗马帝国版图。

**公元前 30 年** 塞浦路斯划归罗马共和国直属元老院行省。

**公元前 22 年** 塞浦路斯转归罗马帝国元老院行省。

**公元 45 年** 使徒巴纳巴斯与使徒保罗奉安提阿教会差遣到塞浦路斯传播基督教。

**公元 46 年** 使徒巴纳巴斯与使徒保罗再次来到塞浦路斯首府帕福斯传教，罗马帝国驻塞浦路斯总督保罗斯皈依基督教。

**公元 47 年** 使徒巴纳巴斯带着马克来到塞浦路斯传教，建立塞浦路斯基督教直属使徒教会。

**公元 75 年** 使徒巴纳巴斯在萨拉米斯被犹太教徒乱石砸死，以身殉教。

**公元 76～77 年** 塞浦路斯发生大地震，一些城市被毁。

**公元 116 年** 萨拉米斯的犹太人起义。

**公元 330 年** 塞浦路斯归拜占庭帝国统治。

**公元 342 年** 大地震使著名的古城萨拉米斯、克提昂和帕福斯等城市遭到严重破坏。

**公元 350 年** 君士坦丁皇帝重建萨拉米斯并命名为君士坦丁亚。

**公元 431 年** 塞浦路斯教会宣布独立。

**公元 488 年** 拜占庭帝国皇帝芝诺敕准塞浦路斯教会独立。

**公元 578 年** 拜占庭帝国打败波斯帝国占领亚美尼亚，并将 3350 名亚美尼亚人掳往塞浦路斯定居。

**公元 7～11 世纪** 阿拉伯人不断袭扰塞浦路斯。

**公元691~698年** 基督徒为躲避阿拉伯人袭扰移居新查士丁尼。

**1042年** 总督锡奥菲洛斯·埃罗提科斯叛乱。

**1092年** 总督拉普索马茨叛乱。

**12世纪** 帕福斯山区的基克科修道院、特罗多斯山上的马开拉斯修道院、帕福斯地区的圣尼奥菲托斯修道院和克里索罗亚提萨等修道院建成。

**1136年** 拜占庭帝国征服小亚细亚南部的小亚美尼亚，再次将大量亚美尼亚人带到塞浦路斯定居。

**1158年** 大地震毁坏帕福斯15座教堂。

**1176~1179年** 严重干旱。

**1184年** 艾萨克·科穆宁自立为王。

**1191年** 英王狮心理查占领塞浦路斯，俘获艾萨克·科穆宁。

**1192年3月12日** 英王理查与贝伦加里娅在利马索尔的圣乔治教堂举行婚礼。

**1192年** 耶路撒冷的圣殿骑士团从英王理查手中获得塞浦路斯的统治权。

**1192年** 法国人盖伊·鲁西格南有偿地获得了塞浦路斯统治权，成为塞浦路斯鲁西格南王朝的奠基者。

**1194年** 盖伊死，其弟阿莫里继承塞浦路斯统治权。

**1196年** 阿莫里向罗马教皇表示忠诚，罗马教皇正式承认他为塞浦路斯国王。

**1196年** 塞浦路斯教会的独立地位被取消。

**1222年** 塞浦路斯天主教会强制使塞浦路斯正教会隶属于天主教会。

**1231年** 坎塔腊修道院的13位修士，因拒绝接受罗马天主教的某些教义，被当成异教徒施于火刑而殉教。

**1260 年 4 月** 罗马教皇亚历山大四世颁布《塞浦路斯问题训谕》，塞浦路斯希腊东正教会完全隶属于天主教会。

**1348 年** 瘟疫流行，岛上一半居民死亡。

**1362 年 10 月** 彼得一世开始了对欧洲各国宫廷的游说访问。

**1373 年春** 热那亚人攻占法马古斯塔和尼科西亚，俘获了国王彼得二世。

**1424 年** 埃及马木鲁克王朝的小股舰队掠夺利马索尔。

**1426 年** 埃及马木鲁克攻占尼科西亚，烧毁王宫，将杰纳斯国王掳往埃及。

**1442 年** 海伦王后摄政。

**1448 年** 鲁西格南王朝的摄政者海伦王后，废除亚历山大四世的《塞浦路斯问题训谕》，恢复了塞浦路斯希腊东正教会的独立地位。

**1460 年 9 月** 约翰二世的私生子詹姆斯打败夏洛特女王，夺取王位。

**1489 年 2 月 26 日** 科内罗女王在法马古斯塔的圣马克教堂被迫逊位于威尼斯人。

**1570 年 9 月至 1571 年 8 月** 奥斯曼帝国军队围攻并征服塞浦路斯。

**1680 年** 土耳其人梅赫梅特·奥格鲁发动抗税起义。

**1692 年** 瘟疫流行，三分之一居民死亡。

**1754 年** 奥斯曼帝国素丹任命大主教兼任埃思纳克。

**1765 年 8 月** 凯里尼亚城堡司令哈利发动抗税起义。

**1812 年** 希腊文学社创立。

**1821 年 7 月** 奥斯曼素丹下令杀害大主教基里普亚诺斯、主教及许多世俗人士。

**1833 年 3 月** 尼古拉斯·提秀斯领导抗税起义。

**1833年3月** 奥斯曼土耳其贵族吉奥·伊玛姆在帕福斯领导抗税起义。

**1878年6月4日** 英国和奥斯曼帝国签订由英国占领和管理塞浦路斯的《塞浦路斯条约》。

**1878年7月1日** 英国和奥斯曼帝国又签订了保证和限定《塞浦路斯条约》实施的6条补充条款。

**1878年7月12日** 奥斯曼总督贝塞姆在尼科西亚奥斯曼总督府正式向英国皇家舰队副司令约翰·海将军移交塞浦路斯管理权。

**1878年7月22日** 英国首任驻塞浦路斯高级专员加尼特·沃尔斯利率1500名英军赴塞浦路斯就任。

**1882年** 英国当局完成了对塞浦路斯的人口和土地普查，作为征税的基础。

**1893年** 希腊文学社重建为泛塞浦路斯预科学校。

**1914年** 英国宣布吞并塞浦路斯。

**1915年1月** 英国外交大臣爱德华兹·格雷明确表示，英国对希腊在小亚细亚海岸将做出“重要让步”。

**1923年7月24日** 土耳其与协约国签订《洛桑条约》，承认1914年11月5日英国对塞浦路斯的兼并。

**1925年3月10日** 英国宣布塞浦路斯为英国的直辖殖民地。

**1926年8月** 塞浦路斯共产党成立。

**1931年10月21日** 希腊族人发动反对英国统治、要求与希腊合并的起义。

**1931年11月12日** 英国当局下令解散立法委员会，终止执行宪法。

**1931年** 塞浦路斯共产党得到共产国际的承认。

**1941年3月21日** 希腊首相亚历山大·科里季斯要求英国

把塞浦路斯割让给希腊，或者至少应该做出一个有步骤地解决塞浦路斯问题的承诺。

**1941 年 4 月** 塞浦路斯共产党改组为塞浦路斯劳动人民进步党。

**1942 年 6 月 12 日** 希腊国王乔治向美国总统罗斯福提出战后将塞浦路斯划归希腊的要求。

**1942 年 12 月 1 日** 希腊流亡政府首相帕那伊俄提斯·卡涅罗波罗斯向英国政府提出，战后塞浦路斯和多德卡尼索斯的主权应归希腊。

**1944 年** 法狄耳·库楚克建立“塞浦路斯土耳其民族党”。

**1947 年** 温斯顿就任塞浦路斯总督，实施宪法改革。

**1947 年 6 月 20 日** 大主教勒昂提奥斯号召希腊族人抵制温斯顿的改革计划，提出“合并，只与希腊合并”的口号。

**1948 年 10 月 3 日** 希腊族右翼民族主义者在尼科西亚举行大规模要求“意诺西斯”群众集会。

**1948 年 11 月 28 日** 土耳其族领导人库楚克领导的“塞浦路斯土耳其民族党”，发动土耳其族人举行反“意诺西斯”大游行。

**1948 年 2 月 28 日** 希腊议会通过决议，呼吁英国人民帮助塞浦路斯的希腊族人，满足他们的要求。

**1950 年 1 月 15～22 日** 希腊族人就是否赞成塞浦路斯与希腊合并问题，举行全民公开签名投票活动。

**1950 年 10 月** 大主教马卡里奥斯二世逝世，米海尔当选为大主教，立为马卡里奥斯三世。

**1954 年 6 月 20 日** 希腊政府向联合国首次提交议案，要求把民族自决原则运用到塞浦路斯。

**1955 年 4 月 1 日** 乔治·西奥多勒斯·格里瓦斯发表《塞浦路斯革命宣言》。“埃欧卡”成立。

**1955年6月30日** 英国邀请希腊和土耳其举行英、希、土三国伦敦会议。

**1955年7月15日** 英国殖民当局强行颁布《紧急条例》。

**1955年9月25日** 英国政府任命前陆军参谋长、陆军元帅约翰·哈丁爵士为塞浦路斯总督。

**1955年11月27日** 英国殖民当局宣布紧急状态。

**1956年3月9日** 马卡里奥斯大主教被英国当局放逐塞舌尔群岛。

**1956年8月** “埃欧卡”宣布休战，愿与英国殖民当局谈判解决塞浦路斯问题。

**1956年12月** 拉德克利夫勋爵起草塞浦路斯新宪法草案，遭马卡里奥斯和希腊政府拒绝。

**1957年2月** 联大通过要求双方通过谈判，“和平、民主和公正地解决”塞浦路斯问题的决议。

**1957年3月28日** 马卡里奥斯获释，希腊航运大王奥纳西斯派船将他接回雅典。

**1957年7月15日** 希腊再次呼吁联合国在塞浦路斯实行民族自决原则。

**1957年10月** 英国政府任命H. 富特为塞浦路斯总督。

**1957年年底** 发生了希腊族和土耳其族冲突的“几尼耶利村事件”。

**1958年6月17日** 英国提出解决塞浦路斯问题的《麦克米伦方案》。

**1958年9月17日** 希腊第五次要求联合国解决塞浦路斯问题。

**1958年9月** 马卡里奥斯与英国工党议员巴巴拉·卡斯尔女士会谈时表示，他宁愿独立而不是“意诺西斯”。

**1959年2月19日** 在英国伦敦的兰开斯特大厦签订《苏黎

世—伦敦协定》。

**1959 年 3 月 9 日** 格里瓦斯号召“埃欧卡”成员和他的追随者放下武器，接受《苏黎世—伦敦协定》，并强调要用“和平、团结、博爱”取代“战争之歌”。

**1959 年 4 月 13 日** 第一次制宪会议召开。

**1959 年 10 月 18 日** 塞浦路斯巡逻艇在塞浦路斯东北部水域查获偷运武器的土耳其人摩托艇“狄尼兹号”。

**1959 年 12 月 13 日** 希腊族人进行总统选举，马卡里奥斯以绝对优势当选塞浦路斯共和国首任总统。

**1960 年 2 月 11 日** 在洛桑完成了宪法草案。

**1960 年 4 月 6 日** 在尼科西亚宣布共和国的第一部宪法正式完成。

**1960 年 8 月 16 日** 英国向塞浦路斯共和国移交政权，马卡里奥斯宣誓就任塞浦路斯共和国第一任总统，库楚克任副总统。塞浦路斯共和国诞生。

**1960 年 8 月 24 日** 塞浦路斯成为联合国的第 99 个成员国。

**1961 年 2 月 16 日** 塞浦路斯加入英联邦。

**1961 年 5 月 24 日** 塞浦路斯成为欧洲委员会的第 16 个成员国。

**1963 年 11 月 30 日** 马卡里奥斯提出修改共和国宪法的“十三点修正案”。

**1963 年 12 月 21 日** 发生“赫姆斯街事件”，导致两族冲突再起。

**1963 年 12 月 21 日** 土耳其族警察和共和国各级政府中的土耳其族公务人员全部撤出。

**1963 年 12 月 27 日** 英国、希腊、土耳其三国维和部队成立，由英国的杨格将军统一指挥。

**1964 年 1 月 31 日** 英、美制定出了塞浦路斯维和方案——

“桑迪斯—鲍尔方案”。

**1964年2月** 英、希、土三国外长与希腊族和土耳其族代表在伦敦讨论塞浦路斯局势。

**1964年3月4日** 联合国安理会通过了关于塞浦路斯问题的第186号决议，建议成立联合国驻塞浦路斯维持和平部队。

**1964年3月26日** 芬兰分遣队率先赶赴塞浦路斯，开始了联合国规定的为期三个月的维和行动。

**1964年6月5日** 美国总统约翰逊致信土耳其总理伊斯梅特·伊诺努，要求土耳其保持克制，反对土耳其武装干涉塞浦路斯。通称约翰逊书谏。

**1964年6月20日** 美国前国务卿迪安·艾奇逊提出了解决冲突的“艾奇逊方案”。

**1965年3月26日** 联合国秘书长任命的塞浦路斯冲突调解员加洛·拉索·普拉萨向安理会提交调解塞浦路斯问题的报告。

**1967年11月15日** 发生两族冲突的“圣锡奥多罗斯—科菲努村事件”。

**1967年11月17日** 土耳其政府向希腊政府发出最后通牒，要求立即召回格里瓦斯和撤回希腊军队。

**1967年11月24日** 土耳其总统向世界各国领导人发出警告，土耳其准备“一次性而且彻底地”解决塞浦路斯问题。

**1968年6月3日** 希腊族和土耳其族代表开始谈判。

**1971年9月** 原“埃欧卡”总指挥格里瓦斯再次潜入塞浦路斯。

**1971年12月14日** 中国与塞浦路斯建交。

**1972年** 格里瓦斯成立秘密军事组织——“埃欧卡—B”。

**1973年2月11日** 希腊军政府要求马卡里奥斯改组塞浦路斯政府。

**1973年6月1日** 塞浦路斯正式成为欧共体的联系成员国。

**1974 年 4 月 25 日** 马卡里奥斯宣布“埃欧卡—B”为非法。

**1974 年 5 月** 塞浦路斯总统马卡里奥斯访华，与毛泽东主席会谈。

**1974 年 7 月 2 日** 马卡里奥斯发表致希腊共和国总统吉齐基斯将军的公开信。

**1974 年 7 月 15 日** 发生推翻马卡里奥斯总统的军事政变。

**1974 年 7 月 15 日** 尼科斯·桑普森宣布就任塞浦路斯总统。

**1974 年 7 月 20 日** 土耳其入侵塞浦路斯。

**1974 年 7 月 23 日** 桑普森政权倒台，议长克莱里季斯任代总统。

**1974 年 12 月 7 日** 马卡里奥斯回岛复职。

**1975 年 2 月 13 日** 登克塔什宣布成立“塞浦路斯共和国土耳其族邦”。

**1975 年 4 月 28 日至 1977 年 4 月 7 日** 两族在维也纳举行六轮会谈。

**1977 年 1 月 27 日至 2 月 12 日** 马卡里奥斯与登克塔什会谈并达成四点协议。

**1977 年 8 月 3 日** 塞浦路斯总统马卡里奥斯病逝。

**1978 年 11 月** 美国、英国和加拿大共同提出解决塞浦路斯问题的美英加三国方案。

**1979 年 5 月 18～19 日** 基普里亚努与登克塔什在尼科西亚举行会谈并达成十点协议。

**1980 年秋至 1981 年冬** 联合国秘书长瓦尔德海姆提出恢复两族和谈的“过渡性协议”。

**1981 年 10 月 22 日** 联合国秘书长特别代表雨果·戈比提出两族和谈的新建议“戈比建议”。

**1983 年 11 月 15 日** 登克塔什宣布成立“北塞浦路斯土耳

其共和国”。

**1985 年 3 月 20 日** 土耳其族议会通过“北塞浦路斯土耳其共和国独立宪法”。

**1983 年 11 月 18 日** 联合国安理会紧急会议通过第 541 号决议，要求塞浦路斯土耳其族当局撤销独立决定，号召所有成员国拒绝承认“北塞浦路斯土耳其共和国”。

**1984 年 9 月 10 日至 1985 年 1 月 20 日** 联合国秘书长德奎利亚尔主持了由塞浦路斯总统基普里亚努与土耳其族领导人登克塔什举行的三轮“间接会谈”。

**1984 年 11 月 22 日** 美国总统里根致信土耳其总统埃夫伦，要求土耳其政府从速解决塞浦路斯问题。

**1985 年 3 月 12 日** 土耳其族议会通过了“北塞”独立宪法。

**1987 年 10 月 19 日** 塞浦路斯与欧共体正式签订关税同盟协定，塞浦路斯成为第一个与欧共体签订关税同盟的非欧共体成员国。

**1988 年 8 月** 在联合国秘书长德奎利亚尔的斡旋下，希腊族与土耳其族领导人恢复了中断三年多的直接会谈。

**1989 年 7 月 19 日** 数千名希腊族妇女冲击联合国维和部队守卫的“绿线”，要求返回家园。

**1990 年 7 月 4 日** 塞浦路斯政府正式申请加入欧共体。

**1990 年 8 月** 塞浦路斯总统瓦西里乌访华。

**1992 年 6 月至 11 月** 在联合国秘书长的斡旋下，两族领导人瓦西里乌与登克塔什在纽约举行了间接会谈。

**1993 年 3 月** 在联合国秘书长的主持下，塞浦路斯总统克莱里季斯与土耳其族领导人登克塔什在纽约会谈，确定谈判“建立互信措施”。5 月 24 日，克莱里季斯、登克塔什进行直接会谈，集中讨论“建立互信措施”中的两个关键问题。

**1993 年 6 月 30 日** 欧洲委员会公布了对塞浦路斯申请加入欧盟的意见，确认了塞浦路斯的欧洲特征。

**1993 年 10 月 4 日** 欧盟委员会通过了欧洲委员会的意见，认为塞浦路斯能够成为欧盟成员国。

**1994 年 6 月** 欧盟卢佛会议审查了塞浦路斯与欧盟的关系，认为塞浦路斯加入欧盟的初级阶段已经完成，决定欧盟下一波扩大将包括塞浦路斯。

**1997 年 1 月 4 日** 希腊族与俄达成了一项价值 6 亿美元的武器合同，计划购置俄制 S－300 地对空导弹，从而又引发了一场“导弹风波”。

**1997 年 7 月 9～12 日** 在联合国秘书长的主持下，克莱里季斯和登克塔什在纽约的特劳特贝克举行了直接会谈，讨论了未来塞浦路斯宪法问题和《联合声明草案》。

**1997 年 8 月 11 日** 克莱里季斯和登克塔什在瑞士的格林举行了第二轮会谈。

**1998 年 3 月** 欧盟 15 国与塞浦路斯等 11 国外长在布鲁塞尔举行了“欧盟东扩开幕式”，塞浦路斯等 6 个首批候选国与欧盟举行政府间会议，塞浦路斯等国入盟谈判正式开始。

**1999 年** 欧盟决定不再把塞浦路斯问题的解决作为塞浦路斯入盟的先决条件。

**1999 年 6 月 6～11 日** 塞浦路斯总统克莱里季斯对中国进行国事访问。

**2001 年初** 中国国家副主席胡锦涛对塞浦路斯进行正式访问。

**2004 年 4 月 24 日** 在联合国主持下，希腊族和土耳其族分别对安南的统一方案进行全民公投，土耳其族人支持，希腊族人反对，安南统一方案被否决。

**2004 年 5 月 1 日** 塞浦路斯成为欧盟正式成员国。

**2005 年 4 月 29 日**　塞加入欧洲汇率机制。

**2006 年 12 月 4～8 日**　塞总统塔索斯·帕帕佐普洛斯应邀访问中国。

**2008 年 1 月 1 日**　塞加入欧元区，货币由塞镑改为欧元。

**2008 年 8 月**　塞总统赫里斯托菲亚斯访华并参加第 29 届奥运会开幕式。

## 二　英汉译名对照表

Adam Adamantos　亚当·亚当马特斯

Agia Napa　阿基亚纳帕

Agia Triada　阿基亚特里亚达

Agianapa　阿基纳帕

Agios Georgios　圣吉欧吉欧斯

Akamas　阿卡马斯半岛

Akkule Mosque　阿克清真寺

Akrotiri　阿克罗蒂里

Alpha　阿尔法

Andreas Aloneftis　安德列亚斯·阿劳莱夫迪斯

Andreas Demetriou　安德列斯·季米特里乌

Andros Kyprianou　安德罗斯·基普里亚努

Antiphonitis Church　安提芬尼提斯教堂

Antonis Paschalides　安东尼斯·帕沙里蒂斯

Aothoupolis　阿思普利斯

Apostolos Andreas Monastery　阿普斯特鲁斯·安德烈修道院

Aradhippou　阿拉迪普

Argaka　阿尔加卡

Asha　阿莎

Assize Court 巡回法院

Athienou 阿思洛

Avdellero 阿沃德莱尔

Ayios Ioanis Cathedral 圣伊奥尼斯大教堂

Baldoken Graveyard & St Andrews Church 班德凯墓和圣安德鲁斯教堂

Bandabulya 班达布利亚

Bellapais & Bellapais Abbey 贝拉佩斯寺院

Buffavento Castle 布法文托要塞

Cavo Greko 卡乌格莱科

Charilaos Stavrakis 哈里劳斯·斯达夫拉基斯

Christos G. Patsalides 克里斯托斯·G. 帕萨里蒂斯

Chrysaliniotissa Church 克里萨尼奥提萨教堂

Chrysochou 克里索克乌峡谷

Communal Democracy Party 族社民主党

Costas Papacostas 科斯塔斯·帕帕科斯塔斯

Curium 库里昂

Cyprus Moufflon（Ovis Orientalis）摩弗伦绵羊

Cyprus Pound 塞镑

Cyprus Tourism Organization 塞浦路斯旅游组织

Cyprus Youth Board 塞浦路斯青年局

Demetris Lipertis 迪梅特里斯·里普提斯

Demetris Syllouris 德米特里斯·希路瑞斯

Democratic Rally 民主大会党

Derviş Eroğlu 德尔维斯·埃尔奥卢

Dhekelia 德凯利亚

Dhiarizons 迪赫里兹斯

Dhiarizons 迪亚斯河

Dhikomo　迪科莫村

Dimitris Christofias　季米特里斯·赫里斯托菲亚斯

Dinos Mikhalidis　迪诺斯·米哈利季斯

Dipkarpaz　迪普卡尔帕兹

Eleftheria　伊利弗思里亚

Eleftheria Indoor Hall　伊利弗思里亚（室内）体育馆

Episcopi　埃皮斯科皮

Erimi　恩里米

Evagoras Ⅰ　埃瓦哥拉斯一世

Evretou　伊乌莱特

Famagusta　法马古斯塔

Ferdi Sabit Soyer　费尔迪·沙比·索耶尔

Fighting Democratic Movement　战斗民主运动党

Freedom and Reform Party　自由改革党

Game and Fauna Services　户籍和动物保护区服务

George Perdikis　乔治·佩尔蒂基斯

George Vasiliou　乔治·瓦西里乌

Germanos Ⅱ　大主教吉尔莫奥斯二世

Geroskipou Sports Training Center　基罗斯基普体育训练中心

Girne Castle　吉尔尼要塞

Girne Harbour & Shipwreck Museum　吉尔尼港口和海事博物馆

Glafkos Klerides　格拉夫科斯·克莱里季斯

Greek Cypriot Community　希腊族区

Green Party of Cyprus　绿党（生态环境运动）

GSP Sport Center GSP　体育中心

GSZ Stadium GSZ　体育馆

Hakkı Atun　阿克基·安图

House of Hadjigeorgakis Kornessios　哈迪吉杰奥科斯·科恩

尼斯西奥斯府

Hüseyin Özgürgün 侯赛因·奥兹基尔古

Ioannis Kasoulidis 爱奥尼斯·卡苏利季斯

Ioannis Klerides 爱奥尼斯·克莱里季斯

Jamie Gordon 杰米·戈登

Joanna l'Aleman 乔安娜·阿莱曼

Karavostassi 卡拉乌斯塔西

Karolina Pelendritou 卡罗莉娜·帕莱迪里乌

Kiti 基提

Kitio Athletic Center 科提体育中心

Kitium 克提昂

Kokkinochoria 库克诺奇里亚

Kokkinokhoria 克基赫亚

Kokkinotrimithia 库科诺特里米斯亚

Kophinou 库福诺

Kouklia 库克利亚村

Kouris River 科里斯河

Kyparissovouno 基帕里索武诺山

Kyrenia 凯里尼亚

Kyriacos Karneras 基里安克斯·卡尔尼纳斯

Kypros Chrysostomides 基普洛斯·赫里索斯托米迪斯

Kythrea 吉特尔

Lapidary Museum 宝石博物馆

Larnaca 拉纳卡

Latchi 腊基

Latsi 拉特西

Lefha 莱夫卡

Lefkos 勒夫康

Lefkothea　莱夫科塞

Lefteroi　自由民

Limassol　利马索尔

Loukis Akritas　莱克斯·阿克里塔斯

Lusignan House　鲁西格南宫

Lygi　里基

Lykeio Epilogis Mathimation　选题学园

Makarios Ⅲ　马卡里奥斯三世

Markos Kyprianou　马科斯·基普里亚努

Marios Karoyian　马里奥斯·卡洛扬

Mazotos　马洛特斯

Medieval Love Songs　中世纪赞美诗

Mehmet Ali Talat　麦赫迈特·阿里·塔拉特

Messaoria　美索利亚平原

Michalis Papapetrou　米哈利斯·帕帕拜特罗

Michalis Polynikis　米哈利斯·波里尼基斯

Moni　莫尼

Morphou　莫尔富

Movement for the Regrouping of the Centre　中央重组运动

Museum of Mevlevi Tekke　梅夫拉维·特克博物馆

Mustafa Arabacğlu　穆斯塔法·阿拉巴哲奥卢

Mustafa Çağatay　穆斯塔法·卡基图夫

Mycenaean-Achaeans　迈锡尼—阿卡亚人

National Unity Party　民族团结党

Nejat Konuk　内雅特·库鲁克

Neoklis Sylikiotis　内奥克利斯·西里基奥迪蒂斯

Nicos Nicolaides　尼科斯·尼科拉迪斯

Nicos Nicolaides　尼科斯·尼科拉伊蒂斯

Nicos Vrahimis　尼科斯·乌拉伊米斯

Nicosia　尼科西亚

Nicosia Olympic Swimming Pool，Nicosia　尼科西亚奥林匹克游泳馆

Nikos Anastasiades　尼科斯·阿纳斯塔西亚迪斯

Nikos Sampson　尼科斯·桑普森

Olympic Swimming Pool，Limassol　利马索尔奥林匹克游泳馆

Ombudsman　督导

Omeriyeh Mosque　欧麦尔清真寺

Osman Örek　奥斯曼·奥尔克

Özker Özgür　厄兹凯·尔戈兹

Pafiako Athletic Center　帕福斯的帕费克体育中心

Pafos Swimming Pool　帕福斯游泳馆

Pagkypria　帕基皮亚

Palechori　帕拉奥利

Pancyprian United Students Organisation（PEOM）　泛塞浦路斯联合学生组织

Paphos　帕福斯

Paralimni　帕拉利姆尼

Parallel　光船

Parallel-in　光船租入

Parallel-out　光船出租

Parekklisha　帕罗克里沙

Pavlos Liassides　帕乌劳斯·里安西迪斯

Pedhieos River　派季埃奥斯河

Peristerona　波里斯特罗纳

Permanent Assize Court　常设巡回法院

Perpyarioi　佃农

Pgrgos　波基尔基斯

Phaneromeni Church　帕尼罗莫尼教堂

Platres　普拉特斯

Ploutis Servas　普罗蒂斯·斯尔瓦斯

Polis　波利斯

Polis tis Khrysokhou　普利斯—提斯—克里索克乌

Politics for the People Party　政治人民党

Pomos　波莫斯

Potamia　波塔米亚

Potamos　波塔莫斯

Progressive Party of the Working Peopole　劳动人民进步党

Pythia　皮提亚

Rauf Denktaş　拉夫·登克塔什

Rayahs　雷亚

Research Centre of the Holy Monastery of Kykkos　圣基科斯教堂研究中心

Sabahattin Akinci　萨巴阿特提·阿肯西

Sedar Denktas　塞达尔·登克塔什

Sadet　“希望”

Serraghis River　塞尔拉亨斯河

Skouriotissa　斯考里奥蒂萨

Social Democratic Movement　社会民主运动党

Sotiroula Charalambous　索蒂罗拉·哈拉兰普斯

Spyros Kyprianou　斯皮罗斯·基普里亚努

Spyros Kyprianou Athletic Centre　斯皮罗斯·基普里诺体育中心

St. Barnabas　圣·巴纳巴斯

St. Hilarion Castle　圣·赫拉里昂要塞

St. Neophytus 圣·尼奥弗图斯

Stavros tis Psokas 斯塔沃罗斯—提斯—普索卡斯（河）

Stephen Brotherton 斯蒂芬·布劳斯顿

Sultan Ahmet Ⅱ Library 素丹艾哈迈德二世图书馆

Symvoulio Ekpedeftikis Axiologisis-Pistopiisis 教育评估-鉴定委员会

Tahsin Ertuǧruloǧu 塔赫辛·埃尔图鲁路鲁

Tassos Papadopoulos 塔索斯·帕帕佐普洛斯

Tentadakrylos mountain 朋塔达克梯罗斯山（五指山）

Tersephanou 特尔赛芬洛

The Cyprus Telecommunications Authority（CYTA） 塞浦路斯电信局

The Eniaio Lykeio 新高中

the Rock of Diyenis 狄伊尼斯岩

The Socialist Party of Cyprus 塞浦路斯社会党

the Step of Diynis 狄伊尼斯台

Trikomo 特里科莫

Tripiotis Church 特里皮奥提斯教堂

Troodos mountain massif 特罗多斯山脉

Troulli 特诺里

Tsirio Sport Center 特西诺体育中心

Turgay Avci 图尔加伊·阿夫哲

Turkish Cypriot community 土耳其族区

Turkish Federative State of Cyprus 塞浦路斯共和国土耳其族邦

Turkish Republic of Northern Cyprus 北塞浦路斯土耳其共和国

Turkish Republican Party 共和土耳其族党

United Democrats Movement　联合民主运动党
Vasilikos　瓦西里科斯
Vassilis Michaelides　瓦西利斯·米科里迪斯
Vassos Lysarides　瓦索斯·利萨里迪斯
Vathia Gonia　瓦斯亚—古尼亚
Xeros　塞罗斯
Xylophagou　克西洛法古
Yialias River　雅利斯河
Yiannadis Omirou　雅纳基斯·奥米卢
Yperides　伊皮迪斯
Ypsonas　伊普索拉斯
Zygi　西基

# 主要参考文献

## 一　英文图书

1. Attalides, Michael A., *Cyprus: Nationalism and International Politics*, New York: St. Martin's Press, 1979.
2. Bitsios, Dimitri S., *Cyprus: The Vulnerable Republic*, Thessaloniki: The Institute for Balkan Studies, 1975.
3. Bolukbasi, Suha, *The Superpowers and the Third World: Turkish-American Relations and Cyprus*, Lanham: University Press of America, 1988.
4. Denktash, R. R., *The Cyprus Triangle*, London: George Allen & Unwin, 1982.
5. Euraconsult Ltd., *Cyprus and the European Community*, Nicosia: Parognosis Publishing House, 1991.
6. Green, Pauline and Collins, Ray, *Embracing Cyprus: The Parth to Unity in the New Europe*, I. B. Tauris, 2003.
7. Dodd, Clement H., *The Cyprus Imbroglio*, England: The Eothen Press, 1998.

8. Hadjidemetriou, Katia, *A History of Cyprus* (Translated by Costas Hadjigeorgiou), Hermes Media Press Ltd., 2002,

9. Hatzivassiliou, Evanthis, *The Cyprus Question 1878 – 1960: The Constitutional Aspect*, Modern Greek Studies Program of University of Minnesota, 2002.

10. Hitchens, Christopher, *Hostage to History: Cyprus from the Ottomans to Kissinger*, New York: The Noonday Press, 1989.

11. Joseph, Joseph S., *Cyprus: Enthnic Conflic and International Politics: From Independence to the Threshold of the European Union*, London: Macmillan Press Ltd., 1997.

12. Karageorghis, Vassos, *Ancient Cyprus: 7000 Years of Art & Archaeology*, Lbaton Rouge: Louisiana State University Press, 1981.

13. Karageorghis, Vassps, *The Cyprus: Ancient Monuments*, C. Epiphaniou Publications Ltd., 1989.

14. Karpart, Kemal H., *Turkey's Foreign Policy in Transition 1950 – 1974*, Leiden: E. J. Brill, 1975.

15. Kyrris, Costas P., *History of Cyprus: With an Internation to the Geography of Cyprus*, Nicosia: Nicocles Publishing House, 1985.

16. Mallinson, Milliam, *Cyprus: A Modern History*, London: I. B. Tauris & Co Ltd., 2005.

17. Mirbagheri, Farid, *Cyprus and International Peacemaking*, London: Hurst & Company, 1998.

18. Pancyprian Association for the Protection of Human Rights, *The Continuing Violation of Human Rights By turkey in Cyprus*, Theopress Ltd., 2003.

19. Peltenburg, Edgar, *Early Society in Cyprus*, Edinburgh: Edinburgh

University Press, 1989.

20. Sonyel, Salahi R., *Cyprus: The Destruction of a Republic: British Documents 1960 – 1965*, England: The Eothen Press, 1977.

21. Stearns, Monteagle, *Entangled Allies: U. S. Policy Toward Greece, Turkey, and Cyprus*, New York: The Council on Foreign Relations, 1992.

22. Stefanidis, Ioannis D., *Isle of Discord: Nationalism, Imperialism and the Making of the Cyprus Problem*, New York: New York University Press, 1999.

23. The Attorney-General of Cyprus Alecos Markides, *Cyprus and European Union Membership: Imeortant Legal Documents*, The Press and Information Office of Republic of Cyprus, 2002.

24. The Press and Information Office of Republic of Cyprus, *About Cyprus*, The Press and Information Office of Republic of Cyprus, 2004.

25. The Press and Information Office of Republic of Cyprus, *About Cyprus*, The Press and Information Office of Republic of Cyprus, 2001.

26. The Press and Information Office of Republic of Cyprus, *Cyprus: On the Way to EU Membership*, The Press and Information Office of Republic of Cyprus, 2002.

27. The Press and Information Office of Republic of Cyprus, *European Stand on the Cyprus Problem*, The Press and Information Office of Republic of Cyprus, 2001.

28. The Press and Information Office of Republic of Cyprus, *Report: On the Demographic Structure of the Cypriot Communities*, The Press and Information Office of Republic of Cyprus, 2000.

29. The Press and Information Office of Republic of Cyprus,

*Resolutions Adopted By the United Nations on the Cyprus Problem 1964 – 2001*, The Press and Information Office of Republic of Cyprus, 2002.

30. The Press and Information Office of Republic of Cyprus, The Government of Cyprus, The Press and Information Office of Republic of Cyprus, 2006.
31. The Press and Information Office of Republic of Cyprus, *The Position of the EU on Cyprus: References*, The Press and Information Office of Republic of Cyprus, 2002.
32. The Press and Information Office of Republic of Cyprus, *The Republic of Cyprus: An Overview*, The Press and Information Office of Republic of Cyprus, 2003.
33. Uslu, Nasuh, *The Cyprus Question as an Issue of Turkish Foreign Policy and Turkish-American Relations 1959 – 2003*, New York: Nova Science Publishers, Inc., 2003.
34. Uslu, Nasuh, *The Turkish-American Relationship Between 1947 and 2003: The History of a Distinctive Alliance*, New York: Nova Science Publishers, Inc., 2003.
35. Violari, Miranda and Christina Kakoulli, *Touring Cyprus in 7 Days*, Stylo Graphics & Publishing, 2002.
36. Xydis, Stephen G., *Cyprus: Reluctant Republic*, The Hague: Mouton, 1973.
37. Yennaris, Costas, *From the East: Conflict and Partition in Cyprus*, Elliott & Thompson, 2003.
38. Yuva, Mehmet, *The History of the Partition of Cyprus and President Makarios in Context of International and Arab Relations (1878 – 1974)*, Ph. D. dissertation of University of Damascus, 1997.

## 二 英文论文


1. Bolukbasi, Suha, "The Johnson Letter Revisited", *Middle Eastern Studies*, Vol. 29, No. 3, July 1993, pp. 505 – 525.
2. Brands, H. W., "America Enters the Cyprus Tangle, 1964", *Middle Eastern Studies*, Vol. 23, No. 3, July 1987, pp. 348 – 362.
3. Brewin, Christopher, "European Union Perspectives on Cyprus Accession", *Middle Eastern Studies*, Vol. 36, No. 1, January 2000, pp. 21 – 34.
4. Coughlan, Reed & William Mallinson, "Enosis, Socio-Cultural Imperialism and Strategy: Difficult Bedfellows", *Middle East Studies*, Vol. 4, No. 4, July 2005, pp. 575 – 604.
5. Goktepe, Cihat, "The Cyprus Crisis of 1967 and Its Effects of Turkey's Foreign Relations", *Middle Eastern Studies*, Vol. 41, No. 3, May 2005, pp. 431 – 444.
6. Muftuler-Bac, Meltem & Aylin Guney, "The European Union and the Cyprus Problem 1961 – 2003", *Middle Eastern Studies*, Vol. 41, No. 2, March 2005, pp. 281 – 293.
7. Ozersay, Kudret & Ayla Gurel, "Proterty and Human Rights in Cyprus: The European Court of Human Rights as a Platgorm of Political Struggle", *Middle Eastern Studies*, Vol. 44, No. 2, March 2008, pp. 291 – 321.
8. Richmond, Oliver P., "Ethno-Nationalism, Sovereignty and Negotiating Positions in the Cyprus Conflict: Obstacles to a Settlement", *Middle Eastern Studies*, Vol. 35, No. 3, July 1999, pp. 42 – 63.
9. Walker, Anita M., "Enosis in Cyprus: Dhall, A Case Study",

*Middle East Journal*, Vol. 38, No. 3, Summer 1984, pp. 474 - 494.

## 三　中文图书

1. 〔英〕休特利·达比、克劳利·伍德豪斯著《希腊简史》，中国科学院世界历史研究所翻译小组译，商务印书馆，1974。
2. 〔英〕迈克尔·李、汉卡·李著《塞浦路斯》，北京师范学院《塞浦路斯》翻译小组译，北京人民出版社，1977。
3. 〔塞浦〕C. 斯布达里奇著《塞浦路斯简史》，北京第二外国语学院英语系翻译组译，北京人民出版社，1973。
4. 王泰平著《中华人民共和国外交史》（第三卷 1970 ~ 1978 年），世界知识出版社，1999。
5. 姜士林、陈玮主编《世界宪法大全》，中国广播电视出版社，1989。
6. 赵国忠主编《简明西亚北非百科全书》，中国社会科学出版社，2000。
7. 彭树智主编，何志龙著《中东国家通史·塞浦路斯卷》，商务印书馆，2005。
8. 彭树智主编，黄维民著《中东国家通史·土耳其卷》，商务印书馆，2002。
9. 韩文宁、洪霞著《塞浦路斯　马耳他》，四川人民出版社，2002。
10. 《世界知识年鉴》，世界知识出版社 1983 ~ 2008 年各版。

## 四　主要网站

1. 美国国会图书馆国家研究—塞浦路斯：http：//lcweb2.

loc. gov/frd/cs/cytoc. html。

2. 塞浦路斯共和国政府网：http：//www. cyprus - government. com/。

3. “北塞浦路斯土耳其共和国”政府网：http：//www. cyprusive. com/？ CID =2。

4. 维基百科—北塞浦路斯：http：//en. wikipedia. org/wiki/Turkish_ Republic_ of_ Northern_ CyprusJHJHistory。

# 《列国志》已出书书目

## 2003 年度

《法国》，吴国庆编著
《荷兰》，张健雄编著
《印度》，孙士海、葛维钧主编
《突尼斯》，杨鲁萍、林庆春编著
《英国》，王振华编著
《阿拉伯联合酋长国》，黄振编著
《澳大利亚》，沈永兴、张秋生、高国荣编著
《波罗的海三国》，李兴汉编著
《古巴》，徐世澄编著
《乌克兰》，马贵友主编
《国际刑警组织》，卢国学编著

## 2004 年度

《摩尔多瓦》，顾志红编著
《哈萨克斯坦》，赵常庆编著
《科特迪瓦》，张林初、于平安、王瑞华编著

《新加坡》，鲁虎编著
《尼泊尔》，王宏纬主编
《斯里兰卡》，王兰编著
《乌兹别克斯坦》，孙壮志、苏畅、吴宏伟编著
《哥伦比亚》，徐宝华编著
《肯尼亚》，高晋元编著
《智利》，王晓燕编著
《科威特》，王景祺编著
《巴西》，吕银春、周俊南编著
《贝宁》，张宏明编著
《美国》，杨会军编著
《国际货币基金组织》，王德迅、张金杰编著
《世界银行集团》，何曼青、马仁真编著
《阿尔巴尼亚》，马细谱、郑恩波编著
《马尔代夫》，朱在明主编
《老挝》，马树洪、方芸编著
《比利时》，马胜利编著
《不丹》，朱在明、唐明超、宋旭如编著
《刚果民主共和国》，李智彪编著
《巴基斯坦》，杨翠柏、刘成琼编著
《土库曼斯坦》，施玉宇编著
《捷克》，陈广嗣、姜琍编著

**2005 年度**

《泰国》，田禾、周方冶编著

《波兰》，高德平编著
《加拿大》，刘军编著
《刚果》，张象、车效梅编著
《越南》，徐绍丽、利国、张训常编著
《吉尔吉斯斯坦》，刘庚岑、徐小云编著
《文莱》，刘新生、潘正秀编著
《阿塞拜疆》，孙壮志、赵会荣、包毅、靳芳编著
《日本》，孙叔林、韩铁英主编
《几内亚》，吴清和编著
《白俄罗斯》，李允华、农雪梅编著
《俄罗斯》，潘德礼主编
《独联体（1991～2002)》，郑羽主编
《加蓬》，安春英编著
《格鲁吉亚》，苏畅主编
《玻利维亚》，曾昭耀编著
《巴拉圭》，杨建民编著
《乌拉圭》，贺双荣编著
《柬埔寨》，李晨阳、瞿健文、卢光盛、韦德星编著
《委内瑞拉》，焦震衡编著
《卢森堡》，彭姝祎编著
《阿根廷》，宋晓平编著
《伊朗》，张铁伟编著
《缅甸》，贺圣达、李晨阳编著
《亚美尼亚》，施玉宇、高歌、王鸣野编著
《韩国》，董向荣编著

**2006 年度**

《联合国》，李东燕编著

《塞尔维亚和黑山》，章永勇编著

《埃及》，杨灏城、许林根编著

《利比里亚》，李文刚编著

《罗马尼亚》，李秀环编著

《瑞士》，任丁秋、杨解朴等编著

《印度尼西亚》，王受业、梁敏和、刘新生编著

《葡萄牙》，李靖堃编著

《埃塞俄比亚　厄立特里亚》，钟伟云编著

《阿尔及利亚》，赵慧杰编著

《新西兰》，王章辉编著

《保加利亚》，张颖编著

《塔吉克斯坦》，刘启芸编著

《莱索托　斯威士兰》，陈晓红编著

《斯洛文尼亚》，汪丽敏编著

《欧洲联盟》，张健雄编著

《丹麦》，王鹤编著

《索马里 吉布提》，顾章义、付吉军、周海泓编著

《尼日尔》，彭坤元编著

《马里》，张忠祥编著

《斯洛伐克》，姜琍编著

《马拉维》，夏新华、顾荣新编著

《约旦》，唐志超编著

《安哥拉》，刘海方编著
《匈牙利》，李丹琳编著
《秘鲁》，白凤森编著

**2007 年度**

《利比亚》，潘蓓英编著
《博茨瓦纳》，徐人龙编著
《塞内加尔 冈比亚》，张象、贾锡萍、邢富华编著
《瑞典》，梁光严编著
《冰岛》，刘立群编著
《德国》，顾俊礼编著
《阿富汗》，王凤编著
《菲律宾》，马燕冰、黄莺编著
《赤道几内亚 几内亚比绍 圣多美和普林西比 佛得角》，李广一主编
《黎巴嫩》，徐心辉编著
《爱尔兰》，王振华、陈志瑞、李靖堃编著
《伊拉克》，刘月琴编著
《克罗地亚》，左娅编著
《西班牙》，张敏编著
《圭亚那》，吴德明编著
《厄瓜多尔》，张颖、宋晓平编著
《挪威》，田德文编著
《蒙古》，郝时远、杜世伟编著

**2008 年度**

《希腊》，宋晓敏编著
《芬兰》，王平贞、赵俊杰编著
《摩洛哥》，肖克编著
《毛里塔尼亚　西撒哈拉》，李广一主编
《苏里南》，吴德明编著
《苏丹》，刘鸿武、姜恒昆编著
《马耳他》，蔡雅洁编著
《坦桑尼亚》，裴善勤编著
《奥地利》，孙莹炜编著
《叙利亚》，高光福、马学清编著

**2009 年度**

《中非　乍得》，汪勤梅编著
《尼加拉瓜　巴拿马》，汤小棣、张凡编著
《海地　多米尼加》，赵重阳、范蕾编著
《巴林》，韩志斌编著
《卡塔尔》，孙培德、史菊琴编著
《也门》，林庆春、杨鲁萍编著

**2010 年度**

《阿曼》，仝菲、韩志斌编著
《华沙条约组织与经济互助委员会》，李锐、吴伟、金哲编著

# 相关链接

更多信息请查询：www.ssap.com.cn

## 泰国（第二版）

田禾　周方冶　编著

2009 年 1 月出版　　39.00 元

ISBN 978-7-5097-0545-2/K·0051

泰国全称泰王国，地处东南亚的中心，在地理上具有重要的战略位置，是东南亚与南亚、东方与西方文化的交汇点，泰国沃野千里，物产丰富，美丽的自然风光伴以温和友善的人民，是世界著名旅游目的地。该书全面、系统和深入地介绍和描述泰国的政治、经济、文化、历史和人民。

## 越南（第二版）

徐绍丽　利国　张训常　编著

2009 年 1 月出版　39.00 元

ISBN 978-7-5097-0546-9/K·0052

越南社会主义共和国，简称“越南”，位于中南半岛东部，是与中国有悠久关系的邻邦。狭长的国土 3/4 是山地和高原，红河和湄公河河流域人口密集、农业发达。近年来工业发展较快。1976 年越南南北统一后，特别是 1986 年实行经济改革后，历经沧桑的越南的社会和经济取得了长跑般的进步。

**图书在版编目（CIP）数据**

塞浦路斯/何志龙编著. —北京：社会科学文献出版社，2011.12
（列国志）
ISBN 978-7-5097-2567-2

Ⅰ.①塞… Ⅱ.①何… Ⅲ.①塞浦路斯-概况
Ⅳ.①K937.5

中国版本图书馆 CIP 数据核字（2011）第 142845 号

**·列国志·**
**塞浦路斯（Cyprus）**

编　　著 / 何志龙
审 定 人 / 赵国忠　黄民兴　温伯友

出 版 人 / 谢寿光
出 版 者 / 社会科学文献出版社
地　　址 / 北京市西城区北三环中路甲 29 号院 3 号楼华龙大厦
邮政编码 / 100029

责任部门 / 人文科学图书事业部（010）59367215　　责任编辑 / 孙以年
电子信箱 / renwen@ssap.cn　　责任校对 / 李　娟
项目统筹 / 宋月华　范　迎　　责任印制 / 岳　阳
总 经 销 / 社会科学文献出版社发行部（010）59367081　59367089
读者服务 / 读者服务中心（010）59367028

印　　装 / 三河市尚艺印装有限公司
开　　本 / 880mm×1230mm　1/32　　印　　张 / 13.25
版　　次 / 2011 年 12 月第 1 版　　彩插印张 / 0.25
印　　次 / 2011 年 12 月第 1 次印刷　　字　　数 / 340 千字
书　　号 / ISBN 978-7-5097-2567-2
定　　价 / 49.00 元

# 《列国志》主要编辑出版发行人


出　版　人　谢寿光

项目负责人　杨　群

发　行　人　王　菲

编辑主任　宋月华

编　　辑　（按姓名笔画排序）

孙以年　朱希淦　宋月华

宋培军　周志宽　范　迎

范明礼　袁卫华　黄　丹

魏小薇

封面设计　孙元明

内文设计　熠　菲

责任印制　岳　阳

编　　务　杨春花

责任部门　人文科学图书事业部

电　　话　（010）59367215

网　　址　http：//www. ssap. com. cn